OEUVRES

FRANÇOISES

DE J. CALVIN.

IMPRIMERIE D'AUGUSTE DESREZ, RUE LEMERCIER, 24,
Batignolles-Monceaux.

OEUVRES

FRANÇOISES

DE J. CALVIN

recueillies pour la prémière fois,

PRÉCÉDÉES DE SA VIE PAR THÉODORE DE BÈZE

ET

D'UNE NOTICE BIBLIOGRAPHIQUE

PAR P. L. JACOB,

BIBLIOPHILE.

PARIS.

LIBRAIRIE DE CHARLES GOSSELIN,

Éditeur de la Bibliothèque d'élite,

9, RUE SAINT-GERMAIN-DES-PRÉS.

—

1842

AVERTISSEMENT DE L'ÉDITEUR.

Le style de Calvin est un des plus grands styles du seizième siècle : simple, correct, élégant, clair, ingénieux, animé, varié de formes et de tons, il a commencé à fixer la langue française pour la prose, comme celui de Clément Marot l'avait fait pour les vers. Ce style est moins savant, moins travaillé, moins ouvragé, pour ainsi dire, que le style de Rabelais; mais il est plus prompt, plus souple et plus habile à exprimer toutes les nuances de la pensée et du sentiment ; il est moins naïf, moins agréable et moins riche que celui d'Amyot, mais il est plus incisif, plus imposant et plus grammatical; il est moins capricieux, moins coloré et moins attachant que celui de Montaigne, mais il est plus concis, plus grave et plus français, si l'on peut reprocher à l'auteur des *Essais* d'écrire quelquefois *à la gasconne*.

Et pourtant il n'existe pas une seule édition des œuvres françaises de Calvin, à l'exception du Recueil de ses Opuscules, publié par Théodore de Bèze, à Genève, en 1566, énorme volume in-folio de 2,000 pages, aujourd'hui fort rare, dans lequel on a confondu les traités écrits originairement en français par Calvin, avec ceux qui ont été traduits en cette langue d'après l'original latin, par ses secrétaires et ses amis; car la plupart de ces traités parurent également et presque à la fois dans les deux langues, soit que l'infatigable Calvin en rédigeât les deux versions, soit qu'il fit faire sous ses yeux celle qui ne devait être que la *translation* fidèle de l'ouvrage primitif, écrit en latin ou en français, suivant l'occasion.

Il est donc impossible de distinguer, dans le Recueil des Opuscules, les morceaux qui appartiennent réellement à la plume de Calvin. On voit, par là, que l'éditeur, quoique habile écrivain lui-même, se préoccupait beaucoup moins de la lettre que de l'esprit dans les écrits du réformateur de Genève.

Enfin, comme si l'on eût voulu lui enlever ses titres de bon écrivain français, on imagina de n'insérer dans les éditions de ses œuvres que des textes latins, et de traduire même tout ce qui n'avait jamais été traduit dans cette langue, comme les sermons, les lettres, etc. Les trois éditions volumineuses qui ont été faites dans ce système anti-littéraire ne renferment pas une seule pièce qui témoigne au moins que Calvin savait écrire en français aussi facilement et aussi remarquablement qu'en latin.

Nous avons donc eu l'idée de réunir les **principaux traités** qui paraissent avoir été écrits par Calvin plutôt que par ses secrétaires ; les éditions anciennes de ces traités sont presque introuvables ; quelques-unes même ont entièrement disparu. L'étendue de l'*Institution de la religion chrétienne*, ce chef-d'œuvre de science théologique, de philosophie religieuse et de style, ne nous a pas permis de la faire entrer dans un volume qui contient d'ailleurs les meilleures pages françaises que Calvin ait écrites en différents genres de dialectique. Nous espérons pouvoir publier séparément l'*Institution de la religion chrétienne ;* voilà pourquoi nous n'en avons pas extrait la dédicace à François Ier, qui est peut-être une des plus belles choses que possède notre langue.

Il était difficile de choisir ce qui est véritablement de Calvin dans le Recueil de ses Opuscules : la connaissance de son style a guidé notre choix, de concert avec la bibliographie, qui nous l'indiquait souvent par des dates certaines.

Aucune biographie, aucune histoire, aucun catalogue ne donnant une liste exacte et complète des ouvrages français de Calvin, nous avons essayé d'en dresser une, qui, pour être plus exacte et plus complète que toutes les autres, ne l'est pas encore autant qu'il serait possible de la faire ; mais, en bibliographie, on ne saurait arriver au mieux sans passer par des essais plus ou moins informes, et c'est toujours le dernier venu qui perfectionne les travaux de ses devanciers.

OUVRAGES FRANÇAIS DE CALVIN,
SUIVANT L'ORDRE CHRONOLOGIQUE DE LEUR PUBLICATION.

Institution de la religion chrétienne.

Les bibliographes sont partagés d'avis pour décider si ce livre a paru originairement en français ou en latin. La première édition latine connue est de Bâle, 1536 ; on la trouve dans les bibliothèques de Brunswich et de Genève. La première édition française serait de Bâle, 1535, selon Sponde et quelques autres ; mais on n'en possède pas un seul exemplaire. La préface de l'ouvrage, adressée à François Ier, est en effet datée de Bâle, 1er août 1535.

Cet excellent traité de théologie hétérodoxe, que Calvin ne cessa d'augmenter et de perfectionner tant qu'il vécut, ne fut pas réimprimé *mille fois*, comme le dit hyperboliquement Papyre Masson ; mais il le fut si souvent, soit en latin, soit en français, qu'on aurait de la peine à compter toutes les éditions qui en ont été faites.

Brunet, dans son *Manuel du libraire*, cite, comme la plus ancienne du texte français, celle in-4° qui ne porte ni lieu ni date, et qui paraît antérieure à l'édition de 1540, laquelle passe pour la première publiée avec date. Senebier, dans son *Histoire littéraire de Genève*, se trompe évidemment en regardant l'édition française de 1541 comme la première. Une des dernières du texte français paraît être celle de 1565, *Lyon, Jean Martin*, sous ce titre : *Institution de la religion chrétienne, nouvellement mise en quatre livres, augmentée aussi de tel accroissement, qu'on la peut presque estimer un livre nouveau.* In-folio.

Catéchisme.....

L'édition latine de cet ouvrage (la première est de Bâle, 1538) étant intitulée : *Catechismus Ecclesiæ Genevensis, primo gallicè 1536 scriptus, etc.*, on peut supposer qu'il avait d'abord paru en français, mais on n'en connaît pas d'exemplaire.

De la Cène du Seigneur. Genève, 1540, in-8°.

Ce traité fut traduit ensuite en latin par Nicolas des Gallars, et imprimé en 1545.

La Bible, en laquelle sont contenus tous les livres canoniques de la sainte Écriture, tant du Vieux que du Nouveau Testament, translatée en françois. Genève, à l'Épée, 1540, in-4°.

C'est la Bible d'Olivetan, publiée in-folio à Neuchâtel, en 1535, qu'il corrigea de nouveau en quelques endroits, et dont il fit encore une nouvelle édition en 1551.

Traité des Reliques, ou Advertissement très-utile du grand profit qui reviendroit à la chrestienté s'il se faisoit inventaire de tous les corps saints et reliques qui sont tant en Italie qu'en France, etc. Genève, Jean Girard, 1543, in-8°; ibid., 1579, in-8°; ibid., P. de La Rovière, 1599, in-8°; ibid., id., 1599, in-12, sous ce titre : *Traité des Reliques, par J. Calvin; autre, traduit du latin de Chemisius, Inventaire des Reliques de Rome, mis d'italien en français, et Réponses aux allégations de Robert Bellarmin, pour les reliques*; ibid., id., 1601, in-12 (sans lieu), de l'imprimerie de Fr. Jaquy (sans date), in-24.

Ce Traité a été réimprimé en 1825, à la fin du 3e vol. du *Dictionnaire des Reliques*, par Colin de Plancy.

Brève Instruction pour armer tout bon fidèle contre les erreurs de la secte commune des Anabaptistes. Genève, 1544, in-8°.

Cet ouvrage fut traduit en latin presque en même temps, par Nicolas des Gallars.

Aux ministres de l'Eglise de Neufchastel, contre la secte fanatique et furieuse des Libertins, qui se disent SPIRITUELS. Genève, 1544, in-8°.

Contre la secte fantastique des Libertins, qui se disent SPIRITUELS. Genève, 1545, in-8°.

La Somme de théologie ou lieux communs, revue et augmentée par Philippe Melanchton, traduite du latin par J. Calvin, avec une préface. 1546, in-8°.

Ce livre est très-rare, dit Senebier.

Contre un franciscain, sectateur des erreurs des Libertins, adressé à l'Église de Rouen. 1547, in-8°.

Les Actes du concile de Trente, avec le remède contre le poison. Genève, à l'enseigne de l'Épée, 1548, petit in-8°.

Ce recueil avait paru en latin l'année précédente : Calvin pourrait bien être aussi l'auteur de la traduction.

Advertissement contre l'Astrologie qu'on appelle judiciaire, *et autres curiositez qui règnent aujourd'huy dans le monde.* 1549.

Commentaire sur l'Epistre à Tite et aux Hébreux. Genève, 1549, in-8°.

—*Sur deux Epistres aux Thessaloniciens.* Genève, 1550, in-folio.

De la Providence éternelle de Dieu..... 1550.

Ce traité ayant été publié à la fois en français et en latin, on ne sait si Calvin n'est pas l'auteur des deux textes, ce qui est assez probable.

Quatre Sermons de maistre J. Calvin, de matières utiles pour nostre temps, avec exposition briève du Psaume LXXXVII. 1552, in-8°.

Sermon sur l'Epistre aux Galates. Genève, 1552, in-4°.

Commentaire sur l'Évangile selon saint Jean. 1553, in-8°.

Déclaration pour maintenir la vraye foy de la Trinité des Personnes en un seul Dieu, contre les erreurs de Michel Servet, où il est montré qu'il est licite de punir les hérétiques, et qu'à bon droit ce meschant a esté exécuté par justice. Genève, J. Crespin, 1554, in-8°.

C'est la traduction du traité latin contre les erreurs de Michel Servet, publié la même année.

Réformation pour imposer silence à un certain bélître nommé Antoine Cathelan, jadis cordelier d'Alby. 1556.

Psychopannychie, traité par lequel est prouvé que les âmes veillent et vivent après qu'elles sont sorties des corps. Genève, de l'imprimerie de C. Badius, 1558, in-8°. Senebier cite une édition de 1556.

Ce traité, qui avait paru en latin dès 1534, nous semble avoir été traduit par Calvin lui-même, comme un de ses ouvrages de prédilection.

Leçons de J. Calvin sur le prophète Hosée, recueillies de mot à mot par Jehan Budé et autres, ses compagnons. Genève, Conrad Badius, 1557, in-8°.

Sermons sur les dixième et onzième chapitres de la première Épistre aux Corinthiens. Genève, 1558, in-8°.

— *Sur la naissance, passion, mort, résurrection et ascension de Jésus-Christ.* Genève, 1558, in-8°.

Concordance de J. Calvin, qu'on appelle Harmonie, composée des quatre Évangélistes. Genève, Conrad Badius, 1559, in-folio.

Deux Traités touchant la Réformation de l'Église chrétienne. 1559, in-16.

Response de J. Calvin aux calomnies d'Albert Pighius, contenant la défense de la saine et sainte doctrine contre le franc-arbitre des papistes, écrite en 1543 et imprimée en 1560, in-8°.

Dix-huit Sermons de J. Calvin, auxquels, entre autres points, l'histoire de Melchisedech et la matière de la justification sont déduites, avec l'exposition de trois cantiques, à savoir, de la vierge Marie, de Zacharie et de Siméon. (Sans nom de lieu), P. Anastase, 1560, in-8°.

Commentaires de J. Calvin sur la Concordance ou Harmonie composée de trois Évangélistes : saint Matthieu, saint Marc et saint Luc ; item, sur l'Évangile selon saint Jean, et sur le second livre de saint Luc, dit les Actes des apôtres. Genève, 1561, in-8° ; (sans nom de lieu) de l'imprimerie de Michel Blanchies, 1563, in-folio.

— *Sur le livre des Psaumes.* (Sans nom de lieu), 1561, in-folio; Genève, F. Estienne, 1563, in-folio.

— *Sur la Concordance, ou Harmonie des Évangélistes, sur les Actes des apôtres, les Epistres de saint Paul, etc.* Genève, Conrad Badius, 1561, 4 vol. in-8°.

Response à un certain Hollandois, lequel, sous l'ombre de faire les chrétiens SPIRITUELS, *leur permet de polluer leurs corps en toute idolastrie.* 1562.

Confession de foy au nom des Églises de France, faite durant la guerre, pour présenter à l'empereur, princes et aux États d'Allemagne, à Francfort. 1562.

Sermons de J. Calvin sur les dix commandements de la loi donnée de Dieu par Moïse, autrement appelés le Décalogue, recueillis sur-le-champ et mot à mot de ses prédications, lorsqu'il prêchoit le Deutéronome, sans que depuis y ait esté rien ajouté ni diminué. Genève, Fr. Estienne, 1562, in-8°.

— *Sur l'Epistre aux Ephésiens.* Genève, 1562, in-8°.

— *Sur l'Harmonie des trois Évangélistes.* 1562, in-8°.

— *Sur le Deutéronome.* Genève, 1562, in-8°.

— *Sur le livre de Job.* Genève, 1563, in-folio.

Commentaire sur les deux Epistres à Timothée et l'Epistre à Tite. Genève, 1563, in-4°.

Deux congrégations proposées par J. Calvin, du second chapitre de l'Epistre de saint Paul aux Galatiens, vers. XIe. *Item, l'exposition du quarante-troisième dimanche du Catéchisme, où est exposée la dernière requeste de l'oraison de N.-S. J.* (Sans nom de lieu), Michel Blanchies, 1563, in-8°.

Commentaires de J. Calvin sur les cinq livres de Moïse. Genève, Fr. Estienne, 1564, in-fol.

— *Sur les huit derniers chapitres d'Ezéchiel.* La Rochelle, 1565, in-8°.

— *Sur le livre de Josué, avec une préface de Théodore de Bèze, contenant l'histoire de la vie et mort de J. Calvin, déduite selon l'ordre du temps.* Genève, F. Perrin, 1565, in-8°.

Sermons de J. Calvin. Genève, 1566, in-8.

Recueil des opuscules, c'est-à-dire petits traitez de M. J. Calvin, les uns revus et corrigez sur le latin, les autres translatez nouvellement de latin en françois. Genève, Baptiste Pinereul, 1566, in-folio. Cet énorme volume est divisé quelquefois en trois tomes.

Leçons de J. Calvin sur le livre des prophéties de Daniel, recueillies par J. Budé et Charles de Jonviller. Genève, 1569, in-folio.

Les ouvrages suivants, cités, par Senebier, ont sans doute été imprimés à Genève, sans date, du vivant de Calvin.

Congratulation à vénérable prestre (messire Gabriel de Saconnay) touchant la belle préface et mignonne dont il a remparé le livre du roi d'Angleterre.....

Traité de fuir les superstitions, avec une excuse aux faux nicodémites, ensemble la réponse des ministres de Zurich.....

Ce traité avait été imprimé d'abord en latin, 1537.

Sermon sur la Providence et l'élection éternelle.

— *Sur les quatre premiers chapitres des Evangiles.*

— *Sur la première Epistre aux Corinthiens.*

— *Sur le Psaume CXIX.*

— *Sur le Cantique d'Ezéchias.*

— *Sur le Sacrifice d'Abraham.*

— *Sur les dix Commandements.*

Nous avons cru ne pouvoir mieux commencer ce volume des *Œuvres françaises de Calvin,* qu'en y ajoutant le discours de sa Vie, par Théodore de Bèze, qui était aussi un des meilleurs écrivains de son temps. Ce Discours renferme plusieurs erreurs, qui ont été relevées par Senebier dans l'*Histoire littéraire de Genève,* mais il est curieux et peu connu; il n'a pas été réimprimé depuis le seizième siècle, et il mérite de l'être, surtout à côté des écrits de Calvin : on comparera ainsi l'excellent style de ces deux réformateurs qui ont rendu tant de services à la langue française, et qui ne furent appréciés à leur valeur littéraire que par Patru et Richelet.

PAUL L. JACOB,
bibliophile.

TABLE DES MATIÈRES.

DISCOURS

DE

THÉODORE DE BÈZE,

CONTENANT EN BREF

L'HISTOIRE DE LA VIE ET MORT DE MAITRE JEAN CALVIN

AVEC

LE TESTAMÉNT ET DERNIÈRE VÓLÓNTÉ
DUDIT CALVIN.

THÉODORE DE BÈZE

AU LECTEUR CHRÉTIEN

SALUT ET PAIX EN NOTRE—SEIGNEUR [1].

S'il eût plu à Dieu nous garder plus longtemps son fidèle serviteur M. Jean Calvin, ou plutôt si la perversité du monde n'eût ému le Seigneur à le retirer si tôt à soi, ce ne seroit ici le dernier de ses travaux [2], èsquels il s'est tant fidèlement et tant heureusement employé pour l'avancement de la gloire d'icelui, et pour l'édification de l'Église. Et même maintenant, ce Commentaire ne sortiroit point sans être comme couronné de quelque excellente préface, ainsi que les autres. Mais il lui en prend comme aux pauvres orphelins, qui sont moins avantagés que leurs frères, d'autant que leur père leur est failli trop tôt. Cependant, je vois cet orphelin sorti de si bonne maison, grâces à Dieu, et si fort représentant son père, que, sans autre témoignage, il se rendra de soi-même non-seulement agréable, mais aussi très-honorable à tous ceux qui le verront. Et pourtant aussi n'a-ce pas été mon intention de le recommander par ce mien témoignage (car quel besoin en est-il?), mais plutôt me lamenter avec lui de la mort de celui qui nous a été un commun père, et à lui et à moi, pource que je ne le puis ni dois moins estimer mon père en ce que Dieu m'a enseigné par lui, que ce livre, et tant d'autres, d'avoir été écrits par lui-même. Je me lamenterai donc, mais ce ne sera sans consolation; car, ayant égard à celui duquel je parle, je l'aurois trop peu aimé vivant ici-bas, si la félicité en laquelle il est maintenant recueilli, ne changeoit la tristesse de ma personne en éjouissance de son gain; et aurois mal fait mon profit de sa doctrine tant sainte et admirable, de sa vie tant bonne et entière, de sa mort tant heureuse et chrétienne, si je n'avois appris par tous ces moyens à me soumettre à la providence de Dieu avec toute satisfaction et contentement. Or, quant à sa doctrine, de laquelle je veux parler en premier lieu, tant s'en faut que la multitude de ceux qui lui ont contredit la doive rendre suspecte envers toutes gens de bon

---

1 Cette Vie de Calvin, que Théodore de Bèze avait composée sous la forme d'une préface pour la placer en tête d'une traduction française de l'ouvrage de Calvin : *Commentarius in Josue librum*, fut publiée séparément à Genève en 1564, in-4 et pet. in-8, aussitôt après la mort du chef de la Réforme, et l'année suivante, avec le *Commentaire* sur Josué, in-fol. On ne l'avait pas réimprimée depuis, excepté traduite en latin par l'auteur lui-même.

2 Le *Commentaire* sur le Livre de Josué, en tête duquel cette Vie devait paraître d'abord.

jugement, qu'au contraire cela seul pourroit servir de certain argument pour l'approuver ; d'autant que nul ne s'y est jamais opposé, qui n'ait expérimenté qu'il s'adressoit non point contre un homme, mais contre un vrai serviteur de Dieu. Aussi se peut-il affermer (et tous ceux qui l'ont connu en seront bons et suffisants témoins) que jamais il n'a eu ennemi, qui, en l'assaillant, n'ait fait la guerre à Dieu. Car, depuis que Dieu a fait entrer son champion en cette lice, il se peut bien dire que Satan l'a choisi, comme s'il avoit oublié tous les autres tenants, pour l'assaillir, et du tout altérer, s'il eût pu. Mais, d'autre part, Dieu lui a fait cette grâce, qu'il l'a orné d'autant de trophées qu'il lui a opposé de ses ennemis. S'il est donc question des combats qu'il a soutenus par dedans pour la doctrine, rien ne les peut faire sembler légers que la diligence de laquelle il a usé pour ne donner loisir à ses ennemis de reprendre haleine, et la constance que Dieu lui avoit donnée pour jamais ne fléchir, tant soit peu, en la querelle du Seigneur. Les anabaptistes en feront foi, lesquels, peu après le commencement de son ministère en cette Église, c'est à savoir l'an 1536, il sut si bien et heureusement manier en publique dispute, sans que le magistrat y ait mis la main, que dès lors la race en fut perdue en cette Église ; ce qui est d'autant plus admirable, que la plupart des Églises d'Allemagne en sont encore bien fort empêchées ; et, s'il y en a qui en soient délivrées, ç'a été plutôt par rigueur de justice qu'autrement. Il eut un autre combat à soutenir contre un apostat nommé Caroli, sur plusieurs calomnies ; lequel, étant semblablement abattu tant par écrit que de bouche, et déchassé de l'Église de Dieu, est mort misérablement à Rome dedans un hôpital, pour servir d'exemple à ceux qui se révoltent de Jésus-Christ, pour suivre un maître qui récompense si mal ses serviteurs et en ce monde et en l'autre. En un autre temps, c'est à savoir l'an 1553, Michel Servet, Espagnol, de maudite mémoire, survint, non pas homme, mais plutôt un monstre horrible, composé de toutes les hérésies anciennes et nouvelles, et surtout exécrable blasphémateur contre la Trinité, et nommément contre l'éternité du Fils de Dieu. Cettui-ci, étant arrivé en cette ville, et saisi par le magistrat à cause de ses blasphèmes, y fut tellement et si vivement combattu, que, pour toute défense, il ne lui demeura qu'une opiniâtreté indomptable, à raison de laquelle, par juste jugement de Dieu et des hommes, il fina par le supplice de feu sa malheureuse vie et ses blasphèmes qu'il avoit dégorgés de bouche et par écrit par l'espace de trente ans et plus. Environ deux ans auparavant, s'étoit présenté un certain triacleur, carme, et soudain devenu de théologien médecin, nommé Hiérôme Bolsec, de Paris, lequel, pour se faire valoir, pensant être arrivé en son cloître, et non en une Église de Dieu, de laquelle il n'avoit jamais rien su que par ouï-dire, et puis aussi sollicité par quelques garnements, desquels il sera parlé ci-après, commença en pleine congrégation de reprendre la doctrine de la providence et prédestination éternelle : comme si nous faisions Dieu auteur de péché et coupable de la condamnation des méchants ! Calvin s'opposa sur-le-champ à ce loup déguisé, et lui répondit tellement de bouche en public et en particulier, et puis aussi par écrit, que rien ne demeura à l'adversaire de vérité, qu'une seule impudence monacale, qui l'a rendu et rend encore aujourd'hui puant à tout homme qui a quelque bon sentiment; voire par son propre jugement, comme il se montrera par témoignage de sa main toutes fois et quantes que besoin sera. Car ce malheureux, qui avoit mérité punition pour un acte séditieux, étant traité par le magistrat en toute douceur, à cause qu'on estimoit qu'il y auroit ci-après quelque remède à son ignorance sophistique, après avoir fait autant de scandales et de maux qu'il a pu ès Églises circonvoisines, se voyant par trois fois déchassé des terres des seigneurs de Berne, à la fin étant intolérable à chacun, a donné gloire à Dieu, reconnaissant ses erreurs, et surtout sa mauvaise conscience, à Orléans, en plein synode général des Églises françoises, l'an 1562, tellement qu'on en espéroit quelque chose. Mais depuis, étant repris d'un même mauvais esprit, est retourné à ses premières erres, et, déchassé de tous, comme il en est digne, sert encore aujourd'hui, par tous les lieux où il se promène, de témoignage de l'ire de Dieu contre ceux qui résistent à vérité. Peu de temps après se déclarèrent quelques demeurants de servetistes, comme un certain jurisconsulte de ces quartiers, qui depuis, pour même cause, fut chassé de l'Université de Tubinge par le très-illustre duc de Wirtemberg; et, pour avoir continué en ses blasphèmes, châtié par prison, et reçu à se dédire par jugement desdits seigneurs de Berne. Avec cettui-là s'étoit ligué un certain Calabrois, nommé Valentin Gentil; un autre de Sardaigne; un Piémontais, nommé Jean-Paul Alciat; un médecin de Saluces, nommé Georges Blandrata. Ceux-ci besognoient sous terre comme ils pouvoient, semant leurs blasphèmes contre les trois Personnes en une essence divine, jusques à ce que ce fidèle serviteur de Dieu s'y étant opposé, les uns s'évanouirent, les autres, ayant reconnu leurs blasphèmes, en ont demandé pardon à Dieu et à la seigneurie. Mais peu après, les malheureux, contre leur serment, retournés à leurs blasphèmes, se sont avec leurs complices en la fin retrouvés en Pologne, là où ils ont fait et font encore aujourd'hui infinis troubles. Si ont-ils, jusques au lieu où ils sont, senti et aperçu que valoit la force du fidèle serviteur de Dieu dont nous parlons, par les écrits duquel les Églises de Pologne ont été tellement fortifiées, que les fidèles en ont été grandement affermis, et les ennemis de vérité tellement affoiblis, qu'avec l'aide Dieu, leur ruine en est prochaine. Voilà les principaux combats qu'il a endurés par dedans pour la doctrine, beaucoup plus difficiles à soutenir qu'à les dire, comme les livres en feront foi à la postérité. Car, quant aux autres ennemis, ils l'ont toujours assailli de loin, mais non pas de si loin, qu'il ne les ait atteints de plus près qu'ils n'eussent voulu. Ses doctes écrits contre les anabaptistes et les libertins en peuvent faire suffisante preuve. Quant à ce grand Goliath Pighius, qui est-ce qui l'a abattu, lui et son pélagianisme, que la puissance du Seigneur en la main de Calvin? Qui a clos la bouche à ce glorieux cardinal Sadolet, que cettui-là même? Qui a plus heureusement combattu et défait cet amas de sangliers assemblés pour dégâter la vigne du Seigneur? Qui a mieux ni plus droit navré l'Antechrist à la mort? Qui a plus courageusement et plus pertinemment répondu à ce malheureux INTERIM, qui a tant troublé l'Allemagne? Ce n'est pas tout. Car, qui a été plus clairvoyant à connoître et rédarguer l'impiété des faux évangéliques, s'accommodant à toutes gens? Qui a plus vivement maintenu la pureté de la doctrine contre les plus dangereux ennemis, c'est à savoir ceux qui, sous ombre de paix et union, prétendent de corrompre la pureté d'icelle? Quant à la misérable contention émue pour le fait de la Cène, voyant le feu tant allumé, tout son désir fut de l'éteindre par une claire exposition de la matière, sans s'attacher à personne; ce qu'il a fait si bien et si dextrement, que qui voudra bien considérer ses écrits, confessera que c'est à lui, après Dieu, qu'appartient l'honneur de la résolution depuis suivie par toutes gens de bon jugement. Ce néanmoins, Satan s'efforça tant qu'il lui fut possible de l'attirer en cette contention; voire même avec l'Église de Zurich, laquelle, entre autres, il a toujours estimée et honorée. Mais ce fut en vain. Car, au contraire, ayant en présence conféré ensemble, ils demeurèrent entièrement d'accord, et fut le consentement de toutes les Églises de Suisse et des Grisons, dressé et imprimé en plusieurs langues, avec grande édification parmi tout le monde. Cela déplut à certains opiniâtres, entre lesquels un nommé Ioach Vucstphale, l'autre Tileman Hesbusius, ont été les plus ardents ennemis de vérité et de concorde. Force lui fut alors d'entrer au combat, par lequel il a tellement maintenu la vérité, et combattu l'ignorance et impudence de tels personnages, qu'il en a acquis louange, et les dessusdits, toute vergogne, voire même entre ceux de leur secte et nation; et l'Église de Dieu en a été tant plus confermée en la vraie et saine doctrine. Bref, je crois qu'il ne se trouvera hérésie ancienne, ni renouvelée, ni nouvellement forgée de notre temps, laquelle il n'ait détruite jusques aux fondements. Car entre autres grâces excellentes, il y en a deux qui reluisoient en lui, c'est à savoir une singulière vivacité à découvrir là où gît la difficulté des matières, et puis aussi une dextérité merveilleuse à coucher ses réponses sans perdre une seule parole, comme tous ceux-là confesseront, voire même les ennemis de l'Évangile, qui voudront attentivement lire ses écrits. J'ai omis un autre monstre qu'il a semblablement défait, encore qu'en cet endroit j'aie combattu avec lui : c'est un nommé Sébastien Châteillon, lequel, d'autant qu'il avoit connoissance des langues, et même avoit quelque dextérité en la langue latine, fut ici reçu pour conduire l'école. Mais cet esprit, étant naturellement enclin à se plaire en soi-même, se plongea tellement dans sa vanité, qu'à la fin il s'y est noyé, pource que jamais on n'a pu gagner ce point sur lui, qu'il prît la peine de lire les *Commentaires* et autres écrits, pour se résoudre. Cela fut cause que, de plein saut, il condamna le *Cantique des Cantiques*, comme un livre sale et impudique; ce que lui étant remontré, il dégorgea publiquement mille injures contre les pasteurs de cette Église. Sur quoi lui étant commandé par le magistrat de vérifier son dire, et convaincu de manifeste malice et calomnie, la justice lui ordonna de sortir, après avoir reconnu sa faute. Étant donc enfin retiré à Bâle, il y a vécu depuis, jusqu'à ce que s'étant élevé le trouble de Hierôme Bolsec sur la prédestination, celui-ci, qui avoit toujours tenu de la perfection anabaptistique, mais secrètement et entre les siens, ne faisant, au surplus, difficulté de s'accommoder à chacun, étant aussi grandement irrité de la mort de Servet, se découvrit ouvertement, premièrement en un livre qu'il fit imprimer en latin et en françois, sous un faux nom de Martin Bellie, aux erreurs et blasphèmes duquel j'ai répondu. Il ajouta un autre traité qu'il appelle en latin *Theologia germanica*; sous le nom de Théophile ; et en françois, *Traité du vieil et nouvel homme*. Enfin, il tourna, ou renversa plutôt toute la Bible en latin et en françois avec une impudence et ignorance si vilaine, que ce seroit merveilles comme il se peut trouver des hommes qui s'y délectent, n'étoit que la nouveauté est toujours agréable à tous esprits ambitieux, desquels aujourd'hui il est aussi grande saison qu'il fut oncques. Il mit au-devant de sa traduction une épître adressée au feu bon roi Édouard d'Angleterre, par laquelle, sous ombre de prêcher charité, il renverse l'autorité des Écritures, comme obscures et imparfaites, pour nous renvoyer aux révélations particulières, c'est-à-dire aux songes du premier rêveur qui voudra se montrer. Il avoit fait aussi certaines annotations sur le neuvième chapitre de l'*Épître aux Romains*, par lesquelles il établit manifestement le pélagianisme, et ne reconnoît aucun décret de Dieu, sinon ès choses qui sont bonnes de leur nature, forgeant en Dieu une permission contraire à sa volonté, et nous imposant faussement que nous faisons Dieu auteur de péché. Tout cela n'émut aucunement le fidèle serviteur de Dieu, d'autant que déjà on avoit mille fois répondu à toutes telles calomnies et erreurs, jusques à ce qu'icelui même fit un recueil latin de certains articles et arguments, qu'aucuns disoient avoir extraits des livres de M. Jean Calvin, y ajoutant certaines répliques ; et fut ce livret envoyé sous main à Paris, pour y être imprimé. Mais Dieu y pourvut, faisant tomber l'original entre mes mains, tellement que nous-mêmes le fîmes imprimer ici avec telles réponses qu'il méritoit. Lui, après avoir su le tout, ne sut que répondre aux pasteurs et ministres de Bâle, sinon qu'il n'étoit auteur desdits articles. Étant, peu après, appelé sur la doctrine du franc arbitre et de la providence de Dieu en pleine dispute à Bâle, sa doctrine fut condamnée. Et d'autant que, quelques années auparavant, il avoit été reçu à la profession de la langue grecque par ceux qui ne connoissoient ses erreurs, il lui fut commandé de ne se mêler de bouche, ni par écrit, que de sa lecture ; ce qu'il promit, et observa très-mal, ayant toujours continué à semer ses rêveries comme il a pu. Et même, de haine qu'il avoit contre moi, qui pour lors étois en France bien empêché, à mon grand regret, aux guerres civiles, ou pour le moins ému d'une ambition démesurée, il écrivit un livret intitulé : *Conseil à la France désolée*, sans y mettre son nom, ni le lieu de l'impression, combien qu'il fût en ville libre. Là il condamne de rébellion et sédition toutes les Églises françoises, et conseille qu'un chacun croie ce qu'il voudra, ouvrant la porte, par même moyen, à toutes hérésies et fausses doctrines. Je ne daignai lui répondre à ce beau conseil, qui sentoit par trop son homme bien fort lourd, et ignorant de ce qu'il traitoit, et très-mal expérimenté en telles affaires. Mais, au lieu de cela, je répondis à plusieurs points desquels il m'avoit taxé, y entremêlant des erreurs fort vilains et intolérables, sous ombre de défendre ce que j'avois repris en sa translation latine. Cette mienne réponse, dédiée aux pasteurs de l'Église de Bâle, fut cause qu'icelui Châteillon fut appelé par l'Église et puis par la seigneurie, et lui fut enjoint de répondre à ce dont je le chargois, et que je m'offrois lui prouver par ses écrits; mais, peu de jours après, la mort le délivra de cette peine. Je sais bien que ce long discours sera trouvé mauvais par aucuns, comme si j'en parlois en homme passionné, et ne pouvois même souffrir les morts se reposer en leur sépulcre. Mais je puis protester devant Dieu que jamais je n'ai haï le personnage vivant, avec lequel aussi je n'eus jamais affaire particulier en bien ni en mal; tant s'en faut que maintenant je voulusse haïr et pourchasser les morts, qui sont remis au jugement du Seigneur. Mais il a fallu que ceci fût entendu, afin que chacun se garde de ses livres et disciples qu'il a laissés après lui. En ces entrefaites, un certain pédant se mit en avant, c'est François Balduin, lequel, ne pouvant non plus demeurer en une religion qu'en une place, a changé de demeure et condition plus souvent que tous les jours, et de religion pour le moins trois fois. A la parfin, n'ayant plus de conscience à perdre, s'est rangé d'une certaine religion pareille à celle des chanoines réguliers, lesquels, étant en général semblables à tous les autres de leur rang, toutefois quand il est question de leur particulier, se font moines en ce qui est avantageux pour les moines, et, tout au contraire, se font séculiers quand la moinerie leur est peu favorable. Ainsi ce bon personnage baise la pantoufle comme les autres; et, afin qu'on ne fît doute que ce ne fût à bon escient, en a pris une bonne et belle rémission de son roi, pour rentrer en grâce de Sa Sainteté et des cardinaux, desquels, pour son dernier malheur, il est devenu esclave. S'il est donc question d'écrire contre nous, voilà le meilleur catholique du monde. Mais si, d'autre côté, il faut s'accommoder à ceux qui sont comme entre deux fers et se vantent de tenir le milieu, adonc le bonhomme crache les réformations de l'Église romaine, et parle vaillamment de certains abus; mais c'est sans toucher au principal, et tellement toutefois que tout homme qui ne le connoîtroit, penseroit qu'il parlât à bon escient, et non point pour se faire valoir. Ce galant, pour son entrée, ne faillit pas, l'an 1561, de mettre en avant un livre de telle matière, sans aucun nom, à l'heure même qu'on étoit au colloque de Poissy. Calvin, connoissant l'intention de ce malheureux, répondit brièvement, comme il avoit accoutumé, mais fort péremptoirement, et donnant quelques atteintes à celui qui étoit principalement coupable de ce mal. Balduin, sur cela, s'échauffe, et depuis n'a cessé d'écumer sa rage contre celui qu'il avoit tant de fois appelé père et précepteur, le tout pour faire connoître qu'il s'étoit révolté à bon escient. Sur cela, Calvin l'a combattu et ruiné par un seul silence. Car, quant aux injures et outrages contre sa personne, il les a toujours estimés honorables pour le nom du Seigneur auquel il servoit, joint qu'être blâmé par un méchant emporte certain témoignage de vertu. Et quant aux répréhensions concernant la doctrine, les unes lui ont semblé si légères et impertinentes, qu'elles ne méritoient réponse; les autres ne sont que redites empruntées d'ailleurs, et mille et mille fois réfutées. Toutefois, pource que c'est à moi anssi que cet apostat s'est attaché pour gratifier ses maîtres, j'ai pris la charge de lui répondre pour la deuxième fois, dont j'espère aussi m'acquitter avec la grâce de notre Dieu. Voilà les principaux combats que ce bon personnage a soutenus heureusement pour la vérité du Seigneur. Au reste, par ce discours, je pense avoir traité la plupart de sa vie. Car qu'a-ce été autre chose de sa vie, qu'une perpétuelle doctrine, tant par paroles que par écrit, et par toutes ses mœurs et façons de vivre? Ce que toutefois il est très-bon d'exposer par le menu; afin que chacun entende les merveilles de Dieu à l'endroit de cet excellent personnage. Il naquit à Noyon, ville ancienne et célèbre de Picardie, l'an 1509, le 10 de juillet, d'une maison honnête et de moyennes facultés. Son père s'appeloit Girard Calvin, homme de bon entendement et conseil, et pour cela fort requis ès maisons des seigneurs circonvoisins; à raison de quoi, sondit fils, dès son jeune âge, fut tant mieux et libéralement nourri, aux dépens de son père, toutefois, en la compagnie des enfants de la maison de Mommor, auxquels aussi il fit compagnie aux études à Paris. Il étoit dès lors d'un singulier esprit, et surtout fort conscientieux, ennemi des vices et fort adonné au service de Dieu, qu'on appeloit pour lors; tellement que son cœur tendoit entièrement à la théologie, qui fut aussi cause qu'on le pourvut d'un bénéfice en l'Église cathédrale de Noyon. Toutefois, son père se résolut de le faire étudier aux lois; et lui aussi de sa part, ayant déjà, par le moyen d'un sien parent et ami, nommé maître Pierre Robert, autrement Olivetanus, qui, depuis, a traduit la Bible d'hébreu en françois, imprimée à Neufchâtel, goûté quelque chose de la pure religion, commençoit à se distraire des superstitions papales; qui fut cause qu'outre la singulière révérence qu'il portoit à son père, il s'accorda d'aller à Orléans pour cet effet, là où lisoit pour lors un excellent homme, nommé Pierre de L'Étoile, depuis président en la cour de Parlement à Paris, sous lequel il profita tellement en peu de temps, qu'on ne le tenoit pour écolier, mais comme l'un des docteurs ordinaires; comme aussi il étoit plus souvent enseigneur qu'auditeur, et lui fut offert de le passer docteur pour rien, ce que toutefois il refusa. Et pource que lors l'Université de Bourges étoit aussi en bruit à cause de cet excellent jurisconsulte André Alciat, qui lors y enseignoit, il le voulut bien voir et ouïr aussi. Cependant il ne laissoit de vaquer aux saintes lettres, avec tel fruit et si heureusement, que tous ceux auxquels il plaisoit à Dieu de toucher le cœur pour entendre que c'étoit des différends émus pour le fait de la religion, nonseulement lui portoient affection singulière, mais l'avoient déjà en admiration pour l'érudition et zèle qui étoit en lui. Entre autres qu'il hantoit pour lors à Bourges, il y avoit un excellent personnage, Allemand, professeur des lettres grecques, nommé Melchior Volmar, duquel je me souviens d'autant plus volontiers, que c'est celui même qui a été mon fidèle précepteur et gouverneur de toute ma jeunesse, dont je louerai Dieu toute ma vie. Ce bon personnage, voyant que Calvin avoit faute des lettres grecques, fit tant qu'il s'appliqua à les apprendre, à quoi aussi il lui servit beaucoup, comme lui-même en a rendu témoignage en lui dédiant ses *Commentaires* sur la seconde Épître de saint Paul aux Corinthiens, et lui faisant cette reconnaissance de l'appeler son maître et enseigneur. Sur ces entrefaites, son père va mourir, qui fut cause que, abandonnant ses études de lois, il retourna à Noyon, et depuis à Paris ; là où, nonobstant sa jeunesse, il ne fut guère sans être connu et honoré de tous ceux qui avoient quelque sentiment de vérité. Lui, de sa part, prenant dès lors résolution de se dédier du tout à Dieu, travailloit avec grand fruit, tellement qu'étant advenue émeute à Paris, du temps d'un recteur nommé M. Copus, il fut envoyé en cour pourchasser quelque provision, là où il fut connu et très-bien recueilli de ceux qui avoient quelque droite affection et jugement en ces affaires. Enfin, voyant le pauvre état du royaume de France, il délibéra de s'en absenter pour vivre plus paisiblement et selon sa conscience. Il partit donc de France l'an 1534, et cette même année fit imprimer, à Bâle, sa première Institution, comme un apologétique adressé au feu roi François, premier de ce nom, pour les pauvres fidèles persécutés, auxquels à tort on imposoit le nom d'anabaptistes, pour s'excuser envers les princes protestants des persécutions qu'on leur faisoit. Il fit aussi un voyage en Italie, où il vit Mme la duchesse de Ferrare, encore aujourd'hui vivante, grâce à Dieu ; laquelle l'ayant vu et ouï, dès lors jugea ce qui en étoit, et toujours depuis, jusques à sa mort, l'a aimé et honoré comme un excellent organe du Seigneur. A son retour d'Italie, laquelle il ne fit que voir, il passa à la bonne heure par cette ville de Genève, qui, peu de temps auparavant, avoit reçu l'Évangile par la prédication de maître Guillaume Farel, et ne prétendoit rien moins que d'y faire sa demeure, mais seulement d'y passer pour tirer à Bâle et peut-être à Strasbourg ; mais le Seigneur, voulant dès lors se préparer chemin à tant de bien qu'il vouloit départir à son Église par le moyen d'icelui, mit au cœur dudit Farel de le retenir ; ce qui lui fut très-difficile ; tellement qu'après les prières, il en fallut venir jusqu'aux adjurations. Adonc il accorda de demeurer, non pas pour prêcher, mais pour lire en théologie. Et advint tout ceci l'an 1536, au commencement de septembre. Étant ainsi déclaré docteur en cette Église avec légitime élection et approbation, il dressa un bref Formulaire de confession et de discipline pour donner quelque forme à cette Église nouvellement dressée. Il fit aussi le Catéchisme, qu'on peut bien appeler l'un de ses excellents ouvrages, et qui a fait un merveilleux fruit, étant si bien recueilli, que de françois il a été depuis traduit en hébreu, pour gagner les juifs ; en grec et en latin, pour les écoles ; même en italien, allemand, anglois, écossois, flamand et espagnol ; pour toutes ces nations. Ces heureux commencements déplurent grandement à Satan et aux siens, qui ne faillirent pas, comme il n'étoit malaisé sur les premiers changements d'état et de religion, de s'opposer à la pratique de l'Evangile, combien qu'elle eût été jurée par tous ceux de cette ville. M. Calvin, d'autre part, comme il avoit un esprit vraiment héroïque, s'opposa fort et ferme aux séditieux avec ledit M. Farel et un autre bon personnage, nommé Couraut, aussi ministre de cette Église, aveugle des yeux corporels, mais clairvoyant des yeux de l'esprit, lequel aussi ledit Calvin avoit attiré de Bâle, là où il s'étoit retiré à cause des ardentes per-

sécutions de la France. L'issue fut telle, que le Seigneur, voulant tout d'un
coup retirer ses serviteurs de la presse, purger cette ville de certains mutins
qui abusoient du nom de l'Evangile, planter son nom ailleurs et finalement
façonner son serviteur par une expérience des choses qui depuis lui ont
grandement servi, il fut ordonné, la plus grande part du conseil surmontant
la meilleure, que les dessusdits sortiroient dans vingt-quatre heures, pour
n'avoir voulu administrer la cène en] une cité ainsi troublée et mêlée.
Cela étant annoncé audit Calvin, sa réponse fut, que s'il eût servi aux
hommes, il seroit mal récompensé ; mais qu'il avoit servi à celui qui, au
lieu de mal récompenser ses serviteurs, payoit ce qu'il ne devoit point. Et
c'étoit à bon droit qu'il parloit ainsi, car il avoit ensuivi l'exemple de saint
Paul, en servant à l'Eglise à ses propres coûts et dépens. Il se retira donc,
au grand regret de tous les bons, premièrement à Bâle, puis à Strasbourg,
là où étant recueilli comme un trésor par ces excellents hommes M. Martin
Bucer, Capito, Hedio et autres, qui pour lors reluisoient comme perles
précieuses en l'Eglise de Dieu, il y dressa une Eglise françoise, y établissant
même la discipline ecclésiastique, ce que jamais toutefois les Allemands
n'ont pu obtenir jusqu'à présent pour leur Eglise. Il lisoit aussi en théologie
avec grande admiration d'un chacun, et lors il commença d'écrire sur saint
Paul, dédiant son *Commentaire* sur l'Épître aux Romains à M. Simon Grinée,
tenu le plus docte des Allemands, et son grand ami. Il eut aussi cet heur,
entre autres, qu'il ramena à la foi un fort grand nombre d'anabaptistes qu'on
lui adressoit de toutes parts, et entre autres un nommé Jean Stordeur, de
Liége, lequel étant décédé de peste à Strasbourg quelque temps après, il
prit sa veuve à femme, nommée Idellette de Bure, femme grave et honnête,
avec laquelle il a depuis paisiblement vécu jusques à ce que Notre-Seigneur
la retira à soi, l'an 1548, sans avoir eu aucuns enfants. En ce même temps
furent tenues en Allemagne quelques journées impériales, sur le fait de la
religion, à Worms et à Ratisbonne, èsquelles Calvin fut élu des premiers par
l'avis de tous les théologiens allemands, où il se porta tellement que sa renommée se fit grande parmi les adversaires même, et Philippe Mélancthon, entre
autres, le prit dès lors en singulière amitié, qui a toujours duré depuis, et
dès lors l'appeloient ordinairement le Théologien, par un singulier honneur.
Cependant le Seigneur exerçoit ses jugements à Genève, punissant expressément ceux lesquels, étant en état de syndique 1538, avoient été
cause de déchasser Calvin et Farel, tellement que l'un d'iceux, étant coupable d'une sédition et se voulant sauver par une fenêtre, se creva soi-même ;
un autre, ayant commis un meurtre, fut décapité par justice ; les deux
autres, convaincus de certaine déloyauté contre l'état de la ville, s'enfuirent
et furent condamnés en leur absence. Cette écume étant vidée de la ville,
Calvin commença d'être regretté, et fut redemandé, par plusieurs ambassa-
des de Genève et par l'intercession des seigneurs de Zurich, aux seigneurs
de Strasbourg, qui en firent difficulté. Calvin, d'autre part, voyant le fruit
qu'il faisoit à Strasbourg, n'y vouloit nullement consentir, combien que,
pour témoigner l'affection qu'il portoit à la ville, dès l'an 1539, un an après
son bannissement, il avoit maintenu la cause d'icelle, ou plutôt de la vérité

de Dieu, contre le cardinal Sadolet, par une longue et docte épître qui se trouve imprimée parmi ses œuvres. Enfin il fallut venir jusques aux menaces du jugement de Dieu s'il n'obéissoit à cette vocation, de sorte que, au grand regret desdits seigneurs de Strasbourg, et surtout de M. Bucer et de ses autres compagnons, il fut accordé à Genève pour quelque temps. Mais y étant arrivé et reçu de singulière affection par ce pauvre peuple reconnoissant sa faute et affamé d'ouïr son fidèle pasteur, il fut retenu pour toujours. A quoi s'accordèrent enfin lesdits seigneurs de Strasbourg, à la charge, toutefois, qu'ils le tenoient toujours pour leur bourgeois. Ils vouloient aussi qu'il retînt le revenu d'une prébende qu'ils lui avoient assignée pour ses gages de professeur. Mais, comme il étoit un homme du tout éloigné de cupidité des biens de ce monde, jamais ils ne purent tant faire qu'il en retînt la valeur d'un denier. Par ainsi, il fut rétabli derechef à Genève l'an 1541, le 13 de septembre, là où incontinent il dressa l'ordre et la discipline ecclésiastique, qui y est toujours demeurée ferme depuis, nonobstant que Satan et ses adhérents aient fait tous leurs efforts pour l'abolir. Or, qui voudroit ici déclarer par le menu tous les travaux que cet excellent personnage a depuis soutenus par l'espace de vingt-trois ans et par dedans et par dehors, il y auroit matière d'un bien gros volume. Car s'il y eut jamais ville rudement assaillie de Satan et courageusement défendue durant ce temps, ç'a été Genève : l'honneur en appartient à un Dieu seul ; mais il se peut et doit bien dire que Calvin a été l'instrument de la force et vertu d'icelui. S'il est question de vigilance, jamais Satan et les siens ne le prirent à dépourvu et qu'il n'en ait ou averti le troupeau devant le coup, ou préservé sur-le-champ. S'il faut parler d'intégrité, il est encore à naître qui lui a vu faire faute en son office, fléchir tant soit peu pour homme vivant, avoir varié en doctrine ni en vie, ni jamais calomnié personne. S'il faut mettre en avant le travail, je ne crois point qu'il se puisse trouver son pareil. Outre ce qu'il prêchoit tous les jours de semaine en semaine, le plus souvent et tant qu'il a pu il a prêché deux fois tous les dimanches; il lisoit trois fois la semaine en théologie, il faisoit les remontrances au consistoire, et comme une leçon entière tous les vendredis en la conférence de l'Écriture que nous appelons congrégation; et a tellement continué ce train sans interruption jusqu'à la mort, que jamais il n'y a failli une seule fois, si ce n'a été en extrême maladie. Au reste, qui pourroit raconter ses autres travaux ordinaires et extraordinaires? Je ne sais si homme de notre temps a eu plus à ouïr, à répondre et à écrire, ni de choses de plus grande importance. La seule multitude et qualité de ses écrits suffit pour étonner tout homme qui les verra, et plus encore tous ceux qui les liront. Et ce qui rend ses labeurs plus admirables, c'est qu'il avoit un corps si débile de nature, tant atténué de veilles et de sobriété par trop grande, et, qui plus est, sujet à tant de maladies, que tout homme qui le voyoit n'eût pu penser qu'il eût pu vivre tant soit peu; et, toutefois, pour tout cela, jamais n'a cessé de travailler jour et nuit après l'œuvre du Seigneur, et n'oyoit rien moins volontiers de ses amis que les prières et exhortations qu'on lui faisoit journellement afin qu'il se donnât quelque repos. J'en alléguerai seulement deux exemples. L'an 1559, étant assailli et merveilleusement pressé d'une fièvre quarte, il a, ce nonobstant, bâti sa dernière Institution chrétienne au plus fort de cette maladie, et, qui plus est, traduite en françois d'un bout à l'autre. Pareillement en ses dernières maladies, qui étoient la pierre, la goutte, les hémorrhoïdes, une fièvre phthisique, difficulté d'haleine, outre son mal ordinaire de la migraine, il a traduit lui-même de bout en bout ce gros volume de ses *Commentaires* sur les quatre derniers livres de Moïse, reconféré la translation du premier, fait ce livre sur Josué et revu la plus grand' part de la translation et des annotations du Nouveau Testament; de sorte qu'il n'a jamais cessé de dicter que huit jours devant sa mort, la voix même défaillant. Outre les peines innumérables et propres à sa charge, en toutes les difficultés et périls où s'est trouvée cette pauvre cité, assaillie par dedans par plusieurs mutins et désespérés citoyens, tourmentée par dehors en cent mille sortes, menacée des plus grands rois et princes de la chrétienté, d'autant qu'elle a toujours été le refuge et la défense de tous les pauvres enfants de Dieu affligés en France, Italie, Espagne, Angleterre, ou ailleurs, il a fallu que Calvin ait soutenu le plus pesant fardeau. Bref, il pouvoit bien dire, avec saint Paul : « Qui est celui qui est troublé, que je n'en brûle? » Et n'étoit point sans cause que chacun avoit son refuge à lui, car Dieu lui avoit tant départi de prudent et bon conseil, que jamais homme ne se trouva mal de l'avoir suivi, mais bien en ai-je trop vu qui sont tombés en extrêmes inconvénients pour ne l'avoir voulu croire. Cela s'est ainsi trouvé par infinies expériences; mais surtout ès séditions advenues l'an 48, 54 et 55, pour rompre la discipline de l'Église, èsquelles s'étant mis tout nu au travers des épées dégaînées, par sa seule présence et parole il a tellement effrayé les plus désespérés mutins, qu'ils étoient contraints de donner gloire à Dieu. Le pareil se montra en la conspiration catilinaire qui fut faite la même année 55, pour meurtrir en une nuit tous les François, par le capitaine de la ville, nommé Amied Perrin et ses complices; laquelle conjuration ayant attiré une infinité de dangers et travaux, à la fin le Seigneur, par sa grande grâce et par la prudence de son serviteur, a conduite à telle issue qu'on la voit, c'est-à-dire, en la plus grande tranquillité et félicité qu'ait jamais sentie cette cité. Quant à son vivre ordinaire, chacun sera témoin qu'il a été tellement tempéré, que d'excès il n'y en eut jamais, de chicheté aussi peu, mais une médiocrité louable, hormis qu'il avoit par trop peu d'égard à sa santé, s'étant contenté par plusieurs années d'un seul repas pour le plus en vingt-quatre heures, et jamais ne prenant rien entre deux; tellement que tout ce que les médecins lui ont pu persuader quant à ce point, a été qu'environ demi-an devant sa dernière maladie il prenoit parfois quelque petit de vin, et humoit un œuf environ le midi. Ses raisons étoient l'imbécillité de son estomac et la migraine, à laquelle il disoit avoir expérimenté ne pouvoir remédier que par une diète continuelle, de sorte que quelquefois je l'ai vu faire entière abstinence jusqu'au deuxième jour. Étant de si petite vie, il dormoit fort peu, et la plupart du temps étoit contraint de s'échauffer sur son lit, duquel aussi il a dicté la plupart de ses livres, étant en continuel et très-heureux travail d'esprit. Voilà le train que cet excellent serviteur de

Dieu a suivi d'une continuelle teneur, s'oubliant soi-même pour servir à Dieu et au prochain en sa charge et vocation. Cependant il n'a su tant faire que Satan ne lui ait dressé toutes les calomnies les plus effrontées du monde; mais ce n'est point chose nouvelle, car c'est le salaire que le monde a rendu de tout temps à ceux qui l'ont voulu retirer de perdition. Je ne répondrai point à ceux qui l'appellent hérétique, et pire qu'hérétique, duquel ils ont forgé un nouveau nom de calvinistes; car sa doctrine fournit de réponses au contraire plus que suffisantes. Aucuns l'ont chargé d'ambition; mais s'ils en peuvent alléguer un seul argument, je suis content de passer condamnation. Y a-t-il homme qui ait suivi plus grande simplicité en exposition d'Écriture? et, toutefois, qui a plus eu de quoi se faire valoir, s'il eût voulu profaner l'Écriture par subtilités et vaines ostentations? Il vouloit tout gouverner, disent-ils. O vilaine et fausse impudence! Quelle prééminence a-t-il jamais cherchée? et s'il en eût cherché, qui l'eût empêché d'en avoir? Avec qui eut-il jamais débat du premier ou second lieu? Quand on lui a déféré ce qui appartenoit aux dons et grâces que Dieu avoit mises en lui, quand a-t-il été vu changé tant soit peu? Quand se trouvera-t-il avoir jamais abusé de sa charge et autorité envers le moindre du monde? Quand a-t-il entrepris ni fait chose sans l'avis ou contre l'opinion de ses compagnons? Bref, quelle différence avons-nous jamais vue entre lui et nous, sinon qu'il nous surpassoit tous en toute humilité entre autres vertus, et en ce qu'il prenoit seul plus de peine que nous tous? Y avoit-il homme plus simplement habillé ni plus modeste en toute contenance? Y avoit-il maison, pour la qualité d'un tel homme, je ne dis point moins somptueusement, mais plus pauvrement meublée? Si on ne m'en croit, et dix mille témoins avec moi, au moins que les petites facultés de son frère et seul héritier, et l'inventaire de tous ses biens en soient crus, et il se trouvera que toute sa succession (y comprise même ses livres, qui ont été chèrement vendus à cause de sa mémoire très-précieuse à toutes gens doctes) ne passe point deux cents écus. Ce sera aussi pour répondre à ces effrontés calomniateurs qui se sont débordés jusqu'à le faire les uns un usurier, les autres un banquier, chose si ridicule et si faussement controuvée, que tout homme qui l'a jamais tant soit peu connu ne demandera jamais défense contre un tel mensonge. Il a été si fort avaricieux, qu'ayant en somme toute six cents florins de gages, qui ne reviennent jusques à trois cents livres tournois, il a même pourchassé d'en avoir moins, et les comptes de cette seigneurie en feront foi. Il a été si convoiteux des biens de ce monde, qu'étant prisé, voire même honoré et de rois et de princes et seigneurs de plusieurs nations, et même leur ayant dédié ses ouvrages, je ne sache (et le saurois, à mon avis, s'il étoit autrement) que jamais il en ait reçu à son profit vingt écus. Aussi avoit-il la sacrée parole de Dieu en telle révérence, qu'il eût mieux aimé mourir que de s'en servir d'appât en ambition ou avarice. Il a dédié ses livres ou à quelques personnes privées, en reconnoissance de quelque bienfait ou d'amitié; comme un docte et singulièrement beau *Commentaire* sur le livre de Sénèque touchant la vertu de la clémence, lequel il fit à Paris à l'âge de vingt-quatre ans, et le dédia à un des seigneurs de Mommor, avec lesquels il avoit eu ce bien d'être nourri, non pas, toutefois, à leurs dépens. Le semblable est de ses *Commentaires* sur l'Épître aux Romains, dédiés à Simon Grinée ; sur la première aux Corinthiens, au seigneur marquis Caraciol: sur la seconde, à Melchior Volmar, son précepteur en grec ; sur la première aux Thessaloniciens, à Mathurin Cordier, son régent au collège de Sainte-Barbe, à Paris, en sa première jeunesse ; sur la seconde, à Benoît Textor, son médecin ; sur l'Épître à Tite, à ses deux singuliers amis et compagnons en l'œuvre du Seigneur, M. Guillaume Farel et M. Pierre Viret; et le livre *des Scandales*, à Laurent de Normandie, son ancien et perpétuel ami. Quant aux autres dédiés à quelques rois, ou princes, ou républiques, son but étoit d'encourager les uns, par ce moyen, à persévérer en la protection des enfants de Dieu, et y inciter les autres. Par quoi, aussi, quand il a vu que tels personnages faisoient tout le contraire, il n'a point fait difficulté d'ôter leurs noms pour y en mettre d'autres ; ce qui est, toutefois, seulement advenu en deux préfaces. Voilà quant à ce crime d'avarice. Autres, tout au contraire, l'ont fait prodigue et joueur, mais aussi à propos que ceux qui l'ont chargé de paillardise. Quant à la prodigalité et ce qui s'en ensuit, au moins ses livres feront foi, jusqu'à la fin du monde, de ses passe-temps et de l'impudence de tels menteurs. Quant à la paillardise, ce seroit merveilles qu'homme ait osé se déborder jusques à forger cette calomnie, n'étoit que c'est une chose tout accoutumée contre les plus excellents serviteurs de Dieu. Mais il est à naître qui jamais en ait même soupçonné celui dont nous parlons en lieu où il ait conversé. Il a vécu environ neuf ans en mariage en toute chasteté. Sa femme étant décédée, il a demeuré en viduité l'espace d'environ seize ans et jusques à la mort. En tout ce temps-là, qui a jamais aperçu le moindre signe du monde d'une telle et si indigne tache ? Et qui eût été la vilaine si effrontée qui eût osé penser à regarder sans vergogne un tel front, si vénérable, et témoignant aux hommes qui le regardoient toute pureté et gratuité ? Qui a été plus rigoureux ennemi de toute paillardise ? Il est vrai que le Seigneur l'a exercé sur ce fait en des personnes qui le touchoient de près. Il est encore pis advenu en la maison de Jacob et David, qu'à celui dont nous parlons, et d'une façon trop plus étrange. Mais qu'a gagné Satan en cet endroit sur ce fidèle serviteur de Dieu, sinon honte et vergogne contre soi-même au dernier jour devant le siège du fils de Dieu, et dès maintenant contre ceux qu'il a attirés pour en tirer occasion de scandale ? Les paillardises, adultères et incestes sont choses tenues pour passe-temps et exercices de ces malheureux, tellement que l'un des plus grands scandales qu'ils trouvent ès églises réformées, c'est qu'on y punit les paillards et adultères. Cependant, s'il s'est trouvé quelque tel scandale au milieu de nous, encore qu'il soit rigoureusement puni, ils ont la gorge ouverte pour nous accuser ; en quoi faisant, s'ils disoient vrai, que feroient-ils autre chose que nous blâmer de ce que nous leur ressemblerions ? Mais, sans entrer en ces discours, il faut, veuillent ou non, qu'ils confessent que les larrons ne s'assemblent point là où sont les potences, et que, pour vaquer à telles choses, il faudroit plutôt demeurer avec ceux-là où tel crime est vertu. Pour revenir à mon propos, il se trouvera que le fidèle serviteur de Dieu a montré un singulier exemple à tous les hommes du monde de condamner ce vilain et puant vice, tant en eux-mêmes qu'en autrui, attendu que quand il s'en est trouvé de coupables, il n'a eu, sans aucune acception de personnes, égard quelconque qu'à Dieu et à son Église; et ne dis rien en ceci de quoi tout le monde ne porte un vrai témoignage devant Dieu. Il y en a eu d'autres qui l'ont appelé irréconciliable, cruel et même sanguinaire, ce qu'aucuns ont voulu modérer, l'appelant seulement trop sévère. La défense est bien aisée, Dieu merci! et ne seroit nécessaire, n'étoit qu'il est bon que les uns soient repris de leur perversité, et les autres avertis de leur ingratitude envers Dieu. J'ai dit au commencement ce que je dis encore, c'est qu'il n'eut jamais ennemis que ceux qui ne l'ont pas connu ou qui ont fait guerre ouverte à Dieu. J'alléguerai pour témoignage de cela, une preuve plus que suffisante, c'est qu'à grand'peine se trouvera-t-il homme de notre temps et de sa qualité auquel Satan ait fait plus rude guerre en toutes sortes d'outrages; mais il ne se trouvera point qu'il en ait jamais occupé ni cours ni plaids, encore moins qu'il en ait poursuivi vengeance aucune; aussi n'eut jamais maison ni héritage, ni ne se mêla de trafic ni négociation quelconque. Bien est vrai que quand on s'est bandé contre la doctrine de Dieu qu'il annonçoit, il n'en a jamais rien quitté, et a pourchassé, selon les saintes lois ici établies, que les moqueurs de Dieu fussent traités selon leurs démérites. Mais, qui seront ceux qui reprendront cela, sinon ceux qui transforment l'une des vertus les plus rares et exquises, en un vice par trop commun et dommageable? Cependant, que sera-ce si je dis, et je le puis dire en vérité, qu'une partie de ceux-là même auxquels il lui a été force de s'opposer pour ce que dessus, ont honoré sa constance par leur propre témoignage? J'en pourrois nommer trois pour le moins, que je ne nommerai toutefois, deux desquels étant menés au supplice pour leurs crimes, ne se pouvoient soûler, à la vue de tout le peuple, de l'honorer et remercier jusques à la dernière issue, l'appelant leur père, de la présence, avertissements et prières duquel ils se crioient être indignes, pour n'avoir écouté ses remontrances paternelles. Le tiers, étant en son lit malade à la mort, après avoir été durant sa vie le conseil de tous les débauchés, ne se pouvoit jamais persuader que Dieu lui eût pardonné, si son fidèle serviteur, qu'il avoit tant offensé, ne lui avoit aussi pardonné; tant s'en faut que ceux-ci l'aient argué, je ne dis pas de cruauté, mais de sévérité trop grande. Je confesse qu'il a toujours remontré aux magistrats combien l'acception des personnes étoit détestable devant Dieu; qu'il falloit tenir la balance égale; que Dieu avoit en abomination, non-seulement ceux qui condamnoient l'innocent, mais aussi ceux qui absolvoient le coupable. Mais si c'est vice de parler ainsi et de le pratiquer, il faudra donc condamner le Saint-Esprit, qui en a donné la sentence; ou, si c'est le contraire, il faut que tels blasphémateurs, qui appellent l'ordonnance de Dieu cruauté, aient la bouche close. Mais, disent-ils, il a été trop rigoureux aux adultères et aux hérétiques. Je pourrois bien répondre, ce qui est vrai, comme toute la ville le sait, qu'il ne jugea jamais personne, car ce n'étoit point son état, et il n'y pensa oncques; et, si on lui a demandé avis, non point pour confondre les états que Dieu a distingués, mais pour être réglés selon la parole du Seigneur, je sais bien que je serai avoué quand je dirai qu'on n'a pas toujours suivi son conseil. Mais, laissant cela, que pourront alléguer tels miséricordieux censeurs, quand je leur dirai ce qui est vrai, c'est qu'il n'y eut jamais république bien policée en laquelle l'adultère n'ait été jugé digne de mort; et que, cependant, il ne se trouvera point qu'un simple adultère ait été puni, en cette cité, de peine capitale. Quant aux hérétiques, où est, je vous prie, cette grande rigueur? où est-ce que ce sanguinaire a montré un sanglant naturel? Il y a peu de villes de Suisse et d'Allemagne où l'on n'ait fait mourir des anabaptistes, et à bon droit; ici, on s'est contenté de bannissement. Bolsec y a blasphémé contre la providence de Dieu; Sébastien Châteillon y a blasonné les livres mêmes de la sainte Écriture; Valentin y a blasphémé contre l'essence divine; nul de ceux-là n'y est mort; les deux ont été simplement bannis, le tiers en a été quitte pour une amende honorable à Dieu et à la seigneurie. Où est cette cruauté? Un seul, Servet, a été mis au feu. Et qui en fut jamais plus digne que ce malheureux, ayant, par l'espace de trente ans, en tant et tant de sortes blasphémé contre l'éternité du Fils de Dieu, attribué le nom de Cerberus à la trinité des trois personnes en une seule essence divine; anéanti le baptême des petits enfants; accumulé la plupart de toutes les puantises que jamais Satan vomit contre la vérité de Dieu; séduit une infinité de personnes; et, pour le comble de malédiction, n'ayant jamais voulu ni se repentir, en donnant lieu à vérité, par laquelle tant de fois il avoit été convaincu, ni donner espérance de conversion? Et, s'il en faut venir aux jugements des Églises, qui ne doit plutôt approuver ce que les Églises de toute l'Allemagne, et nommément Philippe Melancthon, renommé pour sa douceur, en a non-seulement dit, mais aussi publié par écrit, à la louange d'une telle et si juste exécution? Pour la fin de ce propos, ceux qui trouvent un tel acte mauvais, ne sauroient mieux montrer ni leur ignorance, en blâmant ce qui mérite singulière louange; ni leur témérité, quand ils s'en attachent à celui qui n'a fait office que de pasteur fidèle, avertissant le magistrat de son devoir, s'efforçant par tous moyens de ramener un tel malheureux à quelque amendement; et, finalement, n'oubliant rien pour empêcher qu'une telle peste n'infectât son troupeau. Il y en a d'autres qui l'ont trouvé par trop colère. Je ne veux point faire d'un homme un ange. Ce nonobstant, pourcé que je sais combien Dieu s'est merveilleusement servi même de cette véhémence, je ne dois taire ce qui en est, et que j'en sais. Outre son naturel enclin de soi-même à colère, l'esprit merveilleusement prompt, l'indiscrétion de plusieurs, la multitude et variété infinie d'affaires pour l'Église de Dieu, et, sur la fin de sa vie, les maladies grandes et ordinaires, l'avoient rendu chagrin et difficile. Mais tant s'en falloit qu'il se plût en ce défaut, qu'au contraire nul ne l'a mieux aperçu, ne l'a trouvé si grand que lui. Cela soit dit quant à sa vie et conversation domestique, en laquelle ce seul défaut que jamais j'aie connu en lui étoit tempéré de si grandes et tant aimables vertus, et si peu ou point accompagné des autres vices qui ont accoutumé de le suivre, que nul ami n'en demeura oncques offensé, ni de fait ni de paroles. Mais quant au public, concernant la charge que Dieu lui avoit commise, c'est là où il faut que j'admire la grande sagesse de Dieu, tournant toutes choses à sa gloire, sur-

tout en ses organes et instruments plus singuliers. Ceux qui ont vu et connu
à quelles gens il a eu affaire le plus souvent, les choses que Dieu a déclarées
et faites par lui, les circonstances des temps et des lieux, ceux-là peuvent
juger de quoi une telle véhémence, véhémence, dis-je, vraiment prophé-
tique[1], a servi et servira à toute la postérité. Et ce qui le rendoit plus admirable, étoit que, n'ayant et ne cherchant rien moins que ce qui est tant
requis par ceux qui se veulent faire craindre par une apparence extérieure,
il falloit que les plus obstinés et pervers fléchissent sous la grande vertu de
Dieu, environnant son fidèle et irrépréhensible serviteur. Ceux qui liront
ses écrits et chercheront droitement la gloire de Dieu, y verront reluire
cette majesté dont je parle. Quant à ceux qui traitent aujourd'hui la religion
comme les affaires politiques, plus froids que glace aux affaires de Dieu,
plus enflambés que feu en ce qui concerne leur particulier, et qui appellent
colère tout ce qui est dit plus franchement qu'il ne leur plaît ; comme il n'a
jamais tâché de plaire à telles gens, aussi ferai-je conscience de m'amuser
à leur répondre. Que diroient donc ces sages gens et si attrempés (pourvu
qu'il ne soit question que de Dieu), s'ils avoient senti de plus près une telle
colère? Je m'assure qu'ils s'en fussent aussi mécontentés, comme je m'estime
et estimerai heureux tout le temps de ma vie d'avoir ouï d'une si grande
et si rare vertu, en public et en particulier. Je ne pourrois jamais être las
de me consoler, en l'absence d'un tel et si excellent personnage, en le me
représentant par le discours de ses vertus tant rares et exquises. Mais si ne
puis-je sans merveilleux regret parachever ce qui reste, et qui ne peut,
toutefois, nullement être laissé, attendu que c'est comme la couronne et
l'ornement de toute sa vie. Outre ce que Dieu avoit logé ce grand esprit en
un corps imbécile et disposé de soi-même au mal de phthisie, duquel aussi
il est mort, les études de sa jeunesse l'avoient fort atténué, et quand il est
venu aux affaires, il s'est toujours si peu respecté quant au travail de son
esprit, que, sans une grâce spéciale de Dieu voulant bâtir son Église par
cet instrument, il lui eût été impossible de parvenir seulement jusques à l'âge
que les médecins appellent déclinant. L'an 1558, étant requis par les seigneurs de Francfort de faire un voyage vers eux, pour remédier à quelques
troubles survenus en l'Église françoise, recueillie un peu auparavant en
ladite ville, au retour de ce voyage, bien long et fâcheux, il eut une fièvre
tierce fort âpre, qui fut comme le premier heurt de sa santé; tellement que,
l'an 1559, il fut assailli d'une longue et fâcheuse fièvre quarte, durant laquelle
force lui fut, à son grand regret, de s'abstenir de lire et de prêcher. Mais il
ne laissoit de travailler à la maison, quelque remontrance qu'on lui fît, tellement que pendant ce temps il commença et paracheva sa dernière Institution
chrétienne, latine et françoise, de laquelle nous parlerons en la conclusion.
Cette maladie le laissa tellement débilité, que jamais depuis il n'a pu revenir
en une pleine santé. Il traîna toujours depuis la jambe droite, qui parfois
lui faisoit grandes douleurs. Ses anciennes infirmités se rengrégeoient aussi,
c'est à savoir ses douleurs de tête, et grandes crudités qui lui causoient une
défluxion perpétuelle. Il étoit assailli des hémorrhoïdes, d'autant plus fâcheuses, qu'autrefois par un accident cette partie avoit été fort débilitée.

La cause étoit qu'en ne donnant nul repos à son esprit, il étoit en perpétuelle indigestion, à laquelle même il ne pensa jamais, qu'étant contraint par la douleur. Les coliques s'ensuivirent, et puis à la fin la goutte et le calcul. Outre cela, pour s'être efforcé, et par une défluxion érodante, il tomba en crachement de sang, qui le délibitoit à l'extrémité. Parmi tant de maladies, c'est une chose étrange que cette vivacité d'esprit en étoit plutôt empêchée que diminuée, et cette dextérité de jugement nullement altérée. Il y avoit seulement ce mal, que le corps ne pouvoit suivre l'esprit; encore qu'il s'efforçât parfois, jusques à ce qu'il fût tellement pressé d'une courte haleine, qu'à grand'peine pouvoit-il porter le mouvement de deux ou trois pas. Les médecins faisoient tout devoir, et lui, de sa part, suivoit leur conseil à toute rigueur, nonobstant ses douleurs et tant de maladies impliquées. Mais c'étoit en vain, comme toujours aussi il le disoit, regardant le ciel et disant souvent ces mots : « Seigneur, jusques à quand ? » A la fin donc il demeura tout plat, ayant bien l'usage de parler, mais ne pouvant poursuivre un propos longuement, à cause de sa courte haleine ; ce nonobstant, encore ne cessoit-il de travailler. Car en cette dernière maladie, comme il a été dit ci-dessus, il a entièrement traduit de latin en françois son *Harmonie sur Moïse*, revu la traduction de *Genèse*, écrit sur ce présent livre de *Josué*, et finalement revu et corrigé la plupart des annotations françoises sur le Nouveau-Testament, qu'autres avoient auparavant recueillies. Outre cela, jamais il ne s'est épargné aux affaires des Églises, répondant et de bouche et par écrit quand il en étoit besoin ; encore que de notre part nous lui fissions remontrance d'avoir plus d'égard à soi. Mais sa réplique ordinaire étoit, qu'il ne faisoit comme rien ; que nous souffrissions que Dieu le trouvât toujours veillant et travaillant à son œuvre comme il pourroit, jusques au dernier soupir. Le 25 d'avril il fit un testament fort bref, comme jamais il n'a abusé même des paroles en tant qu'en lui a été, mais contenant un singulier et excellent témoignage à jamais qu'il a parlé comme il a cru ; qui a été cause que volontiers je l'ai inséré de mot à mot, par le consentement de son frère et seul héritier, Antoine Calvin, afin que cet acte demeure à perpétuité, comme il a plu à Dieu que quelques testaments de ses plus excellents serviteurs aient été enregistrés, pour être perpétuels témoignages qu'un même esprit de Dieu les a gouvernés en la vie et en la mort, et puis aussi pour faire mieux connoître l'impudence extrême de ceux qui feroient volontiers croire que sa mort a démenti sa vie. Et si quelqu'un estime qu'en ceci il y ait rien de contrefait, je ne m'amuserai point à le contredire ; seulement je l'admoneste, quiconque il soit, de bien penser que c'est qu'il y aura de ferme en la société humaine, s'il est loisible de révoquer en doute ce qui a été fait en une ville, au vu et su de qui l'a voulu ouïr et savoir.

TESTAMENT ET DERNIÈRE VOLONTÉ

DE M. JEAN CALVIN.

Au nom de Dieu. A tous soit notoire et manifeste, comme ainsi soit que l'an mil cinq cent soixante-quatre et le vingt-cinquième jour du mois d'avril, moi Pierre Chenelat, citoyen et notaire juré de Genève, aie été appelé par le spectable Jean Calvin, ministre de la parole de Dieu en l'Église de Genève et bourgeois dudit Genève, étant malade et indisposé de son corps tant seulement, icelui m'a déclaré vouloir faire son testament et déclaration de sa dernière volonté, me priant de l'écrire selon qu'il seroit par lui dicté et prononcé. Ce qu'à sa dite requête j'ai fait, et l'ai écrit sous lui et selon qu'il le m'a dicté et prononcé de mot à mot, sans y rien omettre ni ajouter à la forme qui s'ensuit. Au nom de Dieu. Je, Jean Calvin, ministre de la parole de Dieu en l'Église de Genève, me sentant tellement abattu de diverses maladies, que je ne puis autrement penser sinon que Dieu me veut retirer en bref de ce monde, ai avisé de faire et coucher par écrit mon testament et déclaration de ma dernière volonté en la forme qui s'ensuit. C'est, en premier lieu, que je rends grâce à Dieu de ce que non-seulement il a eu pitié de moi sa pauvre créature, pour me retirer de l'abîme d'idolâtrie où j'étois plongé, pour m'attirer à la clarté de son Évangile et me faire participant de la doctrine de salut, de laquelle j'étois par trop indigne ; et que, continuant sa miséricorde, il m'a supporté en tant de vices et pauvretés qui méritoient bien que je fusse rejeté cent mille fois de lui. Mais, qui plus est, il a étendu vers moi sa merci jusque-là de se servir de moi et de mon labeur pour porter et annoncer la vérité de son Évangile ; protestant de vouloir vivre et mourir en cette foi, laquelle il m'a donnée, n'ayant autre espoir ni refuge, sinon à son adoption gratuite, à laquelle tout mon salut est fondé ; embrassant la grâce qu'il m'a faite en Notre-Seigneur Jésus-Christ, et acceptant le mérite de sa mort et passion, afin que par ce moyen tous mes péchés soient ensevelis, et le priant de tellement me laver et nettoyer du sang de ce grand Rédempteur, qui a été épandu pour tous pauvres pécheurs, que je puisse comparoître devant sa face comme portant son image. Je proteste aussi que j'ai tâché, selon la mesure de grâce qu'il m'avoit donnée, d'enseigner purement sa parole, tant en sermons que par écrit, d'exposer fidèlement l'Écriture sainte. Et même qu'en toutes les disputes que j'ai eues contre les ennemis de vérité, je n'ai point usé de cautelle ni sophisterie ; mais ai procédé rondement à maintenir sa querelle. Mais hélas ! le vouloir que j'ai eu, et le zèle, s'il le faut ainsi appeler, a été si froid et si lâche, que je me sens bien redevable en tout et par tout ; et que, si ce n'étoit sa bonté infinie, toute l'affection que j'ai eue ne seroit que fumée ; voire même que les grâces qu'il m'a faites me rendroient tant plus coupable ; tellement que mon recours est à ce qu'étant père de miséricorde, soit et se montre père d'un si misérable pécheur. Au reste, je désire que mon corps, après mon décès, soit enseveli à la façon accoutumée, en attendant le jour de la résurrection bienheureuse. Touchant le peu de bien que Dieu m'a donné, ici pour en disposer, je nomme et institue pour mon héritier unique mon frère bien-aimé Antoine Calvin, toutefois honoraire tant seulement, lui laissant pour tout droit la coupe que j'ai eue de monsieur de Varannes, le priant de se contenter, comme je m'en tiens assuré, pource qu'il sait que je ne le fais pour autre raison qu'afin que ce peu que je laisse demeure à ses enfants. En après, je lègue au collège dix écus, et à la bourse des pauvres étrangers autant. Item, à Jeanne, fille de Charles Costan et de ma demi-sœur, à savoir du côté paternel, la somme de dix écus. Puis après, à Samuel et Jean, fils de mondit frère, mes neveux, chacun quarante écus. Et à mes nièces Anne, Suzanne et Dorothée, chacune trente écus. Quant à mon neveu David, leur frère, pource qu'il a été léger et volage, je ne lui donne que vingt-cinq écus pour châtiment. C'est, en somme, tout le bien que Dieu m'a donné, selon que je l'ai pu taxer et estimer, tant en livres qu'en meubles, vaisselle et tout le reste. Toutefois, s'il se trouvait plus, j'entends qu'il se distribue entre mesdits neveux et nièces, n'excluant point David, si Dieu lui fait la grâce d'être plus modéré et rassis. Mais, je crois, quant à cet article, qu'il n'y aura nulle difficulté, surtout quand mes dettes seront payées, comme j'en ai donné charge à mon frère, sur qui je me repose, le nommant exécuteur de ce présent testament, avec spectable Laurent de Normandie, leur donnant toute puissance et autorité de faire inventaire sans forme de justice, et vendre mes meubles pour en faire et retirer argent, afin d'accomplir le contenu tel qu'il est ici couché ce vingt-cinquième d'avril mil cinq cent soixante-quatre. Il est ainsi : Jean Clavin. Après l'avoir écrit comme dessus, au même instant ledit spectable Calvin a soussigné de son seing accoutumé la propre minute dudit testament. Et le lendemain, qui fut le vingt-sixième jour du mois d'avril mil cinq cent soixante-quatre, ledit spectable Calvin m'a derechef fait appeler, ensemble spectables Théodore de Bèze, Raymond Chauvet, Michel Cop, Louis Enoch, Nicolas Coladon, Jacques Desbordes, ministres de la parole de Dieu en cette Église, et spectable Henri Scringer, professeur ès-arts, tous bourgeois de Genève, en la présence desquels il a déclaré m'avoir fait écrire, sous lui et à sa prononciation, ledit testament en la forme et par les mêmes mots que dessus; me priant de le prononcer en sa présence et desdits témoins à ce requis et demandés : ce que j'ai fait à haute voix de mot à mot. Après laquelle prononciation il a déclaré que telle était sa volonté et dernière disposition, voulant qu'elle soit observée. Et, en plus grande approbation de ce, a prié et requis les susnommés de le souscrire avec moi; ce qu'aussi a été fait l'an et jour ci-devant écrit, à Genève, en la rue appelée des Chanoines, et maison d'habitation d'icelui. En foi de quoi, et pour servir de telle preuve que de raison, j'ai mis à la forme que dessus le présent testament, pour l'expédier à qui appartiendra, sous le sceau commun de nos très-honorés seigneurs et supérieurs, et mon signet manuel accoutumé.

Ainsi signé, P. Chenelat.

Voyant que la courte haleine le pressoit de plus en plus, il pria messieurs les quatre Syndics, et tout le petit Conseil ordinaire, qu'on appelle, de le venir voir tous ensemble. Étant venus, il leur fit une remontrance excellente des singulières grâces qu'ils avoient reçues de Dieu, et des grands et extrêmes dangers desquels ils avoient été préservés; ce qu'il pouvoit bien leur réciter de point en point, comme celui qui savoit le tout à meilleures enseignes qu'homme du monde; et les admonesta de plusieurs choses nécessaires, selon Dieu, au gouvernement de la seigneurie.

Bref, il fit l'office de vrai prophète et serviteur de Dieu, protestant de la sincérité de la doctrine qu'il leur avoit annoncée, les assurant contre les tempêtes prochaines, pourvu qu'ils suivissent un même train de bien en mieux. Et sur cela, les ayant priés en général et en particulier lui pardonner tous ses défauts, lesquels nul n'a jamais trouvés si grands que lui, il leur tendit la main. Je ne sais s'il eût pu advenir un plus triste spectacle à ces seigneurs, qui le tenoient tous, et à bon droit, quant à sa charge, comme la bouche du Seigneur ; et, quant à l'affection, comme leur propre père, comme aussi il en avoit connu et dressé une partie dès leur jeunesse.

Le vendredi 20 d'avril, tous les frères ministres, et de la ville et des champs, ayant été avertis à sa requête, s'assemblèrent en sa chambre, auxquels il fit une longue remontrance ; de laquelle la substance étoit qu'ils eussent à persévérer de bien faire leur devoir après sa mort, et qu'ils ne perdissent courage ; que Dieu maintiendroit et la ville et l'Église, combien qu'elles fussent menacées de plusieurs endroits ; aussi qu'ils n'eussent point de piques entre eux ; mais que charité y régnât, et qu'ils fussent bien unis ensemble ; qu'ils reconnussent combien ils sont obligés à cette Église, en laquelle Dieu les a appelés ; qu'il n'y eût rien qui les en détournât ; que ceux qui en seroient dégoûtés et la voudroient laisser pourroient bien par-dessus terre trouver des excuses, mais que Dieu ne se laisseroit point moquer. A ce propos, il ajouta un récit de son entrée en cette Église et de sa conversation en icelle, disant que quand il y vint, l'Évangile se prêchoit, mais que les choses y étoient fort débordées, et que l'Évangile étoit à la plupart d'avoir abattu les idoles ; qu'il y avoit beaucoup de méchantes gens, et lui avoit fallu recevoir beaucoup d'indignités ; mais que Dieu l'avoit fortifié pour toujours tenir bon, combien que de sa nature il fût craintif. Et répéta par deux ou trois fois ces mots : « Je vous assure que de ma nature je suis timide et craintif. » Aussi il remémora que quand il revint de Strasbourg ici, il suivit cette vocation comme étant contraint, et ne voyant pas qu'il en dût venir grand fruit ; aussi ne sachant ce que Dieu vouloit faire. Et, de fait, qu'il y avoit eu beaucoup de difficultés ; mais qu'avec le temps, en continuant, il avoit vu la bénédiction de Dieu sur son labeur. Que donc chacun se fortifiât en sa vocation et à tenir bon ordre ; qu'ont print garde au peuple, pour le tenir toujours en l'obéissance de la doctrine ; qu'il y avoit des gens de bien, mais que ce n'étoit pas qu'il n'y en eût aussi de malins et rebelles. Que ce seroit pour nous rendre bien coupables devant Dieu, si les choses étant avancées jusques ici, venoient après en désordre par notre négligence. Au reste, il protesta que toujours il avoit été conjoint de vraie affection avec la compagnie des frères, et pria qu'on lui pardonnât si quelquefois on avoit vu en lui quelque chagrin durant la maladie, et remercia, comme souvent il avoit fait, de ce qu'on avoit soutenu sa charge quant à prêcher. Finalement, il bailla la main à tous l'un après l'autre ; ce qui fut avec telle angoisse et amertume de cœur d'un chacun, que je ne saurois même le me ramentevoir sans une extrême tristesse.

Le second de mai, ayant reçu lettres de M. Guillaume Farel, ministre à Neufchâtel, duquel il a souvent été parlé ci-dessus, et sachant qu'il délibéroit de le visiter, étant octogénaire ou plus, il lui écrivit cette lettre : « Bien vous soit, très-bon et très-cher frère ; et puisqu'il plaît à Dieu que « demeuriez après moi, vivez, vous souvenant de notre union, de laquelle le fruit nous attend au ciel, comme elle a été profitable à l'Église « de Dieu. Je ne veux point que vous vous travailliez pour moi. Je respire « à fort grand' peine, et attends d'heure en heure que l'haleine me faille. « C'est assez que je vis et meurs à Christ, qui est gain pour les siens en « la vie et en la mort. Je vous recommande à Dieu, avec les frères de par-« delà. De Genève, ce 2 de mai 1564. Le tout vôtre Jean Calvin. »

De là en avant, sa maladie jusques à la mort ne fut qu'une continuelle prière, nonobstant qu'il fût en douleurs continuelles, ayant souvent en sa bouche ces mots du psaume 86 : « *Tacui, Domine, quia fecisti.* — Je me tais, Seigneur, pource que c'est toi qui l'as fait. » Une autre fois il disoit du chapitre 38 d'Isaïe : « *Gemebam sicut columba.* — Je gémis comme la colombe. » Une autre fois, parlant à moi, il s'écria et dit : Seigneur, tu me piles, mais il me suffit que c'est ta main. »

Plusieurs désiroient le venir voir, et eût fallu tenir la porte ouverte jour et nuit qui eût voulu obtempérer aux désirs d'un chacun. Mais lui, prévoyant cela, et connoissant que sa courte haleine ne lui eût permis de faire ce qu'il eût voulu ; davantage aussi, n'ayant pour agréable la curiosité de plusieurs, avoit requis qu'on se contentât de prier Dieu pour lui, et qu'on le laissât en quelque repos. Même quand je le venois voir, encore qu'il me vît bien volontiers, si est-ce que, sachant les charges que j'avois, il me donnoit assez à entendre qu'il ne vouloit point que son particulier m'occupât en façon quelconque ; tellement qu'en prenant congé de moi, il m'a dit quelquefois qu'il faisoit conscience de m'occuper tant soit peu, encore qu'il fût réjoui de me voir. Mais son naturel avoit toujours été tel, de craindre de retarder tant soit peu le profit de l'Église, et de donner peine, quelle qu'elle fût, à ses amis ; encore que ce leur fût le plus grand plaisir qu'ils eussent au monde de se pouvoir employer pour lui. Il continua en cette façon, se consolant et tous ses amis, jusques au vendredi 19 de mai, précédant la cène de la Pentecôte, auquel jour, pource que, selon la coutume de cette Église, tous les ministres s'assemblent pour se censurer en leur vie et doctrine, et puis, en signe d'amitié, prennent leur repas ensemble, il accorda que le souper se fît en sa maison, là où s'étant fait porter en une chaise, il dit ces mots en entrant : « Mes frères, je vous viens voir pour la dernière fois ; car hormis ce coup, je n'entrerai jamais à table. » Ce nous fut une pitoyable entrée, combien que lui-même fît la prière comme il pouvoit, et s'efforçât de nous réjouir, sans qu'il pût manger que bien peu. Toutefois, avant la fin du souper, il prit congé et se fit remporter en sa chambre, qui étoit prochaine, disant ces mots avec une face la plus joyeuse qu'il pouvoit : « Une paroi entre deux n'empêchera point que je ne sois conjoint d'esprit avec vous. » Il en advint comme il avoit prédit ; car, jusques à ce jour, quelque infirmité qu'il eût, il se faisoit lever

et conduire jusques en une chaise au-devant de sa petite table. Mais depuis ce
soir il ne bougea oncques de dessus ses reins, tellement atténué, outre ce
qu'il étoit fort maigre de soi-même, qu'il n'avoit que le seul esprit, hormis
que du visage il étoit assez peu changé. Mais surtout l'haleine courte le
pressoit, qui étoit cause que ses prières et consolations assiduelles étoient
plutôt soupirs que paroles intelligibles, mais accompagnées d'un tel œil,
et d'une face tellement composée, que le seul regard témoignoit de quelle
foi et espérance il étoit muni. Le jour qu'il trépassa, il sembla qu'il parloit
plus fort et plus à son aise, mais c'étoit un dernier effort de nature ; car sur
le soir, environ huit heures, tout soudain les signes de la mort toute présente apparurent ; ce que m'étant soudain signifié, d'autant qu'un peu auparavant j'en étois parti ; étant accouru avec quelque autre de mes frères, je
trouvai qu'il avoit déjà rendu l'esprit, si paisiblement que jamais n'ayant râlé,
ayant pu parler intelligiblement jusques à l'article de la mort, en plein sens et
jugement, sans avoir jamais remué pied ni main, il sembloit plutôt endormi
que mort. Voilà comme en un même instant ce jour-là le soleil se coucha,
et la plus grande lumière qui fût en ce monde pour l'adresse de l'Église de
Dieu, fut retirée au ciel. Et pouvons bien dire qu'en un seul homme il a plu
à Dieu de notre temps nous apprendre la manière de bien vivre et bien
mourir. La nuit suivante et le jour aussi, il y eut de grands pleurs par la
ville : car le corps d'icelle regrettoit le prophète du Seigneur ; le pauvre
troupeau de l'Église pleuroit le département de son fidèle pasteur ; l'école
se lamentoit de son vrai docteur et maître, et tous en général pleuroient
leur vrai père et consolateur après Dieu. Plusieurs désiroient de voir encore
une fois sa face, comme ne le pouvant laisser ni vif ni mort. Il y avoit
aussi plusieurs étrangers venus auparavant de bien loin pour le voir, ce que
n'ayant pu, pource qu'on ne pouvoit encore penser qu'il dût mourir sitôt,
désiroient merveilleusement de le voir tout mort qu'il étoit, et en firent
instance. Mais pour obvier à toutes calomnies, il fut enseveli environ les huit
heures au matin, et sur les deux heures après midi porté à la manière accoutumée, comme aussi il l'avoit ordonné, au cimetière commun, appelé
Plein-Palais, sans pompe ni appareil quelconque ; là où il gît aujourd'hui,
attendant la résurrection qu'il nous a enseignée et a si constamment espérée.
Le corps fut suivi de la plupart de la ville et de gens de tous états, qui le
regretteront d'autant plus longuement, qu'il y a peu d'apparence de recouvrer, au moins de longtemps, une telle et si dommageable perte. Il a vécu,
quant à cette vie mortelle, l'espace de cinquante-six ans moins un mois et
treize jours, desquels il en a passé justement la moitié au saint ministère ;
parlant et écrivant, sans avoir jamais rien changé, diminué, ni ajouté à la
doctrine qu'il a annoncée dès le premier jour de son ministère, avec telle
force de l'esprit de Dieu, que jamais méchant ne le put ouïr sans trembler,
ni homme de bien sans l'aimer et honorer.

Il reste qu'ainsi qu'il a plu à Dieu le faire parler encore par ses tant doctes
et saints écrits, il soit aussi écouté par la postérité jusques à la fin du monde,
quand nous verrons notre Dieu tel qu'il est, pour vivre et régner éternellement avec lui. Ainsi soit-il. De Genève, ce 19 d'août 1564.

ŒUVRES FRANÇOISES
DE JEAN CALVIN.

TRAITÉ
PAR LEQUEL IL EST PROUVÉ
QUE LES AMES VEILLENT ET VIVENT APRÈS QU'ELLES SONT SORTIES
DES CORPS,
CONTRE L'ERREUR DE QUELQUES IGNORANTS
QUI PENSENT
QU'ELLES DORMENT JUSQUES AU DERNIER JUGEMENT.

—

PRÉFACE DE JEAN CALVIN
ADRESSÉE A UN SIEN AMI.

Comme ainsi soit que quelques bons personnages m'eussent déjà de longtemps sollicité, voire instamment pressé d'écrire quelque chose pour réprimer la folie de ceux qui sottement et confusément disputent aujourd'hui du dormir ou de la mort des âmes, si est-ce que jusques ici je ne m'étois pu accorder à leurs prières et instantes requêtes, tant j'ai un esprit contraire à toutes contentions et débats. Et certes j'avois pour lors quelque raison de m'excuser; en partie pour ce que j'espérois qu'en bref cette rêverie, ne trouvant nul adhérent, s'évanouiroit, ou bien demeureroit cachée entre un tas de bavereaux seulement; en partie aussi pour ce qu'il ne m'étoit pas aisé d'entrer en bataille contre des adversaires desquels je ne connoissois encore ni l'ost, ni les armes, ni les embûches; car je n'avois encore entendu parler d'eux, ains seulement marmonner quelque chose en confus, tellement que de vouloir combattre con-

3

tre ceux qui n'étoient point encore sortis en campagne, n'eût pu sembler autre chose que battre l'air à clos yeux. Mais enfin l'issue a bien été autre que je n'espérois ; car ces jaseurs ont été si soigneux et diligents à augmenter leur faction, qu'ils ont jà attiré en leur erreur je ne sais combien de mille personnes. Même le mal, à ce que je vois, s'est rengrégé ; car au commencement quelques-uns seulement caquetoient en confus que les âmes des trépassés dorment, et ne donnoient point à entendre que c'est qu'ils vouloient dire par ce somne. Depuis, sont sortis ces bourreaux d'âmes qui les égorgent tout à fait, mais sans plaie. Or j'estime que l'erreur des premiers n'est pas à supporter, et qu'il faut vivement réprimer la rage de ceux-ci ; même que tous deux ne sont fondés sur raison ni jugement quelconque. Mais il n'est pas aisé de le persuader aux autres, sinon que je réfute publiquement le sot babil de ces galants, et leur résiste en barbe (comme on dit), découvrant leurs mensonges, lesquels ne se peuvent apercevoir qu'en leurs écrits. Or on dit qu'ils font courir leurs songes et rêveries en je ne sais quels brevets qu'ils sèment par-ci par-là, lesquels je n'ai encore pu voir. Seulement j'ai reçu d'un ami quelques petits avertissements, èsquels il avoit rédigé par écrit ce qu'il leur avoit ouï dire en passant, ou qu'il en avoit pu recueillir par-ci par-là. Combien donc que l'une des excuses me soit à demi ôtée par ces avertissements, si est-ce qu'il m'en reste encore la moitié. Mais d'autant qu'ils n'attirent pas moins de gens en leur erreur par leurs bruits confus et babil qu'ils ont tant à main, que s'ils avoient fait imprimer des livres qui courussent par le monde, je ne sais comment je me pourrai purger de trahison envers la vérité de Dieu, si en une si grande nécessité je me tais et dissimule. Certes, d'autant que j'espère que mon labeur pourra être grandement utile aux plus rudes et moins exercés, et servir aucunement à ceux qui sont moyennement savants, lesquels se seront peu amusés à cette matière et argument, je ne craindrai point de mettre entre les mains des gens de bien la raison de ma foi, non pas peut-être si bien équipée de toutes armes pour pouvoir donner l'assaut aux ennemis, ni si bien munie de forteresses qu'elle les engarde d'approcher ; mais pour le moins

non du tout désarmée et sans défense. Que si l'importunité de
ceux qui sèment ces songes l'eût permis , je me fusse volontiers passé d'entrer en cette manière de combat, lequel ne
peut tant apporter de fruit qu'il donne de peine , vu mêmement qu'il me semble que l'exhortation de l'apôtre devroit servir en cet endroit, si quelquefois il en étoit besoin , à savoir
que nous sentions à sobriété ; et combien que ceux-ci ne permettent point que nous usions de la sobriété que nous désirons,
si est-ce que je regarderai de disputer le plus modestement
qu'il me sera possible. Que plût à Dieu qu'on eût trouvé autre moyen de retrancher soudainement ce mal qui ne croît
que trop , de peur que, comme un chancre, il ne vienne à s'é-
pandre de plus en plus. Combien que ce n'est pas de maintenant seulement qu'il a pris naissance , car nous lisons que certains Arabiens ont été auteurs de cette fausse doctrine , lesquels disoient que l'âme mouroit quand et le corps , et que tous
deux ressusciteroient au jour du jugement. Et peu de temps après,
Jean , évêque de Rome , la maintint, lequel fut contraint par
les sorbonistes de Paris de se dédire. Or, ayant été assoupie un
bien longtemps , elle a été naguère rallumée par quelques-uns
de la secte des anabaptistes, et a jeté quelques flammèches,
lesquelles s'étant épandues au long et au large , sont enfin de-
venues en torches et flambeaux ardents , lesquels je prie à Dieu
qu'il veuille éteindre au premier jour par cette pluie volontaire
qu'il réserve spécialement à son Église. Or je disputerai sans
aucune malveillance , et sans m'attacher à certaine personne, et
sans un appétit de brocarder et médire , tellement que nul ne
se pourra plaindre à bon droit d'avoir été blessé de moi, non pas
même offensé en sorte que ce soit, combien qu'on en peut voir
aujourd'hui aucuns qui brûlent d'un désir de reprendre , mordre
et blasonner, lesquels si on touche seulement du bout du doigt,
savent bien faire leur piteuse complainte, qu'on rompt l'union de
l'Église, et qu'on viole la charité. Mais je réponds à ceux-là, en
premier lieu , que nous ne reconnoissons nulle union, sinon
celle qui est fondée en Christ , ni aucune charité , sinon celle de
laquelle il est le lien ; ainsi, que le principal point et commencement de conserver charité , c'est que la foi demeure entre

nous sainte et entière. En outre, je réponds que cette dispute
se peut décider sans que charité soit en rien blessée, pourvu
qu'ils apportent de telles oreilles que j'ai délibéré d'apporter la
langue.

Or, quant à toi, homme excellent, il y a plusieurs causes
qui m'ont induit de te dédier ce mien labeur, mais principalement pour ce qu'au milieu de ces troubles de vaines opinions,
par lesquelles un tas d'esprits fantastiques rompent le repos de
l'Église, je vois que d'une prudence et modestie singulière tu
persistes ferme et entier.

D'Orléans, 1534.

AUTRE ÉPITRE DE JEAN CALVIN AUX LECTEURS.

Comme je relisois cette disputation sur le point où le différend est traité, j'ai aperçu aucunes choses un peu aigrement,
voire même âprement dites, lesquelles par aventure pourroient
fâcher les oreilles délicates d'aucuns. Or, pour ce que je sais
qu'il y a aucuns bons personnages qui ont laissé découler quelque chose de ce dormir des âmes dedans leurs cœurs, ou par
trop grande facilité d'ajouter foi, ou par ignorance de l'Ecriture,
qui a fait qu'ils n'étoient pas bien armés pour résister sur-le-
champ, je ne voudrois qu'ils fussent offensés contre moi, ni en-
courir leur mauvaise grâce, tant qu'ils le permettront, d'autant
qu'ils ne pèchent par obstination ni malicieusement. J'ai donc
ici voulu avertir de bonne heure ceux qui sont tels, afin qu'ils
n'interprètent rien comme étant dit pour les outrager. Mais
toutes fois et quantes que je prends hardiesse et liberté de parler,
qu'ils sachent que je m'adresse à ce troupeau méchant obstiné
des anabaptistes, de la source desquels cette eau est premièrement sortie, comme j'ai dit; lesquels, en ce faisant, ne sont pas
encore traités comme ils ont bien mérité. J'ai délibéré de tellement combattre contre eux, que s'ils résistent par ci-après, ils
trouveront en moi un défenseur constant de la vérité, et si je ne
suis assez savant, tant y a, toutefois, que je m'ose promettre

hardiment ceci par la grâce de Dieu, qu'ils m'expérimenteront invincible. Combien même que je n'aie jeté ma colère contre eux, sinon modestement, comme de fait je me suis toujours déporté de paroles outrageuses et piquantes, et ai presque partout tellement attrempé mon style, qu'il a été plus propre à enseigner qu'à tirer par force, tel, toutefois, qu'il peut attirer ceux qui ne voudroient être menés. Et à la vérité, mon intention a été de réduire au chemin plutôt que d'irriter et provoquer à courroux. Or, j'exhorte les lecteurs et les supplie au nom de Dieu et de son fils, Notre-Seigneur Jésus-Christ, qu'ils apportent ici un rond et pur jugement pour lire ce traité, et un cœur bon et droit, qui soit comme un siége préparé pour recevoir ouvertement la vérité. Je sais quelles grâces peut avoir la nouveauté pour donner plaisir aux oreilles d'aucuns; mais on doit penser qu'il n'y a qu'une seule voix de vie, qui sort de la bouche du Seigneur. Nos oreilles doivent certes être ouvertes à icelle seule, quand il est question de la doctrine de salut, et fermées à toutes autres quelles qu'elles soient. La parole de Dieu n'est point nouvelle, mais telle qu'elle a été dès le commencement elle est encore, et sera à tout jamais; et autant que faillent lourdement ceux qui arguënt de nouveauté la parole de Dieu quand elle retourne en lumière après avoir été opprimée ou ensevelie par pervers usages et nonchalance, autant pèchent d'autre part ceux qui, comme roseaux, sont poussez à tout vent, et, qui plus est, sont ébranlés et fléchissent pour bien peu de soufflement. Est-ce apprendre Jésus-Christ, quand, sans la parole de Dieu, on prête l'oreille à toutes doctrines, tant véritables soient-elles? Si nous recevons la doctrine comme d'un homme, n'avalerons-nous pas aussi les mensonges d'une même facilité? Car qu'est-ce que l'homme a du sien, sinon la vanité? Or, cela n'est point fait à l'exemple de ceux qui, après avoir reçu la parole, sondoient les Écritures pour savoir s'il étoit ainsi. Voilà un bel exemple, pourvu que nous l'ensuivissions. Mais nous recevons la parole par je ne sais quelle nonchalance, ou plutôt par mépris, en sorte que, quand nous en avons appris trois mots, tout incontinent nous sommes enflés d'une opinion de sagesse, et toutefois sans crever; il nous semble bien que nous sommes rois et riches. Par ce moyen, on en verra plusieurs qui

crient hautement et font grands bruits contre l'ignorance de tous
siècles, et cependant ne sont pas moins ignorants que ceux
contre lesquels ils crient si orgueilleusement. Mais qu'y feroit-
on? ils veulent être réputés chrétiens, et sont appelés tels, pource
qu'ils ont goûté du bout des lèvres aucuns des principaux points
ou articles des lieux communs. Et d'autant qu'ils auroient honte
d'ignorer quelque chose, ils répondent de toutes choses hardiment, comme si c'étoient oracles qui leur sortissent de la bouche.
De là sourdent tant de schismes, tant d'erreurs et opinions per-
verses, tant de scandales et aheurtements de notre foi, et par
cette occasion les infidèles prostituent et blasphèment le nom et
la parole de Dieu; et à la fin (qui est le comble du mal), quand ils
continuent obstinément à maintenir ce qu'ils ont une fois légèrement mis hors de leurs bouches, lors ils ont leur recours aux
saintes Écritures pour défendre par icelles leurs erreurs. O bon
Dieu! quand ils sont venus jusques à ce point, y a-t-il chose qu'ils
ne renversent? qu'est-ce qu'ils ne dépravent ou corrompent pour
le faire fléchir, voire courber par force à leur sens et intelligence?
Et certes le poëte a bien et vraiment dit que la fureur administre
les armes. Est-ce ci le moyen d'apprendre, je vous prie, de
tourner et feuilleter les Écritures à ce qu'elles servent à notre
fol appétit, et qu'elles soient assujetties à notre sens? Y a-t-il
chose plus sotte que celle-là? Y a-t-il plus grande folie? O peste
pernicieuse! ô ivraie très-certaine de l'homme ennemi, par laquelle il veut couvrir et étouffer la bonne et vraie semence! Et
encore nous ébahissons-nous d'où viennent tant de sectes entre
ceux qui premièrement ont fait profession de l'Évangile, et ont
reçu la parole sortant hors des ténèbres. A la vérité, cette dénon-
ciation m'étonne grandement, quand il est dit : « Le royaume de
Dieu vous sera ôté, et sera donné à un autre peuple faisant les
fruits d'icelui. » Je ferai ici fin de me plaindre, car il faudroit un
gros livre, si je voulois faire une telle déclamation qu'il appartient, contre la perversité de ce temps. Or, quant à nous, mes
frères, après avoir été admonestés par tant d'exemples, pour le
moins soyons sages sur le tard. Dépendons toujours de la bouche
du Seigneur, et ayons les yeux fichés incessamment sur sa
parole, et n'ajoutons rien ou ne mêlons rien du nôtre avec sa

sapience, à celle fin que notre levain ne corrompe toute la masse et ne rende fade le sel même qui est en nous. Montrons-nous disciples obéissants du Seigneur, tels qu'il nous veut avoir, à savoir humbles, pauvres, du tout vides de notre sagesse, pleins de zèle d'apprendre, toutefois ne sachant rien ou ne voulant rien savoir, sinon ce qu'icelui nous enseignera; et, davantage, fuyant comme poison mortel , tout ce qui est étrange et hors de sa doctrine. Je veux aussi venir au-devant de ceux qui reprendront mon intention, que je suscite de terribles bruits et combats pour une chose de néant, et que je décide ces querelles par dissensions sanglantes ; car je sais bien qu'il y en aura assez de tels qui me traiteront de cette sorte. Cette réponse leur soit faite : Vu que de propos délibéré et obstiné la vérité de Dieu est assaillie , il ne faut nullement souffrir qu'on en ôte rien, tant peu que ce soit ; et ce n'est une chose de néant ou qu'on doive mépriser, de voir ainsi furieusement éteindre la lumière de Dieu par les ténèbres et obscurités du diable. Davantage, cette cause est de plus grande importance que plusieurs ne pensent. Cependant toutefois, celui qui n'acquiesce point aux erreurs et folles opinions des autres , ce n'est pas à dire qu'il discorde opiniâtrément jusqu'à effusion de sang, comme ils interprètent faussement. J'ai repris la curiosité folle de ceux qui débattoient ces questions, lesquelles , de fait, ne sont autre chose que tourments d'esprit; mais après qu'ils ont remué cette ordure, il faut que leur témérité soit réprimée, afin qu'elle ne gagne par-dessus la vérité. Or, je ne sais si je l'ai pu faire : toutefois, je l'ai bien voulu, et tout ce que j'avois de bon, je l'ai donné de bon cœur. Si les autres ont quelque meilleure chose, qu'ils la donnent au profit commun.

De Bâle , 1536.

QUELLE EST LA CONDITION ET VIE DES AMES

APRÈS LA VIE PRÉSENTE.

Tout ainsi que je n'emploierai pas grand'peine à bien polir cette disputation, aussi donnerai-je bon ordre que les lecteurs connoîtront facilement quelle est mon intention par une simple perspicuité. Et de fait, de quelque chose qu'on veuille dresser quelque dispute, combien qu'il soit grandement utile que le fait qui est débattu soit bien entendu de celui qui le met par écrit, et déclaré ouvertement et facilement au lecteur, afin que le premier n'outrepasse ses limites et n'extravague loin de son propos, ou que l'autre ne s'égare dedans le champ même de la dispute, sans tenir certain chemin; toutefois cela doit être principalement et bien diligemment observé en tous différends, vu qu'il n'est point ici seulement question d'avoir souci d'enseigner, mais aussi j'ai affaire avec un ennemi, lequel (comme sont coutumièrement les esprits des hommes) ne souffrira jamais d'être vaincu, si ce n'est pas force, et ne confessera point qu'il soit vaincu tant qu'il aura de quoi se jouer, et tant qu'il pourra plaisanter par cavillations, répugnances et tergiversations. Or, c'est ci un fort bon moyen pour presser de près et serrer l'adversaire, à celle fin qu'il n'échappe quand le principal point de tout le différend sera si bien spécifié, et si clairement expliqué et amené au milieu, qu'on le puisse tirer au combat main à main comme sur le fait présent. Notre différend donc est de l'âme de l'homme, laquelle aucuns confessent bien être quelque chose; mais depuis que l'homme est mort, ils pensent qu'elle dort jusques au jour du jugement, auquel elle se réveillera de son somne sans mémoire, sans intelligence et sentiment quelconque. Les autres ne concèdent rien moins que ce soit une substance, mais disent que c'est seulement une vertu de vie, laquelle est menée d'agitation par le soufflement de l'artère ou des poumons; et pour ce qu'elle ne peut subsister sans un corps, elle meurt et périt ensemble avec le corps, jusqu'à ce que l'homme ressuscite tout entier. Mais, quant à nous, nous maintenons que l'âme est

une substance, et que vraiment elle vit après la mort du corps
comme étant garnie de sens et intelligence, et nous nous faisons
forts de prouver l'un et l'autre par évidents témoignages de l'Écriture. Rejetons tout ce qui est de la prudence humaine, laquelle
songe beaucoup de choses de l'âme, toutefois qu'elle n'en entend
rien qui soit pur et droit. Rejetons aussi les philosophes, lesquels
comme ils ont accoutumé presque en toutes choses de discorder,
et ne mettent jamais mesure ni fin aux dissensions, aussi débat-
tent-ils grandement entre eux en cet endroit, en sorte qu'à
grand'peine en trouvera-t-on deux qui s'accordent, quelque
opinion qu'on suive. Quant aux facultés de l'âme, Platon en a fort
bien traité dans quelques passages; et sur tous autres, Aristote
en a disputé fort subtilement. Mais, si on veut savoir d'eux et de
toute la troupe des sages que c'est de l'âme et dont elle est, on
perdra sa peine, combien qu'ils en ont eu beaucoup plus pure et
droite opinion que ces rustres-ci qui se vantent d'être disciples de
Jésus-Christ. Mais avant que passer plus outre, il leur faut ôter
toute occasion de combattre pour les mots, laquelle ils pourroient
empoigner de ce que quelquefois nous appellerons esprit et âme
indifféremment ce de quoi il est maintenant question; quelquefois nous en oserons prononcer distinctement comme de choses
diverses, car tel est l'usage de l'Écriture de prendre ces mots
diversement. En quoi plusieurs s'abusent, car, n'ayant nul égard
à cette diversité de signification, ils empoignent la première qui
leur vient en fantaisie, et la maintiennent opiniâtrément. Quelquefois ils ont lu ce mot d'âme pour la vie. Ils ont cette opinion
qu'elle se doit toujours prendre ainsi, et le soutiennent avec
aigreur. Mais si quelqu'un objecte à l'encontre ce que dit David :
«Leur âme sera bénite en la vie », interpréteront-ils que la vie est
bénite en la vie? Semblablement, si on leur produit le passage de
Samuel : «Par ta vie et par la vie de ton âme », diront-ils qu'il n'est
rien signifié par ces mots? Nous savons donc que ce mot d'âme
est bien souvent mis pour la vie, comme en ces passages : « Mon
âme est en mes mains.» Item : «Pourquoi déchirerai-je ma chair
à belles dents et porte mon âme en mes mains?» Item:« L'âme n'est-
elle pas plus précieuse que la viande ? » Item : « Fou, ton âme te
sera ôtée cette nuit», et autres semblables, lesquels ces meurtriers

d'âmes ont toujours en la bouche. Si est-ce toutefois qu'ils n'ont de quoi se glorifier si grandement pour cela ; car ils devoient considérer que ce mot d'âme est là pris par métonymie pour la vie, d'autant que l'âme est la cause de la vie et que la vie consiste par l'âme ; et c'est une figure laquelle les petits enfants apprennent entre leurs rudiments en l'école. Mais qui ne s'ébahiroit de la folle arrogance de ces rustres, lesquels se persuadent quelque grande chose d'eux, et veulent que les autres en fassent grande estime, et cependant il faut qu'on leur apprenne les figures et formes de parler ? Nous savons aussi que, pour une raison quasi semblable, l'âme est prise pour la volonté et désir, à savoir d'autant qu'elle est le siége de la volonté et du désir. En ce sens, il est dit que l'âme de Jonathas étoit liée à l'âme de David ; et l'âme de Sichem adhéra à Dina, fille de Jacob. Item, saint Luc dit : «Et la multitude de ceux qui croyoient étoit d'un cœur et d'une âme.» Au reste, quand il est dit : «Mon âme, bénis le Seigneur ; Mon âme magnifie le Seigneur ; Dis à mon âme : je suis ton secours», qui est celui qui ne voit bien que telles phrases hébraïques contiennent une grande efficace, et que par icelles il y a quelque chose davantage exprimé que s'il étoit dit simplement sans adjection : Bénis le Seigneur ; Je magnifie le Seigneur ; Dis-moi : je suis ton secours ? Quelquefois l'âme est simplement prise pour la personne ou homme ayant âme, comme quand il est dit que « Septante-six âmes descendirent avec Jacob en Égypte ; item : «L'âme qui aura péché mourra » ; item : « L'âme qui sera allée aux magiciens et devins mourra de mort», etc. Aucunes fois elle est prise pour le souffle qui donne respiration aux hommes, et auquel réside le mouvement vital du corps. C'est ainsi que je prends ces passages : «Anxiété m'a saisi, combien que mon âme soit encore tout entière en moi» ; item : « Son âme est en lui » ; item : « Que l'âme de l'enfant retourne dedans ses entrailles.» Et davantage, l'Écriture use de cette façon de parler, que « l'âme se départ », au lieu que nous disons coutumièrement « rendre l'âme » ; comme quand il est dit de Rachel : «Et au département de son âme (car Rachel se mouroit), elle appela le nom de l'enfant Benoni. » Nous savons aussi que ce mot esprit, entre les Latins, signifie souffle et vent, ce qu'on peut voir aussi au mot duquel usent les Grecs. Nous savons qu'en Isaïe il est pris pour une chose vaine et de néant. « Nous avons conçu, dit-il, et avons travaillé comme si nous eussions enfanté esprit.» Et bien souvent il est pris pour ce que l'esprit de Dieu a régénéré en nous ; car, quand saint Paul dit que l'esprit convoite contre la chair, il n'entend pas que l'âme bataille contre la chair, ou la raison contre la sensualité; mais l'âme même, en tant qu'elle est gouvernée par l'esprit de Dieu, combat contre soi en tant qu'elle est encore vide de l'esprit de Dieu et adonnée à ses cupidités. Davantage, nous savons que quand ces deux mots, âme et esprit, sont conjoints ensemble, par l'âme est signifiée la volonté, et par l'esprit, l'entendement. Ainsi dit Isaïe :«Mon âme t'a désiré de nuit; aussi je veillerai après toi du matin, et mon esprit dedans moi.»Autant en veut entendre saint Paul, quand il prie que les Thessaloniciens « aient l'esprit, l'âme et le corps entiers, et soient conservés sans reproche en la venue de Notre-Seigneur Jésus-Christ»; car il veut dire que toutes leurs pensées et volontés soient droites, et qu'ils n'abandonnent point leurs membres pour être instruments d'iniquité à péché. Il faut prendre en ce même sens ce que l'apôtre aux Hébreux dit, que « la parole de Dieu est vive et pleine d'efficace, et plus pénétrante que tout glaive à deux tranchants, et atteint jusques à la division de l'âme et de l'esprit, et aussi des jointures et des moelles, et discerne les cogitations du cœur. » Toutefois, en ce dernier passage, aucuns aiment mieux par l'esprit entendre cette essence en laquelle est la raison et la volonté, de laquelle nous disputons maintenant; et par l'âme, le mouvement vital, et les sens que les philosophes appellent supérieurs et inférieurs. Mais vu que l'un et l'autre signifient en plusieurs passages l'essence immortelle qui est cause de la vie en l'homme, qu'ils ne prennent point sur les mots occasion de débattre, mais qu'ils entendent que la chose est, de quelque nom qu'elle soit appelée et signifiée. Maintenant montrons combien cela est véritable.

Or nous commencerons par la première création de l'homme, en laquelle nous considérerons quel il a été fait dès le commencement. La sainte histoire nous récite quelle a été la délibération de Dieu, avant que l'homme fût créé, de le former à son image

et semblance. Ces paroles ne peuvent nullement être entendues du corps, auquel combien qu'une œuvre admirable de
Dieu apparoisse par-dessus tous autres corps créés, toutefois
on n'y voit point reluire aucune image de Dieu. Car qui est-ce
qui parle ainsi : « Faisons l'homme à notre image et semblance? »
C'est Dieu, qui est esprit. Il ne peut être représenté par aucune
forme corporelle. Or, tout ainsi qu'une image corporelle qui
nous représente le visage d'une personne, doit proposer au vif
tous les linéaments et traits, à celle fin que de la peinture ou
gravure nous puissions concevoir tout ce qui peut être contemplé en celui qu'elle représente, aussi cette image de Dieu doit par
sa semblance présenter à nos esprits quelque appréhension de la
connoissance de Dieu. Je sais bien ce qu'aucuns d'entr'eux babillent, disant que l'image de Dieu se rapporte à la domination
qui est donnée à l'homme sur les bêtes, pource que l'homme, en
cet endroit, a quelque chose de semblable avec Dieu, qui a domination sur toutes choses; auquel erreur Chrysostôme même
est tombé, s'égarant d'une trop grande véhémence à réfuter les
anthropomorphites. Mais l'Écriture ne peut souffrir qu'on se
joue ainsi d'elle; car afin que nul ne constituât cette image en
la chair de l'homme, Moïse récite que le corps a été premièrement
formé du limon de la terre, en sorte toutefois qu'il ne repré-
sentoit aucune image de Dieu. Puis après il dit que respiration
de vie a été ajoutée à ce corps formé de la poudre de la terre,
afin que lors premièrement l'image de Dieu commençât à reluire
en l'homme, quand il seroit accompli en toutes ses parties. Mais
quelqu'un dira : Quoi donc! penses-tu que cette respiration de
vie soit l'image de Dieu? Non point; combien que je le pourrois
bien dire avec plusieurs autres, et possible que cela ne seroit point
trop mal dit; car quel mal y auroit-il si je disois que différence
auroit été mise par la parole de Dieu, par laquelle différence
cette respiration de vie fut distinguée des âmes des bêtes? Car
d'où est-ce que les âmes des autres animaux ont leur origine?
Voici que Dieu dit : « Que la terre produise âme vivante », etc.
Ainsi ce qui est issu de la terre s'en aille en terre; mais l'âme
de l'homme n'est point de la terre, ains de la bouche du Seigneur, c'est-à-dire d'une vertu secrète. Mais je ne m'arrête point

à cela, dis-je, afin qu'ils ne m'en fassent la guerre; ains je veux obtenir ceci seulement, que l'image de Dieu est hors de la chair. Autrement ce ne seroit pas une fort grande louange à l'homme d'avoir été fait à l'image de Dieu, ce qui nous est néanmoins si grandement loué et tant de fois répété par les saintes Écritures. Car, je vous prie, quel besoin étoit-il d'introduire Dieu délibérant en soi-même, et comme mettant en conseil, s'il eût dû faire quelque chose vulgaire? Car quant à toutes autres choses, il a seulement dit qu'elles fussent, et elles ont été faites; mais quand il vient à cette image, comme s'il eût voulu montrer une épreuve singulière, il appelle en conseil sa sagesse et sa vertu, et délibère en soi-même avant qu'il mette la main à la besogne. Moïse donc a-t-il tant curieusement affecté sans propos ces façons de parler, lesquelles, empruntées de l'usage commun des hommes, selon la petite capacité de nos esprits, qui sommes comme enfants bégayants, nous représentent le Seigneur, duquel la grandeur et sagesse est incompréhensible à toutes créatures? Mais plutôt n'a-t-il pas, en parlant ainsi, magnifiquement loué l'image de Dieu, laquelle reluit en l'homme? Et ne se contentant point de l'avoir dit une fois, il le répète souvent. Quelques rêveries qu'apportent ici ou les philosophes ou ces baguenaudiers, nous avons cela, que rien ne peut porter l'image de Dieu sinon l'esprit, comme de fait Dieu est esprit. Il ne faut point ici procéder par conjectures pour faire inquisition en quoi cette image ressemble à son original, vu que nous pouvons facilement apprendre cela de l'Apôtre, lequel en nous commandant de vêtir le nouvel homme, lequel est renouvelé en connoissance, selon l'image de celui qui l'a créé, montre clairement quelle est cette image ou en quoi elle consiste. Et ailleurs aussi quand il dit : « Vêtez le nouvel homme qui est créé selon Dieu en justice et sainteté de vérité. » Toutes lesquelles choses, quand nous les voulons comprendre en un mot, nous disons que l'homme a été, selon l'esprit, fait participant de la bonté, sagesse et justice de Dieu. L'auteur de l'*Ecclésiastique* et l'auteur de la *Sapience* ont suivi ceci. Le premier, divisant l'homme en deux parties, à savoir le corps pris de la terre, et l'âme, selon laquelle il représente

4

l'image de Dieu, a compris en bref ce que Moïse avoit décrit
au long : «Dieu, dit-il, a créé l'homme et l'a fait selon son image.»
Le second, voulant montrer par déclaration à quoi tendoit l'image
de Dieu, dit que l'homme a été fait en incorruption comme étant
créé à l'image de la semblance de Dieu. Je ne presserois point
nos adversaires par l'autorité de ces auteurs, s'ils ne nous les
mettoient en avant, lesquels toutefois nous doivent être en quelque révérence, sinon comme canoniques, au moins comme anciens, comme saints et reçus par la voix de plusieurs. Mais
encore laissons-les là ; retenons cette image de Dieu en l'homme,
laquelle ne peut avoir son siége sinon en l'esprit.

Mais oyons maintenant ce que l'Écriture dit plus ouvertement de l'âme, quand saint Pierre parle du salut des âmes, et
dit que les désirs charnels bataillent contre l'âme, et commande
que nous purifiions nos âmes, et appelle Jésus-Christ évêque de
nos âmes : que voudroit-il signifier, s'il n'y avoit des âmes pour
être sauvées, lesquelles seroient assaillies des méchants et pervers désirs, lesquelles fussent purifiées, et lesquelles dussent
être gouvernées par Jésus-Christ, leur évêque ? Et nous lisons en
l'histoire de Job : « Combien plus en ceux qui demeurent en maison d'argile, et le fondement desquels est de terre. » Si nous
considérons cela de bien près, il le faut entendre de l'âme, laquelle habite en ce corps de terre ; car il n'a point appelé
l'homme vaisseau de terre, mais il a dit qu'il habitoit en un
vaisseau de terre, comme voulant dire que la meilleure partie
de l'homme, qui est l'âme, étoit contenue en ce domicile terrien. Ainsi, dit saint Pierre : « Je cuide que ce soit chose juste,
tandis que je suis en ce tabernacle, de vous inciter par admonition, sachant que le démolissement de mon tabernacle est
prochain. » Certes, si nous ne sommes grandement stupides, nous
pouvons entendre par cette forme de parler, que ce qui est au
tabernacle est quelque chose, et que ce qui est dépouillé du tabernacle est aussi quelque chose. L'auteur de l'*Épître aux Hébreux* met une semblable distinction manifeste entre la chair
et l'esprit, quand il nomme pères de notre chair ceux desquels
nous avons été engendrés, et appelle Dieu seul père des esprits.
Et un peu après, ayant appelé Dieu roi de la céleste Jérusalem,

il ajoute pour citoyens les anges et les esprits des justes parfaits.
Aussi je ne vois point comment on puisse autrement entendre ce
que dit saint Paul : « Puisque nous avons ces promesses, net-
toyons-nous de toutes ordures de la chair et de l'esprit. » Car
il appert assez qu'il n'y a point là une comparaison entre la chair
et l'esprit comme entre choses contraires, ainsi qu'il a accoutumé
ailleurs, vu qu'il attribue souillure à l'esprit ; comme ainsi soit que
par ce mot d'esprit il signifie, en d'autres passages, une vraie pureté. J'amènerai encore un autre lieu, combien que je voie déjà
que ceux qui voudront calomnier auront incontinent leur recours
à leurs gloses. Car, quand il dit : « Qui est-ce des hommes qui
sait les choses de l'homme, sinon l'esprit de l'homme qui est en
lui? » Pareillement aussi, « Nul n'a connu les choses de Dieu, sinon
l'esprit de Dieu, » il pouvoit bien dire que l'homme connoît les
choses qui sont en lui ; mais il a appelé de ce mot la partie en laquelle réside la vertu de penser et entendre. Et aussi quand il dit
« que l'esprit de Dieu rend témoignage à notre esprit que nous
sommes enfants de Dieu », n'a-t-il pas usé d'une même propriété
de parler? Mais encore pour les convaincre il ne falloit qu'un seul
mot ; car nous savons combien de fois l'erreur des sadducéens
a été condamné par la voix de Jésus-Christ, une partie duquel erreur étoit, qu'ils disoient qu'il n'y a point d'esprit : comme
saint Luc écrit ès *Actes*. Les propres mots sont : « Les sadducéens disent qu'il n'y a point de résurrection, ni ange, ni esprit ; mais les pharisiens confessent l'un et l'autre. » Je crains
qu'ils n'amènent ici une cavillation, que ceci se doive entendre
du Saint-Esprit ou des anges, à laquelle objection il est bien
facile de répondre, car il a mis les anges à part, et il est certain que ces pharisiens n'avoient presque nulle connoissance du
Saint-Esprit. Et ceux qui entendent la langue grecque connoîtront mieux ceci, car, sans ajouter aucun article, saint Luc a dit
esprit, ce que sans doute il eût ajouté s'il eût parlé du Saint-
Esprit. Que si ceci ne leur ferme la bouche, je ne vois point par
quel moyen ils puissent être amenés ni tirés, sinon que par aventure ils ne veuillent dire que l'opinion des sadducéens n'est
point là condamnée en ce qu'ils nioient l'esprit, ni celle des
pharisiens approuvée en ce qu'ils affermoient le contraire. Mais

les paroles mêmes de saint Luc obvient à cette cavillation ; car, après avoir mis la confession de saint Paul, qu'il étoit pharisien, il ajoute cette opinion des pharisiens. Il faut donc dire, ou que saint Paul a usé d'une simulation rusée et malicieuse (ce qui ne doit être aucunement reçu en confession de foi), ou bien qu'il étoit de même opinion avec les pharisiens touchant l'esprit. Or, si nous ajoutons foi aux histoires, ceci étoit autant certain et résolu entre les apôtres, comme la résurrection des morts ou quelque autre semblable article de notre foi. Je n'aurai honte d'amener ici les paroles de Polycarpe, qui étoit homme vraiment tendant au martyre, tant en ses dits qu'en ses faits, lequel aussi a été disciple des apôtres, et a si purement enseigné aux autres ce qu'il avoit appris d'iceux, que jamais il n'a souffert que quelque levain fût mêlé parmi. Ce saint personnage donc, entre beaucoup de paroles excellentes qu'il prononça au milieu des flammes, dit que ce jour-là il seroit présenté devant la face de Dieu en esprit. En ce même temps, Mélito, évêque de Sardes, homme de semblable sincérité, composa un livre du corps et de l'âme, lequel si nous avions aujourd'hui, je n'aurois que faire de me travailler maintenant sur cette matière. Or, cette opinion a été si bien reçue en ce temps-là heureux, que Tertullien la met entre les communes et premières conceptions de l'esprit, lesquelles on appréhende communément de nature. Combien que nous ayons déjà combattu par plusieurs raisons, lesquelles dévoient (ce me semble) du tout abattre ce qu'ils débattoient, à savoir, que l'âme ou l'esprit de l'homme est une substance distincte du corps ; toutefois, ce que nous ajouterons maintenant rendra ceci encore plus certain. Car je viens à ce que j'avois proposé en second lieu, à savoir, que cette même âme demeure survivante après la mort du corps, ayant sens et intelligence. Or, quiconque pense que j'affirme ici quelque autre chose que l'immortalité de l'âme, s'abuse bien. Car ceux qui confessent que l'âme vit, et quant et quant la dépouillent de tout sens, forgent une âme qui n'a rien du tout de l'âme, ou bien divisent l'âme de soi-même, vu que sa nature (sans laquelle elle ne peut aucunement consister) est de se remuer, sentir, avoir vigueur et entendre, et (comme dit Tertullien) que le sens est l'âme de l'âme. Apprenons donc à connoître des Écritures saintes cette immortalité de l'âme.

Quand Jésus-Christ exhorte les siens de « ne craindre point ceux qui tuent les corps, et ne peuvent rien sur l'âme, ains qu'ils craignent celui, lequel quand il aura tué le corps, peut aussi envoyer l'âme en la géhenne du feu », ne veut-il pas signifier que l'âme est survivante après la mort ? Or, Dieu a usé bénignement envers nous, en ce qu'il n'a point abandonné nos âmes à l'appétit de ceux-ci, qui les tuent si facilement, ou pour le moins s'efforcent de le faire. Les tyrans mettent à la torture, rompent, brûlent, pendent, mais c'est seulement le corps. Il n'y a que Dieu seul qui ait puissance sur l'âme pour l'envoyer en la géhenne du feu. Ainsi donc, ou l'âme demeure après la mort, ou ceci est faux, que les tyrans n'ont nulle puissance sur l'âme. Ils répondent sur ceci (comme j'entends) que l'âme voirement est occise pour le présent, quand on met à mort le corps, mais elle ne périt point, pource que le temps viendra qu'elle ressuscitera. Or, s'ils veulent échapper par ce moyen, il faut qu'ils accordent que le corps aussi ne périt point, d'autant qu'il ressuscitera ; et pource que tous deux sont conservés au jour du jugement, ni l'un ni l'autre ne périt. Et toutefois Jésus-Christ confesse que le corps est occis, et témoigne que l'âme demeure sauve. Il use de cette manière de parler touchant sa mort même, disant : « Détruisez ce temple-ci, et je le relèverai en trois jours. » Or, disoit-il cela du temple de son corps. Par laquelle raison il exempte l'âme de leur puissance, laquelle aussi, lui étant prochain de la mort, il recommande ès mains de son Père, comme saint Luc écrit, et comme David avoit prédit ; et saint Étienne, à son exemple, dit : « Seigneur Jésus, reçois mon esprit. » N'ont-ils pas bien ici de quoi gazouiller que Jésus-Christ recommande son âme à son Père, et saint Étienne à Jésus-Christ, pour être gardée au jour de la résurrection ? Mais les paroles signifient bien autre chose, principalement celle de saint Étienne ; et saint Jean ajoute de Jésus-Christ qu'ayant incliné son chef, il rendit l'esprit ; lesquelles paroles ne peuvent regarder à l'haleine ou à l'agitation des poumons.

Saint Pierre ne montre point moins évidemment que les âmes

ont être et vie après la mort, quand il dit que Jésus-Christ a
prêché à ceux qui étoient en chartre, à savoir aux esprits; et
non-seulement aux esprits des fidèles, auxquels il a prêché rémission en salut, mais aussi des infidèles, auxquels il a annoncé
confusion. Car il me semble que ce passage, qui a tourmenté
beaucoup d'esprits, doit être ainsi interprété, et ai cette confiance
de le persuader ainsi à toutes gens de bien. Car après avoir parlé
de l'abjection de la croix de Jésus-Christ, et montré que tous
fidèles doivent être faits conformes à l'image d'icelui, afin qu'ils
ne tombassent en désespoir, il fait tout incontinent mention de
la résurrection, pour donner à entendre quelle fin doivent avoir
les tribulations. Car il récite que Jésus-Christ n'est point succombé
sous la mort, mais, l'ayant subjuguée, s'est montré victorieux.
Il déclare cela par ces paroles; quand il dit que Jésus-Christ a été
voirement mortifié en chair, mais vivifié esprit; et c'est en ce
même sens que saint Paul écrit qu'il a souffert en l'humilité de la
chair, mais est ressuscité par la vertu de l'esprit. Or, afin que
les fidèles entendissent que la vertu même leur appartenoit, il
ajoute que Jésus-Christ a déployé cette vertu envers les autres,
et non-seulement envers les vivants, mais aussi envers les morts ;
davantage, non-seulement envers ses serviteurs, mais aussi envers
les incrédules et les contempteurs de sa grâce. Au reste, il faut
entendre que c'est un propos où il y a quelque chose à dire, et
l'un des deux membres défaut. Il y a plusieurs exemples ès
Écritures saintes de cette même façon, et principalement quand
plusieurs sentences sont recueillies sous une conclusion, comme
on voit être ici fait. Et ne faut point qu'aucun s'ébahisse que les
saints Pères qui attendoient la rédemption qui devoit être obtenue
par le Fils de Dieu, étoient en chartre. Car d'autant qu'ils regardoient de loin la lumière comme sous une nuée et ombre, ainsi
que font ceux qui voient le résidu du jour bien tard et sentent venir
le jour devant l'aube, et que la bénédiction de Dieu ne leur étoit
encore manifestée, en laquelle ils se reposassent, il appelle leur
attente prison ou chartre. Le sens donc de l'Apôtre est tel, que
Jésus-Christ a prêché en esprit aux esprits qui étoient en chartre,
c'est-à-dire que la vertu de la rédemption obtenue par Jésus-
Christ est apparue et a été manifestée aux esprits des morts. Ici

défaut l'autre membre qui touchoit les fidèles, lesquels ont connu et goûté ce fruit ; et il exprime l'autre membre des incrédules qui ont reçu ce même message à leur grande confusion ; car ils ont vu qu'il n'y avoit qu'une rédemption, de laquelle se voyant forclos, que pouvoient-ils faire autre chose sinon se désespérer ? Je vois déjà gronder ceux-ci, et murmurer que j'ai forgé cette glose de mon cerveau, et qu'ils ne sont point sujets à telles lois. Je ne les assujettirai donc à mes lois, mais je leur ferai seulement cette demande : Les esprits enfermés en prison, ne sont-ce point esprits? Ce qui est dit par ce même apôtre est encore plus clair. Pour ce aussi l'Évangile a été prêché aux morts, afin qu'ils soient jugés en chair selon les hommes, mais qu'ils vivent d'esprit selon Dieu. On voit qu'il livre la chair à la mort, et maintient l'esprit en vie. Car puisqu'il y a relation entre la mort et la vie, il est évident que l'un meurt, à savoir la chair, et l'autre est vivant, à savoir l'esprit.

Nous apprenons ceci même de Salomon, lequel, décrivant la mort de l'homme, sépare de longue distance l'âme du corps, quand il dit : « Jusques à ce que la poudre retourne en la terre dont elle étoit, et l'esprit retourne à Dieu qui l'a donné. » Je sais bien que cet argument ne les émeut pas beaucoup, d'autant qu'ils disent que la vie retourne à Dieu qui est la fontaine de vie, et par ce moyen elle n'est plus rien. Mais les paroles mêmes crient qu'on leur fait violence, en sorte qu'il n'est jà métier de réfuter cette belle subtilité, qui ne mérite pas d'être lue ni ouïe. Il reste que ceci, selon eux, signifie que les âmes retournent à la fontaine de leur vie par songe, et il y a une sentence en Esdras qui est correspondante à cette-ci. Je ne leur mettrois point en avant cet auteur, sinon qu'ils en fissent leur bouclier. Voici donc que dit leur Esdras : « La terre rendra les choses qui dorment en icelle, et lesquelles y habitent en silence, et les charniers rendront les âmes qui y ont été mises. Par les charniers, ils entendent la providence de Dieu, et par les âmes les pensées. Ce sont leurs belles gloses, que le livre de vie présente les pensées devant la face de Dieu. On voit bien qu'il n'y a autre raison qui leur fasse dire cela, sinon qu'ils n'ont rien de meilleur pour dire, comme ainsi soit qu'ils auroient honte de se taire. Que si on vouloit entor-

tiller les saintes Écritures en cette façon, il seroit facile de per-
vertir toutes choses. Combien que j'aie beaucoup d'autres choses
pour leur mettre en avant, nonobstant je ne produirai rien ici
du mien, vu que l'auteur même se défend de calomnie, car il
avoit dit un bien peu auparavant : « Les âmes des justes n'ont-
elles pas interrogé de ces choses en leurs charniers, disant : O
Seigneur, jusques à quand espérons-nous ainsi? quand viendra
le fruit de l'aire de notre loyer? » Qui sont ces âmes qui inter-
rogent et espèrent? Il faut qu'ils fouissent ici une autre mine,
s'ils veulent échapper.

Venons maintenant à l'histoire du riche et de Lazare, l'un
desquels, à savoir Lazare, après avoir passé les fâcheries et
travaux de cette vie mortelle, a été porté finalement au sein
d'Abraham, et le riche est tombé aux tourments. L'un est tourmenté, l'autre reçoit consolation. Il y a un grand abîme entre
les joies de l'un et les grièves oppressions de l'autre. Sont-ce-
ci des songes ou fables? Toutefois, afin qu'ils aient quelque
échappatoire, ils font de cette histoire une parabole, et disent
que ce n'est qu'une fiction de tout ce que la vérité parle d'A-
braham, de ce riche glouton et de Lazare. C'est ainsi qu'ils honorent Dieu et sa parole. Mais je leur demande un peu qu'ils
produisent encore un seul autre exemple en toute l'Ecriture, où
en une parabole quelqu'un soit appelé par son nom. Je vous
prie, que signifient ces paroles-ci : « Il y avoit un pauvre nommé
Lazare », etc.? Ou il faut que la parole de Dieu soit mensongère,
ou que ce soit ci une vraie narration. Les anciens docteurs aussi
ont bien pris garde à cela, car saint Ambroise dit que c'est
plutôt un récit qu'une parabole, pource qu'il y a un nom
ajouté; saint Grégoire est de cette même opinion. Tertullien,
Irénée, Origène, saint Cyprien et saint Jérôme le prennent
comme histoire, entre lesquels Tertullien pense qu'en la personne du riche est signifié Hérode, et en la personne de Lazare,
Jean-Baptiste. Et quant à Irénée, voici ce qu'il dit : Ce qui
nous est récité du riche et du Lazare par le Seigneur, n'est
point une fable; et Cyrille répondant aux ariens, qui de ce passage faisoient un bouclier pour réfuter la divinité de Christ,
ne repousse point cela comme une parabole, mais l'interprète

comme histoire. Ceci est encore plus digne de moquerie, que,
pour faire valoir leur erreur, ils prétendent le nom de saint Augustin, et pour le caviller, disent qu'il a consenti à cette opinion. Je pense que c'est pource qu'il a dit en quelque lieu
qu'il falloit par Lazare entendre Jésus-Christ, et les pharisiens
par le riche : et toutefois il ne signifie autre chose, sinon que ce
récit est transféré en parabole si la personne de Lazare est attribuée à Jésus-Christ, et celle du riche aux pharisiens. C'est
ainsi qu'ont accoutumé de faire ceux qui ont conçu quelque
opinion, et puis se transportent de toute impétuosité après
icelle. Quand ils voient qu'ils n'ont rien de ferme sur quoi ils se
puissent appuyer, il n'y aura si petit point de lettre qu'ils n'empoignent à tort et à travers pour faire leur profit. Nonobstant, à
celle fin qu'ils ne grondent encore, saint Augustin même proteste ailleurs qu'il reçoit cela pour une histoire. Qu'ils s'en aillent maintenant, et vendent leurs coquilles en plein midi, et
toutefois ils ne pourront fuir qu'ils ne tombent toujours dedans
de mêmes filets. Car quand nous leur accorderions que ce fût
une parabole (ce qu'ils ne pourront nullement obtenir), que
pourront-ils montrer, sinon que c'est une comparaison qui ne
peut être sans quelque vérité? Que si ces grands théologiens
ne savent point cela, qu'ils l'apprennent des rudiments des
grammairiens, et ils trouveront que parabole, c'est une similitude prise de la vérité. Ainsi, quand ont oit dire qu'un homme
eut deux fils auxquels il divisa leurs portions, il faut qu'il y ait
un homme, des fils, un héritage, et partage de portions. Davantage, la parabole a toujours ceci, que premièrement nous
concevons le fait nu; comme il est proposé; puis après de cette
conception, nous sommes amenés à la fin de la parabole, c'est-
à-dire au fait même auquel la similitude est accommodée. Qu'ils
ensuivent en ceci Chrysostôme comme leur patron. Il est bien
vrai qu'icelui a pensé que c'étoit une parabole, et nonobstant il
en tire souvent la vérité; comme quand il prouve de cela que
les âmes des morts sont en certains lieux, il montre combien le
feu de la géhenne est horrible, et quel danger il y a ès délices.
Afin qu'il ne me faille ici perdre beaucoup de paroles, qu'ils
recourent au sens commun (voire s'ils en ont aucun), et ils

connoîtront facilement quelle est la vertu et raison de la vérité.

Et pource que nous voulons être satisfait à tout, en tant qu'en nous est, nous traiterons ici quelque chose du repos des âmes qui sont séparées des corps en certaine foi des promesses de Dieu ; et certes les saintes Ecritures ne nous veulent signifier autre chose, par le sein d'Abraham, que ce repos. En premier lieu, nous appelons repos ce que ces beaux théologastres appellent somne. Cependant nous ne rejetons point le mot de somne, sinon d'autant qu'il a été fort corrompu et presque pollu par leurs mensonges. Outre plus, par le repos nous n'entendons pas une paresse ou endormition, ou quelque autre chose semblable, comme ils l'attribuent à l'âme ; mais une tranquillité et bonne assurance de conscience, laquelle, combien qu'elle soit toujours conjointe avec la foi, néanmoins n'est jamais entière ou du tout parfaite, sinon après la mort. L'Eglise oit bien les bénédictions des justes et fidèles de la bouche de Dieu, étant encore comme étrangère en cette terre basse, à savoir : « Mon peuple cheminera en la beauté du repos, et habitera en habitation paisible ès tabernacles de sûreté et en paix abondante » ; et derechef, rendant grâces, elle chante au Seigneur, le bénissant : « O Seigneur, donne-nous la paix, car tu nous fais aussi toutes nos œuvres. » Les fidèles ayant reçu l'Evangile ont cette paix quand ils voient que Dieu leur est père bénin, lequel auparavant ils pensoient être juge ; qu'en lieu d'enfants d'ire ils se voient être enfants de grâce ; que les entrailles de la miséricorde de Dieu sont épandues sur eux, en sorte qu'ils n'attendent plus autre chose de Dieu que bonté et mansuétude. Toutefois, pour ce que la vie des hommes est une guerre sur la terre, il faut que ceux qui sentent et les aiguillons de péché et les reliques de la chair, aient oppression en ce monde et consolation en Dieu, et en cette façon leur esprit ne sera pas bien paisible ni sans trouble. Mais quand ils auront dépouillé la chair et la concupiscence (lesquelles comme ennemis domestiques troublent leur paix et repos), lors finalement ils se reposent, et résident avec Dieu ; car le prophète parle ainsi : « Le juste est péri, et n'y a nul qui y pense en son cœur, et les hommes miséricordieux et bénins ont pris fin sans qu'on y entende.

Ainsi le juste est réduit arrière du mal. Que la paix vienne, qu'il repose en sa couche, celui qui a cheminé en son adresse,» N'appelle-t-il pas la paix ceux auxquels la paix avoit été domestique ? Mais pource qu'ils avoient eu paix avec Dieu et guerre contre le monde, il les amène au souverain degré de la paix. Et pourtant Ezéchiel et saint Jean voulant faire description du trône de la gloire de Dieu, l'environnent de l'arc céleste que nous savons être un signe de l'alliance faite par le Seigneur avec les hommes ; ce que saint Jean même a enseigné plus clairement en un autre passage, disant : « Bienheureux sont les morts qui meurent au Seigneur ; certes l'esprit dit que ils se reposent de leurs labeurs. » C'est donc ci le sein d'Abraham, car c'est lui qui a reçu d'un courage si prompt la bénédiction promise en sa semence, qu'il n'a point douté que la parole de Dieu ne fût vertu et vérité ; et comme si Dieu eût déjà accompli par œuvre ce qu'il avoit promis, il a attendu cette semence bénite d'aussi certaine foi que s'il l'eût touchée des mains et sentie de tous les sens, tant de son esprit que de son corps. Ainsi, notre Seigneur Jésus-Christ lui rend témoignage qu'il a vu son jour et s'en est éjoui. Voilà quelle est la paix ou repos d'Abraham, et le somne, moyennant que ce mot honnête ne soit pollu par la bouche infectée de ces dormeurs. Car quelle plus grande douceur peut avoir la conscience où elle se puisse assurément reposer, que cette paix, laquelle lui ouvre et déploie les trésors de la grâce céleste, et enivre de la grande douceur de la coupe du Seigneur ? Mais quoi ! ô messieurs les dormeurs, quand vous oyez ce mot enivrer, ne pensez-vous pas à votre étourdissement, à la pesanteur de tête et à votre somne lourd et charnel ? car'telles fâcheries viennent après l'ivrognerie. Selon que vous êtes grossiers et lourds, vous l'entendez ainsi. Mais ceux qui sont enseignés de Dieu entendent que par tel usage de parler, le somne est appelé tranquillité de conscience, laquelle le Seigneur donne aux siens en la maison de paix ; par lequel usage aussi l'ivrognerie est appelée affluence, de laquelle le Seigneur rassasie les siens en la maison d'abondance. Si Abraham a possédé cette paix étant encore au milieu des courses des ennemis, des travaux, des dangers, voire portant en soi un ennemi domestique, à savoir sa propre chair, qui est la chose la plus pernicieuse de toutes, quelle pensons-nous avoir été sa paix, au prix, quand il a été hors des coups de ses ennemis? Qui est-ce qui s'ébahira maintenant pourquoi il est dit que les élus de Dieu reposent au sein d'Abraham, lesquels sont passés de cette vie à leur Dieu, à savoir pource qu'ils sont reçus au siége de la paix avec Abraham qui est le père des fidèles, où ils jouissent de Dieu à plaisir, et sans aucune fâcherie? Par quoi ce n'est point sans cause que saint Augustin dit en quelque passage : « Tout ainsi que nous appelons la fin des bienheureux vie éternelle, aussi la pourrions-nous appeler paix ; car celui qui ne peut rien donner meilleur ou plus grand que soi-même, qui est le Dieu de paix, ne peut rien donner meilleur qu'icelle. » Quand donc il sera parlé ci-après du sein d'Abraham, qu'ils ne transfèrent point ceci à leur somne, car la vérité de l'Ecriture rédargue leur vanité et la rend convaincue. Ce repos, dis-je, c'est la Jérusalem céleste, c'est-à-dire vision de paix, en laquelle le Dieu de paix se donne à voir à ses pacifiques, selon la promesse faite par Jésus-Christ. Or, toutes fois et quantes que le Saint-Esprit fait mention de cette paix ès saintes Écritures, il use si familièrement de la figure de dormir et de reposer, qu'il n'y a rien qu'on trouve plus souvent. « Tes fidèles s'égayeront, dit David, et s'éjouiront en leurs couches. » Item : « Tes morts vivront, tes occis ressusciteront. Réveillez-vous et louez, habitateurs de la poudre ; car la rosée des prés est ta rosée, et tireras la terre des puissants en ruine. Va, mon peuple, entre en tes tabernacles, ferme tes huis sur toi, sois caché pour un peu, jusques à tant que l'indignation se passe. » Il y a ceci davantage, que la langue hébraïque usurpe ce mot pour signifier toute sûreté et fiance. Item, David dit : « Je me coucherai, et ensemble dormirai en paix. » Et le prophète :« Je ferai alliance en ce jour-là avec la bête des champs, et avec l'oiseau du ciel, et avec le reptile de la terre ; je briserai de la terre l'arc et le glaive et la guerre, et les ferai dormir sans étonnement. » Et Moïse dit : « Je donnerai la paix en vos limites, et n'y aura nul qui vous étonne. » Et au livre de Job : « Tu auras confiance, pource qu'il y a espérance. Tu caveras la fosse, et dormiras sûrement ; tu te reposeras, et n'y aura personne qui t'épouvante, et plusieurs requerront ta face. » Ainsi donc les âmes des vivants dorment et ont paix, lesquelles se reposent sur la parole du Seigneur, et ne désirent point d'aller outre la volonté de leur Dieu, mais étant prêtes de suivre où icelui appellera, elles se contiennent sous sa main et conduite ; ce qui leur est commandé. « Si sa vérité retarde, attends-la. » Item : « Votre force sera en espérance et silence. » Or, comme ainsi soit qu'elles désirent quelque chose qu'elles ne voient point et attendent quelque chose qu'elles n'ont point, il appert que leur paix est imparfaite. D'autre part, vu qu'elles attendent en certitude ce qu'elles attendent, et qu'elles désirent par foi ce qu'elles désirent, il est tout évident que leur désir est paisible. La mort augmente et avance en mieux cette paix, laquelle mène les fidèles au lieu de paix, les ayant délivrés de la guerre de ce monde, et comme cassés ; et là ayant les yeux et le cœur du tout fichés en Dieu, ils n'ont rien de plus heureux ni meilleur où ils puissent regarder ou mettre leur désir. Toutefois, quelque chose leur défaut encore de ce qu'ils désirent de voir, à savoir la souveraine et parfaite gloire de Dieu, à laquelle ils aspirent toujours ; et combien qu'il n'y ait aucune impatience en leur désir, néanmoins leur repos n'est pas encore parfaitement accompli. Car on peut bien dire de celui qui est là où il appète d'être, qu'il est en repos, et la mesure de son désir n'a point de fin, jusques à ce qu'il soit parvenu où il tendoit. Or, si les yeux des élus visent à la gloire souveraine et parfaite de Dieu comme à leur but, leur désir est toujours en chemin et en course, jusques à tant que la gloire de Dieu soit accomplie, à laquelle le grand jour du jugement apportera accomplissement. Lors sera vrai ce qui est dit : « Je serai rassasié quand je serai réveillé par le regard de ta face. »

Or, afin que nous laissions là les réprouvés, comme on ne se doit pas beaucoup soucier de tout ce qui leur peut advenir, je voudrois qu'ils me répondissent en bonne foi d'où c'est qu'ils ont espérance de ressusciter, sinon pource que Jésus-Christ est ressuscité. Car il est le premier-né des morts, et les prémices de ceux qui ressuscitent. Tout ainsi qu'il est mort et est ressuscité,

aussi nous mourrons et ressusciterons en lui. Car, s'il a fallu que
par la mort il ait vaincu la mort, à laquelle nous étions destinés,
il est bien certain qu'il est mort de même comme nous mourons,
et a souffert en la mort le même que nous souffrons. La vérité
de l'Écriture nous rend ceci manifeste quand elle l'appelle le
premier-né des morts, et les prémices de ceux qui ressuscitent; et elle nous a ainsi enseignés, afin que les fidèles le reconnoissent pour leur conducteur au milieu de la mort, et quand
ils regardent leur mort sanctifiée par la mort d'icelui, qu'ils ne
craignent point aucune malédiction d'icelle : ce que saint Paul
signifie quand il dit qu'il est fait conforme à la mort d'icelui,
jusques à ce qu'il parvienne à la résurrection des morts. Car il
poursuivoit cette conformité commencée en ce monde par la
croix, jusques à ce qu'il l'accomplît par la mort. Maintenant, ô
messieurs les dormeurs, retournez un peu à vous-mêmes, et
pensez en vous comment Jésus-Christ est mort. Dormoit-il lors,
à votre avis, quand il veilloit pour votre salut ? Il ne parle pas
ainsi de soi-même : « Comme le Père a la vie en soi-même, dit-il,
aussi a-t-il donné au Fils d'avoir la vie en soi-même. » Celui qui a
la vertu de la vie en soi, comment la perdroit-il ? Et qu'ils ne me
répondent point que ceci appartient à la divinité; car s'il est
donné à celui qui n'a point, il a donc été donné à l'humanité,
et non point à la divinité d'avoir la vie en soi. Car, comme ainsi
soit que Jésus-Christ est fils de Dieu et de l'homme, ce qu'il est
de nature comme Dieu, il est de grâce comme homme, afin
qu'ainsi nous puisions tous de sa plénitude, et grâce pour grâce.
Quand les hommes orront que la vie est pardevers Dieu, quelle
espérance concevront-ils de cela, vu qu'ils savent bien aussi
que leurs péchés mettent une nuée entre Dieu et eux ? Mais
voici la seule vraie et grande consolation, que le Père a oint
son Christ d'huile de liesse par-dessus ses compagnons, que
Jésus-Christ, comme homme, a reçu de son Père des dons ès
hommes, afin que nous puissions trouver la vie en notre nature. Pour cette raison, nous lisons que la tourbe a glorifié
Dieu après que l'enfant fut ressuscité, d'autant qu'il avoit donné
une telle puissance aux hommes. Cyrille a bien connu cela, lequel consent avec nous en l'explication de ce passage. Or,

quand nous disons que Jésus-Christ a la vie en soi-même en
tant qu'il est homme, nous ne disons pas qu'il soit cause de vie
à soi-même, mais seulement ceci, que le Père céleste a épandu
toute plénitude de vie en l'humanité de son fils Jésus-Christ;
ce qu'on peut bien donner à entendre par une similitude familière. Il sera dit d'une fontaine de laquelle tous puisent, de laquelle tous ruisseaux sortent et découlent, qu'elle a l'eau en soi-
même ; et toutefois cela ne vient point d'icelle, ains de la source,
laquelle lui administre assidûment ce qui peut suffire pour les
ruisseaux coulants, et pour les hommes qui en puisent. Jésus-
Christ donc a la vie en soi-même, c'est-à-dire plénitude de
vie, de laquelle il vit et vivifie les siens; et toutefois il ne l'a point
de soi, comme il testifie ailleurs, qu'il vit à cause de son Père.
Et comme ainsi soit que comme Dieu il eût la vie en soi, quand
il a pris la nature humaine, il a reçu ce don de son Père, à
ce qu'en cette partie même il eût la vie en soi-même. Ceci
nous rend très-certains que Jésus-Christ n'a pu être éteint par
la mort, voire même selon son humanité ; et combien qu'il ait
été vraiment et naturellement livré à la mort même de laquelle
nous mourons tous, néanmoins il a toujours retenu ce don
du Père. Ç'a été une vraie mort, une vraie séparation du corps
et de l'âme. Toutefois l'âme n'a jamais perdu sa vie, laquelle
étant recommandée au Père, ne pouvoit autrement qu'elle
ne fût sauvée. C'est ce que signifient les paroles de la prédication de saint Pierre, par lesquelles il afferme qu'il étoit impossible que Jésus fût détenu des douleurs de la mort, afin
que l'Écriture fût accomplie, disant : « Tu ne lairras mon âme
au sépulcre, et ne permettras que ton Saint voie corruption » ; en laquelle prophétie, encore que nous accordions que
l'âme soit prise pour la vie, Jésus-Christ demande deux choses, et les attend de son Père, ou qu'il ne laisse point sa vie en
perdition, ou qu'il ne permette qu'il vienne en corruption ; ce
qui a été accompli; car son âme a été soutenue d'une vertu divine à ce qu'elle ne tombât en perdition, et son corps a été con-
tregardé au sépulcre à ce qu'il ressuscitât. Saint Pierre a compris toutes ces choses en un mot, quand il a dit que Christ
n'a pu être détenu de la mort, c'est-à-dire qu'il n'a pu suc-

comber sous la domination de la mort, ni venir sous la puissance de la mort, ou être surpris de la mort. Or, quant à ce que saint Pierre, en cette prédication, laisse la dispute de l'âme et poursuit seulement l'incorruption du corps, il le fait afin qu'il rende les Juifs convaincus de leur propre témoignage que cette prophétie n'appartient point à David, le sépulcre duquel étoit entre eux, et savoient bien que son corps étoit tombé en pourriture, et cependant ne pouvoient nier la résurrection de notre Seigneur Jésus-Christ. Il nous a donné aussi un autre argument de l'immortalité de son âme, constituant Jonas pour figure de sa mort, en ce qu'il a été trois jours dedans le ventre de la baleine ; car, il devoit semblablement être trois jours et trois nuits dedans le ventre de la terre. Or Jonas cria au Seigneur du ventre du poisson, et fut exaucé. Ce ventre est la mort, son âme donc a été sauvée au milieu de la mort, selon laquelle il a pu crier au Seigneur. Isaac aussi, qui a été figure du Seigneur Jésus, et ayant été délivré de la mort, a été rendu à son père, nous ouvre la vérité en figure par une forme de résurrection, comme témoigne l'Apôtre aux Hébreux. Car après qu'il fut mis sur l'autel comme une hostie ou sacrifice apprêté et lié sur icelui, il a été puis après délié par le commandement du Seigneur, et le mouton qui étoit retenu par les cornes au buisson fut mis en la place d'Isaac. Or, que signifie cela qu'Isaac ne meurt point, sinon d'autant que le Fils de Dieu a rendu immortel ce qui est propre à l'homme, à savoir l'âme ; et le mouton, qui est un animal sans raison, qui fut mis en la place d'icelui, c'est le corps ; et quant à ce qu'Isaac est attaché, cela représente l'âme, laquelle a montré apparence d'un mourant en la mort de Jésus-Christ, et montre encore ordinairement en la mort commune et vulgaire des hommes, où toutes choses semblent être péries selon l'opinion des hommes ; et toutefois l'âme de Jésus-Christ a été mise hors des liens, et les nôtres aussi sont déliées avant qu'elles viennent à périr. Maintenant, que quelqu'un de vous autres, ô messieurs les dormeurs, dépouille toute honte, et propose que la mort de notre Seigneur Jésus a été un songe ; ou bien, qu'il se retire du tout du parti de l'hérétique Appollinaire. Ce bon Seigneur Jésus voirement veilloit, quand d'une si bonne volonté il s'employoit pour votre salut ; mais vous dormez votre somne, et étant opprimés des ténèbres et obscurités d'aveuglement, ne pouvez ouïr ceux qui font le guet.

Outre plus, non-seulement ceci nous console, que le Fils de Dieu, notre chef, n'est point péri au milieu des ombres de la mort, mais avec cette assurance aussi il y a sa résurrection, par laquelle il s'est constitué Seigneur sur la mort, et nous a élevés par-dessus la mort; je dis nous tous qui avons part en lui : en sorte que saint Paul n'a point fait de difficulté de dire que « notre vie est cachée avec Christ en Dieu. » Et ailleurs : « Ainsi je vis, non point maintenant moi, mais Christ vit en moi. » Que reste-t-il, sinon qu'à pleine bouche ils crient que Jésus-Christ dort, et est du tout oisif ès âmes dormantes? Car, si Jésus-Christ est celui qui a vécu en eux, c'est celui-là même qui meurt en eux. Si la vie de Jésus-Christ est nôtre, celui qui veut que notre vie finisse par mort, il faut qu'il arrache le Fils de Dieu de la dextre glorieuse du Père, et qu'il le jette dedans une seconde mort. Or, si icelui peut mourir, la mort certaine nous suit; mais si sa vie n'a nulle fin, nos âmes qui lui sont insérées ne peuvent finir non plus par aucune mort. Mais encore, quel besoin étoit-il de nous travailler? Ses paroles sont-elles obscures quand il dit: « Pour ce que je vis, vous vivrez aussi? » Or, si nous vivons pour ce qu'il vit, il faut donc dire que, si nous mourons, lui ne vivra plus. Sa promesse est-elle obscure quand il dit que « celui qui sera conjoint avec lui par foi, demeurera en lui, et lui en icelui? » Arrachons donc du Fils de Dieu ses membres, si nous voulons arracher et ôter la vie aux membres. C'est ci notre confession, laquelle nous avons bien munie de ses armes, à savoir, que nous sommes voirement tous morts en Adam, mais nous vivons en Jésus-Christ. Saint Paul traite ces choses d'un style magnifique en l'*Épître aux Romains*, à savoir, que si l'esprit du Seigneur Jésus-Christ habite en nous, le corps voirement est mort à cause du péché, mais l'esprit est vie à cause de la justification. Il appelle le corps la masse du péché, laquelle, depuis la naissance de la chair, réside en l'homme; et l'esprit, la partie de l'homme spirituellement régénérée. Par quoi, comme ainsi soit qu'un peu auparavant il lamentât sa misère, à cause des reliques

du péché, lesquelles résidoient en lui, il ne désiroit point simplement être ôté de ce monde et n'être rien , afin qu'il échappât
de cette grande misère ; mais aussi, d'être délivré du corps
de mort ; c'est-à-dire, que la masse du péché fût abolie en lui, à
celle fin que l'esprit, étant purgé, eût paix avec Dieu ; déclarant
ouvertement par cela même que la meilleure partie de soi étoit
détenue captive par les liens de son corps, et qu'elle en seroit
délivrée par la mort.

Or, à la mienne volonté que nous puissions comprendre par
une vraie foi quel est le royaume de Dieu qui est dedans les fidèles, voire tandis qu'ils vivent en ce monde, et le goûter à bon
escient ; car il seroit quand et quand facile de bien entendre la
vie éternelle déjà commencée. Celui qui ne peut tromper nous a
fait cette promesse : « Celui qui oit mes paroles, dit-il, a la
vie éternelle, et ne vient point en condamnation, mais il est
passé de mort à vie. » Si passage est fait à la vie éternelle, pourquoi entrerompent-ils la vie par la mort ? Et ailleurs : « C'est ci la
volonté de mon Père, que quiconque croit au Fils ne périsse point,
mais ait la vie éternelle, et je le ressusciterai au dernier jour. Il dit
outre plus, en ce même lieu : « Quiconque mange ma chair et boit
mon sang, a la vie éternelle, et je le ressusciterai au dernier jour.
Non point comme vos pères ont mangé la manne, et sont morts :
qui mangera ce pain vivra éternellement. » Ne faites point ici os-
tentation de vos belles gloses touchant le dernier jour. Il nous
promet deux choses : la vie éternelle et bienheureuse, et cette résurrection. Combien que vous oyez deux choses, toutefois, vous
n'en empoignerez qu'une. Il y a aussi une autre sentence de
Jésus-Christ, laquelle vous rend encore plus convaincus, quand
il dit : « Je suis la résurrection et la vie. Qui croit en moi, encore
qu'il fût mort, vivra ; et quiconque vit et croit en moi ne goû-
tera jamais la mort. » Or, ils n'échapperont point pour dire que
celui qui est ressuscité ne meurt point à jamais ; car le Fils de
Dieu n'a point voulu seulement signifier cela, mais aussi qu'il ne
pourra jamais advenir qu'ils meurent. Ainsi dit-il ailleurs : « Qui
gardera ma parole ne verra la mort à jamais. » C'est ci un argument invincible contre eux, que qui gardera la parole du Seigneur
ne verra point la mort. Et cela seul peut suffire aux chrétiens

pour bien armer leur foi contre la perversité de ces dormeurs.
Nous croyons ceci, nous l'attendons; mais à eux, que leur reste-
t-il, sinon qu'ils dorment profondément leur somme jusques à
ce qu'ils soient réveillés par le son de la trompette, lequel,
comme un larron, surprendra en ténèbres ceux qui dormiront.

Et si Dieu est la vie de l'âme fidèle ainsi comme l'âme est la
vie du corps, que signifie que l'âme donne agitation au corps
tant qu'elle est en lui, et n'est jamais tellement oisive et ne re-
lâche jamais tellement son efforcement qu'elle ne fasse toujours
son office en quelque endroit? et Dieu laissera sa besogne, comme
s'il étoit lassé de faire quelque chose? S'il y a une si grande
vertu en l'âme à soutenir, à faire remuer ou pousser cette masse
de terre, combien, au prix, sera grande la vertu de Dieu en l'âme,
laquelle est agile et bien prompte de sa nature à lui donner agitation et mouvement? Et cependant aucuns osent bien dire que
l'âme s'évanouit; les autres, qu'elle n'est point exercée par sa
vertu après la liaison rompue du corps. Que répondront-ils donc
au psaume de David, où il décrit le commencement, le milieu et
la fin de la vie des bienheureux? « Ils iront de vertu en vertu,
dit-il, et verra-t-on le Dieu des dieux en Sion; ou, comme il est
couché en hébreu, d'abondance en abondance.» S'ils croissent
toujours jusques à ce qu'ils viennent à voir Dieu, et si de cet accroissement ils passent à la vision de Dieu, comment est-ce que
ceux-là les ensevelissent en endormition d'ivrognerie et de profonde oisiveté?

Saint Paul rend témoignage de ceci même, et beaucoup plus
ouvertement; en sorte que quand ils devroient crever, si ne
pourront-ils plus résister à l'esprit de Dieu. Or, voici que
l'Apôtre dit: « Certes nous savons que si notre maison terrestre
de cette loge est détruite, nous avons un bâtiment de par Dieu,
un domicile éternel ès cieux, qui n'est point fait par main. Car
pour cela nous gémissons, désirant être revêtus de notre habitation qui est du ciel, si toutefois nous sommes trouvés vêtus et
non point nus. Et de vrai, nous qui sommes en cette loge, gémissons étant grevés, pourtant que nous désirons non pas d'être
dépouillés, ains être revêtus, à celle fin que ce qui est mortel
soit englouti par la vie. » Et un bien peu après: «Par quoi nous

avons toujours confiance et bon espoir, connoissant, dis-je, que
nous, étant présents en corps, nonobstant sommes absents du
Seigneur (car nous cheminons par foi et non point par vue),
nous prenons confiance et aimons beaucoup mieux être absents
de corps, et être présents avec le Seigneur.» Ils trouvent ici une
échappatoire, qu'il faut rapporter les paroles de l'Apôtre au jour
du jugement, auquel nous serons revêtus, et auquel la mortalité
sera engloutie par la vie. Par quoi l'Apôtre, disent-ils, comprend
tout ceci par une clausule, qu'il faut que tous comparoissent devant le siége judicial du Fils de Dieu. Mais pourquoi est-ce que
plutôt ils rapportent ce revêtement au corps, qu'aux bénédictions
de Dieu qui nous sont baillées en abondance après la mort? Qui les
contraint d'entendre, par le mot de vie, la résurrection? vu que le
sens de l'Apôtre est facile et simple, à savoir, que nous désirons
bien sortir hors de cette prison du corps; mais ce n'est point à
celle fin que nous errions çà et là en incertitude sans logis et
habitation. Car il y a une maison beaucoup meilleure, il y a un
plus heureux édifice que le Seigneur nous a préparé, pourvu
toutefois que nous soyons trouvés revêtus et non point nus; car
Jésus-Christ est notre vêtement, et cette armure forte de laquelle
saint Paul nous arme. Et il est écrit que le roi convoite la beauté
de son épouse, laquelle est puissante en dons, et sa gloire est
par dedans. Davantage, le Seigneur a baillé une marque aux siens,
lesquels il doit avouer et reconnoître et en la mort et en la résurrection. Pourquoi ne regardent-ils plutôt à ce que saint Paul dit
auparavant et à quoi il a conjoint cette sentence? « Combien que
notre homme extérieur se corrompe, dit-il, toutefois l'intérieur
est renouvelé de jour en jour.» Or, ce que l'Apôtre a ajouté cette
conclusion, de comparoître devant le siége judicial du Fils de
Dieu, les presse de plus près; comme ainsi soit qu'il eût dit
auparavant: « Nous tâchons affectueusement de lui être agréables, soit que nous soyons présents ou absents. » Vu que par la
présence il entend le corps, que signifiera cette absence? Afin
donc que nous n'y ajoutions rien, les paroles mêmes disent cela
sans expositeur, que nous désirons de fort grande affection, et en
corps et hors du corps, d'être agréables au Seigneur; puis après,
que nous sentirons la présence de Dieu quand nous serons sé-

parés de ce corps. Lors, nous ne cheminerons plus par foi, mais
par vue, pource que [cette pesanteur de terre de laquelle nous
sommes opprimés, nous sépare de longue distance de notre Dieu.

Ces dormeurs babillent, au contraire, que nous serons bien
plus éloignés de Dieu par la mort que cependant que nous sommes en cette vie; car desquels est-il écrit : «O Seigneur! ils che-
mineront en la lumière de ta face.» Item : « L'esprit même rend
témoignage à notre esprit que nous sommes enfants de Dieu »;
et plusieurs autres semblables sentences. Ils leur ôtent et la clarté
de la face de Dieu et le témoignage de l'esprit. Que si cela est vrai,
nous sommes maintenant plus heureux qu'après la mort. Car combien que nous vivions sous les éléments de ce monde, nonobstant
nous avons habitation et conversation ès cieux, comme remontre
saint Paul. Mais quand les âmes, après la mort, seront surprises
de cette léthargie et oubliance de toutes choses, elles perdent toute
la douceur qu'elles ont du goût spirituel. Nous sommes beaucoup mieux enseignés par les saintes Écritures. Le corps, qui
est corruptible, aggrave l'âme, et l'habitation terrienne déprime
le sens pensant maintes choses. Si le corps est la prison de
l'âme, si l'habitation terrienne est un lien pour tenir serré, que
sera-ce de l'âme délivrée de cette prison et dépêtrée de ces
garrots? N'est-elle pas remise en sa liberté? et par manière de
parler, ne revient-elle pas à soi? Tellement qu'on peut bien dire
qu'autant de diminution qui se fait au corps, autant reçoit-elle
d'accroissement. Ceci est tout résolu, veuillent-ils ou non, que
quand nous sommes déchargés de cette pesanteur du corps, le
combat que l'esprit a contre la chair et la chair contre l'esprit
cesse; davantage, que la mortification de la chair est la vivifica-
tion de l'esprit. Lors donc que les ordures sont ôtées de l'âme,
elle est vraiment spirituelle; en sorte qu'elle consent à la volonté de Dieu, et ne sent point que la tyrannie de la chair lui répugne; et se repose en cette tranquillité, ne pensant à autre
chose qu'à Dieu. Et ce sera bien à propos de dire qu'elle dorme,
quand elle se peut élever sans qu'aucun fardeau l'opprime;
qu'elle est endormie, vu qu'elle peut comprendre beaucoup de
choses par sentiment et cogitation, sans qu'aucun empêchement la détourne. Ceci découvre non-seulement l'erreur de ces

fantastiques, mais encore leur malignité contre les œuvres et vertus de Dieu, lesquelles il fait en ses saints et fidèles, comme les Écritures témoignent. Nous reconnoissons Dieu comme naissant en ses élus et croissant de jour en jour, ce que Salomon nous enseigne quand il dit : «Le sentier des justes est reluisant comme la lumière, laquelle va et reluit jusqu'à ce que le jour soit haussé en sa perfection ; » et saint Paul afferme ceci, disant : « Celui qui a commencé bonne œuvre en vous, la parfera jusques à la journée de Jésus-Christ.»Ceux-ci non-seulement entremettent pour un temps l'œuvre de Dieu, mais aussi l'éteignent. Ils dépouillent de foi, de vertu et de tout pensement de Dieu, ceux qui alloient de foi en foi auparavant, et cheminoient de vertu en vertu, et avoient heureuse jouissance du goût de la béatitude quand ils s'exerçoient à penser en Dieu ; et toutefois ils les mettent dedans des couches comme assommés de sommeil et du tout abattus d'oisiveté. Car comment intérprètent-ils cet avancement qu'elles font? Pensent-ils que les âmes avancent à perfection quand elles s'engraissent en dormant, afin qu'elles soient offertes en la présence de Dieu bien refaites et polies, quand il sera assis pour juger? S'ils avoient un grain de sagesse, ils ne gazouilleroient pas ainsi lourdement de l'âme ; mais autant qu'il y a de distance du ciel jusques à la terre, autant sépareroient-ils l'âme céleste du corps terrien. Quand donc saint Paul désire d'être séparé du corps et être avec Christ, leur pourroit-il bien sembler qu'il veuille dormir, en sorte qu'il n'ait plus aucun désir de Jésus-Christ, ou que ce soit le désir de celui qui étoit bien assuré qu'il avoit un autre édifice de par Dieu, une maison non point faite de main, quand la maison terrestre et la loge de son habitation seroit détruite? N'est-ce pas bien à propos? N'est-ce pas bien être avec Christ quand on cesse de vivre la vie bienheureuse d'icelui? Mais quoi! ne sont-ils point étonnés à la voix du Seigneur, qui, s'appelant le Dieu d'Abraham, d'Isaac et de Jacob, répond quand et quand qu'il est le Dieu des vivants et non point des morts? Icelui donc n'est point leur Dieu, et eux ne sont point son peuple. Mais ils disent que ces choses seront lors seulement véritables quand les morts seront ressuscités finalement à vie, vu que les paroles sont telles : «Quant à la résurrection des morts, n'avez-vous point lu ce qui a été dit. » Mais encore ne se développent-ils pas par ce moyen ; car comme ainsi soit que Jésus-Christ eût affaire aux sadducéens , qui non-seulement nioient tout à plat la résurrection des morts , mais aussi l'immortalité des âmes, il réfuta deux erreurs par ce seul mot. Car si Dieu est le Dieu des vivants , et non point des morts, et Abraham, Isaac et Jacob étoient hors de ce monde quand Dieu parloit à Moïse , disant qu'il étoit leur Dieu ; il s'ensuit donc qu'ils vivent une autre vie ; car il faut que ceux desquels Dieu se fait Dieu, aient être ; par quoi saint Luc ajoute : « Car tous vivent à lui » , n'entendant point que toutes choses vivent à la présence de Dieu, mais par sa vertu. Ceci donc demeure de reste, qu'Abraham, Isaac et Jacob vivent. A cette sentence s'accorde ce que dit saint Paul : « Soit que nous vivions, nous vivons au Seigneur ; soit que nous mourions, nous mourons au Seigneur. Nous sommes au Seigneur, soit que nous vivions ou mourions ; car pour cela Christ est mort et ressuscité, afin qu'il domine sur les vivants et sur les morts. » Y a-t-il chose qu'on peut dresser plus fermement pour soutenir ou appuyer notre foi , que quand nous voyons dire que le Fils de Dieu domine sur les morts ? Car il ne peut avoir domination sinon sur ceux qui ont être, vu qu'il faut qu'il y ait des sujets là où il y a domination.

Voici aussi les âmes des martyrs rendent ouvertement témoignage au ciel devant Dieu et ses anges , lesquelles crient à haute voix sous l'autel : «Jusques à quand, ô Seigneur ! ne venges-tu point notre sang contre ceux qui habitent en la terre? Et à chacun d'eux furent données robes blanches , et leur fut dit qu'ils reposassent encore un bien peu de temps , jusques à ce que leurs compagnons serviteurs fussent accomplis , et leurs frères qui devoient aussi être occis comme eux. » Les âmes des morts crient, et robes blanches leur sont données. Vous autres, esprits dormeurs et ivres, comment interprétez-vous, je vous prie, ces robes blanches? Ne sont-ce point des coussins ou oreillers pour les faire dormir? Vous voyez bien ici que des robes blanches ne conviennent point au dormir. Il faut donc bien dire que les âmes qui sont ainsi vêtues veillent. Que si la vérité est telle , il est bien certain que les robes blanches signifient le commencement de gloire que Dieu , par sa bonté libérale , donne aux martyrs, jusques à ce que le grand jour du jugement soit venu. Car cela n'est point nouveau ou étrange ès Écritures, que la robe blanche signifie gloire, plaisance et joie; car le Seigneur apparut en robe blanche à Daniel. Le Seigneur Jésus apparut en cet habit sur la montagne de Thabor; l'ange apparut aux femmes, au sépulcre de Jésus-Christ, ayant une robe blanche; en cette même forme, les anges apparurent aux disciples regardant au ciel, après l'ascension du Seigneur; telle étoit la forme de l'ange qui apparut à Corneille; et quand la robe riche fut apportée au fils, qui, après avoir dissipé tout son bien, retourna à son père, ç'a été un signe de réjouissance. Davantage, si les âmes des morts crioient à haute voix, elles ne dormoient pas. Quand donc commencèrent-elles d'être assoupies de ce somne? Et ne faut point qu'ils objectent que le sang d'Abel crioit à Dieu. Je confesse bien que c'est une vulgaire forme de parler, à savoir, que le fait même parle, que l'effusion du sang crie vengeance. Or il est certain qu'en ce passage l'affection des martyrs est représentée par la clameur, d'autant que sans aucune figure leur désir y est exprimé, et leur requête aussi y est décrite, quand ils disent : « Jusques à quand, Seigneur, ne venges-tu », etc. Par quoi saint Jean, en ce même livre, a fait mention de deux résurrections, comme aussi de deux morts; la première est de l'âme avant le jugement; la seconde, par laquelle le corps sera ressuscité en gloire. Voici qu'il dit : « Bienheureux sont ceux qui ont part en la résurrection première; en ceux-ci la seconde mort n'a point de lieu. » Et pourtant ce vous est une chose horrible, à vous, dis-je, qui ne voulez reconnoître cette resurrection première, qui toutefois est la seule ouverture pour entrer à la gloire bienheureuse.

Voici aussi un bâton fort puissant pour les repousser, à savoir la réponse qui a été faite au pauvre brigand implorant miséricorde. Il avoit fait cette requête : « O Seigneur, aie mémoire de moi, quand tu seras venu en ton royaume. » Il oit cette réponse : « Tu seras aujourd'hui avec moi en paradis. » Celui qui est partout promet d'assister au brigand, et lui promet paradis; car celui qui a jouissance de Dieu a assez de délices et plaisirs. Et ne le renvoie point à longues années, mais à ce jour-là même il l'appelle aux délices heureuses de son royaume. La cavillation de ces dormeurs trotte çà et là, par laquelle ils se jouent de la parole de Jésus-Christ. Ils disent : « Un jour est comme mille ans devant la face de Dieu. » Mais ils ne se souviennent point que Dieu s'accommode aux sens humains toutes fois et quantes qu'il adresse sa parole aux hommes, et ils n'ont point lu qu'un jour en l'Écriture est mis pour mille ans. Qui endureroit un tel expositeur, qui, ayant ouï que Dieu fera aujourd'hui quelque chose, pensera à mille ans ou plus? Quand Jonas dénonçoit aux Ninivites : « Encore quarante jours, et Ninive sera détruite », iceux pouvoient-ils bien sans souci attendre le jugement de Dieu jusques à tant que quarante fois mille ans fussent passés? et saint Pierre n'a point dit en ce sens que mille ans devant Dieu sont comme un jour. Mais comme ainsi soit que quelques faux prophètes contassent les heures et les jours pour rédarguer Dieu de mensonge, quand il n'accomplissoit point ses promesses à leur première fantaisie, il admoneste qu'il y a éternité en Dieu, envers lequel mille ans ne sont pas à grand' peine un moment. Or, pource qu'ils se sentent encore entortillés, ils débattent que ce mot aujourd'hui signifie ès Écritures le temps du nouveau Testament, comme ce mot hier signifie le temps de l'ancien. Ils font servir par force à ce propos ce qui est dit dans l'*Épître aux Hébreux* : « Jésus-Christ, qui étoit hier, est encore aujourd'hui, et est aussi le même éternellement. » Mais ils s'abusent grandement. Car s'il a été seulement hier, celui qui n'étoit point devant le commencement du vieux Testament a quelquefois commencé d'être. Où sera Jésus, ce Dieu éternel, premier-né de toute créature même selon son humanité, et l'Agneau occis dès le commencement du monde? Davantage, si ce mot aujourd'hui dénote le temps qui est entre le jour du jugement et l'humanité de Jésus-Christ, nous avons ce point gagné, que paradis écherra au brigand devant ce jour auquel les âmes se réveilleront de leur somne, comme ils enseignent; et en cette sorte, par leur propre confession on arrachera ceci d'eux, que la promesse faite au brigand est accomplie devant le jugement, laquelle ils nient devoir être accomplie sinon après le jugement. Que s'ils tirent cette parole au temps qui suit après le jugement, pourquoi est-ce que l'auteur de l'*Épître aux Hébreux* ajoute:

« Éternellement? » Et afin qu'ils puissent toucher à la main
leurs ténèbres, et connoître à vue d'œil leur ignorance, si en
cette promesse Jésus-Christ regardoit le temps du jugement, il
ne devoit pas dire aujourd'hui, mais au siècle avenir; comme
quand·Isaïe vouloit signifier le mystère de la résurrection, il
appellé Jésus-Christ : « Père du siècle à venir. » Or, vu que
l'Apôtre a dit : « Hier et aujourd'hui et à tout jamais, » au lieu de
ce que nous disons : il a été, il est et sera (lesquels trois temps
nous dénotent l'éternité), que font-ils autre chose par leurs belles
subtilités, sinon corrompre le sens de l'Apôtre ? On peut apprendre du prophète Isaïe que c'est ci la propriété du premier
mot, qu'il contient le temps éternel, lequel dit que la géhenne
est préparée aux méchants dès le jour d'hier, vu que nous savons
par les paroles de Christ que le feu est préparé de tout temps au
diable et à ses anges. Ceux qui ont quelque sain et droit jugement
voient bien ici qu'ils ne peuvent plus rien avoir pour se moquer de
la vérité tant manifeste. Toutefois ils murmurent encore que le paradis fut tellement pour ce jour-là promis au brigand, comme la
mort fut dénoncée aux premiers parents au jour qu'ils viendroient
à goûter de l'arbre de la science du bien et du mal. Encore que
nous leur accordions cela, si est-ce toutefois que nous tirerons par
force ceci d'eux, que le brigand fut ce jour-là délivré de la misère
en laquelle Adam étoit tombé au jour auquel il transgressa le
commandement qui lui avoit été fait, et par ainsi l'immortalité fut
restituée au brigand. Davantage, quand je traiterai ci-après de la
mort, je déclarerai suffisamment, ce me semble, comment les
premiers parents moururent ce jour-là auquel ils s'aliénèrent de
Dieu.

Il faut maintenant que j'adresse mon propos à ceux qui, se
souvenant des promesse de Dieu, acquiescent en icelles en bon
repos de conscience. Que cette foi ne vous soit point arrachée,
mes frères, voire quand toutes les portes d'enfer s'élèveroient
contre vous, vu que vous avez Dieu pour pleige, qui ne peut nier
ni désavouer sa vérité. Sa voix n'est point obscure, laquelle
s'adresse à l'Église étant encore ici-bas en ce monde, quand il
dit : « Tu n'auras plus le soleil pour la lumière du jour, et la
splendeur de la lune ne t'éclairera plus, car le Seigneur te sera

pour lumière éternelle. » Que si, comme ils ont de coutume, ils veulent tirer ceci à la dernière résurrection, il sera facile de repousser leur vanité par un chacun mot du chapitre, vu que maintenant le Seigneur promet son Christ, maintenant que les gentils seront adoptés et appelés à la foi. Réduisez toujours en mémoire ce que le Saint-Esprit a enseigné par la bouche de David : « Le juste fleurira comme la palme, et sera multiplié comme le cèdre au Liban. Ceux qui sont plantés en la maison du Seigneur fleuriront ès parvis de notre Dieu. Encore feront-ils fruit en vieillesse ; ils seront frais et en bon point. » Ne vous étonnez de ce qu'il semble que toutes les vertus de nature défaillent, quand vous oyez que la vieillesse sera fraîche et en bon point et fructifiante. Considérant ces choses en vous-même, à l'exemple de David, exhortez votre âme à chanter et dire : « Mon âme, bénis le Seigneur, lequel rassasie ta bouche de bien. Ta jeunesse sera renouvelée comme la jeunesse de l'aigle. Remettez tout le reste au Seigneur, lequel garde notre entrée et notre issue dès maintenant et à jamais. C'est celui qui fait pleuvoir la rosée du matin et du soir sur les fidèles et élus, duquel il est dit : Notre Dieu est le Dieu de délivrance, et l'issue de la mort est du Seigneur Dieu. » Jésus-Christ nous a déclaré cette bonté du Père quand il a dit : « O Père, quant à ceux que tu m'as donnés, je veux que là où je suis, ils y soient aussi, afin qu'ils voient la clarté que tu m'as donnée. »

Retenons donc cette foi appuyée sur toutes les prophéties, sur la vérité de l'Évangile, sur Jésus-Christ même, à savoir, que l'esprit est l'image de Dieu, à la similitude duquel il a vigueur et intelligence, et est éternel ; et, tandis qu'il est en ce corps, il montre ses vertus, et quand il sort de cette prison, il s'en va à Dieu, du sentiment duquel il jouit, cependant qu'il repose en l'espérance de la résurrection bienheureuse ; et ce repos lui est un paradis. Mais quant à l'esprit de l'homme réprouvé, cependant qu'il attend le terrible jugement sur soi, il est tourmenté de cette attente, laquelle l'Apôtre pour cette cause appelle redoutable. S'enquérir plus outre, c'est se plonger dedans l'abîme des secrets de Dieu, vu que c'est assez d'apprendre ce que le Saint-Esprit, qui est un très-bon maître, s'est contenté d'ensei-

gner, lequel dit ainsi : « Écoutez-moi, et votre âme vivra. » Comme
ceci est dit sagement au prix de la vaine arrogance de ceux-ci, à
savoir : « Les âmes des justes sont en la main de Dieu, et le
tourment de la mort ne les attouchera point. Il a semblé devant les yeux des fous qu'iceux mouroient, mais ils sont en
paix », etc. C'est ci la fin de notre sagesse, laquelle, comme elle
est sobre et sujette à Dieu, aussi connoît-elle bien que ceux qui
s'efforcent par-dessus elle tombent bas.

Nous éplucherons maintenant les linges et drapeaux auxquels
ils emmaillottent les âmes endormies, et détremperons le pavot,
lequel ils leur font avaler pour les endormir ; car ils ont quelques passages de l'Écriture qu'ils font courir çà et là, lesquels
semblent favoriser à ce somne. Puis après, comme si ce dormir étoit clairement prouvé, ils foudroient contre ceux qui ne
consentent point tout incontinent à leur erreur. Premièrement,
ils mettent en avant que Dieu n'a point mis une autre âme en
l'homme, laquelle ne lui soit commune avec toutes les bêtes,
car l'Écriture attribue également à tous une âme vivante, comme quand il est dit : « Dieu a créé les grandes baleines et toute
âme vivante. » Item, « Ils vinrent de toute chair qui a en soi esprit de vie, par couples, en l'arche de Noé » ; et autres lieux
semblables. Et quand les saintes Écritures n'en auroient fait
aucune mention, toutefois nous sommes clairement admonestés par saint Paul, que cette âme vivante ne diffère en rien
de la vie présente, par laquelle ce corps reçoit vigueur et
force. Voici qu'il dit : « Ce qui est semé en corruption ressuscitera en incorruption ; ce qui est semé en mépris ressuscitera
en gloire ; ce qui est semé en débilité ressuscitera en force et
puissance ; ce qui est semé corps sensuel ressuscitera corps spirituel, ainsi qu'il est écrit : Le premier homme Adam a été fait en
âme vivante, et le dernier Adam en esprit vivifiant. » Or, je confesse bien que l'âme vivante n'est point seulement une fois attribuée
aux bêtes, pource qu'elles ont aussi leur vie. Nonobstant, elles
vivent d'une façon que ne font pas les hommes. L'âme vivante en
l'homme fait qu'il a sens, prudence, raison et intelligence ; l'âme
vivante ès bêtes leur donne seulement mouvement et sentiment.
Comme ainsi soit donc qu'il y ait raison, intelligence et vo-

lonté en l'âme de l'homme, lesquelles vertus ne sont point annexées au corps, il ne se faut ébahir si elle subsiste sans le corps, et si elle ne périt comme celle des bêtes, les âmes desquelles n'ont sinon des sentiments corporels. Pour cette cause, saint Paul, après ce poëte païen, n'a eu honte de nous appeler genre de Dieu. Par quoi, qu'ils communiquent maintenant comme ils voudront aux bêtes l'âme vivante avec l'homme, vu que, quant au corps, et les bêtes et les hommes ont du tout une même vie; néanmoins ils ne peuvent faire de cela un degré pour confondre l'âme de l'homme avec celle des bêtes. Et ne faut point qu'ils nous opposent la sentence de saint Paul, laquelle est plutôt pour nous que contre nous : « Le premier homme Adam a été fait en âme vivante, et le dernier Adam en esprit vivifiant. » Car c'est une réponse à l'objection de ceux qui ne pouvoient être persuadés de la résurrection; car voici l'objection qu'ils faisoient : Comment ressusciteront les morts? En quel corps viendront-ils? Le saint Apôtre, pour venir au-devant de cette objection, les prend par cet argument : « Si nous apprenons par usage que la semence qui vit, qui croît, qui rend fruit, a été premièrement morte, pourquoi le corps qui étoit mort ne ressuscitera-t-il comme la semence? et si le grain nu et sec rapporte fruit plus ample après qu'il aura été mort, et ce par une vertu admirable, laquelle Dieu y a mise, pourquoi est-ce que par la même vertu divine le corps ne ressuseitera d'une meilleure façon qu'il n'étoit mort? » Et à celle fin que tu ne t'ébahisses encore, d'où vit l'homme, sinon qu'il a été formé en âme vivante? Néanmoins, combien que cette âme baille agitation et souténement à la pesanteur du corps pour quelque temps, si est-ce qu'elle ne lui donne pas immortalité ou incorruption. Et tandis aussi qu'elle déploie sa vertu, nonobstant elle n'est pas assez suffisante de soi, sans les aides de boire, manger et dormir, qui sont signes de corruption; et ne lui baille point un état ferme et constant, en sorte qu'il ne soit sujet tantôt à une inclination, tantôt à une autre. Mais quand le Fils de Dieu nous aura pris avec soi en gloire, il ne sera point seulement corps animal ou vivifié par l'âme, mais spirituel, et tel que notre entendement ne peut penser ni notre langue exprimer. On voit

donc que nous ne serons point autre chose en la résurrection
générale, mais que nous serons bien autres, voire si ainsi faut
parler. Et ces choses sont dites du corps auquel l'âme administre la vie sous les éléments de ce monde; mais quand la figure de ce monde sera passée, la participation de la gloire de
Dieu l'élèvera par-dessus la nature. On peut bien voir par ceci
quel est le vrai et naturel sens de l'Apôtre. Or, saint Augustin, voyant qu'il avoit failli (comme ceux-ci faillent maintenant) en l'explication de ce passage, a depuis reconnu sa
faute, et l'a corrigée entre ses rétractations, et beaucoup plus
ouvertement en d'autres lieux. Et il est ici bon que nous allé-
guions quelque peu de paroles d'icelui. « Il est bien vrai, dit-il,
que l'âme vit au corps animal ou animé; nonobstant, elle ne vit
pas jusque-là qu'elle ôte la mortalité ou corruption. Mais quant
au corps spirituel, quand elle est faite un esprit vif, adhérent parfaitement au Seigneur, elle vivifie en telle sorte, qu'elle
fait le corps spirituel, consumant toute corruption et ne craignant aucune séparation. Davantage, encore que je leur accorde toutes choses touchant l'âme vivante (auquel mot je ne
m'arrête point, comme j'ai déjà dit ci-dessus), tant y a toutefois
que ce siége de l'image de Dieu demeure toujours en son entier, soit qu'ils le nomment ou âme ou esprit, ou bien quelque
autre chose. Et ne sera non plus difficile de repousser l'objection qu'ils font du trente-septième chapitre d'Ézéchiel, où le
prophète, faisant une description du fait de la résurrection, appelle des quatre vents l'esprit, à celle fin qu'il donne et inspire
vie aux os secs. De là, ils pensent bien faire une bonne conséquence, que l'âme de l'homme n'est autre chose qu'une vertu et
faculté de remuement sans substance; laquelle vertu et faculté
s'évanouit bien en la mort, mais se reprend derechef en la résurrection générale. Comme s'il ne m'étoit semblablement licite
de faire une telle illation, à savoir que l'esprit de Dieu est un
vent ou une agitation évanouissante, vu qu'Ézéchiel, en la première vision, appelle vent ou souffle, au lieu de l'esprit éternel de Dieu. Mais il sera facile à celui qui ne sera du tout
stupide, de résoudre cette difficulté, laquelle ces gens de
bien ne peuvent observer ni apercevoir, tant sont-ils savants

et bien aigus. Car en tous ces deux passages a été fait ce
que les prophètes font bien souvent , lesquels figurent les choses
spirituelles et plus hautes que tout sens humain par signes
corporels et visibles. Ézéchiel donc, voulant représenter au vif
devant les yeux, par une vision comme pourtraite au vif, tant
l'esprit de Dieu que les esprits des hommes , et que cela étoit
contraire à la nature spirituelle, a emprunté une similitude des
choses corporelles, laquelle en fût comme une image ou patron.
Ils font cette seconde objection : Combien que l'âme eût été
douée d'immortalité , toutefois, étant tombée en péché, elle a,
par cette chute, perdu son immortalité. Cette peine étoit ordonnée pour le péché et dénoncée aux premiers parents : « Vous
mourrez de mort » ; et saint Paul dit que « la mort est le gage du
péché » ; et le prophète crie que « l'âme qui aura péché mourra. »
Nos dormeurs mettent en avant ces passages et autres semblables. Mais je demande en premier lieu : ce même gage de péché
n'a-t-il pas été rendu aussi au diable, et nonobstant, iceluy n'est
point tellement mort, qu'il ne veille toujours, qu'il n'environne
çà et là cherchant quelqu'un pour le dévorer, qu'il ne besogne
ès enfants d'incrédulité. Davantage, y aura-t-il quelque fin en
cette mort, ou non? Car s'il n'y a point de fin (comme de fait il
faut qu'ils le confessent), iceux donc, quelque chose qu'ils soient
morts, néanmoins sentiront le feu éternel de la géhenne et le ver
qui ne meurt point. Ces choses nous montrent ouvertement
que l'âme, lors même qu'elle est morte, a son immortalité, laquelle nous affermons et disons avoir sentiment du bien et du
mal, et que cette mort est quelque autre chose que ce qu'ils
veulent obtenir, à savoir, qu'elle soit réduite à néant. Et les
Écritures n'ont point oublié cela, voire s'ils employoient leur
esprit à accommoder leur sens à icelles, plutôt que d'affermer
arrogamment, et d'une façon orgueilleuse, tout ce que leur cerveau, encore tout fumeux de leur ivrognerie endormie, leur
aura dicté. Quand Dieu prononce cette sentence contre l'homme
pécheur : « Tu es poudre, et tu retourneras en poudre » , à savoir
s'il dit autre chose, sinon, que ce qui est pris de la terre retournera en terre? Que devient donc l'âme? Descend-elle au sépulcre pour devenir flétrie et pourrie? Or, nous déclarerons ces

choses ci-après un peu plus ouvertement. Maintenant, que
tergiversent-ils? Nous avons ouï que ce qui est à la terre, il
faut qu'il soit rendu à la terre. Y a-t-il raison que nous plongions
l'esprit de l'homme sous terre? Or, il ne dit pas que l'homme
retournera en terre, mais celui qui est poudre retournera en
poudre, et celui qui a été formé du limon de la terre est cette
poudre. Icelui voirement retourne en poudre, et non point l'esprit, lequel Dieu a donné à l'homme comme étant pris d'ailleurs
que de la terre. En cette façon nous lisons au livre de Job :
« Aie mémoire que tu m'as fait comme la boue, et que tu me
réduiras en poudre. » Il parle là du corps; et un peu après, il
ajoute de l'âme : « Tu m'as donné vie et grâce, et ta visitation a
gardé mon esprit. » Cette vie donc ne devoit retourner en poudre. La mort de l'âme est bien autre, à savoir le redoutable jugement de Dieu, la pesanteur duquel la pauvre âme ne peut porter
qu'elle ne soit toute confuse, abattue et perdue, comme les
Écritures nous enseignent, et comme ont expérimenté ceux auxquels Dieu a fait sentir au vif un tel étonnement. Et afin que
nous commencions par Adam, lequel a gagné le premier ce
beau gage, pensons un peu quel courage il avoit, ou pour bien
dire, quel il étoit du tout quand il ouït cette voix horrible : «Adam,
où es-tu? » Cela est plus facile à penser qu'à dire, combien
qu'on ne le puisse penser si quand et quand on ne le sent; et
tout ainsi qu'on ne pourroit exprimer par paroles combien la
majesté de Dieu est haute, aussi ne pourroit-on expliquer
combien son ire est terrible à ceux sur lesquels elle tombe. Ils
voient le courroux de Dieu; pour lequel éviter ils sont prêts
de se plonger dedans mille abîmes, et nonobstant ne le peuvent
éviter. Et qui est-ce qui ne confessera que c'est ci la vraie
mort? Je dis derechef qu'il n'est besoin de paroles à ceux qui ont
été quelquefois piqués du cautère de la conscience. Et ceux qui
ne l'ont expérimenté, qu'ils oyent les Écritures quand il est dit :
« Notre Dieu est un feu consumant, lequel quand il parle en jugement, il occit. » Il a été connu tel de ceux qui disoient : « Que
le Seigneur ne parle point avec nous, de peur que nous ne
mourions. » Or, voulez-vous savoir quelle est la mort de
l'âme? Quand elle est sans Dieu; abandonnée de Dieu, délaissée

à soi-même. Car si Dieu est la vie d'icelle, elle perd sa vie quand elle perd la présence de Dieu. Et afin que nous montrions par parties ce qui a été dit en général, si ainsi est qu'il n'y ait point de lumière hors Dieu, laquelle éclaire à notre nuit, quand cette lumière se sera retirée, il est certain que l'âme étant ensevelie en ses obscurités et ténèbres, est aveugle. Elle est lors muette, vu qu'elle ne peut confesser à salut ce qu'elle a cru à justice. Elle est sourde, d'autant qu'elle n'oit point cette vive voix ; elle est boiteuse, et qui pis est, elle ne se peut soutenir quand elle n'a point à qui elle die : « Tu as tenu ma dextre, et m'as conduit selon ta volonté » ; et finalement elle ne fait aucun acte de vie. Car voici que dit le prophète quand il veut montrer que la source et fontaine de vie gît en Dieu : « Apprends à connoître où est la prudence, où est la vertu, où est l'intelligence, afin qu'ensemble tu saches où est la longue durée, la vie, la lumière et clarté des yeux et la paix. » Que demandez-vous plus pour venir à la mort ? Or, afin que ne demeurions point ici en beau chemin, pensons en nous-mêmes quelle vie Jésus-Christ nous a apportée, et il nous souviendra de quelle sorte de mort il nous a rachetés. Saint Paul nous enseigne l'un et l'autre. Il dit : « Éveille-toi, qui dors, et te lève des morts, et Christ t'illuminera. » Là il ne parle point à la poudre, mais à ceux qui, étant enveloppés de péchés, portent avec eux les enfers et la mort. Et ailleurs : « Et vous, quand vous étiez morts par péchés, il vous a vivifiés ensemble avec Christ, vous pardonnant tous vos péchés. » Tout ainsi donc que saint Paul dit que nous mourons à péché quand la concupiscence est éteinte en nous, aussi mourons-nous à Dieu quand nous sommes assujettis à notre concupiscence vivante en nous ; et pour dire tout en un mot, en vivant nous mourons (ce que saint Paul dit de la veuve qui est en délices), c'est-à-dire nous sommes immortels à la mort. Car, combien que l'âme retienne son sens, néanmoins la mauvaise conscience est comme une stupidité d'entendement. Or, maintenant, quelle que fût cette mort de l'âme, tant y a toutefois que Jésus-Christ est mort de cette mort pour nous, car il a accompli par sa mort ce que les prophéties avoient promis de sa victoire contre la mort.

Les prophéties annonçoient ainsi : « Il détruira la mort à toujours. »
Item, « Je serai ta mort, ô mort, ta morsure, ô enfer. » Item, « La
mort ira devant sa face. » Les apôtres dénoncent les choses
déjà faites : « Il a détruit la mort, mais il a illuminé la vie par
l'Évangile. » Item, « Si par le forfait d'un, la mort a régné par un,
par plus forte raison ceux qui reçoivent l'abondance de grâce et
du don de justice régneront en vie par un, à savoir Jésus-Christ. »
Qu'ils soutiennent ces foudres, s'ils peuvent ; car puisqu'ils
disent que la mort est d'Adam (ce que nous confessons, non
pas telle qu'ils forgent, ains telle que nous avons dit en laquelle l'âme tombe), et nous, d'autre part, disons que la vie est
de Christ, ce qu'ils ne peuvent nier : le point de tout le différend gît dans la comparaison d'Adam et de Jésus-Christ. Il faut premièrement qu'ils accordent ceci à saint Paul, que non-seulement
tout ce qui avoit été perdu en Adam a été restauré en Jésus-Christ,
mais tant plus que la vertu de la grâce a surmonté le péché,
tant plus aussi Jésus-Christ a été puissant en restaurant, qu'A-
dam en perdant. Car il enseigne apertement que le don n'est
point comme le péché, mais a abondé grandement, non point
sur plusieurs hommes, ains plus abondamment sur ceux es-
quels il a abondé. Qu'ils répondent s'ils veulent qu'il a abondé,
n'ont point d'autant qu'il ait donné vie plus abondante,
mais pource qu'il a effacé plusieurs péchés, vu que le seul
péché d'Adam nous avoit tirés en ruine. C'est ce que je de-
mandois. Davantage, vu qu'il enseigne ailleurs que le péché
est l'aiguillon de la mort, qu'est-ce qu'a la mort pour nous
poindre, vu que son aiguillon est rebouché, voire du tout consumé ? Or, est-il ainsi qu'il ne traite autre chose en plusieurs
chapitres de l'*Épître aux Romains*, sinon qu'il déclare ouvertement que le péché est du tout aboli, à ce qu'il n'exerce plus
sa domination sur les fidèles. Maintenant, si la loi est la puissance du péché, quand nos dormeurs tuent ceux qui vivent en
Jésus-Christ, que font-ils autre chose que les retirer en la malédiction de la loi, laquelle est ôtée du milieu ? Par quoi l'Apôtre
prononce hardiment qu'il n'y a point de damnation en ceux
qui sont en Jésus-Christ, lesquels ne cheminent point selon la
chair, mais selon l'esprit. Vraiment ils prononcent une terri-

ble sentence contre ceux lesquels saint Paul délivre de toute condamnation, quand ils disent : Vous mourrez de mort. Mais où est la grâce, si la mort règne encore entre les élus de Dieu ? Or, comme dit saint Paul, « le péché règne bien à mort, mais la grâce règne à vie éternelle. Que si elle surmonte le péché, elle ne laisse plus aucun lieu à la mort. Tout ainsi donc que la mort entrée par Adam a régné, semblablement la vie règne maintenant par Jésus-Christ. Or, nous savons que Jésus-Christ étant ressuscité des morts, ne meurt plus ; la mort n'aura plus de domination sur lui ; car ce qu'il est mort à péché, il est seulement mort pour une fois, mais ce qu'il vit, il vit à Dieu. » Et on peut bien voir par ceci qu'ils ne réfutent eux-mêmes leur erreur de leur propre bouclier. Car, quand ils disent que la mort est la peine du péché, quand et quand ils confessent que si l'homme n'eût point péché il eût été immortel. Car quelque fois n'a point été ce qui a commencé d'être, et ce qui est de peine n'est point de nature. Au contraire, saint Paul prononce que le péché est englouti par la grâce, en sorte qu'il ne peut avoir opération quelconque contre les élus de Dieu. Nous gagnons donc ce point, que les élus de Dieu sont maintenant tels qu'a été Adam avant le péché. Et tout ainsi qu'icelui a été créé incorruptible, aussi sont maintenant ceux qui sont réformés en meilleure nature par Jésus-Christ. Et ce que dit l'Apôtre ne répugne point à ceci : « Lors la parole qui est écrite sera accomplie : La mort est engloutie en victoire » ; car s'ils disent qu'il y a : la parole sera faite, nul ne peut nier qu'être fait ne soit pris pour être accompli. Car ce qui est maintenant commencé en l'âme sera accompli au corps ; ou plutôt, ce qui est seulement commencé en l'âme sera accompli en l'âme et au corps ensemble. Car cette mort commune de laquelle nous mourons tous, comme par une commune nécessité de la nature, est un passage naturel aux élus pour parvenir au degré souverain d'immortalité, plutôt qu'un mal ou peine ; et, comme dit saint Augustin, ce n'est autre chose qu'un définiment de la chair, qui ne consume point les choses conjointes, mais les divise, quand il rend l'une et l'autre à son origine.

Pour le troisième, ils allèguent ce qui est dit tant de fois de ceux qui sont morts, à savoir qu'ils dorment ; comme il est dit de saint

Étienne « qu'il s'endormit au Seigneur. » Item : « Lazare, notre ami, dort. » Item : « Ne soyez contristés des dormants. » Et tant de fois ceci est répété aux livres des *Rois*, en sorte qu'à grand' peine y a-t-il encore une autre phrase de l'Écriture plus familière. Or, surtout ils font valoir la sentence qui est au livre de Job, où il est dit : « Le bois a espérance, s'il est coupé, qu'il rejettera encore, et ses rameaux bourgeonneront; mais quand l'homme est mort, et dénué et défailli, où est-il? Comme les eaux se retirent de la mer et le fleuve se dessèche et tarit, ainsi l'homme, après qu'il est endormi, ne se relève plus et ne se réveillera de somne, jusquès à ce que le ciel ne sera plus. » Si nous croyons que les âmes dorment pource que la mort est appelée dormir, en premier lieu l'âme de Jésus-Christ a été saisie de ce même somne, car David parle ainsi en la personne d'icelui : « J'ai dormi et ai pris somne; si me suis réveillé, car le Seigneur est avec moi. » Et ses ennemis disoient ainsi mal de lui : « Celui qui dort ne se relèvera-t-il plus? » Or, s'il n'est point licite de penser chose si abjecte et vile de l'âme de Christ (comme il a été amplement traité ci-dessus), nul ne doit douter que l'Écriture n'ait regardé seulement la composition extérieure du corps, et qu'elle n'ait tiré ce dormir du regard des hommes; car on lit ces deux façons de parler indifféremment : « dormir avec ses pères, et fut mis avec ses pères. » Cependant toutefois l'âme n'est point mise avec les âmes des pères, mais le corps est porté au sépulcre des pères. Samuel aussi, en l'histoire des *Rois*, attribue ce dormir aux rois infidèles; ce qu'on peut voir ès deux derniers livres des *Rois* aussi et des Chroniques. Quand vous oyez dire que l'infidèle dort, ne pensez-vous point au somne de l'âme, laquelle ne peut avoir un pire bourreau, par lequel elle soit tourmentée, qu'une mauvaise conscience? Où est le somne ou le dormir entre telles angoisses et détresses? Car les méchants sont comme la mer bouillante, laquelle ne se peut apaiser, et ses flots regorgent en foulement, et jettent de la fange et des ordures. Il n'y a point de paix aux méchants, dit le Seigneur. Nonobstant, David, voulant exprimer l'aiguillon de la conscience poignant âprement, dit : « O Seigneur, illumine mes yeux, de peur que je ne m'endorme à la mort. » Voilà, les gouffres des enfers tiennent le pauvre homme assiégé, la force du péché le tourmente,

et toutefois il dort ; et encore y a-t-il plus, qu'il dort pource qu'il
endure ces choses. Aussi faut-il renvoyer ces pauvres ignorants
à leur a b c , vu qu'ils n'ont encore appris que quelquefois une
partie est entendue pour le tout, quelquefois le tout pour une
partie, laquelle figure est tant de fois usurpée en l'Écriture. Je
ne veux point qu'on m'ajoute foi que premièrement je n'aie
produit aucuns passages qui montreront ouvertement qu'en ce
mot de dormir ou de somne, il y a une figure appelée synecdoche,
toutes fois et quantes qu'il est pris pour la mort. Quand Job disoit :
« Voici, je dors maintenant en la poudre, et si tu me cherches
au matin, je ne serai plus en être », pensoit-il que son âme dût
être assoupie de somne ? Or, ne devoit-elle pas être jetée en la
poudre ; elle ne devoit donc dormir en la poudre. Et en un autre
passage, quand il dit : «Et toutefois ils dormiront ensemble en la
poudre, et les vers les couvriront »; et quand David dit : «Comme
les navrés dormant ès sépulcres », vous semble-t-il avis que Job
et David aient exposé les âmes aux vers pour les manger ? Le
prophète nous enseigne le même, lequel, voulant décrire la ruine
de Nabuchodonosor, dit ainsi : « Toute la terre s'est reposée et
s'est apaisée. Les sapins aussi se sont réjouis sur toi, et les cèdres
du Liban. Depuis que tu t'es endormi, nul n'est monté pour
nous défaire. » Et un peu après : «Tous les rois de toutes nations
sont endormis en gloire, un chacun en son habitation ; mais toi
tu es jeté arrière de ton sépulcre. » Toutes lesquelles choses sont
dites d'un corps mort ; en sorte que dormir c'est être couché et
gisant, à la façon de ceux qui dorment, lesquels sont couchés
par terre. Les poëtes païens mêmes leur pourroient bien enseigner cette façon de parler. Pour cette raison, les anciens ont
appelé cimetière le lieu qui étoit destiné pour enterrer les morts,
qui signifie autant que dortoire. Non pas qu'ils entendissent par
cela que les âmes fussent là mises pour se reposer, mais les
corps morts. Je pense que les fumées de nos gens sont déjà assez
évanouies, desquelles ils enveloppoient le dormir des âmes ;
puisqu'il a été prouvé qu'on ne trouvera point en toute l'Écriture
que ce mot dormir soit attribué aux âmes et esprits, toutes fois et
quantes qu'il est mis pour la mort. Au reste, nous avons traité
ailleurs plus amplement du repos des âmes.

7

Pour le quatrième, ils empoignent le passage de Salomon, comme s'ils avoient de quoi foudroyer contre nous, où il dit en son *Ecclésiaste* : « J'ai pensé en mon cœur sur l'état des enfants des hommes, que Dieu les éprouvât pour montrer qu'ils ressemblent aux bêtes ; car ce qui advient aux enfants des hommes et ce qui advient aux bêtes est tout un ; comme l'un meurt, aussi meurt l'autre ; et ont tous un même esprit, et l'homme n'a rien plus que la bête ; car tout est vanité, tout va en un lieu ; et tout est de poudre, et tout retourne en poudre. Qui connoît si l'esprit des enfants des hommes monte en haut, et si l'esprit de la bête descend en bas ? » Que seroit-ce si Salomon même leur répondoit ici en un mot : « Vanité des vanités, dit le prêcheur, vanité des vanités, et tout est vanité. » Car, que fait-il, sinon remontrer que le sens humain est vain et incertain de toutes choses ? L'homme voit qu'il meurt comme les bêtes ; qu'il a la vie et la mort commune avec les bêtes : il fait donc cette conclusion, que sa condition est semblable à celle des bêtes ; et tout ainsi que les bêtes n'ont plus rien de reste après leur mort, aussi l'homme ne se réserve rien après sa mort. Voilà quel est l'esprit, quelle est la raison, quel est l'entendement de l'homme. Car l'homme sensuel ne comprend pas les choses qui sont de l'esprit ; elles lui sont folie, et ne les peut entendre ni connoître. L'homme voit des yeux charnels ; il regarde la mort présente ; il ne peut monter plus haut qu'à considérer ceci, que toutes choses sont produites de la terre et retourneront pareillement en terre ; cependant ils n'ont nul regard à l'âme, et c'est ce qu'il ajoute : « Qui connoît si l'esprit des fils des hommes monte en haut ? » Que si on vient à l'âme, la raison humaine se resserrant en soi, ne comprendra rien qui soit ferme ou liquide, soit qu'elle étudie, ou médite, ou s'arraisonne. Comme ainsi soit donc que Salomon montre la vanité du sens humain, parce qu'en la considération de l'esprit il est variable et en suspens, il ne favorise nullement à leur erreur, mais il soutient fort et ferme notre foi ; car la sapience de Dieu nous fait ouverture et nous donne déclaration de ce qui surmonte la capacité et mesure de l'entendement humain, à savoir, que l'esprit ou entendement des enfants des hommes monte en haut. Or, je proposerai une autre chose semblable de ce même auteur,

afin que je puisse faire aucunement fléchir ce dur col qu'ils ont.
L'homme n'entend point la haine ou l'amour de Dieu envers les
hommes, mais toutes choses sont gardées en incertitude, d'autant
que toutes choses adviennent également, tant au juste qu'au
méchant, tant au bon qu'au mauvais, tant au net qu'au pollu,
tant à celui qui sacrifie qu'à celui qui ne sacrifie point. Si toutes
choses sont gardées en incertitude pour l'avenir, le fidèle donc,
à qui toutes choses œuvrent en bien, interprétera-t-il que l'affliction est une haine de Dieu? non point; car il est dit aux fidèles :
« Vous aurez oppression au monde et consolation en moi. » Se
reposant sur cette parole, non-seulement ils endurent d'un
repos constant d'esprit tout ce qui leur peut advenir, mais aussi
ils se glorifient en leurs tribulations, confessant avec Job : « Encore qu'il nous mette à mort, si est-ce que nous espérerons en
lui. » Comment donc sont toutes choses gardées en incertitude pour
l'avenir? Ces choses sont selon l'homme; néanmoins tout homme
vivant est vanité. Il ajoute après : « C'est une chose mauvaise
entre tout ce qui se fait sous le soleil, qu'il y a un même événement à tous; dont aussi les cœurs sont remplis de malice et mépris en leur vie, et après cela sont menés au sépulcre. » Il n'y a nul
qui vive toujours et qui ait espérance de ceci. Le chien vif vaut
mieux que le lion mort; car les vivants savent qu'ils mourront,
mais les morts ne connoissent plus rien, et n'ont plus aucun loyer,
car leur mémoire est mise en oubli. Ne dit-il pas ces choses de la
bêtise de ceux qui regardent seulement devant leurs pieds,
n'ayant nulle espérance de la vie bienheureuse ni de la résurrection? Car, quand encore cela seroit vrai que nous ne sommes
rien après la mort, nonobstant la résurrection est de reste. Que
s'ils jetoient les yeux sur l'espérance d'icelle, ils ne seroient
abreuvés du contemnement de Dieu, ni remplis de malice, afin
que je laisse toutes autres choses. Concluons donc après Salomon
que la raison humaine n'a nulle connoissance de toutes ces
choses; que si nous en voulons avoir quelque certitude, recourons à la loi et au témoignage, où est la vérité et les voies du
Seigneur. Voici ce qui y est dit : « Jusques à ce que la poudre retourne en la terre d'où elle étoit, et que l'esprit retourne à Dieu
qui l'a donné. » Quiconque donc aura ouï la parole de Dieu, ne doit

point douter que l'esprit des enfants des hommes ne monte en haut. Or, je prends là simplement monter en haut pour consister et être immortel, comme descendre en bas pour trébucher, déchoir et périr.

Quant au cinquième argument, ils le dégorgent à pleine bouche et déploient tout leur gosier, afin qu'ils puissent réveiller les dormants de leur somne profond; car ils constituent en icelui la plus grande part de leur victoire, et quand ils veulent décevoir leurs novices et éblouir leurs yeux, ils empoignent principalement ceci pour corrompre leur foi et leur sain entendement. Il n'y a qu'un jugement, disent-ils, par lequel un chacun recevra son loyer; les bons la gloire, les méchants la géhenne. Devant ce jour-là il n'y a ni béatitude ni misère ordonnée. Les Écritures partout en rendent un tel témoignage : « Et enverra ses anges avec grosse voix de trompette, et assembleront ses élus des quatre vents, depuis le haut des cieux jusqu'à l'autre bout d'en bas. » Item : « Le Fils de l'homme enverra ses anges, qui cueilleront de son royaume tout scandale et ceux qui font iniquité, et les jetteront en la fournaise du feu, là où il y aura pleurs et grincement de de dents. Adonc les justes reluiront comme le soleil au royaume de leur père. » Item : « Alors dira le roi à ceux qui seront à sa dextre : Venez, les bénis de mon Père, possédez le royaume qui vous est appareillé dès la fondation du monde; et dira à ceux qui seront à la senestre : « Départez-vous de moi, maudits, au feu éternel qui est préparé au diable et à ses anges; et ceux-ci iront en tourment éternel, mais les justes iront en vie éternelle. » Il y a une semblable sentence en Daniel : « Et en ce temps-là ton peuple sera sauvé, tous ceux qui seront trouvés écrits au livre. » Ils disent donc : Si toutes ces choses sont écrites du jour du jugement, comment seront les élus lors appelés à la possession du royaume céleste, s'ils le possèdent maintenant? Comment leur sera-t-il dit qu'ils y viennent, si déjà ils y sont? Comment sera sauvé le peuple, s'il est sauvé dès cette heure? Par quoi les fidèles, qui même cheminent maintenant en foi, n'attendent point un autre jour de leur salut, comme dit saint Paul, « sachant que celui qui a ressuscité Jésus des morts, nous ressuscitera aussi avec Jésus-Christ. » Et ailleurs : « Attendant la révélation de Notre-Seigneur Jésus-Christ, lequel vous rendra forts jusqu'à la fin, au jour de son avénement », etc. Mais octroyons-leur tout ceci. Cependant pourquoi ajoutent-ils de leur fantaisie ce qui n'y est pas, à savoir du somne? Car en tant de passages qu'ils amènent et autres semblables, ils ne peuvent produire une seule syllabe du somne. Mais encore qu'ils veillent, si peuvent-ils être sans gloire. Par quoi, vu que c'est affaire à un homme non-seulement téméraire, mais aussi enragé, de conclure hardiment des choses qui ne peuvent être comprises par le sens humain, de quel front ces dogmatiseurs nouveaux et étourdis oseront-ils défendre le somne, lequel ils n'ont reçu de la bouche du Seigneur? Ceci doit suffire à gens sobres et de bon jugement, afin qu'ils connoissent que ce somne est impudemment forgé, comme ainsi soit qu'il ne peut être prouvé par parole ouverte de Dieu. Mais encore traitons ces passages en bref, afin que les simples n'en soient émus aucunement, quand ils oyent dire que le salut des âmes est différé jusqu'au jugement général. Premièrement, nous entendons que ceci soit pour tout résolu, que notre béatitude est toujours en chemin jusques à ce grand jour-là qui mettra fin à tout chemin. Semblablement, la gloire des élus et la fin de la dernière espérance tendent et regardent à ce même jour, à ce qu'elles soient accomplies. Car il y a bon accord de ceci entre tous, qu'il n'y a autre perfection, ou de béatitude, ou de gloire, sinon la conjonction parfaite avec Dieu. Or, nous tendons tous à ce but, nous y courons, nous nous y avançons; toutes les Écritures et promesses de Dieu nous y envoient; car ce qui a été dit une fois à Abraham par la bouche de Dieu nous appartient aussi : « Abraham, je suis ton loyer fort grand. » Vu donc que ce loyer est ordonné à tous ceux qui ont part avec Abraham, à savoir, de posséder Dieu et d'avoir heureuse jouissance de lui, outre lequel loyer il n'est licite d'en appéter un autre; quand il est question de notre attente, il faut là jeter les yeux. Jusques ici nos adversaires sont d'accord avec nous, si je ne m'abuse; davantage, j'espère aussi qu'ils nous accorderont bien ceci, que ce royaume, à la possession duquel les élus et fidèles sont appelés, lequel est ailleurs appelé salut, loyer et gloire, n'est autre chose que cette conjonction et unien bienheureuse avec Dieu; à savoir, à ce qu'ils soient pleinement en Dieu, que Dieu les rende parfaits, et de leur côté qu'ils soient adhérents à Dieu, qu'ils possèdent Dieu pleinement, et, pour dire en bref, qu'ils soient un avec Dieu. Car en cette sorte, quand ils sont en la fontaine de toute plénitude, ils sont parvenus au dernier but de toute justice, sapience et gloire, esquelles bénédictions le royaume de Dieu consiste; car saint Paul a montré que c'étoit là le dernier point du royaume de Dieu, quand il dit: «A celle fin que Dieu soit tout en toutes choses, puisque Dieu en ce jour-là sera vraiment tout en toutes choses, et amènera ses élus et fidèles à juste perfection. Ce n'est point sans cause que ce grand jour est appelé le jour de notre salut, devant lequel notre salut n'est point parfaitement accompli. Car ceux que Dieu remplit sont remplis de toutes richesses, lesquelles la bouche ne peut proférer, ni l'oreille ne les peut ouïr, ni les yeux ne les peuvent voir, ni l'entendement comprendre. » Or, si ces deux choses sont hors de tout différend, c'est en vain que nos dormeurs s'efforcent de prouver que les saints serviteurs de Dieu qui sont passés de ce monde, ne sont encore entrés au royaume de Dieu, pour autant qu'il leur sera dit : « Venez, les bénis de mon Père, possédez », etc.; car il nous est bien facile de répondre que cette conséquence n'est pas bonne, de dire qu'il n'y a point maintenant de royaume, pource qu'il n'est pas encore parfait. Mais, au contraire, nous disons que le royaume qui est déjà commencé sera alors parfait; et ne veux point qu'on ajoute foi à cela, que premièrement je n'aie ouvertement montré par certains arguments de l'Écriture que cela est véritable. Car ce jour-là est appelé le royaume de Dieu, pour autant que lors vraiment il assujettira à soi toutes puissances adversaires, déconfira Satan par le souffle de sa bouche, et détruira par la clarté de sa venue; mais lui habitera et régnera entièrement en ses élus. Car Dieu ne peut autrement régner par ci-après en soi-même que comme il a régné dès le commencement, la majesté duquel ne peut nullement croître ou diminuer, mais son règne est tel qu'il sera manifesté à tous. Quand nous prions que son règne advienne, pensons-nous qu'il n'y ait nul règne de Dieu maintenant? Et que deviendra cette sentence : « Le royaume de Dieu est dedans vous? » Dieu donc règne dès maintenant en ses élus, lesquels il conduit et gouverne par son esprit. Il règne aussi contre le diable, le péché et la mort, quand il commande que la lumière resplendisse des ténèbres, par laquelle, erreur et mensonge soient confondus; et quand il empêche que les puissances des ténèbres ne nuisent à ceux qui portent le signe de l'agneau au front. Il règne, dis-je, dès maintenant, et nous prions que son règne advienne. Il règne certes quand il fait vertu en ses fidèles, quand il baille loi à Satan, et lui ordonne ce qu'il doit faire. Mais son règne adviendra lorsqu'il sera accompli; or, il sera accompli quand il manifestera pleinement la gloire de sa majesté, aux fidèles en salut, aux réprouvés en confusion. Mais encore y auroit-il quelque autre chose qu'on puisse dire ou croire des fidèles et élus, le royaume et la gloire desquels c'est être au royaume glorieux de Dieu, et comme régner avec Dieu et se glorifier en lui, et finalement être participants de la gloire divine. Combien que ce royaume ne soit encore venu, nonobstant on le peut voir en quelque partie. Car ceux qui aucunement ont le royaume de Dieu dedans eux, commencent être au royaume de Dieu, et règnent avec Dieu, contre lesquels les portes d'enfer ne peuvent rien. Ils sont justifiés en Dieu, comme il est dit d'eux: « Toute la semence d'Israël sera justifiée au Seigneur et sera louée. » En sorte que, pour bien dire, ce royaume est l'édification de l'Église ou l'avancement des fidèles, tel que saint Paul nous décrit: « Lesquels par tous degrés des âges croissent en homme parfait. » Ces gens de bien ci voient les commencements de ce royaume, ils voient les accroissements d'icelui, et aussitôt que ces choses leur sont passées par-devant les yeux, ils ne donnent plus de lieu à la foi, et ne peuvent croire ce qu'ils n'ont devant les yeux de la chair. Mais saint Paul parle bien autrement: « Vous êtes morts, dit-il, et votre vie est cachée avec Christ en Dieu. Or quand Christ, qui est votre vie, sera apparu, vous aussi apparoîtrez ensemble avec lui en gloire. » Il dit que nous avons vie cachée en Dieu avec Jésus, qui est notre chef; il diffère notre gloire au jour de la gloire de Jésus-Christ qui est chef de tous les fidèles, et comme chef tirera avec soi ses membres. Saint Jean dit bien cela même : « Mes bien-aimés, nous sommes maintenant enfants de Dieu, mais il n'est pas encore apparu ce que nous serons; mais

nous savons que quand il apparoîtra, nous serons semblables à
lui, car nous le verrons ainsi comme il est. » Il ne dit pas que
cependant, par quelque intervalle, nous devions être réduits à
néant; mais d'autant que nous sommes enfants de Dieu, qui
attendons l'héritage de notre père, il soutient et suspend notre
attente jusqu'à ce jour-là, auquel la majesté et gloire de Dieu
sera manifestée en tous; et, de notre côté, nous nous glorifie-
rons en lui. Je m'ébahis derechef quand ils oyent ici nommer les
enfants de Dieu, qu'ils ne retournent à leur bon sens, et ne
sentent que cette génération-là est immortelle, laquelle est de
Dieu, et par laquelle nous sommes faits participants de l'immortalité divine. Mais poursuivons ce que nous avons commencé.
Qu'ils crient tant qu'ils voudront que les bénis de Dieu ne sont
point appelés au royaume devant le grand jour du jugement, et
que le salut n'est point promis devant ce temps-là au peuple de
Dieu. Je réponds que Jésus-Christ est notre chef, le royaume et
la gloire duquel ne sont point encore apparus. Si les membres
vont devant le chef, ce sera un ordre renversé; et lors nous suivrons notre capitaine et roi, quand il viendra à la gloire de son
Père, et sera assis au siége de sa majesté. Cependant, toutefois,
ce qui est de Dieu en nous, à savoir notre esprit, vit, d'autant
que Jésus-Christ, qui est notre vie, est vivant; car ce seroit
une chose absurde que notre vie fût vivante, et cependant nous
fussions péris; et cette vie est en Dieu et avec Dieu, et est bienheureuse pource qu'elle est en Dieu. Toutes ces choses s'accordent fort bien et consentent à la vérité; car pourquoi est-il
dit de ceux qui sont morts au Seigneur, qu'ils ne sont point
encore sauvés, ou qu'ils ne possèdent pas encore le royaume
de Dieu? C'est pource qu'ils attendent ce qu'ils n'ont pas encore, et ne sont encore parvenus jusqu'au but de leur félicité.
Et pourquoi néanmoins sont-ils bienheureux? C'est d'autant
qu'ils savent bien que Dieu leur est propice, et voient de loin le
loyer à venir, et se reposent en la certaine attente de la résurrection. Et certes, tandis que nous habitons en cette prison de
terre, nous espérons les choses que nous ne voyons pas, et,
contre toute espérance, nous croyons en espérance, ce que saint
Paul dit d'Abraham. Mais quand les yeux de notre entendement

(qui étant maintenant ensevelis en cette chair ont la vue trouble) ne seront plus chassieux, nous verrons ce que nous attendions, et prendrons plaisir en ce repos; car nous ne craignons point de parler ainsi après l'Apôtre, lequel dit, au contraire', qu'il ne reste autre chose aux réprouvés qu'une attente terrible de jugement, et une fureur de feu qui les dévorera. Si l'attente des réprouvés est terrible, il est certain que l'attente des élus est fidèle et joyeuse, et à bon droit la doit-on appeler bienheureuse. Et pource que mon intention est d'enseigner nos adversaires plutôt que de les contraindre, qu'ils nous prêtent un peu l'oreille quand nous tirons la vérité de la figure du vieil Testament, et ne le faisons pas sans bon garant : tout ainsi que saint Paul, au passage des enfants d'Israël, traite par allégorie la submersion de Pharaon, la voie de délivrance par l'eau, qu'ils nous permettent aussi de dire que notre Pharaon est noyé au baptême, que notre vieil homme est crucifié, que nos membres sont mortifiés, que nous sommes ensevelis avec Jésus-Christ, que nous sortons hors de la captivité du diable et de la domination tyrannique de la mort, cependant toutefois que nous allons seulement au désert, en terre sèche et stérile, sinon que le Seigneur nous fasse pleuvoir du ciel la manne et issir l'eau de la roche. Car notre âme est comme une terre sans eau, laquelle bâille de sécheresse devant Dieu, pressée d'indigence de tous biens, jusqu'à ce que icelui fasse pleuvoir et distiller les grâces de son esprit. Puis après on vient en la terre promise sous la conduite de Josué, fils de Navé, terre abondante en lait et miel; c'est-à-dire la grâce de Dieu nous délivre du corps de mort, par notre Seigneur Jésus-Christ. Toutefois cela ne se fait point sans sueur et effusion de sang, car lors principalement la chair se rebecque et déploie ses forces pour combattre contre l'esprit. Après qu'on fait résidence en la terre, lors nous sommes repus en abondance, car robes blanches nous sont données, et nous recouvrons repos. Mais Jérusalem, qui est la ville capitale du royaume, n'est pas encore dressée. Salomon, le roi de paix, ne gouverne pas encore le royaume pleinement. Ainsi donc les âmes des fidèles sont en paix après la mort, vu qu'elles sont sorties hors de la captivité de leur ennemi. Elles sont au milieu de toutes richesses comme il est dit : « Ils iront d'abondance en abondance. » Mais quand la céleste Jérusalem sera haut élevée en sa gloire, et quand le vrai Salomon, qui est le Seigneur Jésus, le roi de paix, sera magnifiquement assis en son siége judicial, les vrais Israélites régneront avec leur roi et prince. Que si on veut emprunter similitude des choses humaines, nous avons guerre contre un ennemi, tandis que nous avons à combattre contre la chair et le sang; nous vainquons notre ennemi quand nous sommes dépouillés de cette chair de péché ; en sorte que nous sommes du tout à Dieu : nous triompherons et jouirons du fruit de la victoire quand notre chef sera vraiment élevé en gloire par-dessus la mort, c'est-à-dire quand la mort sera absorbée en victoire. C'est ci notre limite et notre but, duquel il est écrit : « Je serai rassasié quand je serai réveillé par le regard de ta gloire. » Tous ceux qui ont appris d'obéir à Dieu et d'ouïr sa voix, peuvent facilement apprendre ces choses des saintes Écritures. Ceux aussi qui, en toute révérence et sobriété, ont traité les mystères de Dieu, nous ont enseigné ces choses, et comme baillé de main en main. Car les anciens docteurs se sont donné licence de parler ainsi, de dire que les âmes sont bien en paradis et au ciel. Cependant, toutefois, elles n'ont point encore reçu la gloire ou le loyer; car Tertullien dit ainsi : « Et le loyer et le danger pend en l'événement de la résurrection; » et toutefois il enseigne que, sans aucun doute, les âmes sont avec Dieu et vivent en Dieu avant cet événement. Et ailleurs, «Pourquoi n'entendrions-nous que le sein d'Abraham est pris pour quelque réceptacle des âmes fidèles, auquel est pourtraite l'image de la foi, et la forme des deux jugements est clairement montrée? Et Irénée parle en cette sorte : «Vu que le Seigneur a passé par le milieu de l'ombre de la mort, où les âmes des morts étoient, et puis après il est ressuscité corporellement, et après sa résurrection a été élevé au ciel, il est tout certain que les âmes des disciples, pour l'amour desquelles le Seigneur a fait ces choses, iront en un lieu invisible qui leur a été ordonné par le Seigneur, et là demeureront jusqu'à la résurrection, recevant puis après leurs corps et ressuscitant parfaitement, c'est-à-dire corporellement et comme le Seigneur est ressuscité. Ainsi viendront-ils en la présence de Dieu ; car nul

disciple n'est par-dessus le maître », etc. Et Chrysostôme dit :
« Entendez quelle chose c'est, et combien elle est grande qu'A-
braham est assis»; et l'apôtre saint Paul : « Jusqu'à ce que cela
sera accompli, qu'ils pourront recevoir le loyer. Car si nous ne
venons là, lors le père leur a prédit qu'il ne donnera point
le loyer ; comme un bon père bien aimant ses enfants, dit aux enfants dignes de louanges et bien faisant la besogne, qu'il ne leur
donnera point la viande jusques à ce que les autres frères soient
venus. Mais toi, es-tu en anxiété pour ce que tu ne reçois point
encore? Que fera donc Abel qui a vaincu il y a si longtemps, et
toutefois n'a point encore de couronne, combien qu'il soit assis?
Que fera Noé? que feront les autres de ce temps-là? car voici ils
ont attendu et attendent encore les autres qui doivent être après
toi. » Et un peu après : « Ils nous ont prévenus ès combats, mais
ils n'iront point devant nous ès couronnes, car il n'y a qu'un
temps préfix pour toutes les couronnes. » Et saint Augustin
décrit en plusieurs passages des réceptacles secrets où les âmes
des fidèles sont résidentes jusqu'à ce qu'elles reçoivent la couronne et la gloire, et cependant les réprouvés sont punis, attendant la peine juste du jugement. Et en une épître qu'il
écrit à saint Jérôme, il dit : « L'âme aura repos après la mort
du corps, et finalement reprendra son corps en gloire. » Toutefois il enseigne ailleurs qu'après l'ascension de Jésus-Christ, les
âmes auxquelles Christ est vie montent au ciel; et néanmoins il ne
se contredit point; car combien qu'il soit certain que les malins
esprits sont maintenant tourmentés (comme saint Pierre afferme),
toutefois, il est dit de ce feu auquel les réprouvés seront jetés
au jour du jugement, qu'il est préparé au diable. Saint Pierre a
exprimé l'un et l'autre quand il dit qu'ils sont réservés sous
liens éternels au jugement du grand jour. Auquel lieu, par
cette réservation, il a signifié la peine laquelle ne sentent pas
encore, et par les liens la peine qu'ils sentent présentement. Et
saint Augustin s'expose soi-même en un autre passage quand il
dit : « Ton dernier jour ne peut pas être loin, prépare-toi pour
le recevoir; car tel que tu seras sorti de cette vie, tel tu seras
rendu à l'autre vie. Après cette vie, tu ne seras pas tout incontinent où seront les saints, auxquels il sera dit : « Venez,

les bénis de mon Père, recevez le royaume qui vous est appareillé dès la fondation du monde. » Et qui est celui qui ne sache que tu n'y seras pas encore ? Mais tu pourras bien être là où ce riche orgueilleux, au milieu de ses tourments, vit ce pauvre jadis plein d'ulcères, être en repos bien loin de lui. Étant mis en ce repos, il est certain que tu attends en sûreté ce grand jour du jugement auquel tu reprendras ton corps, et auquel tu seras changé pour être fait semblable aux anges. » Et ne me déplaît ce que saint Augustin dit en un autre passage par forme d'enseigner, pourvu qu'il rencontre un modeste expositeur, à savoir qu'il y a plusieurs degrés de l'âme : le premier est le remplissement de vie, le second est le sens, le troisième est l'art, le quatrième est la vertu, le cinquième la tranquillité, le sixième est l'entrée, le septième est la contemplation. Ou si quelqu'un aime mieux dire ainsi : Le premier est du corps, le second au corps, le troisième environ le corps, le quatrième à soi-même, le cinquième en soi-même, le sixième à Dieu, le septième en Dieu. Il m'a semblé bon d'amener ici ces paroles pour montrer quelle étoit l'intention de ce saint personnage sur ceci, plutôt que pour astreindre aucun, non pas moi-même, à la nécessité de cette distinction. Car saint Augustin même (comme je pense) n'a point désiré cela, mais il a voulu déclarer, autant grossièrement qu'il a pu, qu'il y a un avancement de l'âme qui ne parviendra point au dernier but jusques au jour du jugement. Finalement, de ce jour du jugement duquel ils font un si fort bouclier, il m'est venu un argument par lequel leur erreur peut-être arraché ; car en notre symbole, lequel est le sommaire de notre foi, nous confessons la résurrection de la chair et non pas de l'âme, et n'y aura point de lieu pour leur cavillation quand ils diront que par ce mot chair tout l'homme est signifié. Nous leur accordons bien que cela advient quelquefois, mais nous le nions tout à plat en cet endroit, où paroles fort intelligibles et simples ont été exprimées au peuple rude et ignorant. Les pharisiens, vaillants défenseurs de la résurrection, et ayant toujours ce mot de résurrection à la bouche, quand et quand toutefois ne croyoient point qu'il y eût esprit.

Toutefois ils nous jettent encore les mains sus et nous contraignent de demeurer en ce danger. Ils allèguent les paroles de saint Paul par lesquelles il testifie que nous sommes plus misérables que tous les hommes, si les morts ne ressuscitent point. Voici leur argument qu'ils font : Quel besoin est-il de la résurrection, si nous sommes bien heureux devant la résurrection ? Mais qui plus est, quelle est cette tant grande misère des hommes chrétiens qui surmonte la misère de tous les hommes, si cela est vrai qu'ils sont en repos, cependant que les autres sont si durement tourmentés et d'une si merveilleuse façon ? Je les admoneste ici que si j'avois intention de faire le fin (comme eux ne demandent autre chose qu'abuser les simples gens), je trouverois assez d'ouverture pour échapper. Car qui me garderoit d'ensuivre aucuns bons personnages, lesquels ont pris cette dispute, non point de la dernière résurrection générale, en laquelle après la corruption de nos corps nous reprendrons des corps incorruptibles, mais de la vie qui nous reste après cette vie mortelle, comme c'est une chose ordinaire et commune en l'Écriture que cette vie éternelle et bienheureuse est signifiée par ce mot de résurrection? Car quand on oit dire que les sadducéens nient la résurrection, cela ne se rapporte point au corps ; mais il est dit simplement selon leur opinion, qu'il ne reste plus rien à l'homme après la mort. De quoi il y a un argument probable en ce que, tout ce de quoi saint Paul s'aide là pour faire valoir ce qu'il avoit dit, seroit renversé par un seul mot, s'il étoit répondu qu'il est bien vrai que les âmes vivent, mais que les corps qui seroient réduits en poudre ne pourroient nullement ressusciter. Or, ajoutons des exemples. Quant à ce qu'il dit : « Ceux qui ont dormi en Jésus-Christ sont péris, » cela pouvoit être réfuté par les philosophes qui maintenoient fort et ferme l'immortalité de l'âme. Et quant à ce qu'il dit : « Que feront ceux qui sont baptisés pour morts ? » Il étoit bien facile d'y répondre ; car les âmes survivent après la mort. Et à ce qu'il ajoute : « Pourquoi aussi sommes-nous à toutes heures en péril ? » on pouvoit répondre que nous exposons cette vie fragile pour recouvrer l'immortalité en laquelle nous vivrons pour la meilleure part de nous. Nous avons déjà employé beaucoup de paroles desquelles il n'étoit nullement besoin entre les dociles ; car l'Apô-

8

tre même dit que nous sommes misérables, si notre espérance
en Jésus-Christ ne s'étend plus loin qu'en cette vie, ce qui est
hors de tout différend, voire par le témoignage même du prophète,
qui confesse que ses pieds ont à peu près décliné, et ne s'en a guère
fallu que ses pas ne soient glissés, voyant prospérer les orgueilleux et méchants sur la terre. Et de fait, si nous regardons devant nos pieds, nous prononcerons le peuple bienheureux, à qui
toutes choses viennent à souhait. Mais si nos yeux s'étendent
plus loin, nous dirons ce peuple-là être bienheureux, qui a le
Seigneur pour son Dieu, en la main duquel est l'issue de la mort.
Toutefois nous amènerons quelque chose beaucoup plus certaine, par laquelle non-seulement leurs objections seront repous-
sées, mais déclarera la vraie et naturelle intention de l'Apôtre,
à ceux qui voudront bénignement apprendre sans débattre de
paroles. S'il n'y a point de résurrection de la chair, c'est à bon
droit qu'il appelle les fidèles malheureux, voire quand il n'y
auroit point d'autre raison que ce qu'ils endurent tant de tourments, blessures, battures, outrages, et finalement tant de nécessités extrêmes en leurs corps, lesquels ils pensent être destinés
à immortalité bienheureuse, puisqu'ils sont trompés de cette
espérance. Car y a-t-il chose, je ne dis point tant misérable, mais
plutôt ridicule, que de regarder les corps de ceux qui vivent au
jour la journée, qui ne font que gaudir et rire, refaits et polis de
toutes délices, et au contraire les corps des chrétiens élangourés,
morts de faim et de froid, chargés de toute sorte d'outrages, si les
corps des uns et des autres périssent également? Car je pourrois
bien confirmer ceci par les paroles de l'Apôtre, lesquelles il
ajoute bientôt après : « Pourquoi sommes-nous en péril à toutes
heures?... Je meurs de jour en jour pour votre gloire, etc. Buvons
et mangeons, car nous mourrons demain. Il vaudroit beaucoup
mieux, dit-il, que cela eût lieu entre nous : Mangeons et buvons,
si ces opprobres que nous endurons en nos corps n'étoient point
changés en la gloire que nous espérons, ce qui n'adviendra point
sinon en la résurrection de la chair. « Outre plus, quand encore
je quitterois cette défense, nonobstant je peux ici amener une
autre raison, que nous sommes beaucoup plus misérables que
tous les hommes s'il n'y a point de résurrection. Car combien

que nous soyons bienheureux devant la résurrection, toutefois ce n'est point sans résurrection. Car nous disons que pour cela les esprits des saints et fidèles sont bienheureux pource qu'ils acquiescent et se reposent en l'espoir de la résurrection bienheureuse; que s'il n'y en avoit point, toute cette béatitude s'en iroit en fumée. Par quoi ce que dit l'Apôtre est bien vrai, que nous sommes plus misérables que tous les hommes, s'il n'y a point de résurrection; et cette doctrine ne répugne point à ces paroles, que les esprits des saints sont bienheureux devant la résurrection; mais c'est à cause de la résurrection.

Ils mettent aussi en avant ce qui est dit en l'*Épître aux Hébreux* des Pères anciens : « Tous ceux-ci sont morts selon la foi, n'ayant point reçu les promesses, mais les saluant de loin, et confessant qu'ils étoient étrangers et hôtes en la terre; car ceux qui disent ces choses montrent bien qu'ils cherchent un pays. Et certes s'ils eussent eu mémoire de celui duquel ils étoient partis, ils avoient temps pour y retourner. Mais maintenant ils en désirent un meilleur, c'est le céleste. » Voici donc comme nos dormeurs forment leur bel argument : S'ils désirent le pays céleste, ils ne le possèdent donc pas. Mais nous le formons ainsi : S'ils désirent, ils ont donc être; car le désir n'est point sans que quelqu'un désire. Or, je voudrois arracher seulement ceci d'eux : il faut qu'il y ait sentiment de bien et de mal, là où il y a désir, lequel ou il faut qu'il suive ce qui montre apparence de bien, ou qu'il fuie ce qui semblera être mauvais. Ils disent que ce désir est résident en Dieu. Mais, je vous prie, pourroit-on penser ou forger une chose plus ridicule? Car de fait, il faut bien que de ces deux points nous en gagnions l'un, ou que Dieu désire chose meilleure que ce qu'il a, ou qu'il y a quelque chose en Dieu qui n'est pas de Dieu. Cela me donne conjecture que ces gens se jouent en une chose sérieuse et d'importance. Mais encore laissons tout cela : que signifie le temps ou le loisir de retourner? Qu'ils retournent donc en leur bon sens, et qu'ils oyent chose meilleure que cette opinion fantastique qu'ils ont eu jusques à présent. L'Apôtre parle d'Abraham et de sa postérité, lesquels habitèrent hors de leur pays entre les étrangers, et ne s'en falloit pas beaucoup qu'ils ne fussent comme bannis ou bien comme loagers; à grand' peine ayant des tentes ou logettes pour couvrir leurs corps, selon le commandement fait à Abraham par le Seigneur, qu'il sortît hors de sa terre et abandonnât ses parents. Dieu leur avoit promis ce qu'il n'avoit encore manifesté. Ainsi ils saluèrent les promesses de bien loin, et sont trépassés en foi certaine que quelquefois il adviendroit que Dieu accompliroit ses promesses; selon laquelle foi ils ont confessé qu'ils n'avoient point de siége ou habitation ferme en la terre, et qu'ils avoient un pays hors de la terre, lequel ils appétoient, à savoir au ciel. Et en la fin du chapitre, il signifie que tous ceux qu'il a là racontés n'ont point reçu la dernière promesse, afin qu'ils ne vinssent à perfection sans nous. Que si nos dormeurs eussent observé la propriété de cette parole, ils n'eussent jamais ému tant de troubles. C'est merveille comme ils ont les yeux si aveuglés au milieu d'une si grande clarté. Mais on se doit encore plus ébahir qu'ils nous donnent du pain pour des pierres. C'est-à-dire quand ils veulent pousser, ils soutiennent.

Or, quant à ce qui est récité de Tabitha ès *Actes des Apôtres*, ils pensent que c'est un ferme appui pour eux. Icelle ayant été disciple de Jésus-Christ, pleine de bonnes œuvres et aumônes, a été ressuscitée par saint Pierre. Ils disent qu'on fait tort à Tabitha, si nous disons vrai que les âmes séparées du corps vivent en Dieu et avec Dieu, d'autant qu'elle a été retirée de la compagnie de Dieu et de cette vie bienheureuse; pour retourner en cette mer de maux; comme si on ne pouvoit rétorquer cela même contre eux. Car soit qu'elle dormît, soit qu'elle ne fût rien, toutefois elle étoit bienheureuse, pour ce qu'elle étoit morte au Seigneur. Il ne lui étoit donc expédient de retourner en cette vie, laquelle elle avoit parachevée. Ils ont embrouillé ce nœud; qu'ils le défassent les premiers s'ils veulent; car c'est bien raison qu'ils obéissent à la loi laquelle ils imposent aux autres. Toutefois il nous sera bien facile de le délier. Quelque condition qui nous soit préparée après la mort, ce que saint Paul dit de soi est transféré à tous fidèles, à savoir : « Que mourir nous est gain, et vaut mieux être avec Christ. » Et toutefois saint Paul dit d'Épaphrodite, qui sans doute étoit du nombre des fidèles, que Dieu avoit eu pitié de lui, d'autant qu'il avoit été délivré d'une grande maladie et retourné en convalescence. Ces gens-ci, qui traitent les mys-

tères de Dieu avec si peu de sobriété et révérence, diroient
de cette miséricorde et compassion que ce seroit cruauté. Mais
quant à nous, nous disons et confessons que c'est miséricorde,
d'autant que la miséricorde de Dieu a ses degrés. Ceux qui
sont élus sont sanctifiés, et ceux qui sont sanctifiés sont glorifiés. Le Seigneur donc n'exerce-t-il pas sa miséricorde, quand
il nous sanctifie de plus en plus? Disons un peu; si la bonne
volonté de Dieu est qu'il soit magnifié en nos corps par la vie,
comme dit saint Paul, n'est-ce point miséricorde? Que sera-ce,
que ce n'est point à nous de donner loi à Dieu pour faire des
miracles? et c'est assez si la gloire de l'auteur reluit en iceux.
Que sera-ce, si nous disons que Dieu, en ce faisant, n'avoit point
égard aux commodités de Tabitha, mais aux pauvres qui pleuroient et montroient les robes qu'elle leur faisoit, aux prières
desquels elle a été ressuscitée? Car saint Paul pensoit que cette
raison de vivre lui suffisoit, combien qu'il lui valût mieux
d'aller au Seigneur; et après avoir dit que Dieu avoit eu compassion d'Épaphrodite, il ajoute : « Et non-seulement de lui, mais
aussi de moi, afin que je n'eusse tristesse sur tristesse. » Allez
maintenant et prenez querelle contre Dieu de ce qu'il a rendu aux
pauvres une femme soigneuse de subvenir aux nécessités des
pauvres. Car combien que la raison de cette œuvre ne nous apparoisse point, toutefois Jésus-Christ a bien mérité ceci, d'être glorifié en notre vie et en notre mort, vu qu'il est mort et ressuscité,
afin qu'il domine sur les vivants et sur les morts.

Ils prennent aussi David pour défenseur de leur cause, qui
toutefois est très-bon patron de la nôtre. Mais c'est avec une telle
impudence et sans aucun sens commun, que j'ai honte et me
fâche de réciter plusieurs arguments qu'ils empruntent de lui.
Néanmoins, nous réciterons fidèlement ceux que nous avons ouï
qu'ils usurpent. Premièrement, ils osent alléguer celui-ci : « J'ai
dit : Vous êtes dieux, et êtes tous enfants du Très-Haut. Toutefois vous mourrez ainsi qu'hommes », etc. Et voici l'exposition qu'ils donnent : Que les fidèles voirement sont dieux et
enfants de Dieu; néanmoins ils meurent et tombent comme les
réprouvés, en sorte que la condition des uns et des autres est
semblable, jusqu'à ce que les agneaux seront séparés d'avec les

boucs. Nous répondons ce que Jésus-Christ nous a enseigné, que ceux qui sont là appelés dieux, ce sont ceux auxquels la parole de Dieu a été donnée; c'est-à-dire les ministres de Dieu, à savoir les juges qui portent le glaive en la main, lequel ils ont reçu de Dieu. Et quand encore l'interprétation de Jésus-Christ nous défaudroit, et quand l'usage de l'Écriture ne feroit point pour nous; si est-ce que le passage même est assez clair de soi, auquel sont repris ceux qui jugent injustement et qui portent faveur aux méchants. Iceux sont appelés dieux; d'autant qu'ils représentent la personne de Dieu, en ayant prééminence sur les autres. Mais ils sont admonestés qu'ils auront un juge auquel ils rendront compte de leur office.

Oyons le second passage qu'ils allèguent. « L'esprit d'icelui se départira et retournera en sa terre. En ce jour-là périront toutes leurs cogitations. » Là, ils prennent l'esprit pour vent; que l'homme s'en ira en terre, c'est-à-dire, il ne sera rien sinon terre. Toutes ses cogitations périront, lesquelles demeureroient, si l'homme avoit une âme. Mais quant à nous, nous ne sommes point si subtils, ains nous appelons une chacune chose par son nom. Nous appelons esprit esprit; lequel étant départi de l'homme, l'homme retourne en sa terre de laquelle il est pris, comme nous avons amplement déclaré. Il reste à voir que signifie, que ses cogitations périssent. Nous sommes admonestés de ne mettre notre fiance aux hommes, laquelle doit être immortelle. Car elle seroit incertaine et peu ferme, vu que la vie des hommes passe légèrement. Pour signifier cela, le prophète a dit que leurs cogitations périssent, c'est-à-dire que tout ce qu'ils machinoient et entreprenoient durant leur vie est dissipé et s'en va en fumée. Comme il est dit ailleurs : « Le méchant le verra et en sera marri. Il grincera les dents et sera transi; le désir des méchants périra. » Et, au lieu de périr, il est dit ailleurs, sera dissipé : « Le Seigneur dissipe les conseils des gens. » Item : « Prenez conseil, et il sera dissipé. » Ce que la vierge Marie a signifié par circonlocution en son cantique : « Il a déconfi les orgueilleux en la pensée de leur cœur. »

Ils amènent, puis après, ce troisième passage : « Il a eu recordation qu'ils sont chair, et un esprit allant et ne retournant plus »,

et débattent que ce mot esprit est mis pour vent, comme bien
souvent il est pris ; en quoi ils n'entendent pas que non-seulement
ils abolissent l'immortalité des âmes, mais aussi retranchent l'espérance de la résurrection. Car s'il y a résurrection, il est bien certain que l'esprit retourne, et s'il ne retourne point, la résurrection est ôtée. Par quoi il vaut mieux qu'ils prient que cette inadvertance ne leur soit imputée, que de poursuivre opiniâtrément
à ce qu'une demande si inique et perverse leur soit octroyée. Et
ceci soit dit seulement afin que tous voient quelle ouverture
nous avons pour échapper, si nous ne pensions qu'à réfuter leurs
arguments ; car nous confessons volontiers que ce mot de vent
convient bien en cet endroit. Nous accordons que les hommes
sont un vent allant et venant. Que s'ils tirent cela à leur fantaisie, ils errent, ignorant les Ecritures qui ont cette façon de
signifier, par un tel circuit de paroles, maintenant la fragilité et
imbécillité de la condition humaine, maintenant la brièveté de
cette vie. Quand Job dit de l'homme que c'est une fleur qui
sort et est coupée et qui s'enfuit comme une ombre, qu'a-t-il
voulu décrire, sinon que l'homme est caduc et fragile, et semblable à une fleur flétrissante ? Il est aussi ordonné à Isaïe de
crier que « toute chair est foin, et que toute sa gloire est comme
une fleur d'herbe ; que le foin est séché et que la fleur est flétrie,
mais que la parole du Seigneur est ferme et permanente à jamais. » Or sus donc, que ceux-ci recueillent en un mot que l'âme
de l'homme sèche et flétrit, et qu'ils soient plus clairvoyants
que ce lourd pêcheur qui prouve que tous fidèles sont immortels, d'autant qu'ils sont régénérés d'une semence incorruptible, à savoir de la parole de Dieu, laquelle est ferme et demeure
éternellement. Or, l'Ecriture appelle fleur caduque et vent passant, ceux qui mettent leur fiance en cette vie, lesquels ont
établi en ce monde une habitation perpétuelle, et pensent régner
sans fin, et qui ne regardent point la fin par laquelle la condition sera changée, et faudra partir pour aller ailleurs. Desquels
aussi le prophète dit : « Nous avons fait alliance avec la mort,
nous avons accordé avec l'enfer. » Se moquant de leur vaine espérance, il n'attribue point à vie ce qui leur est un commencement d'une mort mauvaise, et affirme qu'ils prennent fin et meu-

rent : comme ainsi soit qu'il vaudroit beaucoup mieux pour eux de n'être point que d'être ainsi. Il y a une chose semblable en un autre psaume : « Comme un père bénin a pitié de ses enfants, le Seigneur a eu pitié de ceux qui le craignent ; car il connoît de quoi nous sommes faits, et se recorde que nous sommes poudre. Les jours de l'homme sont comme foin, il fleurira comme la fleur des champs. Car l'esprit passera par-dessus elle, et elle ne subsistera point, et ne connoîtra plus son lieu. » Que s'ils afferment par ces paroles que l'esprit périt et s'évanouit, je leur dénonce derechef qu'ils se gardent bien de faire ouverture aux épicuriens si aucuns s'élèvent pour corrompre la foi qu'eux et nous avons de la résurrection, comme de fait il y a trop grand nombre de tels moqueurs ; car par cette même raison ils feront cet argument, que l'esprit ne retourne point au corps, vu qu'il est dit qu'il ne connoîtra plus de lieu. Mais ils le diront et le recueilleront faussement; car les passages de la résurrection répugnent apertement à une telle façon d'argumenter. Et ceux aussi concluent mal, lesquels ont un argument commun avec eux. Ce qui est dit en l'*Ecclésiastique* est presque semblable : « Le nombre des jours de l'homme pour la plupart sont cent ans, et nul n'a la connoissance arrêtée de son trépas. Comme une goutte d'eau de la mer ou un grain de sablon au prix du gravier, ainsi sont peu les années au jour d'éternité. Pourtant le Seigneur est bénin et patient vers les hommes et épand sur eux sa miséricorde. » Or donc, il faut qu'ils confessent que le prophète a bien eu une autre intention que celle qu'ils songent; que Dieu, par sa bonté, a eu pitié de ceux qu'il a avoués pour siens, qu'ils ont être seulement par sa miséricorde; et s'il retire sa main un bien peu d'eux, ils retourneront en poudre de laquelle ils ont été pris. Puis après il ajoute une brève description de la vie humaine, la comparant à une fleur, laquelle verdoyante aujourd'hui, n'est toutefois autre chose que du foin pour le lendemain. Que s'il eût dit que l'esprit de l'homme périt et tombe à néant, encore n'eût-il pas par cela fortifié leur erreur; car quand nous disons que l'esprit de l'homme est immortel, nous n'affermons point qu'il puisse subsister contre la main de Dieu ou être ferme sans la vertu d'icelui. Jà ne plaise à Dieu que nous blasphémions en

telle sorte. Mais nous disons que l'esprit est fermé, et soutenu
par la main et bénédiction de Dieu. Ainsi Irénée maintient l'immortalité de l'esprit avec nous, et nonobstant il veut que nous
apprenions que de nature nous sommes mortels, et que Dieu seul
est immortel. Il dit aussi en cette façon : « Afin que ne soyons
quelquefois enflés et remplis de vain orgueil comme ayant la
vie de nous-mêmes, et ne soyons élevés fièrement contre Dieu ;
et apprenions par expérience que c'est de la grandeur d'icelui ;
et non point de notre nature, que nous avons ferme et éternelle
persévérance. » Voilà donc quelle est notre bataille contre David,
lequel ils nous font si fort adversaire. Or, il dit que l'homme dé-
chet et périt, si le Seigneur ôte de lui sa miséricorde ; et nous,
nous enseignons qu'il est ferme et soutenu par la bénignité et
vertu de Dieu ; et la raison est que Dieu est seul immortel, et
tout ce qui est de vie est de lui.

Le quatrième passage : « Mon âme est soûlée de maux et est
bien près de la fosse. J'ai été estimé comme ceux lesquels on
dévalle au sépulcre, comme un homme sans aide, comme les
blessés gisant au tombeau, desquels tu n'as plus souvenance et
qui ont été retranchés de ta main. » Quoi ! disent-ils, s'ils ont
été retranchés par la vertu de Dieu, s'ils sont écoulés de sa providence et mémoire, n'ont-ils point cessé d'être ? comme si je
ne pouvois rejeter cet argument contre eux. Quoi ! s'ils ont été
retranchés de la vertu de Dieu et s'il n'a plus aucune recordation
d'eux, comme seront-ils derechef? et davantage, où sera la
résurrection ? D'autre part, comme pourrons-nous faire accorder ces choses : « Les âmes des justes sont en la main de Dieu ;
où (afin que nous leur proposions autres certains oracles de
Dieu), le juste sera en mémoire éternelle? » Ainsi donc on
voit qu'ils ne sont point écoulés de la main de Dieu, et qu'il
ne les a oubliés, mais plutôt, par cette forme de parler,
comprenons un grief et fâcheux sentiment d'un homme affligé et troublé, qui fait sa complainte devant Dieu, remontrant
qu'il ne s'en faut pas beaucoup qu'il ne soit délaissé avec les
méchants en perdition et ruine, desquels il est dit que Dieu ne
les connoît et les a mis en oubli, d'autant que leurs noms ne
sont point écrits au livre de vie ; et les a rejetés de sa main,

d'autant qu'il ne les conduit et ne les gouverne par son esprit.

Le cinquième passage est aussi du psaume 88. « Feras-tu miracle aux morts, ou les médecins les ressusciteront-ils, afin qu'ils fassent confession? Y aura-t-il quelqu'un qui raconte ta bénignité au sépulcre, ou ta justice en la terre d'oubliance? » Item : « O Seigneur ! les morts ne te loueront point, ni tous ceux lesquels on dévalle au tombeau. Mais nous qui vivons nous bénissons le Seigneur dès cette heure et à tout jamais. » Item : « Y auroit-il profit en mon sang, quand je descendrois en la fosse? la poudre te louera-t-elle, ou annoncera-t-elle ta vérité? » Ils y ajoutent aussi du cantique d'Ézéchias une sentence du tout semblable : « Car le sépulcre ne te confessera point, et la mort aussi ne te louera point. Ceux qui descendent en la fosse ne loueront point ta fidélité. Mais le vivant, le vivant, icelui te confessera, comme moi aujourd'hui, et le père fera connoître ta vérité aux enfants. » Et ce qui est dit en l'*Ecclésiastique :* « La confession périt du trépassé comme s'il n'étoit point; mais le vivant et celui qui est sain louera le Seigneur. » Nous répondons qu'en tous ces passages il n'est point simplement parlé des morts qui sont décédés hors de ce monde selon la loi commune de nature; il n'est point simplement dit que les louanges de Dieu cessent après la mort, mais il est signifié en partie que nuls ne chanteront louanges au Seigneur, sinon ceux qui auront senti sa miséricorde et bonté; en partie aussi est signifié que son nom ne sera point glorifié après la mort. Car lors ses bénéfices ne sont annoncés entre les hommes comme ils sont sur la terre. Considérons ces choses l'une après l'autre, et les traitons par ordre, afin que nous remontrions aussi quel est le sens d'un chacun de ces passages. Il nous faut en premier lieu apprendre ceci, à savoir, que jà soit que bien souvent et quasi toujours la séparation de cette vie soit signifiée par la mort, et le sépulcre par ce mot d'enfer, néanmoins on trouvera assez de fois en l'Écriture que ces mots sont pris pour l'ire de Dieu et réjection, en sorte qu'il est dit de ceux qui sont aliénés de Dieu, qui sont abattus du jugement de Dieu et brisés par sa main, qu'ils descendent en enfer, ou qu'ils habitent en enfer. A parler proprement, enfer ne signifie pas la fosse ou sépulcre, mais abîme ou confusion, comme ceci : « Enfer a ouvert son âme et a englouti plusieurs ». Et combien qu'on trouve cette figure partout ès saintes Ecritures, elle est toutefois principalement familière ès *Psaumes* : « La mort vienne sur eux, et qu'ils descendent vifs en enfer. » Item : « O mon Dieu ! ne fais point le sourd, de peur que je ne sois fait semblable à ceux qui descendent en la fosse. » Item : « O Seigneur ! tu as retiré mon âme d'enfer, tu m'as restitué la vie, afin que je ne sois de ceux qui descendent en la fosse. » Item : « Les méchants en se revirant trébucheront en enfer, et tous les gens qui oublient Dieu. » Item : « Il ne s'en a guère fallu que mon âme n'ait habité en enfer, si le Seigneur ne m'eût baillé secours. » Item : « Nos os sont dissipés sur la gueule de la fosse. » Item : « Il a abaissé ma vie en terre, il m'a mis ès lieux obscurs, comme ceux qui jadis sont morts. » Item, en saint Luc, chapitre seizième, où il est parlé du mauvais riche : « Et élevant ses yeux quand il étoit ès tourments en enfer », etc. Item, en saint Matthieu, XI : « Et toi, Capernaüm, qui as été élevée jusques au ciel, tu seras rabaissée jusques en enfer. » En tous ces passages, par mot d'enfer, le lieu n'est pas tant signifié, que la condition de ceux que Dieu a condamnés et adjugés en exil. Et c'est ce que nous confessons au symbole, que Jésus-Christ est descendu aux enfers, c'est-à-dire que le Père l'a plongé dedans toutes douleurs de mort pour l'amour de nous ; qu'il a souffert toutes les angoisses de la mort, et toutes afflictions, tous étonnements et horreurs de la mort ; qu'il a été vraiment affligé, combien qu'il soit dit auparavant qu'il a été enseveli. Au contraire, il dit de ceux auxquels Dieu fait sentir sa miséricorde et bénignité, qu'ils vivent et qu'ils vivront, car le Seigneur a mandé bénédiction illec et vie à tout jamais. » Item : « Afin qu'il rachète leurs âmes de mort et les entretienne en vie durant la famine. » Item : « Dieu t'arrachera de ton tabernacle et te rasera de la terre des vivants. » Item : « Afin que je chemine devant toi en la lumière des vivants. » Item : « Je plairai au Seigneur en la région des vivants. » Pour faire fin, contentons-nous d'un seul témoignage, lequel décrit l'un et l'autre si naïvement, que quand nous ne dirions mot, si est-ce qu'il explique fort bien ce que nous voulons dire : « Lesquels se fient en leur grande vertu et se glorifient en l'abondance de leurs richesses. Le frère ne rachète' point : l'homme rachètera-t-il? Baillera-t-il quelque chose à Dieu pour son appointement et pour le prix de la rançon de son âme, et qu'il travaille à jamais, et vive jusques à la fin? Ne verra-t-il point la fosse quand il verra mourir les sages? Le fou et le niais périront ensemble. Ils ont été mis comme brebis en enfer ; la mort les repaîtra, et les justes auront domination sur eux au matin. Aussi leur gloire viendra à faillir, et enfer sera leur domicile. Mais Dieu délivrera mon âme de la main d'enfer, quand il m'aura reçu. » Voici la somme : « Ceux qui ont mis leur espérance aux richesses et en leur vertu mourront finalement et descendront en enfer. Le riche et le pauvre, le fou et le sage, tous périront ensemble. Celui qui a mis sa fiance au Seigneur sera délivré de la puissance d'enfer. »

Or, je maintiens que ces mots, mort et enfer, ne peuvent être autrement pris ès versets des psaumes qu'ils mettent en avant et en ce cantique d'Ézéchias, et j'afferme que ceci peut être bien prouvé par certains arguments. Car, soit que Jésus-Christ, le fils de Dieu, qui est le chef des fidèles, soit que l'Église, qui est le corps de Jésus-Christ, parle en ces versets : « Feras-tu miracle », etc. Item : « Quel profit y a-t-il en mon sang », etc., il a en horreur la mort comme une chose détestable et effrayante ; il la fuit tant qu'il peut, et prie qu'elle ne lui soit envoyée : ce que fait aussi Ézéchias en son cantique. Pourquoi est-ce qu'ils ont telle horreur pour ouïr seulement nommer la mort, s'ils ont cette certitude que Dieu leur est miséricordieux et favorable? Est-ce pource qu'ils ne doivent plus être rien? Mais ils échapperont de ce monde plein de troubles, de tentations fâcheuses, de toute inquiétude, pour venir à un souverain repos et bienheureux. Et pource qu'ils ne seront rien, ils ne sentiront point de mal, et en leur temps ils seront ressuscités à gloire, laquelle n'est point différée par leur mort ni avancée par leur vie. Tournons notre vue sur l'exemple des autres saints, pour voir si quelque chose semblable leur est advenue. Quand Noé meurt, il ne lamente point sa condition. Abraham ne gémit point. Jacob aussi, entre les derniers soupirs, s'éjouit de ce qu'il attend le salutaire du Seigneur. Job ne pleure point. Moïse, oyant que sa dernière heure étoit prochaine, ne s'émeut point. Autant qu'on peut voir, tous ceux-ci embrassent la mort d'un courage prompt et allègre. On trouve tant souvent ces réponses des fidèles faites au Seigneur qui les appelle : « Me voici, Seigneur. » Il faut donc qu'il y ait quelque autre chose qui contraigne Jésus-Christ et ses fidèles à faire telle complainte. Il ne faut point douter que, quand Jésus-Christ se présentoit pour nous à la peine, il n'ait combattu contre la puissance du diable, contre les tourments des enfers et les douleurs de la mort, toutes lesquelles choses devoient être vaincues en notre chair, afin qu'elles perdissent le droit qu'elles avoient contre nous. Comme ainsi soit donc qu'en ce combat il satisfît à la rigueur et sévérité de la justice divine, et bataillât contre les enfers, la mort et le diable, il invoqua son Père à ce qu'il ne l'abandonnât au milieu de si grandes détresses, qu'il ne le livrât point en la puissance de la mort, ne demandant autre chose à son Père sinon que notre infirmité, laquelle il soutenoit en son corps, fût délivrée de la puissance du diable et de la mort. C'est ci notre foi, sur laquelle nous nous appuyons maintenant, que la peine du péché commis en notre chair, laquelle devoit être payée en cette même chair pour satisfaire à la justice de Dieu, a été acquittée et payée en la chair de Christ qui étoit nôtre. Christ donc ne fuit point la mort, mais cet horrible sentiment de la sévérité de Dieu, laquelle réquérait qu'il fût châtié de mort pour notre salut. Voulez-vous savoir de quelle affection cette voix est sortie? Je ne le vous saurois mieux exprimer que par une autre parole d'icelui même, quand il dit: « Mon Dieu, mon Dieu, pourquoi m'as-tu laissé? » Il appelle donc ces morts et ensevelis et portés en la terre d'oubliance, délaissés de Dieu. En cette sorte, les saints, instruits par l'esprit de Dieu, n'useront point de ces voix pour détourner la mort et repousser Dieu qui les appelle, mais à celle fin qu'ils puissent éviter le jugement, l'ire et la sévérité de Dieu, par laquelle ils sentent que Dieu les châtie de mort. Et afin qu'il ne semble que je forge ceci de ma tête, je fais cette demande, à savoir si le fidèle appellera une mort simple et naturelle, ire et étonnements de Dieu? Je ne pense point que nos dormeurs soient si impudents qu'ils osent affermer cela. Et toutefois le prophète interprète ainsi cette mort en ces mêmes passages : « Tes fureurs

ont passé sur moi, ô Dieu, et tes étonnements m'ont troublé. »
Et il ajoute beaucoup d'autres choses qui appartiennent à l'ire de
Dieu. Il y a aussi un autre passage où il est dit : « Car son ire
passe bientôt et en un moment, mais la vie est en son bon plaisir
et bénévolence. » Mais j'exhorte les lecteurs de recourir au livre,
afin que, de ces deux psaumes entiers et de ce cantique, ils
aient beaucoup plus certaine foi. Car, en cette sorte, ils ne seront point abusés, et quand et quand je gagnerai ma cause
envers ceux qui les liront avec un bon et saint jugement. Nous
concluons donc que la mort en ces passages-là est sentir l'ire et
le jugement horrible de Dieu, et être étonné et troublé de ce
sentiment. Ainsi Ézéchias, voyant qu'il délaissoit le royaume
exposé aux opprobres et pillages des ennemis, et ne laissoit aucuns enfants desquels descendît l'attente des gentils, avoit son
âme émue de ces choses, qui étoient signe du courroux et punition de Dieu, et non point de l'étonnement de la mort, comme
de fait il mourut, après, sans requérir de vivre plus longtemps.
En somme, je confesse que la mort, de soi, est un mal, vu que
c'est une malédiction et peine du péché, et que d'un côté elle
est de soi pleine d'étonnement et désolation, et que d'autre part,
elle pousse jusques au dernier désespoir ceux qui sentent qu'elle
leur est envoyée de Dieu se courrouçant et punissant. Il n'y a
qu'un assaisonnement qui puisse adoucir cette si grande aigreur
de la mort, à savoir, connoître, au milieu des angoisses d'icelle,
que Dieu est favorable et père propice, et avoir Christ pour conduite et compagnie. Or, ceux qui n'ont point cet assaisonnement
ont la mort pour confusion et perdition éternelle. Par quoi ils ne
peuvent louer Dieu en la mort.

Or, quant à ce verset: « Les morts ne te loueront point », etc.,
c'est une conclusion des louanges du peuple rendant grâces à
Dieu, d'autant qu'il avoit été défendu du danger par la main
d'icelui. Le sens donc est tel: si le Seigneur eût permis que
nous eussions été opprimés et fussions tombés sous la puissance
de nos ennemis, ils se fussent élevés contre sa majesté, et se
fussent glorifiés qu'ils eussent vaincu le Dieu d'Israël. Mais maintenant, après que le Seigneur a réprimé et brisé l'orgueil des
ennemis, après qu'il nous a délivrés de leur cruauté en main

forte et bras étendu, les gens ne pourront dire où est leur Dieu,
lequel se montre être vraiment le Dieu vivant. Et sa miséricorde
ne pourra venir en doute, laquelle il a manifestée si excellem-
ment. Et ici ceux qui sont délaissés de Dieu, et qui n'ont point
senti sa vertu et bénignité envers eux, sont appelés morts,
comme s'il eût abandonné son peuple à la cruauté et félonie des
méchants. Cette sentence est pleinement confirmée par l'oraison
qui est au livre du prophète Baruch : « O Seigneur, ouvre tes yeux
et regarde, car les morts qui sont en enfer, des entrailles desquels l'esprit est retiré, ne donneront point d'honneur ni de
justification au Seigneur; mais l'âme qui est triste à cause de la
grandeur du mal et qui chemine courbe et foible et les yeux dé-
faillants, et l'âme qui a faim, te donnera gloire et justice. » Là
on peut bien voir sans doute que, sous le nom des morts, sont
compris ceux qui sont affligés et abattus par la main de Dieu, et
sont tombés en ruine, et que l'âme triste, courbe et foible est
celle qui, étant destituée de sa propre vertu et ne s'appuyant
sur la fiance de soi-même, a son refuge au Seigneur, l'invoque et
attend secours de lui. Si on veut prendre toutes ces choses par une
figure nommée description de personne, il y aura facile méthode
pour venir à l'explication d'icelles, en prenant ès personnes le
fait, et entendant, sous ce mot de morts, la mort, en ce sens :
le Seigneur n'obtient point louange de miséricorde et bonté
quand il afflige et détruit, combien que les punitions soient justes;
mais lors finalement il crée un peuple à soi pour chanter et célébrer la louange de sa bonté, quand il délivre ceux qui sont
affligés, abattus et désespérés, et les redresse en espérance.
Mais afin que nos dormeurs n'amènent point de cavillations,
disant que nous recourons aux figures obliques, ces choses aussi
peuvent être prises sans aucune figure.

En second lieu, j'ai dit qu'on concluroit mal et faussement de
ces passages, que les saints, après la mort, ne font rien et cessent
de louer Dieu. Mais plutôt louer c'est raconter et annoncer envers
les autres les bénéfices de Dieu ès quels il soit loué. Les paroles
non-seulement reçoivent ce sens, mais aussi le requièrent. Car
annoncer, et raconter, et donner le Père à connoître aux enfants,
ce n'est point concevoir la gloire de Dieu en l'esprit et entende-

ment, mais célébrer de bouche, afin que les autres oyent. Que
s'ils me veulent ici détourber de mon propos, et dire qu'il leur
est licite de faire le même s'ils sont en paradis avec Dieu
(comme nous croyons), je réponds à cela qu'être en paradis et
vivre avec Dieu, ce n'est point que l'un parle à l'autre et que
l'un soit ouï de l'autre, mais seulement avoir la jouissance de
Dieu, sentir sa bonne volonté, se reposer en lui. S'ils ont
d'ailleurs quelques autres révélations, qu'ils les gardent bien.
Quant à moi, je n'irai point chercher ces questions tortues qui
servent plus à émouvoir contention qu'à avancer la religion et
crainte de Dieu.

L'*Ecclésiastique* ne tend point à ce, qu'il montre que les âmes
des morts périssent. Mais quand il exhorte que de bonne heure
et par occasion nous donnions louange à Dieu, quand et quand il
enseigne qu'il n'est plus temps après la mort de le louer, c'est-à-
dire qu'il n'y a plus lieu de repentance. Que si quelqu'un d'entre
eux murmure encore, disant : Il ne nous chaut point de ce qui
doit advenir aux enfants de perdition, je réponds pour les fidèles
qu'ils ne mourront point, ains vivront, et raconteront les œuvres
du Seigneur. Ceux qui habitent en la maison du Seigneur le
loueront à tout jamais.

Le sixième passage des *Psaumes*, c'est : « Je louerai le Seigneur en ma vie, et chanterai psaumes à mon Dieu tant que
j'aurai être. » Et ils argumentent en cette sorte : S'il doit louer
le Seigneur en sa vie et tandis qu'il aura été, il ne le louera point
après la vie, et quand il n'aura plus d'être. Comme je pense que
c'est par jeu et par forme d'ébattement qu'ils proposent ceci, aussi
veux-je, pour l'amour d'eux, dire quelque chose par joyeuseté.
Quand Œnéas en Virgile promet à son hôtesse de reconnoître
cette humanité qu'il avoit reçue d'elle, tant qu'il auroit souvenance de soi-même, signifie-t-il par cela qu'il se mettra quelquefois en oubli ? Quand il disoit : « Tant que l'âme me battra au
corps, » pensoit-il par cela qu'il reconnoîtroit le bénéfice après la
mort, en ses champs fabuleux ? Jà n'advienne que nous leur per-
mettions de faire ainsi violence à ce passage, de peur que quand
et quand nous ne nous laissions vaincre à ce malheureux hérétique
Helvidius. Je parlerai maintenant à bon escient. Et, afin qu'ils

ne reprochent point que nous n'ayons autant fait qu'eux, je leur en rendrai cinq fois autant. « O Seigneur mon Dieu, je te confesserai à tout jamais. » Item : « Je louerai le Seigneur en tout temps. Ses bénéfices sont toujours en ma bouche. » Item : « Je te louerai perpétuellement, pourtant que tu as fait ceci. » Item : « Mon Dieu, mon roi, je t'exalterai, et bénirai ton nom à tout jamais. » Item : « Ainsi je célébrerai par psaumes ton nom perpétuellement. » Ils voient bien maintenant que David, qui leur étoit tantôt ami, leur fait ici âprement la guerre. Rejetons donc ces arguments qui sont fondés sur la pointe d'une aiguille.

Le septième passage qu'ils allèguent, c'est : « Déporte-toi de m'affliger, et je serai remis en vigueur avant que je m'en aille et que je ne sois plus. » Ils conjoignent ce qui est dit en Job : « Laisse-moi un peu plaindre ma douleur, avant que je m'en aille, sans plus retourner, en la terre ténébreuse et couverte d'obscurité de mort, terre de misère et de ténèbres, où est l'ombre de mort, et n'y a nul ordre, mais l'horreur perpétuelle y habite. » Ceci ne fait nullement à propos ; car ce sont paroles pleines d'ardeur et de trouble de conscience, qui expriment au vrai et représentent au vif comme en un tableau l'affection de ceux qui, étant vivement touchés de l'étonnement du jugement de Dieu, ne peuvent plus porter la main d'icelui. Or, ils prient que s'ils méritent que Dieu les rejette, pour le moins qu'ils puissent, tant peu que ce soit, reprendre haleine de devant le jugement de Dieu, duquel ils sont effrayés, et ce en extrême désespoir. Et ne se faut ébahir si les fidèles serviteurs de Dieu viennent jusqu'à ce point, car le Seigneur est celui qui fait mourir et qui fait vivre; qui fait descendre en la fosse et qui en fait remonter. Et ce mot : n'être point, signifie être aliéné de Dieu. Car s'il n'y en a point d'autres qui ait être que celui qui est, ceux qui ne sont point en lui n'ont point vraiment être, pourtant qu'ils sont perpétuellement confondus et rejetés de devant sa face. Davantage, je ne vois point que nous dussions être si grandement offensés de cette forme de parler, s'il est dit simplement des morts qu'ils ne sont plus, moyennant que cela se rapporte aux hommes. Car ils ne sont plus entre les hommes, ni devant les hommes, combien qu'ils soient devant Dieu. Ainsi, pour déclarer ceci en un mot,

n'être point, c'est n'apparoître point; comme ce qui est dit en
Jérémie : « Voix de lamentation, de pleur amer, de gémissement,
a été ouïe en Rama; de Rachel pleurant ses fils; et refusa d'être
consolée sur eux; pour ce qu'ils n'étoient plus.

Venons maintenant à ce qui reste de l'histoire de Job; car
nous en avons touché par-ci par-là, ainsi qu'il est venu à propos.
Le premier est : « Pourquoi ne suis-je mort en la matrice? pourquoi ne suis-je péri aussitôt que je suis sorti du ventre? Pourquoi
ai-je été tenu sur les genoux? pourquoi ai-je allaité les mamelles?
Car maintenant je serois gisant et me tairois; et reposerois en
mon somne avec les rois et les conseillers de la terre, qui édifient
pour eux des lieux solitaires; ou avec les princes qui possèdent
l'or et remplissent leurs maisons d'argent. Ou que n'ai-je été
comme un avorton caché, ou comme les enfants qui n'ont pas vu
la lumière ! Là, les méchants ont cessé de faire tumulte; et ceux
qui ont vertueusement travaillé se sont reposés; et ceux qui
jadis étoient prisonniers sont sans fâcherie; et n'oyent point la
voix de l'oppresseur. Le petit et le grand sont là, et le serf y est
affranchi par son seigneur. » Mais que sera-ce si je ramène contre
eux le quatorzième chapitre d'Isaïe, où il introduit les morts
sortant hors des sépulcres et allant au-devant du roi de Babylone, où il récite aussi leur propos : « Voici tu es abaissé comme
nous », etc. Car j'aurai aussi bonne couleur d'argumenter par
cela que les morts ont sens et intelligence, qu'eux de recueillir
par les paroles de Job, que les morts ont perdu tout sens. Mais
je leur laisse telle fariböle. Or, ce ne sera pas chose fort difficile
de déclarer le passage qu'ils allèguent, sinon que nous nous
voulions forger des labyrinthes de notre propre gré. Car Job
étant pressé de merveilleuse affliction et presque défailli sous la
charge, ne regarde sinon à sa misère présente; et non-seulement
il la fait plus grande que toutes les autres, mais aussi il estime
presque qu'il n'y en a point d'autre. Il ne craint nullement la
mort; ains il la désire, d'autant qu'elle apporte une condition
commune à tous, qu'elle met fin aux dominations des rois et aux
oppressions des serfs, et finalement qu'elle est le but de toutes
choses, auquel un chacun se démet de la condition qu'il aura
eue en ce monde; car, par ce moyen, il espère qu'il verra la fin

de sa calamité. Cependant il ne regarde point quelle façon de vivre on tient là, que c'est qu'il y devoit faire, que c'est qu'il y devoit endurer. Seulement, de toute ardeur d'esprit il désire le changement de la condition présente ; comme ont accoutumé ceux qui sont pressés et affligés d'un véhément sentiment de douleur. Car si au milieu des grandes chaleurs d'été, nous jugeons que l'hiver est bénin et gracieux ; et au contraire quand nous sommes poincts des froidures après de l'hiver, nous mettons tout notre désir après l'été, que fera celui, au prix, qui sent la main de Dieu lui être contraire ? Or, il ne se faut point ébahir si ceci ne peut être persuadé à nos gens, car ils frippent des sentences coupées pour se munir, et ne visent point à la somme de toute l'œuvre. Mais j'espère que ma raison sera approuvée de ceux qui auront regardé toute cette histoire d'un œil droit.

Le second : « Qu'il te souvienne que ma vie n'est que vent, et que mon œil ne retournera plus pour regarder les biens. L'œil de celui qui me voit ne me regardera plus ; et tes yeux sont sur moi et je ne subsisterai plus. Comme la nuée est consumée et passe, ainsi celui qui descend au sépulcre ne retournera plus. » Par ces paroles, Job pleure sa calamité devant la face de Dieu, et l'agrandit, comme celui qui n'a devant ses yeux aucune espérance de voir l'issue de son mal. Il a ses maux devant soi qui le poursuivent jusques au sépulcre. Lors il lui vient en fantaisie qu'après sa vie misérable, il ne peut attendre qu'une mort aussi misérable. Car celui qui sent la main de Dieu lui être contraire, ne peut autrement penser. En amplifiant donc son mal, il émeut la miséricorde et se fait misérable devant Dieu. Or, je ne vois point que puissiez rien demander en ce passage outre ceci, sinon qu'il ne faut point attendre aucune résurrection ; ce que je n'ai point délibéré d'éplucher maintenant.

Le troisième : « Il ne me reste que le sépulcre. » Item : « Toutes choses miennes descendront au plus plus profond d'enfer. » Cela est bien vrai ; car il ne reste rien meilleur à celui qui n'a point Dieu favorable (comme Job pensoit de soi alors), que le sépulcre, la fosse profonde et la mort. Après donc avoir fait long discours de toutes ses misères, il dit que la conclusion d'icelles, c'est la confusion. Et c'est ci la fin et issue de ceux lesquels Dieu frappe de sa main. Car la mort est en son ire, mais la vie est en sa bénignité et miséricorde. L'*Ecclésiastique* a très-bien expliqué ceci quand il dit : « La vie de l'homme est en nombre de jours, mais les jours d'Israël sont infinis. » Mais pour ce que cet auteur n'a point ferme autorité, laissons-le là, et oyons le prophète enseignant fort bien ceci, disant : « Il a humilié ma vertu en chemin et a abrégé mes jours ; et je disois : « O Seigneur ! ne me défais point au milieu de mes jours, car tes ans sont de génération en génération. Tu as jadis fondé la terre, et les cieux sont les œuvres de tes mains. Ils périront, et tu seras permanent : et tous s'envieilliront comme le drap ; tu les changeras comme le vêtement. » Jusques ici il a déclaré combien la condition des hommes est fragile et caduque, combien qu'il n'y ait rien sous le ciel qui soit ferme et stable, vu qu'eux aussi tendent à corruption et ruine. Il s'ensuit puis après : « Mais tu demeureras, et tes ans ne finiront jamais. Les enfants de tes serviteurs habiteront, et leur postérité sera établie en ta présence. » En ceci nous pouvons bien voir comment il conjoint le salut des fidèles avec l'éternité de Dieu. Toutes fois et quantes donc qu'ils nous mettront Job en avant, comme affligé de la main de Dieu, et presque tombé en désespoir, ne se proposant rien de reste que l'enfer et la mort, je répondrai que quand Dieu est courroucé, nous ne pouvons attendre autre issue, et que ceci est de sa miséricorde quand nous sommes tirés hors des gouffres de la mort.

Le quatrième : « S'il met son cœur sur l'homme pour retirer à soi son esprit et son souffle, lors toute chair défaudra ensemble, et l'homme retournera en poudre. » S'ils entendent ces paroles du jugement, comme s'il étoit dit que par l'ire de Dieu l'homme est dissous, abattu, confondu et réduit à néant, je leur en accorderai plus qu'ils n'en demandent. S'ils entendent que l'esprit, c'est-à-dire l'âme, retourne à Dieu par la mort, et que le souffle, c'est-à-dire la vertu du mouvement ou agitation vitale se part de l'homme, je ne contredis point à cela. S'ils débattent que l'âme périt, j'y résiste fort et ferme, combien aussi que l'hébreu a un peu autrement. Mais, me contentant d'avoir repoussé leurs cavillations, je ne poursuivrai point plus avant.

Ils dardent d'autres flèches; mais elles sont rebouchées et ne blessent point, et si n'étonnent pas beaucoup. Car ils allèguent quelques passages qui ne font rien à propos, et des livres qui n'ont point d'autorité certaine, comme du quatrième d'*Esdras* et du deuxième des *Machabées*. Pour tout cela, nous ne voulons répondre autre chose, sinon ce que nous avons traité ci-dessus de la résurrection. Combien qu'en toutes ces choses ils montrent ouvertement combien ils sont impudents et du tout déhontés, vu qu'ils osent bien tirer à eux *Esdras* qui fait entièrement pour nous. Et quant aux livres des *Machabées*, ils n'ont point honte de les produire pour maintenir leur cause, où Jérémie, après sa mort, prie le Seigneur pour le peuple bataillant; où prières sont instituées pour les trépassés, à celle fin que par icelles ils soient absous de leurs péchés. Par aventure ont-ils d'autres arguments, mais ils ne sont encore venus à ma connoissance, comme de fait je n'ai point encore vu toutes leurs gloses et songes. Je n'ai rien laissé que je sache qui puisse faire varier les simples et les ébranler. Je désire derechef que tous ceux qui liront ceci se souviennent que les anabaptistes (lesquels il me suffit d'avoir ainsi nommés pour dénoter toutes sortes de méchancetés horribles) sont auteurs de cette belle doctrine; car nous devons avoir pour suspect (et à bon droit) tout ce qui sortira d'un tel retrait et d'une telle boutique, qui a forgé et forge tous les jours tant de choses monstrueuses.

TRAITÉ OU AVERTISSEMENT

L'ASTROLOGIE QU'ON APPELLE JUDICIAIRE

ET AUTRES CURIOSITÉS

QUI RÈGNENT AUJOURD'HUI AU MONDE.

Saint Paul nous avertit d'une chose bien nécessaire, à laquelle toutefois peu de gens prennent garde ; c'est que ceux qui ne tiennent compte de cheminer en bonne conscience, se détournent et égarent de la foi. Car il signifie que ceux qui polluent leurs consciences en s'abandonnant à mal, ne sont pas dignes d'être maintenus en la pure connoissance de Dieu, mais plutôt méritent d'être aveuglés pour être séduits par diverses erreurs et mensonges ; et c'est merveille que nous y pensons si peu, vu que tous les jours nous en avons tant d'expériences devant nos yeux. Il est certain que Dieu n'ôte jamais sa vérité à ceux auxquels il en a donné quelque goût, sinon d'autant qu'ils l'ont mal reçue, et même en ont abusé ou en une folle ambition, ou à autres affections charnelles. De fait, puisque ceux qui ont de l'argent sont tant soigneux à le bien garder, c'étoit bien raison que ce trésor inestimable de l'Évangile, quand Dieu nous en a enrichis, fût comme enfermé en bonne conscience, qui est, par manière de dire, le vrai coffre, pour le tenir en bonne garde et sûre, à ce qu'il ne nous soit ravi par Satan. Et qu'advient-il au lieu de cela ? la plupart se sert de la parole de Dieu seulement pour avoir de quoi deviser en compagnie. Les uns sont menés d'ambition, les autres en pensent faire leur profit. Il y en a même qui en pensent faire un macquerellage pour avoir accès aux dames. Beaucoup ne savent à quel propos ils désirent d'y entendre, sinon d'autant qu'ils sont honteux d'y voir mordre les

autres, et qu'ils soient méprisés par leur ignorance. Tant y a
que quasi tous, ou peu s'en faut, convertissent cette doctrine de
salut en je ne sais quelle philosophie profane, qui est une pollution que Dieu ne peut porter, pourtant que c'est une chose
trop sacrée que sa parole, pour en abuser ainsi. Elle doit être
vive et d'une telle efficace qu'elle transperce les cœurs pour
examiner tout ce qui est dedans l'homme, oui, jusqu'aux
moëlles des os, comme dit l'Apôtre. Si on s'en ébat et qu'on la
fasse servir de plaisanterie, pensons-nous que Dieu veuille
souffrir un tel anéantissement de la vertu d'icelle? Elle doit rédarguer l'homme, ainsi que dit saint Paul, à ce qu'il apprenne
à se condamner et donner gloire à Dieu en s'humiliant. Si on la
tourne à vanterie et vaine gloire, n'est-ce pas un déguisement
qui mérite grième punition? Elle nous doit transfigurer en
l'image de Dieu, réformant ce qui est du nôtre en nous. Si
on prend occasion, sous ombre d'icelle, de s'entretenir en ses
vices, ne faut-il pas que Dieu corrige non-seulement un tel
abus d'avoir converti la viande en poison, mais aussi un tel sacrilége d'avoir fait servir la règle de bien vivre à une licence de
tout mal? Il n'est jà métier de déchiffrer par le menu la vie de
la plupart de ceux qui se disent avoir connu la vérité de l'Évangile. Tant y a qu'on voit bien en somme qu'aucuns, au lieu de
s'être amendés, en sont plutôt devenus pires. Le reste va toujours
son train; pour le moins on n'y aperçoit guère de changement.
Saint Paul, parlant de la conversion qui doit être aux chrétiens,
et des fruits qui doivent procéder de leur nouvelle vie quand ils
sont réformés à l'image du Fils de Dieu, dit : « Que celui qui déro-
boit ne dérobe plus. » En quoi il signifie que si nous avons suivi
mauvais train, sitôt que Dieu nous a fait la grâce de nous déclarer sa volonté, il nous faut tourner bride. Au lieu de cela, ceux
qui se disent aujourd'hui chrétiens, se dispensent sans scrupule
d'être pour le moins semblables aux autres; tellement que celui
qui avoit accoutumé de paillarder ne laisse point de continuer en
sa vilenie; les jeux, les blasphèmes sont autant débordés entre
eux qu'auparavant. Les superfluités et les pompes sont excusées
comme choses indifférentes, jaçoit qu'on voie qu'elles ne servent
qu'à orgueil, ambition et à toute vanité. Davantage, chacun état

a son évangile à part, selon qu'ils s'en forgent à leur appétit,
de sorte qu'il y a aussi grande diversité entre l'évangile de cour,
et celui des gens de justice et avocats, et celui des marchands,
comme entre les monnoies forgées de coins bien différents; sinon que tous ont une marque semblable, à savoir qu'ils sont du
monde, et en cela ils n'ont rien de convenance avec Jésus-Christ,
lequel nous en veut séparer. Par quoi c'est bien raison que ceux
qui déshonorent ainsi la doctrine de l'Évangile soient confus, et
que Dieu les expose à la moquerie de chacun, attendu qu'ils
ont été occasion que son saint nom fût blasphémé. C'est bien
raison aussi qu'il les étourdisse et prive de toute raison et sens
humain, puisqu'ils n'ont pu faire leur profit de cette sagesse,
laquelle est admirable aux anges de paradis. Voilà d'où procèdent
aujourd'hui tant de folles opinions, ou plutôt rêveries auxquelles
il n'y a nulle couleur ni apparence, et toutefois sont reçues
comme si c'étoient révélations venues du ciel. Bref, puisque arrogance est la droite racine de toutes hérésies, fantaisies extra-
vagantes, fausses et méchantes opinions, ce n'est pas merveilles
si Dieu laisse tomber en tant de folies ceux qui n'ont point tenu
le vrai régime pour persévérer en l'obéissance de sa vérité, qui est
de s'humilier en sa crainte. Or, d'autant que ce vice est aussi
commun aujourd'hui qu'il fut jamais, nous en voyons aussi les
fruits, tellement que tous les erreurs qui volent par tout le
monde sont autant de punitions de ce que l'on a abusé de la sainte
parole de Dieu. Combien que mon intention n'est pas de faire un
long récit de tous, pour ce que le nombre en seroit infini, je me
contenterai donc d'un seul exemple.

Il y a eu de longtemps une folle curiosité de juger par les
astres de tout ce qui doit advenir aux hommes, et d'enquérir
de là et prendre conseil de ce qu'on avoit à faire. Nous montre-
rons tantôt, au plaisir de Dieu, que c'est une superstition diabolique. De fait, elle a été rejetée d'un commun accord comme
pernicieuse au genre humain. Aujourd'hui elle se remet au-
dessus, en sorte que beaucoup de gens qui s'estiment de bon
esprit, et aussi en ont eu la réputation, y sont quasi ensorcelés.
Quand Dieu ne nous auroit révélé de notre temps la pureté de
son Évangile, toutefois, vu qu'il a ressuscité les sciences humai-

nes, qui sont propres et utiles à la conduite de notre vie, et, en servant à notre utilité, peuvent aussi servir à sa gloire, encore auroit-il juste raison de punir l'ingratitude de ceux qui, ne se contentant point des choses solides et bien fondées, appètent, par une ambition outrecuidée, de voltiger en l'air. Maintenant, puisqu'il nous a élargi tous les deux, c'est qu'il nous a rémis les arts et sciences en leur entier, et surtout nous a restitué la pure connoissance de sa doctrine céleste, pour nous mener jusqu'à lui et nous introduire en ses hauts secrets et admirables, s'il advient qu'aucuns, au lieu d'en faire leur profit, aiment mieux de vaguer à travers champs que de se tenir entre les bornes, ne méritent-ils pas d'être châtiez au double? ce qui advient de fait, lorsqu'ils sont si hébétés ou plutôt abêtis d'appliquer tout leur étude à un abus frivole où ils ne font que se tourmenter sans nul profit. Je sais les beaux titres dont ils fardent une si sotte superstition. Nul ne peut nier que la science d'astrologie ne soit honorable. Ils se couvrent donc de ce manteau, ils se nomment mathématiciens, lequel mot vaut autant à dire que professeurs des arts libéraux. Tout cela n'est point nouveau; car leurs prédécesseurs ont bien prétendu le semblable pour abuser le monde. Mais quand nous aurons vu à l'œil qu'il n'y a nul fondement en toute leur sottise, ni d'astrologie, ni de science aucune, il n'y aura point occasion de nous ébahir de ces masques, sinon qu'ils en fissent peur aux petits enfants. Même toutes gens de moyen savoir n'auroient point fort affaire de mon avertissement pour être instruits de s'en garder. Ainsi, ce présent Traité sera plutôt pour les simples et non lettrés, qui pourroient aisément être séduits par faute de savoir distinguer entre la vraie astrologie et cette superstition de magiciens ou sorciers. Voyons donc, en premier lieu, jusqu'où s'étend la vraie astrologie, qui est la connoissance de l'ordre naturel et disposition que Dieu a mise aux étoiles et planètes, pour juger de leur office, propriété et vertu, et réduire le tout à sa fin et à son usage. Nous savons ce que dit Moïse, que Dieu a ordonné le soleil et la lune pour gouverner les jours et les nuits, les mois, les ans et les saisons, en quoi il comprend tout ce qui attouche à l'agriculture et à la police.

Or, quant à ce régime et conduite dont il parle, vrai est que les ignorants en ont bien quelque goût et appréhension : mais la science d'astrologie, outre les effets, montre aussi les causes. Exemple : les plus rudes et idiots voient bien que les jours sont plus courts en hiver qu'en été, qu'il fait chaud en été et froid en hiver; mais ils ne parviennent pas si haut de juger comment ni pourquoi cela se fait. Les éclipses du soleil et de la lune sont connues à tout le monde ; mais les causes en sont cachées, si ce n'est qu'on les apprenne par doctrine. Il ne faut point aller à l'école pour voir qu'il y a des étoiles au ciel. Mais ce n'est pas à tous de comprendre la nature de leur cours, leurs révolutions, leurs rencontres et autres choses semblables ; car cela requiert un savoir spécial. Par ainsi, l'astrologie sert à déterminer le cours des planètes et étoiles, tant pour le temps que pour l'ordre et situation : le temps, dis-je, pour savoir quel terme il faut à chacune planète et au firmament pour accomplir leur circuit ; la situation, pour juger combien il a de distance de l'une à l'autre ; discerner les mouvements droits, obliques ou quasi contraires : de là savoir montrer pourquoi le soleil plutôt est plus loin de nous en hiver qu'en été ; pourquoi il fait plus longue demeure sur nous en été qu'en hiver ; de savoir compasser à l'endroit de quel signe du zodiaque il est chacun mois, quelle rencontre il a avec les autres planètes ; pourquoi la lune est pleine ou vide selon qu'elle se recule du soleil ou en approche ; comment se font les éclipses, voire jusqu'à compasser les degrés et minutes. Ce fondement mis, s'ensuivent les effets que nous voyons ici-bas; lesquels par l'astrologie on connoît provenir d'en haut, et non-seulement quand ils sont passés, mais pour en être avertis devant le temps. Il n'y a celui qui ne voie les pluies, les grêles et neiges, et qui n'oie le bruit des vents; mais nul ne sait les causes que par le moyen de l'astrologie, laquelle, comme j'ai dit, en donne même quelques conjectures pour l'avenir; combien qu'on n'en peut pas faire une règle perpétuelle. Je parle donc du cours ordinaire, qui n'est point empêché d'autres accidents survenant d'ailleurs. Or, voici le nœud de la matière que nous avons à déduire, car nos astrologues contrefaits prennent une maxime qui est vraie : que les corps terrestres et en général toutes créatures inférieures sont sujettes à l'ordre du ciel pour en tirer quelques qualités ; mais ils l'appliquent très-mal. Qu'ainsi soit, l'astrologie naturelle montrera bien que les corps d'ici-bas prennent quelque influxion de la lune, parce que les huîtres se remplissent ou se vident avec icelle ; pareillement, que les os sont pleins de moelle ou en ont moins selon qu'elle croît ou diminue. C'est aussi de la vraie science d'astrologie que tirent les médecins ce qu'ils ont de jugement pour ordonner tant saignées que breuvages, pilules et autres choses en temps opportun. Ainsi il faut bien confesser qu'il y a quelque convenance entre les étoiles ou planètes et la disposition des corps humains. Tout ceci, comme j'ai dit, est compris sous l'astrologie naturelle. Mais les affronteurs qui ont voulu, sous ombre de l'art, passer plus outre, en ont controuvé une autre espèce qu'ils ont nommée judiciaire, laquelle gît en deux articles principaux ; c'est de savoir non-seulement la nature et et complexion des hommes, mais aussi toutes leurs aventures, qu'on appelle, et tout ce qu'ils doivent ou faire ou souffrir en leur vie ; secondement, quelles issues doivent avoir les entreprises qu'ils font, trafiquant les uns avec les autres ; et en général de tout l'état du monde. Traitons premièrement de la complexion de chacun selon sa naissance. Or, comme il n'y a jamais mensonge si lourd ni si impudent qui n'emprunte quelque couleur de vérité, je confesse bien, quant à la complexion des hommes et surtout aux affections qui participent aux qualités de leurs corps, qu'elles dépendent en partie des astres, ou pour le moins y ont quelque correspondance, comme de dire qu'un homme soit plus enclin à colère qu'à flegme, ou au contraire. Toutefois, encore en ceci il y a plusieurs choses à noter. Nos mathématiciens, auxquels je parle, assoyent leur jugement sur l'heure de la naissance. Je dis, au contraire, que l'heure de la génération est plus à considérer, laquelle le plus souvent est inconnue. Car la mère n'a pas toujours terme préfix pour enfanter selon qu'elle a conçu. Quelques répliques qu'ils aient, si est-ce qu'ils seront convaincus par raison qu'en l'enfantement les astres n'ont pas si grande vertu pour imprimer quelques qualités à l'homme, qu'en sa conception. Je dis encore, le cas

posé que les astres nous qualifient par leur influence, que cela
ne vient point de la naissance; et de fait, l'expérience commune le montre : ce n'est pas sans cause que Perse dit :

Geminos, horoscope, varo
Producis genio.

C'est-à-dire que sous un même horoscope, deux sortiront du
ventre de diverses natures. Cela se voit tous les coups, même en
des frères jumeaux ; lesquels seront autant différents de l'un à
l'autre, comme si la position des astres avoit été toute contraire.
Je laisse à dire que pour juger même par la nativité de la nature d'un homme, outre ce qu'il faut avoir tous les degrés du
climat bien marqués, il faudroit que le généthliaque eût son as-
trolabe au poing; car de se fier en l'horloge, c'est une chose trop
mal sûre. Or est-il ainsi qu'en faillant peu de minutes, on trouvera grand changement au regard des astres. Toutefois, soit
par la conception ou naissance qu'il faille juger, je demande si
le sexe ne surmonte point toutes autres qualités en la créature.
Or est-il ainsi qu'en un même moment et en un même ventre seront conçus fils et filles, et en un moment une femme accouchera
d'un mâle, l'autre d'une femelle. Dont vient cette diversité en
ce qui est le principal, sinon que les étoiles et planètes n'ont
pas telle puissance comme ces gens veulent faire accroire?
S'il falloit faire comparaison, il est plus que certain que la semence du père et de la mère ont une influence cent fois plus
vertueuse que n'ont pas tous les astres, et ce nonobstant, on
voit qu'elle défaut souvent, et aussi la disposition peut être diverse. Prenons deux hommes de natures fort diverses, ayant chacun sa femme, de nature pareillement répugnante, qui engen-
drent enfants en une même heure, que les femmes accouchent
à une même heure; il adviendra ordinairement que les enfants
tiendront chacun de la complexion de leurs pères et mères plutôt que du regard des astres qu'ils ont eu pareil tous deux, et la
raison y est si patente, que nul de sain jugement n'ira à l'encontre. Qu'est-il donc de dire quant à l'influence que donnent
les créatures célestes aux hommes? Je confesse, suivant ce que
j'ai touché, que les astres ont bien quelque concurrence pour

10.

former les complexions, et surtout celles qui concernent le corps, mais je nie que le principal vienne de là. Je dis même, touchant des causes naturelles qu'on appelle inférieures, que la semence dont les enfants sont procréés précède et est de plus grande importance. Je dis secondement que les astrologues se fondent mal en jugeant par la nativité plutôt que par la génération. Or est-il ainsi que la génération leur est inconnue. Ainsi, ils n'ont nulle certitude de jugement. Tiercement, je dis que Dieu besogne en plusieurs d'une grâce spéciale, même en formant leur nature, en manière que la constellation n'y aura point de lieu, ou pour le moins y sera éteinte, pour n'être point aperçue des hommes. Voilà quant à l'inclination naturelle. Mais si nous venons à la grâce que Dieu fait à ses enfants lorsqu'il les réforme par son esprit et les change tellement qu'ils sont nommés à bon droit nouvelles créatures; que deviendront tous les regards des planètes? Est-ce là que Dieu a fondé son élection éternelle? Si les généthliaques allèguent qu'on en peut bien user comme de moyens inférieurs, c'est une cavillation trop sotte. Nous voyons comment Dieu a voulu, de propos délibéré, nous retirer de telles considérations, quand il a fait naître en second lieu ceux qu'il voulait préférer, comme nous en avons l'exemple en Jacob. Car pourquoi est-ce qu'Ésaü, qui devoit être rejeté, est venu devant, si ce n'est que Dieu, en rompant l'ordre commun de nature, nous a voulu élever plus haut, nous admonestant par cela que nous devons avoir les yeux fichés en sa seule volonté, sans les divertir à chercher autres causes? Arrêtons-nous seulement à ce mot, que Dieu réforme tellement les hommes, les appelant à soi, qu'ils deviennent du tout nouveaux. Il est dit de Saül, quand Dieu le veut disposer pour être roi, qu'il le fera tout autre qu'il n'a été. Cela n'advient pour quelque constellation, ains Dieu besogne en lui outre et par-dessus le cours de nature. S'il le fait en un homme qu'il a élu pour le régime temporel, que sera-ce de ceux qu'il a adoptés pour ses enfants et héritiers du royaume céleste? Certes, il faut bien que cela surmonte tout le firmament; et de fait, quiconque nie que la régénération ne soit une œuvre de Dieu supernaturelle, non-seulement se montre profane, mais renonce ouvertement la foi chrétienne. A cette cause, il

nous faut limiter la vertu des astres à ce qui attouche le monde
et appartient au corps, et est de l'inclination première de nature ;
exceptant ce que Dieu donne de spécial aux uns et aux autres,
sans s'aider des moyens ordinaires, et surtout la réformation
qu'il fait en ses élus, les renouvelant par son esprit.

· Mais cette astrologie bâtarde ne se contentant point d'avoir
disposé de la complexion des mœurs et des hommes, étend sa
judicature plus avant, qui est en devinant ce qui leur doit advenir toute leur vie, et quand et comment ils doivent mourir.
En quoi il n'y a que pure témérité, et pas un seul grain de raison.
Car tout au plus les astres pourront imprimer quelques quali-
lités aux personnes, et non pas faire que ceci ou cela leur advienne puis après d'ailleurs. Et par ainsi, encore qu'un généthliaque puisse juger un homme être industrieux et vigilant pour
acquérir des biens, si ne peut-il deviner qu'il lui écherra quelque
succession, pource que cela gît en la volonté ou condition d'autres que de lui. Voilà pourquoi il a été dit de longtemps que ces
mathématiciens masqués étoient bons pour vider les bourses et
remplir les oreilles, d'autant qu'en disant la bonne fortune, ils
paissent de vent les curieux et tirent d'eux tout ce qu'ils veulent après qu'une fois ils les ont ensorcelés. Ils diront donc à un
homme combien il aura de femmes. Oui ; mais trouvent-ils en
son astre la nativité de sa première femme, pour savoir combien
elle vivra ? Par ce moyen les femmes n'auroient plus de nativité
propre, pource qu'elles seroient sujettes au regard de la nativité
des hommes. En somme, par cela l'horoscope de chacun
homme particulier comprendroit le jugement de toute la disposition d'un pays, vu qu'ils se vantent de pouvoir juger si un
homme sera heureux en mariage, s'il aura bonne ou mauvaise
rencontre par les champs, en quels dangers il pourra tomber,
s'il sera occis ou s'il mourra de maladie. Regardons maintenant
avec combien de gens nous trafiquons en vivant. Si les mathématiciens n'ont leurs volontés et leurs fortunes en la manche,
qu'est-ce qu'ils nous en peuvent promettre ? Par quoi ce que j'ai
dit est vrai, qu'ils ne sauroient juger d'un homme comme ils
en font profession, que sa nativité ne leur fût un miroir pour
contempler tous ceux avec lesquels il conversera. Qu'on juge

par raison si cela se peut faire, et s'il y a quelque vérisimilitude. Je conclus donc que tous ceux qui entreprennent de connoître les événements d'un homme par sa nativité sont trompeurs, d'autant que les causes viennent d'autre part. Je serois trop long à déduire tous les exemples qui s'en peuvent amener, mais un seul nous suffira. Il est souventes fois demeuré en une bataille jusqu'à un soixante mille hommes. Je ne parle point des plus grandes déconfitures, ains de ce qui a été assez fréquent. Je demande s'il faudra assigner à tous ceux que la mort accouple ainsi un même horoscope. Quand ils diroient qu'une chose bien rare ne doit déroger à la doctrine commune d'un art, ce seroit déjà un subterfuge à rejeter. Je leur parle d'une chose commune. Les histoires récitent qu'en une vingtaine de batailles est mort en Espagne jusqu'à trois cent mille hommes. Sans enquérir plus avant, qui est-ce qui ne jugera aisément que ceux qui sont morts par compagnie étoient bien séparés en nativité quant au regard des astres? Ainsi en telle multitude, Capricorne et le Mouton et le Taureau s'entreheurtent tellement des cornes, que tout y est confus; Aquarius jette son eau en telle abondance que c'est un déluge, la Vierge est dépucelée, l'Écrevisse va au rebours, le Lion donne de la queue par derrière sans qu'on s'en soit aperçu, les Gémeaux se mêlent en sorte que c'est tout un, l'Archer tire en trahison, la Balance est fausse, les Poissons se cachent sous l'eau, si qu'on n'y voit plus goutte.

Qui plus est, ils ne se contentent point d'avoir tant élargi leurs ailes en la nativité d'un homme, mais ils usurpent aussi le jugement ou plutôt la divination de toutes entreprises par le regard présent des astres. Comme quoi si quelqu'un a affaire cent lieues loin d'où il est, monsieur l'astrologue épiera le ciel pour savoir quand il sera bon; que ce pauvre fou parte pour trouver au bout de quinze jours ses gens bien disposés, quand les astres qui lui promettent bonne adresse seront hors de leur règne. Je vous prie, si les astres avoient quelque vertu pour conduire les entreprises des hommes, ne se faudroit-il point arrêter à ceux qui sont en règne à l'heure que la chose se fait? Quelle folie est-ce de dire, si je dois acheter de la marchandise d'un homme qui est outre-mer, que l'astre qui règne à mon partement m'y donne

bonne adresse, et que ceux qui dominent quand ce vient à join-
dre, n'y puissent rien! Il me souvient du conte que l'on fait du
cardinal Farnèse, lequel fut contraint de laisser son dîner pour
monter bientôt à cheval, afin d'avoir bonheur en son ambassade:
et s'il fût parti deux heures plus tard, ayant dîné à son aise, et
qu'il fût arrivé au soir au même logis, en quoi cela l'eût-il avancé
ou reculé? Qui est-ce qui ne voit que le principal est de connoître la situation des astres quand ce vient à faire la dépêche?
Je dis quand il seroit question d'y ajouter foi. Mais il est facile
de voir que le tout n'est qu'abus. J'ai ouï parler de quelques
fantastiques qui sont en état, lesquels n'osent monter sur leurs
mules devant qu'avoir pris congé aux astres. Je prends le cas
que ce fût un conseiller d'une cour souveraine. Il y a une heure
établie pour s'assembler. En voilà une vingtaine qui sont tous
sujets à une même règle. Leurs astres cependant seront différents. La loi les appelle tous ensemble; que sera-t-il de faire? Si
on se gouverne par astrologie, tant s'en faut que jamais procès
fût vidé, que trois juges ne se pourroient trouver ensemble pour
ouïr un plaidoyer. Il faudra donc ou qu'on remue les astres pour
les faire autrement accorder, ou que toute police soit abattue.
Or, nous savons que Dieu approuve cet ordre, qu'il y ait heures
certaines pour tenir la justice, pour ouïr sa parole, recevoir ses
sacrements, sans regarder la position du ciel. Si en s'amusant
aux étoiles on délaisse l'ordre de Dieu et que chacun se retire à
part sans s'accommoder à la communauté du genre humain, Dieu
ne sera-t-il point contraire à soi-même? Où sera cette sagesse
infinie par laquelle il a ordonné si bien toutes choses comme par
compas, si on ne lui peut obéir en un endroit qu'on ne contre-
vienne à l'ordre qu'il a mis en nature? Ce seroit à telles manières
de gens qu'on pourroit appliquer la risée qu'ouït un ancien phi-
losophe de sa chambrière, lequel étant trop ententif aux étoiles,
et n'ayant point loisir de regarder à ses pieds, fit un faux pas et
tomba dedans une fosse. Alors elle lui dit : « qu'il n'est rien si
bon que de penser à ce qui nous est le plus prochain. Je ne voudrois point tourner cette moquerie contre les vrais astrologues,
desquels on ne peut trop louer le labeur qu'ils ont pris à nous
faire connoître les secrets du ciel, en tant qu'il étoit bon pour

glorifier Dieu et nous en servir à notre usage. Mais quant à ces
fous spéculatifs qui se promènent par-dessus les nues, et cependant ne considèrent point à quoi Dieu les appelle, n'ont nul
égard à leur office, se détournent du chemin que Dieu leur
montre, oublient le devoir qu'ils ont à leur prochain; n'est-ce
pas raison qu'on se moque de leur vanité, et que Dieu aussi les
mette en opprobre, les faisant non-seulement chopper, mais
en la fin se rompre le cou du tout?

Après que messieurs les généthliaques ont assujetti un chacun
de nous à leur juridiction astronomique, ils usurpent une même
puissance sur l'état universel du monde. Or, je confesse bien,
suivant ce que j'ai ci-dessus traité, qu'en tant que les corps terrestres ont convenance avec le ciel, on peut bien noter quelque
chose aux astres des choses qui adviennent ici-bas. Car tout
ainsi que l'influence du ciel cause souvent les tempêtes, tour-
billons et temps divers, item les pluies continuelles; ainsi par
conséquent elle amène bien la stérilité et les pestilences. En tant
donc qu'on verra un ordre et comme une liaison du haut avec le
bas, je ne contredis pas qu'on ne cherche aux créatures célestes
l'origine des accidents qu'on voit au monde. J'entends l'origine,
non pas première et principale, ains comme moyen inférieur à
la volonté de Dieu, et même dont il se sert comme de prépara-
tion pour accomplir son œuvre ainsi qu'il l'a délibéré en son conseil éternel. Tant y a qu'il ne nous faut pas du tout nier qu'il n'y ait
quelque correspondance aucunes fois entre une peste que nous
verrons ici et la constellation qui se connoît au ciel par l'astrologie. Néanmoins, il s'en faut beaucoup que cela soit général;
car quand l'élection fut laissée à David laquelle il voudroit choisir
des trois verges de Dieu, et qu'il eut choisi la peste, nous ne dirons point que cela procédât des astres. Pareillement, quand la
famine fut si grande en Syrie et en Israël du temps d'Élie, et que
la sécheresse y fut si longue, ce seroit grande folie de chercher si les astres y étoient disposés, vu que c'étoit un miracle
extraordinaire. Et ne faut prendre cet exemple comme bien rare
entre les autres, attendu que Dieu parle généralement en Moïse,
en disant que toutes les adversités qu'ont les hommes sont cachées en ses trésors; en quoi il signifie qu'il les met en avant

par son juste jugement pour punir les péchés des hommes, et que si les hommes, par leur malice, ne provoquoient son ire, qu'il les tiendroit encloses comme en un coffre. Et de fait, il n'y a guère de plus commune doctrine par tous les prophètes que cette-ci, c'est qu'il nous rendra le ciel et la terre comme d'airain. Puisqu'il en assigne la cause à nos péchés, toute constellation est exclue. Quant aux guerres, il y a encore moins de propos de chercher la raison aux étoiles pourquoi elles adviennent, vu que ce sont aussi fléaux de Dieu pour châtier les iniquités, qui n'ont nulle dépendance de là. Notre-Seigneur faisant la promesse à Abraham de donner la terre de Chanaan à sa lignée, dit : « Que le terme n'est pas encore venu. » Il n'allègue point que le regard des astres ne le porte pas. Quoi donc? que l'iniquité des Amorrhéens n'est pas encore venue au comble. Par quoi, tout ainsi qu'on cueille le fruit d'un arbre quand il est mûr, ainsi nos péchés mûrissent les punitions de Dieu. Regardons maintenant si l'impiété des hommes et leurs transgressions proviennent des astres. Il y a bien eu jadis quelques fantastiques qui l'ont imaginé, mais cette rêverie a aussi été à bon droit rejetée de tout le monde, et même tenue pour une invention diabolique, laquelle tous chrétiens doivent détester ; comme de fait elle ne peut être reçue que toute l'Écriture sainte ne soit renversée, que Dieu ne soit blasphémé, et qu'on ne lâche aux hommes la bride de malfaire. Ainsi je prends cet article pour tout conclu, que le mépris de Dieu et les dissolutions qui se font en quelque pays que ce soit, n'ont nul regard aux étoiles. Puisqu'ainsi est, il ne faut point aussi attribuer aux étoiles les vengeances de Dieu qui surviennent pour telles causes. Si on réplique que Dieu se pourra bien servir des moyens naturels pour châtier les hommes, je ne le nie pas. Mais est-ce à dire que cela se fasse par un ordre continuel, selon que les astres y seront préparés? Tout au contraire, quand Dieu veut sécher la mer Rouge et le Jourdain, combien qu'il se veuille servir du vent qui étoit propre à cela, néanmoins il n'est pas dit que ce vent-là soit ému par quelques constellations, ains que Dieu l'a élevé sur-le-champ. Combien que j'accorde volontiers que, lorsque bon lui semble, il applique bien la nature et propriété des étoiles à son service. Seulement je

veux dire que ni les famines, ni les pestes, ni les guerres n'adviennent jamais pource que les astres y sont disposés, si ce n'est
selon que Dieu veut déclarer son ire sur la malice des hommes;
au contraire, que l'abondance des biens, la santé et la paix ne
procèdent non plus de l'influence des astres, mais de la bénédiction de Dieu, soit qu'il nous veuille convier et exhorter à la
repentance par une telle douceur, soit qu'il nous veuille faire
sentir son amour en l'obéissance de sa justice. Conclusion, jusqu'à ce que nos astrologues fardés aient montré que ce sont les
étoiles qui nous font servir à Dieu ou nous incitent à lui être rebelles, je conclus qu'elles ne sont point cause ni du bien ni du
mal que nous avons, car chacun voit que l'un s'ensuit de l'autre. Si je voulois amasser tous les exemples qui conviennent à
cet argument, ce seroit chose infinie. Toutefois, il n'y a celui qui ne
les puisse noter de soi-même. Par quoi, apprenons de nous arrêter aux promesses et menaces de Dieu, lesquelles ne tenant
rien de la situation des étoiles, nous enseignent qu'il ne nous y
faut point amuser.

Voilà pourquoi Dieu, par son prophète Isaïe, se moque des
Égyptiens et des Chaldéens, qui ont été deux peuples les plus
experts en cet art qui furent jamais au monde, leur reprochant
que par toute leur science ils n'ont pu prévoir la désolation qui
leur étoit prochaine, pource qu'elle ne provenoit point du cours
naturel des étoiles, ains de son jugement occulte. On ne peut
pas répliquer qu'il taxe les personnes qui se vantoient à fausses
enseignes de savoir l'astrologie. Il s'adresse notamment à l'art,
déclarant que ce n'est que vanité. Parlant au royaume d'Égypte,
il dit: « Où sont maintenant tes sages? qu'ils t'annoncent et qu'ils
sachent ce que Dieu a décrété sur toi. » S'il y avoit nulle part
science d'astrologie, elle étoit là. Le prophète dépite tous ceux
qui s'en mêlent, disant que ce n'est point à eux de savoir les
événements, comme ils en font profession. Il y a encore des mots
plus exprès quand il parle à Babylone: « Tu t'es, dit-il, tourmentée
en la multitude de tes conseils. Maintenant, que tes astrologues
viennent en avant, qu'ils contemplent les cieux et épluchent les
étoiles, pour voir s'ils jugeront de ce qui te doit advenir. Voici,
ils seront comme paille, et le feu les consumera. Les Chaldéens

ont été les plus renommés en astrologie qui furent jamais, tellement que tous ceux qui se sont fourrés en cette curiosité ont
emprunté leur nom d'iceux. Or, nous voyons comment Dieu
les condamne et réprouve, et notamment prononce qu'on ne
peut pas lire aux étoiles les mutations et ruines des principautés, et qu'il punira l'outrecuidance de ceux qui se sont
ingérés de ce faire. Voilà aussi pourquoi il dit par le même
prophète qu'il dissipe les signes des devins et tourne les magiciens en fureur, qu'il détourne les sages au rebours et assotit
leur science. Il ne reprend pas la témérité de ceux qui sont
mal fondés en l'art, mais il renverse leurs principes et maximes, à savoir, cette considération des étoiles, dont il parle en
d'autres lieux. Par quoi Daniel, voulant exposer au roi Nabucadne-
zer le songe auquel tous les astrologues et devins de Chaldée n'a-
voient su mordre, il ne se fait point plus savant qu'eux en l'art,
ni plus subtil, mais il met comme deux choses opposites leur
science et la révélation de Dieu. Les astrologues, dit-il, et devins ne t'ont pu déclarer le secret, car c'est Dieu qui est au ciel,
auquel il appartient de révéler les choses secrètes. Bref, nous
voyons que toute cette partie d'astrologie qui sert à divination,
qu'on appelle judiciaire, non-seulement est tenue de Dieu pour
vaine et inutile, mais est condamnée comme dérogeant à son honneur et entreprenant sur sa majesté.

Pourtant, si nous voulons être de son peuple, écoutons ce
qu'il nous dit en son prophète Jérémie, que nous ne soyons
pas semblables aux païens, craignant les signes du ciel. Je sais
bien le subterfuge qu'amènent aucuns, qu'il ne faut pas
craindre les astres comme s'ils avoient domination sur nous,
et toutefois qu'ils ne laissent point d'y avoir quelque supériorité subalterne, sous la main et conduite de Dieu. Mais il n'y
a nul doute que le prophète ne nous veuille ramener à la providence de Dieu, et, pour ce faire, nous détourner de la vaine
sollicitude en laquelle se tourmentent les païens, attendu qu'il
parloit au peuple d'Israël, lequel étoit tenté de s'adonner à
telles folies, à l'exemple des Chaldéens et Égyptiens. Qu'on demande à nos généthliaques d'aujourd'hui, de quelle source est
venu leur art, ils ne peuvent nier que Babylone n'en ait été la

fontaine, et que ce qu'ils en tiennent sont comme petits ruisseaux découlés de là. Puis donc que Dieu a une fois défendu à son peuple d'être semblable aux prédécesseurs et maîtres de ceux-ci, ferons-nous bien de leur ajouter foi, quand il n'y auroit autre mal que celui-là, qu'en attribuant aux étoiles et à leur influence la cause de nos afflictions et prospérités, nous mettons comme des nuées devant nos yeux pour nous éloigner de la providence de Dieu? Déjà nous voyons que c'est une chose trop pernicieuse. Il y a puis après que les hommes vagant entre les étoiles, n'entrent plus en leur conscience pour examiner leur vie, connoissant qu'ils portent en eux la matière de tous maux, et que leurs péchés sont le bois pour allumer l'ire de Dieu dont proviennent les guerres, les famines, les mortalités, les grêles, les gelées et toutes choses semblables. Pareillement, ceux qui attendent bonheur par la prédiction des astres, se reposant là-dessus, retirent leur confiance de Dieu, et deviennent nonchalants à la requérir, comme s'ils avoient déjà gagné ce qu'ils prétendent. Je n'ignore pas la réplique qu'ils ont pour caviller cela. Ils allèguent un dicton de Ptolomée, que les significations des astres ne sont point comme arrêts d'un parlement qui aient leur exécution prête, pource que Dieu est par-dessus. Mais quand tout est dit, ce n'est qu'une échappatoire ; car puisque tous les maux dont les étoiles nous menacent procèdent du cours de nature, il ne peut se faire que nous ne concevions une fantaisie que nos péchés donc n'en sont point cause. Je laisse à part l'absurdité et contradiction qui est en leur dire, à savoir que l'ordre que Dieu aura mis pour être perpétuel sera changé par causes survenantes, comme si Dieu se contredisoit à soi-même. Il me suffit que nous ayons l'intention du prophète, qui est d'opposer, ainsi que choses contraires, le regard qu'ont les païens aux astres, pour imaginer que leur condition et tout l'état de leur vie dépend de là, et la connoissance en laquelle se doivent reposer les fidèles, qu'ils sont en la main de Dieu, et qu'ils seront bénis de lui, le servant en bonne conscience, et que tous les maux qu'ils endurent sont autant de châtiments pour leurs péchés.

Il semble bien à nos généthliaques qu'ils ont une solution ap-

parente, en disant que le prophète nomme les étoiles signes ;
car de là ils concluent que leur office est de signifier. Et pour
confirmation ils allèguent ce qui est dit au premier de *Genèse*,
que Dieu les a créées à cette fin. Puisqu'ils font si grand sivé de
ce mot de signes, que répondront-ils à ce qui est dit en Isaïe, que
Dieu renverse les signes des devins ? Il est bien certain qu'il
parle là des astrologues. Ainsi, quand je leur confesserai qu'ils
peuvent bien avoir des signes, mais que Dieu les renverse, qu'au-
ront-ils gagné ? Au reste, c'est une cavillation trop impudente de
dire que Jérémie confesse obliquement qu'il y ait signification
aux astres quand il les nomme signes. C'est une façon de parler
assez commune, en reprenant les abus, d'user des mots accoutumés entre ceux qu'on veut rédarguer. L'Écriture appelle souvent
les idoles dieux des païens. Si quelqu'un, sous ombre de ce nom,
vouloit prouver que les idoles sont dieux, qui est-ce qui ne se
moqueroit de sa sottise ? Le prophète, en somme, admoneste
le peuple de ne se point troubler ni fâcher de cette opinion des
païens, que les étoiles signifient ceci ou cela ; comme aujour-
d'hui nous ne pouvons reprendre cette erreur, sinon en disant
qu'il ne se faut point amuser à telles significations. Quant au
texte de Moïse, ils le déchirent en le voulant étendre jusqu'à leur
folle fantaisie. Dieu a ordonné les étoiles pour être en signes.
Mais il faut noter de quoi. Or tout homme de sain jugement entend bien que Moïse a voulu toucher ce que j'ai déclairé ci-dessus de l'usage de la vraie astrologie. Si les étoiles nous sont en
signes pour nous montrer la saison de semer ou planter, de sai-
gner ou donner médecine, couper le bois, ce n'est pas à dire
pourtant qu'elles nous soient signes pour savoir si nous devons
vêtir une robe neuve, trafiquer en marchandise le lundi plutôt
que le mardi, et choses semblables, qui n'ont nulle correspondance avec les astres. Tout ainsi donc que nous confessons les
signes naturels, aussi nous détestons la sorcellerie, que le diable
a inventée par les devins.

Par quoi c'est une calomnie trop impudente qu'ils nous imposent, voulant faire accroire que nous détruisons l'ordre que
Dieu a établi, en ôtant aux astres la propriété de signifier, et
même que nous condamnons une science tant belle et tant utile.

Toute cette couverture leur est ôtée en un mot, quand on distingue entre l'astrologie naturelle et cette bâtarde qu'ont forgée les magiciens. Je sais que de savoir le cours des astres, leur vertu et ce qui est de semblable, non-seulement apporte grande utilité aux hommes, mais incite à magnifier Dieu en cette sagesse admirable qui se montre là. Car combien que les plus ignorants et idiots ne puissent lever les yeux au ciel sans avoir ample matière de glorifier Dieu, toutefois ceux qui ont étudié pour comprendre les secrets de nature, qui ne sont point connus de tous, doivent être beaucoup plus incités à en faire leur devoir. Mais c'est autre chose du droit usage et modéré, que de l'abus et excès. Si quelqu'un, en louant le vin, vouloit approuver l'ivrognerie, tout le monde ne s'élèveroit-il pas contre lui, pource qu'il seroit un méchant corrupteur des œuvres de Dieu? Autant en font ceux qui empruntent ou plutôt dérobent le titre d'une bonne science et approuvée, pour colorer des rêveries toutes contraires à la vérité de la science qu'ils prétendent. Et de fait, j'ai du commencement prévenu leur cautelle en protestant que non-seulement je ne veux rejeter l'art qui est tiré de l'ordre de nature, mais que je le prise et loue comme un don singulier de Dieu. Suivant cela, quand les généthliaques voudront faire valoir leurs coquilles sous couleur que c'est une chose sainte et bonne que la considération des œuvres de Dieu, que chacun soit averti de les amener au point, et ne se point laisser mener à travers champs par leurs ambages. Ils en font tout ainsi que les alcumistes qui s'insinuent par longues préfaces de la tempérance des éléments et de la convenance qu'ils ont entre eux, et choses semblables, qui sont vraies et fondées en raison. Mais après avoir bien tourné à l'entour du pot, ils font en la fin leur pipée, et puis c'est tout. Bref, puisque les cieux nous doivent raconter la louange de Dieu, et le firmament nous doit être un miroir de sa vertu et sagesse infinie, apprenons, pour en bien faire notre profit, de ne point extravaguer en des imaginations qui nous éloignent de lui.

Mais nos mathématiciens répliquent que Joseph, Moïse et Daniel ont été enseignés en l'école des Égyptiens et Chaldéens, et que cela est récité d'eux en leur louange, et non pas comme vicieux ou mauvais. Je réponds, quant à Joseph, qu'il fait bien le semblant d'être devin, mais que ce n'est que feintise, comme chacun voit, pour le temps qu'il se veut déguiser à ses frères. Au reste, quand il prédit la famine d'Égypte, en trouve-t-il la conjecture aux astres? Tout au contraire, il le tient de révélation miraculeuse. Voilà les Égyptiens qui ont sondé jusqu'au plus profond du ciel pour savoir deviner tout ce qui est signifié par les astres. Néanmoins, ils ne connoissent rien de cette famine, et en eussent été surpris devant que d'y avoir pensé. Dieu en avertit Pharaon par songe, Joseph lui en déclare ce qui lui est révélé de Dieu. En tout cela, y a-t-il rien qui favorise à ceux qui en font un bouclier? Quant est de Moïse, il est bien dit qu'il étoit instruit en toute la sagesse des Égyptiens; mais cela s'entend-il des superstitions? Or, entre les pires superstitions qu'ils eussent, je mets cette curiosité de vouloir deviner par les astres. Pour ôter tout doute, qu'on regarde si Moïse s'est jamais aidé de cette science en toutes ses entreprises. Quand il dut retirer le peuple de captivité, à savoir s'il prit les astres pour sa conduite? Pareillement, quand il passa la mer Rouge? Finalement, en tout ce que Dieu a fait par sa main, s'est-il jamais guidé par cette science? Il s'est toujours réglé selon la bouche de Dieu, regardant la promesse pour le temps de la rédemption, et n'attentant rien, sinon suivant ce qui lui étoit révélé. Daniel a bien été instruit en l'art des Chaldéens. Mais nous ne voyons point qu'il ait appété de savoir plus que l'astrologie naturelle; et, sans en tenir plus long propos, il n'y a nul doute que Dieu, en parlant tant de fois des devins, n'ait voulu expressément condamner la superstition tant d'Égypte que de Chaldée, dont le peuple d'Israël pouvoit être corrompu. Ainsi, quand les généthliaques, pour honorer leur science, mettent en avant cette ancienneté, voici tout ce qu'ils gagnent, qu'on sait que c'est une curiosité que Dieu réprouve, et laquelle il a étroitement défendue à son Église. Tant y a qu'ils font grande injure aux saints patriarches, lesquels ils veulent, à fausses enseignes, tirer en leur bande.

Ils s'aident aussi de la sentence de notre Seigneur Jésus, disant qu'il y aura des signes au ciel pour annoncer le jour de sa venue dernière; mais ils en parlent comme clercs d'armes.

Vrai est qu'il leur est à pardonner, vu que ce n'est pas leur gibier que de la sainte Écriture. Oui bien, s'ils s'abstenoient de la polluer, en la dépravant ainsi qu'ils font. Or, tant s'en faut que ce passage leur favorise, que nous le pouvons retourner contre eux. Car notre Seigneur Jésus ne parle point là de quelque constellation procédant du cours de la nature, mais plutôt d'une chose extraordinaire qui n'a rien de semblable ni de commun avec. Et même les prophètes, voulant exprimer combien l'ire de Dieu sera épouvantable, usent de telles façons de parler, que le soleil sera obscurci, et la lune ne rendra plus sa clarté. Il est certain que cela n'est pas advenu à l'œil toutes fois et quantes que Dieu a puni son Église. Si est-ce qu'en ce dernier jour, lequel nous doit amener la perfection de toutes choses, il y aura signes visibles, tant pour avertir les fidèles, que pour rendre les incrédules plus inexcusables. Quoi qu'il en soit, ce point nous doit être comme vidé, que les signes dont il est là fait mention ne se peuvent comprendre par le cours ni regard des étoiles, vu que Dieu les doit envoyer propres et particuliers pour cela; et outre plus qu'ils emporteront changement de cet ordre commun sur lequel les généthliaques font semblant d'être fondés. Autant en faut-il dire de l'étoile qui apparut aux philosophes qui vinrent des quartiers d'Orient, et c'est une grande moquerie d'attribuer à l'ordre de nature ce que l'Écriture récite pour miraculeux. Diront-ils que, selon leur science, une étoile se lève tirant son chemin vers Judée, puis droit en Jérusalem; que là elle s'évanouisse, que tantôt après elle se montre derechef, qu'elle tende en Bethléem et qu'elle s'arrête sur une maison pour la marquer? qui plus est, qu'elle chemine par compas, selon que les hommes qu'elle guide peuvent marcher? Quand ils auront bien épluché les cieux, ils n'y trouveront que les étoiles fichées au firmament ou les planètes. Il faut bien donc que ceci soit par-dessus nature, et par conséquent par-dessus l'art d'astrologie. Maintenant, quel propos y a-t-il de tirer un privilége singulier à une loi générale? Qui est-ce qui ne verra leur impudence pour s'en moquer, quand ils arguent en cette façon? Dieu a dressé une étoile par miracle pour conduire les philosophes qui devoient adorer son Fils, et lui a donné un cours propre pour leur voyage, qui n'étoit conforme ni au mouvement universel du ciel ni à celui des planètes. Il s'ensuit donc que les astres déclarent quelle sera la condition et fortune de chacun de nous, et que par leur influence toute notre vie est gouvernée. Il ne faut point grande subtilité pour rédarguer une telle bêtise; et quand il n'y auroit que cela, on voit combien les fondements sur lesquels ils s'appuient sont fermes. Mais encore afin que chacun entende mieux l'impiété qui est ici cachée comme le venin en la queue d'un serpent, il est bon qu'on soit averti qu'ils ne font nul scrupule d'assujettir toute la chrétienté aux étoiles, autant que les corps humains. Car ils entreprennent de rendre raison pourquoi Mahomet avec son Alcoran a plus grande vogue que Jésus-Christ avec son Évangile, d'autant qu'il y a regard des astres plus bénin pour l'un que pour l'autre. Quelle abomination est cela! L'Évangile est le sceptre de Dieu par lequel il règne sur nous, c'est la vertu de son bras, qu'il déploie, comme dit saint Paul, en salut à tous croyants; c'est sa vérité immuable, sous laquelle tous les anges de paradis se doivent humilier. Le Saint-Esprit est celui qui la fait profiter en lui donnant vigueur, et lui donne victoire par-dessus toute contradiction et des diables et du monde. Ces fantastiques disent que quelque bout d'un signe du zodiaque le met en crédit. Au contraire, la secte de Mahomet, comme l'Écriture nous enseigne, est une juste vengeance de Dieu pour punir l'ingratitude du monde; et ils veulent faire accroire qu'elle est avancée par la disposition des étoiles. Bref, on peut voir que tous ceux qui maintiennent telles rêveries ne savent que c'est de Dieu, ni de religion, non plus que bêtes.

Pour faire leur profit de tout, comme font gens affamés, ils nous objectent les éclipses et comètes, et disent que s'ils emportent quelque signification, on en peut bien autant juger de tous les astres. Je réponds, quant aux éclipses, que si elles sont naturelles, elles n'emportent nulle signification, si ce n'est de ce qu'elles peuvent engendrer comme pluie, ou vent, ou tourbillon, ou telles choses, suivant ce que nous en avons devisé ci-dessus. Mais qu'on puisse par icelles deviner de ce qui doit advenir aux royaumes et principautés, ou aux hommes particuliers, c'est à

faire aux idiots de le penser. Même nous lisons qu'il a fallu quelquefois qu'un homme savant en astrologie annonçât à l'armée
romaine l'éclipse de lune qui se devoit faire, à ce que les soldats,
qui étoient gens ignorants quant à cela, n'en fussent point troublés
comme de quelque mauvais présage. Nous voyons donc que la
vraie astrologie ôte la superstition que ces rêveurs veulent remettre dessus. Quant aux éclipses miraculeuses, comme celle qui
advint à la mort de notre Seigneur Jésus, je ne nie point qu'il
n'y ait signification ; mais tant s'en faut que cela serve à nos devins, que plutôt c'est pour leur rabaisser le caquet. Que s'il faut
qu'il y ait miracle extraordinaire pour signifier, comment trou-
veront-ils telle propriété et vertu en l'ordre commun ? Il en est
quasi autant des comètes, combien que non pas du tout. Tant y
a que ce sont inflammations qui se procréent, non point à terme
préfix, ains selon qu'il plaît à Dieu. En cela déjà on voit combien les comètes diffèrent des étoiles, vu qu'elles se procréent
de causes survenantes. Et néanmoins je n'accorde pas que leurs
prédictions soient certaines, comme aussi l'expérience le montre.
Car si une comète est apparue, et que tantôt après un prince
meure, on dira qu'elle l'est venue ajourner. S'il ne s'ensuit
nulle mort notable, on la laisse passer sans mot dire. Cependant je ne nie pas, lorsque Dieu veut étendre sa main pour faire
quelque jugement digne de mémoire au monde, qu'il ne nous
avertisse quelquefois par les comètes ; mais cela ne sert de rien
pour attacher les hommes et leur condition à une influence perpétuelle du ciel.

Il reste maintenant de répondre aux exemples qu'ils nous allèguent ; car il semble bien qu'il y ait une pleine approbation de
leur art. Entre les autres, il y en a un qui étonne tous ceux qui
le lisent : c'est du mathématicien nommé Asclétarion, qui prédit
que Domitien l'empereur devoit être tué. Or, Domitien étant fâché contre lui, l'appela et lui dit, puisqu'il se mêloit de deviner
ainsi des autres, qu'il devinât aussi de soi-même. Il répondit que
l'heure de sa mort étoit prochaine, et que son corps seroit déchiré des chiens. Domitien le fait tuer, commande qu'on le brûle
pour ensevelir ses cendres, selon la coutume. Mais voici un orage
soudain qui éteint le feu, et des chiens se ruent sur le corps

pour le manger. Quelque temps après, Domitien fut tué. Ce qu'on
récite de Jules-César et de son mathématicien Spurina n'est pas
du tout si merveilleux ; toutefois il en approche. Car ledit mathématicien avertit César qu'il se gardât du premier jour du mois
de mars. Le jour étant venu, César lui dit : Voici le premier jour
de mars. L'autre répondit : Il n'est pas encore passé ; et de fait,
étant venu au sénat, fut là tué. Ainsi, nos généthliaques pensent
bien, sans contredit, avoir gagné leur cause pour montrer qu'il
y a une vraie certitude en leur art. Or, je leur demande si, le
jour même que Jules-César naquit, et à l'heure, ils pensent qu'il
n'y en eut point d'autre à Rome et en toute l'Italie. Il est bien
vraisemblable qu'il y en avoit grande quantité qui étoient nés sous
un même horoscope. Autant en est-il de Domitien. Sont-ils tous
morts pourtant au même jour, et leur mort a-t-elle été violente ?
Mais, au contraire, tout ainsi que l'horoscope ne les a pas faits tous
empereurs, aussi il ne leur a point été cause d'une mort semblable. On voit donc qu'il n'y a nulle raison ni vérité. S'il y en
avoit, elle auroit lieu partout. En voilà trente qui ont une même
nativité : l'un meurt à vingt ans, l'autre à cinquante ; l'un, de
fièvre ; l'autre, en guerre. Ainsi tous diversement. Devant que
mourir, chacun a sa façon de vivre et son état différent des autres ; à savoir si chacun a son étoile au ciel où on lise ce qui lui
doit advenir. Car si la constellation pouvoit quelque chose, cela
seroit égal en tous. Par une même raison, il est aisé de réfuter ce
qu'ils allèguent d'Auguste ; lequel ayant ouï de Théogènes que
sa nativité lui promettoit l'empire romain, en mémoire de cela
forgea sa monnoie du signe de Capricorne, sous lequel il étoit
né. Qui est-ce qui doutera que sous le même signe ne fussent nés
beaucoup de pauvres malotrus, dont l'un étoit demeuré porcher,
l'autre vacher, et chacun en tel empire ? Si l'horoscope ou le regard des astres eût donné l'empire romain à tous ceux qui étoient
nés du même temps qu'Auguste, il lui en fût resté bien petite
portion. Dont je conclus que toutes les divinations qui ont été
faites n'ont pas été fondées en raison ni science. Ils répliqueront
que néanmoins on en voit la vérité par l'issue. Je réponds que
cela ne sert de rien pour approuver que ce soit un art licite. Or,
nous sommes sur ce point-là seulement, que c'est une curiosité

mauvaise et réprouvée de Dieu, et non pas si les devins adressent quelquefois à dire vérité ou non. Vrai est que tout ce qui vient du diable n'est que mensonge. Mais Dieu permet bien que les trompeurs adressent quelquefois à dire vérité, quand il veut punir par ce moyen l'incrédulité des méchants. Prenons exemple de tous les deux en la sorcière de laquelle parle Samuel. Ce qu'elle dit au roi Saül est bien advenu. Dirons-nous pourtant qu'elle eût une science fondée en raison pour prédire les choses cachées? Nenni. Dieu, par sa juste vengeance, a lâché pour ce coup la bride à Satan, afin que ce malheureux roi-là fût trompé comme il en étoit digne. Pareillement, il ne faut point juger de ce qu'elle dit vérité, qu'il soit licite aux enfants de Dieu d'user de tels moyens; car ce n'est pas ainsi que Dieu veut que nous sachions ce qu'il nous est expédient de savoir, et de ceci nous en avons une règle générale au treizième chapitre du *Deutéronome*, où il est dit que si quelque prophète prédit ceci ou cela, et qu'il advienne, et sous couleur qu'il aura bien deviné, s'il nous veut mener à servir des dieux étrangers, nous n'y devons point adhérer, pource que Dieu veut éprouver s'il est aimé de nous ou non. Pesons bien ce mot; c'est que quelque couleur ou apparence de vérité qu'il y ait ès choses qui sont contraires à Dieu, et qu'il réprouve par sa parole, que celui qui chemine en bonne conscience s'en pourra bien garder, et qu'il n'y a que les infidèles ou hypocrites qui soient trompés; d'autant, comme dit saint Paul, que c'est bien raison que ceux qui n'ont point voulu suivre la clarté cheminent en ténèbres. Bref, je tiens autant de compte de toutes les vérités qu'ont jamais dites ces mathématiciens, que des faux miracles dont les magiciens de Pharaon ont combattu Moïse, et par lesquels Jésus-Christ a prédit que le monde sera déçu.

Or, comme c'est un horrible labyrinthe et sans issue que des folies et superstitions desquelles les hommes s'enveloppent depuis qu'ils ont une fois lâché la bride à leur curiosité, beaucoup d'esprits volages, après s'être amusés à la divination des astres, se fourrent encore plus avant, à savoir en toutes espèces de divinations; car il n'y a nulle tromperie du diable où ils ne prennent goût depuis qu'ils ont été affriandés à une; et pour faire trouver bonne leur diablerie, ils la couvrent du nom de Salomon, comme s'il eût été un sorcier. L'Ecriture parle bien de l'intelligence qu'il a eue des profonds secrets de nature; mais elle ne dit pas qu'il ait été devin; et, de fait, nous voyons la condamnation universelle que prononce si souvent Moïse sur tous ceux qui s'en mêlent, principalement au dix-huitième chapitre du *Deutéronome*, où il dit : « Qu'il ne se trouve point en toi devin qui devine, ni observateur des jours, ni ayant égard aux oiseaux, ni magicien, ni enchanteur qui enchante, ni homme consultant avec les esprits familiers, ni sorcier, ni conjurant les morts; car tous ceux qui font ainsi sont en abomination à Dieu, et pour telles iniquités il a détruit les peuples qui ont habité en ce pays. » Qu'il nous souvienne toujours de ce que j'ai touché ci-dessus, que Dieu, regardant aux Egyptiens, veut détourner son peuple de toutes leurs façons de faire. Par quoi il condamne toute l'astrologie judiciaire qui passe les limites de vraie science en devinant; et pareillement toute magie, en tant que ce mot emporte révélation des choses cachées, qui se fait par enchantement, ou en conjurant les esprits, ou par telle vanité. Et notons que Dieu ne s'est point contenté d'un seul mot; mais voyant que les esprits des hommes sont si chatouilleux à extravaguer en vanités, pour mieux ôter tous subterfuges, raconte toutes les espèces qui étoient connues pour ce temps-là, et même use d'aucuns noms qui étoient honorables, comme *Chossem*, qui se prend pour celui qui révèle, et quelquefois s'applique aux prophètes qui prédisent ce qui est encore caché. Après, Hober, qui vient de conjoindre, et dit celui qui assemble ou conjoint les conjonctions, signifiant sans doute les astrologues qui conjoignent les astres ensemble, de travers ou de biais, pour leur faire donner les œillades l'un à l'autre. Item, *Idoni*, qui signifie sachant ou connoissant, comme nous voyons qu'ils prêchent leurs badinages, comme s'il n'y avoit nulle autre science au monde. Cependant nous voyons ce que Dieu en prononce, et l'horrible menace qu'il en fait, laquelle doit bien faire dresser les cheveux en la tête à tous ceux qui le craignent. Or, si tout genre de divination est ainsi réprouvé, que sera-ce de ceux qui se mêlent de conjurer les esprits pour en querir des choses secrètes? Car on voit que c'est une sorcellerie tout évidente. Toutefois, il y en a de si effrontés, comme j'ai dit, qu'ils attribuent leurs cercles et autres enchantements à Salomon, et même ils allèguent : puisque les esprits sont ordonnés pour être ministres aux fidèles, qu'il n'y a point de mal de les conjurer pour nous en servir. Mais en quelle foi est-ce qu'ils attendent de s'en servir ainsi, vu que c'est contre la défense expresse de Dieu ? Car tant s'en faut qu'il nous soit licite d'user de conjurations secrètes pour faire parler les anges à nous, que c'est une superstition malheureuse de les invoquer en quelque manière que ce soit. D'autre part, qui est-ce qui leur a vendu ou loué les diables pour être leurs valets ? Car les enfants de Dieu les ont pour ennemis mortels, et les doivent fuir et repousser, au lieu de chercher nulle communication avec eux. Ceux donc qui s'en veulent servir connoîtront en la fin qu'ils se sont joués à leurs maîtres. Par quoi concluons, suivant ce qui est prononcé de Dieu, que c'est un sacrilége énorme et détestable que toute divination ; car pour condamner autant qu'il est possible la rébellion contre sa parole, il l'accompare à la divination et idolâtrie.

Pourtant, ce n'est point sans juste raison que les lois civiles condamnent si fort les mathématiciens. Et ne faut point dire que c'est pour l'abus des affronteurs, ou bien que le nom en a été odieux aux ignorants, sans savoir pourquoi ; car Dieu, comme juge de la police d'Israël, a fait une ordonnance encore plus sévère contre eux, c'est que tous fussent mis à mort avec leurs complices. Mais prenons le cas que ce fût chose permise des hommes : puisque nous voyons que Dieu la déteste tant, quelle folie est-ce de la vouloir conjoindre avec la chrétienté, comme si on vouloit accorder le feu avec l'eau ! Et c'est merveille que ceux d'Éphèse, qui avoient été adonnés à folles curiosités, après avoir crû en Jésus-Christ ont brûlé leurs livres, comme saint Luc le récite aux *Actes* ; et maintenant qu'il y en a de si pervers, qu'il semble que la connoissance de Jésus-Christ ne leur servé sinon pour aiguiser leur appétit à chercher toutes vanités frivoles. Cette diversité est par trop grande, que les uns, sitôt qu'ils ont goûté que c'est de l'Évangile, renoncent aux divinations auxquelles ils s'étoient amusés toute leur vie ; et les autres, sous ombre d'avoir connu la vérité de Dieu, soient incités de s'y adonner, n'ayant jamais su que c'étoit; que ceux dont parle saint Luc aient brûlé des livres jusqu'à la valeur de cinq mille francs, et que ceux ici soient tellement enchantés d'une vaine imagination qu'ils ont conçue, qu'ils y consument toute leur substance. Même il faut noter que saint Luc ne dit point que ce fussent arts méchants ou diaboliques; mais il les nomme perierga, qui signifie curiosités frivoles ou inutiles. Non pas qu'à la vérité ce ne fussent choses méchantes; mais afin de fermer la bouche à ceux qui ne demandent qu'à trouver des échappatoires, comme nous voyons que font nos mathématiciens; lesquels sont d'autant pires que leur père Simon magicien, que lui, voyant la vertu de Jésus-Christ, en est si étonné, que son art ne lui est rien au prix. Et combien qu'il soit si malheureux de vouloir acheter par argent la grâce du Saint-Esprit, si est-ce néanmoins qu'il reconnoît que la vertu du Fils de Dieu obscurcit toute la science qu'il avoit pensé avoir. Ceux-ci, ayant été illuminés de Dieu pour connoître sa vérité, en détournent leurs yeux, et les jettent en ténèbres mortelles, et aiment mieux être éblouis en leurs mensonges que de jouir de la clarté céleste, en laquelle nous avons vie et salut.

Quel remède donc pour obvier à tels inconvénients? C'est que la sobriété que saint Paul nous recommande, nous soit comme une bride pour nous tenir en la pure obéissance de Dieu : et, pour ce faire, que chacun advise bien de garder ce trésor inestimable de l'Évangile en bonne conscience; car il est certain que la crainte de Dieu sera un bon rempart pour nous munir contre tous erreurs. Ainsi, que nous ayons tous cette règle générale, de sanctifier nos corps et nos âmes à Dieu, et le servir sans feintise. Après, que chacun regarde à quoi il est appelé, pour s'appliquer à ce qui sera de son office. Que gens de lettres s'adonnent à études bonnes et utiles, et non point à curiosités frivoles, qui ne servent que d'amuse-fous. Que grands et petits, savants et idiots, pensent que nous ne sommes point nés pour nous occuper à choses inutiles, mais que la fin de nos exercices doit être d'édifier et nous et les autres en la crainte de Dieu. De fait, quand on aura bien regardé de près, qui sont ceux qui nous amènent cette astrologie erratique,

sinon ou gens outrecuidés, ou des esprits extravagants, ou gens
oisifs, qui ne savent à quoi prendre leur ébat, ou de quoi deviser? comme sont protonotaires damereaux, ou autres muguets
et mignons de cour. Non pas qu'ils y soient savants (si toutefois il y pouvoit avoir science en folie et mensonge), mais ce
leur est assez de voltiger ou fleureter par-dessus; et cependant
ils enveloppent beaucoup de pauvres gens en leurs tromperies.
Voilà pourquoi j'ai dit qu'il nous faut arrêter aux choses solides.
Car quiconque, en premier lieu, s'adonnera à craindre Dieu,
et étudiera à savoir quelle est sa volonté, s'exerçant surtout à la
pratique de ce que l'Écriture nous enseigne, puis secondement
appliquera son esprit à ce qui est de sa vocation, ou pour le
moins à choses bonnes et utiles, n'aura point le loisir de se
transporter en l'air, pour voltiger entre les nues, sans toucher
ni ciel ni terre. Je sais bien qu'ils ne faudront point à jouer du
rebec et dire que l'un n'empêche point l'autre. Sur quoi je dis
brièvement, que nulle bonne science n'est répugnante à la crainte
de Dieu ni à la doctrine qu'il nous donne pour nous mener en
la vie éternelle, moyennant que nous ne mettions point la charrue
devant les bœufs, c'est-à-dire que nous ayons cette prudence
de nous servir des arts tant libéraux que mécaniques en passant par ce monde pour tendre toujours au royaume céleste.
Mais il est question ici d'une curiosité non-seulement superflue et inutile, mais aussi mauvaise, et qui nous détourne tant
de la fiance que nous devons avoir en Dieu, et de la considération qu'il veut que nous ayons de sa justice, miséricorde
et jugement, que du devoir que nous avons envers nos prochains.

AVERTISSEMENT

TRÈS-UTILE

DU GRAND PROFIT QUI REVIENDROIT A LA CHRÉTIENTÉ

s'il se faisoit inventaire de tous les corps saints et reliques

QUI SONT

TANT EN ITALIE QU'EN FRANCE, ALLEMAGNE, ESPAGNE

ET AUTRES ROYAUMES ET PAYS.

Saint Augustin, au livre qu'il a intitulé : *Du Labeur des Moines*, se complaignant d'aucuns porteurs de rogatons, qui déjà de son temps exerçoient foire vilaine et déshonnête, portant çà et là des reliques de martyrs, ajoute, « voire si ce sont reliques de martyrs. » Par lequel mot il signifie que dès lors il se commettoit de l'abus et tromperie, en faisant accroire au simple peuple que des os recueillis çà et là étoient os des saints. Puisque l'origine de cet abus est si ancienne, il ne faut douter qu'il n'ait bien été multiplié cependant, par si longtemps : même, vu que le monde s'est merveilleusement corrompu depuis ce temps-là, et qu'il est décliné toujours en empirant, jusqu'à ce qu'il est venu en l'extrémité où nous le voyons. Or, le premier vice, et comme la racine du mal, a été, qu'au lieu de chercher Jésus-Christ en sa parole, en ses sacrements et en ses grâces spirituelles, le monde, selon sa coutume, s'est amusé à ses robes, chemises et drapeaux ; et en ce faisant a laissé le principal, pour suivre l'accessoire. Semblablement a-t-il fait des apôtres, martyrs et autres saints. Car au lieu de méditer leur vie, pour suivre leur exemple, il a mis toute son étude à contempler et tenir comme en trésor leurs os, chemises, ceintures, bonnets, et semblables fatras.

Je sais bien que cela a quelque espèce et couleur de bonne

dévotion et zèle, quand on allègue qu'on garde les reliques de
Jésus-Christ pour l'honneur qu'on lui porte, et pour en avoir
meilleure mémoire, et pareillement des saints ; mais il falloit
considérer ce que dit saint Paul, que tout service de Dieu inventé en la tête de l'homme, quelque apparence de sagesse qu'il
ait, n'est que vanité et folie, s'il n'a meilleur fondement et plus
certain, que notre semblant. Outre plus, il falloit contre-peser
le profit qui en peut venir, avec le danger ; et en ce faisant, il se fût
trouvé que c'étoit une chose bien peu utile, ou du tout superflue
et frivole, que d'avoir ainsi des reliquaires : au contraire, qu'il
est bien difficile, ou du tout impossible, que de là on ne décline petit
à petit à idolâtrie. Car on ne se peut tenir de les regarder et manier sans les honorer ; et en les honorant, il n'y a nulle mesure
qu'incontinent on ne leur attribue l'honneur qui étoit dû à Jésus-
Christ. Ainsi, pour dire en bref ce qui en est, la convoitise d'a-
voir des reliques n'est quasi jamais sans superstition, et, qui pis
est, elle est mère d'idolâtrie, laquelle est ordinairement conjointe avec.

Chacun confesse que ce qui a ému notre Seigneur à cacher
le corps de Moïse, a été de peur que le peuple d'Israël n'en
abusât en l'adorant. Or, il convient étendre ce qui a été fait en
un saint, à tous les autres, vu que c'est une même raison. Mais
encore que nous laissions là les saints, avisons que dit saint
Paul de Jésus-Christ même. Car il proteste de ne le connoître
plus selon la chair, après sa résurrection, admonestant par ces
mots que tout ce qui est charnel en Jésus-Christ se doit oublier
et mettre en arrière, afin d'employer et mettre toute notre affection à le chercher et posséder selon l'esprit. Maintenant donc,
de prétendre que c'est une belle chose d'avoir quelque mé-
morial, tant de lui que des saints, pour nous inciter à dévotion,
qu'est-ce sinon une fausse couverture pour farder notre folle
cupidité, qui n'est fondée en nulle raison ? Et même quand il
sembleroit avis que cette raison fût suffisante, puisqu'elle répugne apertement à ce que le Saint-Esprit a prononcé par la
bouche de saint Paul, que voulons-nous plus ?

Combien qu'il n'est jà métier de faire longue dispute sur ce
point, à savoir s'il est bon ou mauvais d'avoir des reliques, pour

les garder seulement comme choses précieuses, sans les adorer.
Car, ainsi que nous avons dit, l'expérience montre que l'un n'est
presque jamais sans l'autre. Il est bien vrai que saint Ambroise,
parlant d'Hélène, mère de Constantin, empereur, laquelle avec
grand' peine et gros dépens chercha la croix de notre Seigneur,
dit qu'elle n'adora, sinon le Seigneur qui y avoit pendu, et non
pas le bois ; mais c'est une chose bien rare, d'avoir le cœur
adonné à quelque relique que ce soit, qu'on ne se contamine et
pollue quand et quand de quelque superstition. Je confesse qu'on
ne vient pas du premier coup à idolâtrie manifeste ; mais petit à
petit on vient, d'un abus à l'autre, jusqu'à ce qu'on trébuche en
l'extrémité. Tant y a que le peuple qui se dit chrétien en est
venu jusques-là, qu'il a pleinement idolâtré en cet endroit,
autant que firent jamais païens. Car on s'est prosterné et age-
nouillé devant les reliques, tout ainsi que devant Dieu ; on leur
a allumé torches et chandelles en signe d'hommage : on y a mis
sa fiance ; on a là eu son recours, comme si la vertu et la grâce
de Dieu y eût été enclose. Si l'idolâtrie n'est sinon transférer
l'honneur de Dieu ailleurs, nierons-nous que cela ne soit idolâtrie ? Et ne faut excuser que ç'a été un zèle désordonné de
quelques rudes et idiots, ou de simples femmes. Car ç'a été un
désordre général, approuvé de ceux qui avoient le gouvernement
et conduite de l'Église ; et même on a colloqué les os des morts
et toutes autres reliques sur le grand autel, au lieu le plus haut
et le plus éminent, pour les faire adorer plus authentiquement.
Voilà donc comme la folle curiosité qu'on a eue du commencement à faire trésor de reliques, est venue en cette abomination
tout ouverte, que non-seulement on s'est détourné du tout de
Dieu, pour s'amuser à choses corruptibles et vaines, mais que,
par sacrilége exécrable, on a adoré les créatures mortes et insensibles, au lieu du seul Dieu vivant.

Or, comme un mal n'est jamais seul, qui n'en attire un autre,
cette malheurté est survenue depuis qu'on a reçu pour reliques,
tant de Jésus-Christ que de ses saints, je ne sais quelles ordures, où
il n'y a ni raison ni propos ; et que le monde a été si aveugle,
que quelque titre qu'on imposât à chacun fatras qu'on lui présentoit, il l'a reçu sans jugement ni inquisition aucune. Ainsi,

12.

quelques os d'âne ou de chien, que le premier moqueur ait
voulu mettre en avant pour os de martyr, on n'a point fait difficulté de les recevoir bien dévotement. Autant en a-t-il été de
tout le reste, comme il sera traité ci-après. De ma part, je ne
doute pas que ce n'ait été une juste punition de Dieu. Car puisque
le monde étoit enragé après les reliques, pour en abuser en superstition perverse, c'étoit bien raison que Dieu permît qu'après
un mensonge un autre survînt. C'est ainsi qu'il a accoutumé de se
venger du déshonneur qui est fait à son nom, quand on transporte sa gloire ailleurs. Pourtant, ce qu'il y a tant de fausses reliques et controuvées partout, cela n'est venu d'autre cause, sinon
que Dieu a permis que le monde fût doublement trompé et déçu,
puisqu'il aimoit tromperie et mensonge. C'étoit l'office des
chrétiens, de laisser les corps des saints en leur sépulcre pour
obéir à cette sentence universelle, que tout homme est poudre et retournera en poudre : non pas de les élever en pompe
et somptuosité, pour faire une résurrection devant le temps. Cela
n'a pas été entendu, mais au contraire, contre l'ordonnance de
Dieu on a déterré les corps des fidèles pour les magnifier en
gloire, au lieu qu'ils devoient être en leurs couches et lieu de
repos, en attendant le dernier jour. On a appété de les avoir, et
a-t-on là mis sa fiance : on les a adorés, on leur a fait tous signes
de révérence. Et qu'en est-il advenu? Le diable, voyant telle
stupidité, ne s'est point tenu content d'avoir déçu le monde en
une sorte, mais a mis en avant cette autre déception, de donner
titre de reliques des saints à ce qui étoit du tout profane. Et
Dieu, par sa vengeance, a ôté sens et esprit aux incrédules : tellement que, sans enquérir plus outre, ils ont accepté tout ce qu'on
leur présentoit, sans distinguer entre le blanc ou le noir.

Or, pour le présent, mon intention n'est pas de traiter quelle
abomination c'est d'abuser des reliques, tant de notre Seigneur
Jésus que des saints, en telle sorte qu'on a fait jusqu'à
cette heure, et comme on a fait en la plupart de la chrétienté,
car il faudroit un livre propre pour déduire cette matière.
Mais pource que c'est une chose notoire, que la plupart des reliques qu'on montre partout sont fausses, et ont été mises en
avant par moqueries, qui ont impudemment abusé le pauvre

monde ; je me suis avisé d'en dire quelque chose, afin de donner occasion à un chacun d'y penser et prendre garde. Car, quelquefois nous approuvons une chose à l'étourdie, d'autant que notre esprit est préoccupé, tellement que nous ne prenons le loisir d'examiner ce qui en est; pour asseoir bon et droit jugement, et ainsi nous faillons par faute d'avis. Mais quand on nous avertit, nous commençons à y penser, et sommes tout ébahis comment nous avons été si faciles et légers à croire ce qui n'étoit nullement probable. Ainsi en est-il advenu en cet endroit; car par faute d'avertissement, chacun étant préoccupé de ce qu'il oit dire, Voilà le corps d'un tel saint, voilà ses souliers, voilà ses chausses, se laisse persuader qu'ainsi est. Mais quand j'aurai remontré évidemment la fraude qui s'y commet, quiconque aura un petit de prudence et raison, ouvrira lors les yeux et se mettra à considérer ce qui jamais ne lui étoit venu en pensée.

Combien que je ne puis pas faire en ce livret ce que je voudrois bien, car il seroit besoin d'avoir registres de toutes parts, pour savoir quelles reliques on dit qu'il y a en chacun lieu, afin d'en faire comparaison. Et alors on connoîtroit que chacun apôtre auroit plus de quatre corps, et chacun saint pour le moins deux ou trois; autant en seroit-il de tout le reste. Bref, quand on auroit tout amassé en un monceau, il n'y auroit celui qui ne fût étonné, voyant la moquerie tant sotte et lourde, laquelle néanmoins a pu aveugler toute la terre. Je pensois que puisqu'il n'y a si petite église cathédrale qui n'ait comme une fourmilière d'ossements, et autres tels menus fatras, que seroit-ce si on assembloit toute la multitude de deux ou trois mille évêchés, de vingt ou trente mille abbayes, de plus de quarante mille couvents, de tant d'églises paroissiales et de chapelles? Mais encore le principal seroit de les visiter, et non pas nommer seulement; car on ne les connoît point toutes à nommer. En cette ville on avoit, ce disoit-on, le temps passé, un bras de saint Antoine : quand il étoit enchàssé, on le baisoit et adoroit: quand on le mit en avant, on trouva que c'étoit le membre d'un cerf. Il y avoit au grand autel de la cervelle de saint Pierre. Pendant qu'elle étoit enchàssée, on n'en faisoit nul doute; car c'eût été un blasphème de ne s'en fier au billet. Mais quand on éplucha le nid, et on y regarda de plus près, on trouva que c'étoit une pierre de ponce. Je pourrois réciter beaucoup de semblables exemples, mais ceux-ci suffiront pour donner à entendre combien on découvriroit d'ordure si on faisoit une fois une bonne visitation universelle de toutes les reliques d'Europe : voire avec prudence pour savoir discerner. Car plusieurs, en regardant un reliquaire, ferment les yeux par superstition ; afin, en voyant, de ne voir goutte, c'est-à-dire qu'ils n'osent pas jeter l'œil à bon escient pour considérer ce que c'est. Ainsi que plusieurs qui se vantent d'avoir vu le corps de saint Claude tout entier, ou d'un autre saint, n'ont jamais eu cette hardiesse de lever la vue pour regarder que c'étoit. Mais celui qui auroit la liberté de voir le secret, et l'audace d'en user, en sauroit bien à dire autrement. Autant en est-il de la tête de la Magdeleine qu'on montre près de Marseille, avec le morceau de pâte ou de cire attaché sur l'œil. On en fait un trésor, comme si c'étoit un dieu descendu du ciel. Mais si on en faisoit l'examen, on trouveroit clairement la fourbe.

Ce seroit donc une chose à désirer, que d'avoir certitude de toutes les fariboles qu'on tient çà et là pour reliques, ou bien au moins, d'en avoir un registre et dénombrement, pour montrer combien il y en a de fausses. Mais puisqu'il n'est possible de ce faire, je souhaiterois d'avoir seulement l'inventaire de dix ou douze villes, comme de Paris, Toulouse, Rheims et Poitiers. Quand je n'aurois que cela, si verroit-on encore de merveilleuses garennes, ou pour le moins ce seroit une boutique bien confuse. Et est un souhait que j'ai accoutumé de faire souvent, que de pouvoir recouvrer un tel répertoire. Toutefois, pource que cela me seroit aussi trop difficile, j'ai pensé à la fin qu'il valoit mieux donner ce petit avertissement qui s'ensuit, afin de réveiller ceux qui dorment, et les faire penser que ce peut être du total, quand en une bien petite portion il se trouve tant à redire. J'entends quand on aura trouvé tant de mensonges en ce que je nommerai des reliquaires, qui n'est pas à peu près la millième partie de ce qui s'en montre, que pourra-t-on estimer du reste ? Davantage, s'il appert que celles qu'on a tenues pour les plus certaines aient été frauduleusement controuvées, que pourra-t-on penser des plus douteuses ?

Et plût à Dieu que les princes chrétiens pensassent un petit à cela, car leur office seroit de ne permettre point leurs pauvres sujets être ainsi séduits, non-seulement par fausse doctrine, mais visiblement en leur fa sant accroire que vessies de beliers sont lanternes, comme dit le proverbe. Car ils auront à rendre compte à Dieu de leur dissimulation, s'ils se taisent en le voyant, et leur sera une faute bien chèrement vendue, que d'avoir permis qu'on se moquât de Dieu, où ils pouvoient donner remède. Quoi qu'il en soit, j'espère que ce petit Traité servira à tous, donnant occasion à un chacun de penser en son endroit à ce que le titre porte. C'est que si on avoit un rôle de toutes les reliques du monde, qu'on verroit clairement combien on auroit été aveuglé par ci-devant, et quelles ténèbres et stupidité il y auroit eu par toute la terre.

Commençons donc par Jésus-Christ, duquel, pource qu'on ne pouvoit dire qu'on eût le corps naturel (car du corps miraculeux, ils ont bien trouvé la façon de le forger, voire en tel nombre, et toutes fois et quantes que bon leur sembleroit), on a amassé, au lieu, mille autres fatras, pour suppléer ce défaut. Combien encore qu'on n'a point laissé échapper le corps de Jésus-Christ sans en retenir quelque lopin. Car outre les dents et les cheveux, l'abbaye de Charroux, au diocèse de Poitiers, se vante d'avoir le prépuce, c'est-à-dire la peau qui lui fut coupée à la circoncision. Je vous prie, d'où est-ce que leur est venue cette peau? L'Evangéliste saint Luc récite bien que notre Seigneur Jésus a été circoncis; mais que la peau ait été serrée, pour la réserver en relique, il n'en fait point de mention. Toutes les histoires anciennes n'en disent mot. Et par l'espace de cinq cents ans il n'en a jamais été parlé en l'Église chrétienne; où est-ce donc qu'elle étoit cachée, pour la retrouver si soudainement? Davantage, comment eût-elle volé jusques à Charroux? Mais pour l'approuver, ils disent qu'il en est tombé quelques gouttes de sang. Cela est leur dire, qui auroit métier de probation. Par quoi on voit bien que ce n'est qu'une moquerie. Toutefois, encore que nous leur concédions que la peau qui fut coupée à Jésus-Christ ait été gardée, et qu'elle puisse être ou là, ou ailleurs, que dirons-nous du prépuce qui se montre à Rome, à Saint-Jean de Latran ? Il est certain que jamais il n'y en a eu qu'un. Il ne peut donc être à Rome et à Charroux tout ensemble. Ainsi, voilà une fausseté toute manifeste.

Il y a puis après le sang, duquel il y a eu grands combats. Car plusieurs ont voulu dire qu'il ne se trouvoit point du sang de Jésus-Christ, sinon miraculeux. Néanmoins il s'en trouve de naturel en plus de cent lieux. En un lieu quelques gouttes, comme à La Rochelle, en Poitou, que recueillit Nicodème en son gant, comme ils disent. En d'autres lieux, des fioles pleines, comme à Matouë, et ailleurs. En d'autres, à pleins gobelets, comme à Rome, à Saint-Eustace. Même on ne s'est pas contenté d'avoir du sang simple, mais il l'a fallu avoir mêlé avec l'eau, comme il saillit de son côté quand il fut percé en la croix. Cette marchandise se trouve en l'église de Saint-Jean de Latran, à Rome. Je laisse le jugement à chacun, quelle certitude on en peut avoir. Et même, si ce n'est pas mensonge évident, de dire que le sang de Jésus-Christ ait été trouvé sept ou huit cents ans après sa mort, pour en épandre par tout le monde, vu qu'en l'Église ancienne jamais n'en a été faite mention.

Il y a puis après ce qui attouche au corps de notre Seigneur : ou bien tout ce qu'ils ont pu ramasser pour faire reliques en sa mémoire, au lieu de son corps. Premièrement, la crèche en laquelle il fut posé à sa nativité, se montre à Rome en l'église Notre-Dame la Majeure. Là même, en l'église Saint-Paul, le drapeau dont il fut enveloppé : combien qu'il y en a quelque lambeau à Saint-Salvador en Espagne. Son berceau est aussi bien à Rome, avec la chemise que lui fit la vierge Marie sa mère. Item, en l'église Saint-Jacques, à Rome, on montre l'autel sur lequel il fut posé au temple à sa présentation, comme s'il y eût eu lors plusieurs autels, ainsi qu'on en fait à la papauté tant qu'on veut. Ainsi en cela ils mentent sans couleur. Voilà ce qu'ils ont eu pour le temps de l'enfance de Jésus-Christ. Il n'est jà métier de disputer beaucoup où c'est qu'ils ont trouvé tout ce bagage, si longtemps depuis la mort de Jésus-Christ. Car il n'y a nul de si petit jugement, qui ne voie la folie. Par toute l'histoire évangélique, il n'y a pas un seul mot de ces choses. Du temps des apôtres, jamais on n'en ouït parler. Environ cinquante ans après la mort de Jésus-Christ, Jérusalem fut saccagée et détruite. Tant de docteurs anciens ont écrit depuis, faisant mention des choses qui étoient de leur temps, même de la croix et des clous qu'Hélène trouva! De tous ces menus fatras ils n'en disent mot. Qui plus est, du temps de saint Grégoire, il n'est point question qu'il y eût rien de tout cela à Rome, comme on voit par ses écrits. Après la mort duquel Rome a été plusieurs fois prise, pillée et quasi du tout ruinée. Quand tout cela sera considéré, que sauroit-on dire autre chose, sinon que tout cela a été controuvé pour abuser le simple peuple? Et de fait, les cafards, tant prêtres que moines, confessent bien qu'ainsi est, en les appelant *piæ fraudes*, c'est-à-dire des tromperies honnêtes, pour émouvoir le peuple à dévotion.

Il y a puis après les reliques qui appartiennent au temps qui est depuis l'enfance de Jésus-Christ, jusqu'à sa mort. Entre lesquelles est la colonne où il étoit appuyé en disputant au temple, avec onze autres semblables du temple de Salomon. Je demande qui c'est qui leur a révélé que Jésus-Christ fût appuyé sur une colonne, car l'évangéliste n'en parle point en racontant l'histoire de cette dispute. Et n'est pas vraisemblable qu'on lui donnât lieu comme à un prêcheur, vu qu'il n'étoit pas en estime ni en autorité, ainsi qu'il appert. Outre plus, je demande, encore qu'il fût appuyé sur une colonne, comment est-ce qu'ils savent que ce fût celle-là? Tiercement, d'où est-ce qu'ils ont eu ces douze colonnes, qu'ils disent être du temple de Salomon?

Il y a puis après les cruches où étoit l'eau que Jésus-Christ changea en vin aux noces en Cana de Galilée, lesquelles ils appellent hydries. Je voudrois bien savoir qui en a été le gardien par si longtemps pour les distribuer. Car il nous faut toujours noter cela, qu'elles ont été trouvées seulement huit cents ans ou mille après que le miracle a été fait. Je ne sais point tous les lieux où on les montre. Je sais bien qu'il y en a à Pise, à Ravenne, à Cluny, à Angers, à Saint-Salvador en Espagne. Mais sans en faire plus long propos, il est facile, par la vue seule, de les convaincre de mensonge. Car les unes ne tiennent point plus de cinq quartes de vin, tout au plus haut; les autres encore

moins, et les autres tiennent environ un muids. Qu'on accorde
ces flûtes, si on peut; et lors je leur laisserai leurs hydries sans
leur en faire controverse. Mais ils n'ont pas été contents seulement du vaisseau, s'ils n'en avoient quand et quand le breuvage.
Car à Orléans ils se disent avoir du vin, lequel ils nomment de
l'architriclin. Car pource que l'évangéliste saint Jean, récitant le
miracle, parle de l'architriclin, qui est à dire maître d'hôtel, il
leur a semblé avis que c'étoit le nom propre de L'époux : et entretiennent le peuple en cette bêtise. Une fois l'an, ils font lécher
le bout d'une petite cuiller à ceux qui leur veulent apporter leur
offrande, leur disant qu'ils leur donnent à boire du vin que notre
Seigneur fit au banquet; et jamais la quantité ne s'en diminue,
moyennant qu'on remplisse bien le gobelet. Je ne sais de quelle
grandeur sont ces souliers, qu'on dit être à Rome au lieu nommé
Sancta Sanctorum, et s'il les a portés en son enfance, ou étant
déjà homme. Et quand tout est dit, autant vaut l'un que l'autre.
Car ce que j'ai déjà dit montre suffisamment quelle impudence
c'est de produire maintenant les souliers de Jésus-Christ, que
les apôtres mêmes n'ont point eus de leur temps.

Venons à ce qui appartient à la Cène dernière que Jésus-
Christ fit avec ses apôtres. La table est à Rome, à Saint-Jean de
Latran. Il y en a du pain à Saint-Salvador en Espagne. Le couteau
dont fut coupé l'agneau pascal est à Trier. Notez que Jésus-
Christ étoit en un lieu emprunté quand il fit sa Cène. En partant
de là, il laissa la table; nous ne lisons point que jamais elle ait
été retirée par les apôtres. Jérusalem, quelque temps après, fut
détruite, comme nous avons dit. Quelle apparence y a-t-il d'avoir
trouvé cette table sept ou huit cents ans après? Davantage, la
forme des tables étoit lors tout autre qu'elle n'est maintenant;
car on étoit couché au repas, et non pas assis, ce qui est express-
sément dit en l'Evangile. Le mensonge donc est trop patent. Et
que faut-il plus? La coupe où il donna le sacrement de son
sang à boire à ses apôtres, se montre à Notre-Dame de l'Ile, près
de Lyon, et en Albigeois en un certain convent d'augustins. Auquel croira-t-on? Encore est-ce pis du plat où fut mis l'agneau
pascal; car il est à Rome, à Gênes, et en Arles. Il faut dire que
la coutume de ce temps-là étoit diverse de la nôtre. Car au lieu

qu'on change maintenant de mets, pour un seul mets on changeroit de plat : voire si on veut ajouter foi à ces saintes reliques.
Voudroit-on une fausseté plus patente ? Autant en est-il du linceul
duquel Jésus-Christ torcha les pieds de ses apôtres, après les avoir
lavés. Il y en a un à Rome à Saint-Jean de Latran, un autre à
Aix en Allemagne, à Saint-Corneille, avec le signe du pied de
Judas. Il faut bien que l'un ou l'autre soit faux. Qu'en jugerons-
nous donc ? Laissons-les débattre l'un contre l'autre, jusques à
ce que l'une des parties ait vérifié son cas. Cependant, estimons
que ce n'est que tromperie de vouloir faire accroire que le drap
que Jésus-Christ laissa au logis où il fit sa Cène, cinq ou six cents
ans après la destruction de Jérusalem, soit volé, ou en Italie, ou en
Allemagne. J'avois oublié le pain dont miraculeusement furent
repus les cinq mille hommes au désert, duquel on en montre une
pièce à Rome, en l'église Notre-Dame la Neuve, et quelque petit
à Saint-Salvador-en-Espagne. Il est dit en l'Ecriture qu'il y eut
quelque portion de manne réservée, pour souvenance que Dieu
avoit nourri miraculeusement le peuple d'Israël au désert. Mais
les reliefs qui demeurèrent des cinq pains, l'Evangile ne dit point
qu'il en fut rien réservé à telle fin ; et il n'y a nulle histoire ancienne qui en parle, ni aucun docteur de l'Eglise. Il est donc facile de juger qu'on a pétri depuis ce qu'on en montre maintenant. Autant en faut-il juger du rameau qui est à Saint-Salvador
en Espagne. Car ils disent que c'est celui que tenoit Jésus-Christ
quand il entra en Jérusalem le jour de Pâques-Fleuries. Or, l'E-
vangile ne dit pas qu'il en tint : c'est donc une chose controuvée.
Finalement, il faut mettre en ce rang une autre relique qui se
montre là même : c'est de la terre où Jésus-Christ avoit les pieds
assis quand il ressuscita Lazare. Je vous prie, qui est-ce qui avoit
si bien marqué la place, qu'après la destruction de Jérusalem, que
tout étoit changé au pays de Judée, on ait pu adresser au lieu où
Jésus-Christ avoit une fois marché !

Il est temps de venir aux principales reliques de notre Seigneur. Ce sont celles qui appartiennent à sa mort et passion.
Et premièrement nous faut dire de sa croix, en laquelle il fut
pendu. Je sais qu'on tient pour certain qu'elle fut trouvée d'Hélène, mère de Constantin, empereur romain. Je sais aussi qu'ont

écrit aucuns docteurs anciens touchant l'approbation pour certifier que la croix qu'elle trouva étoit sans doute celle même en laquelle Jésus-Christ avoit été pendu. De tout cela, je m'en rapporte à ce qui en est. Tant y a que ce fut une folle curiosité à elle, ou une sotte dévotion et inconsidérée. Mais encore, prenons le cas que c'eût été une œuvre louable à elle de mettre peine à trouver la vraie croix, et que notre Seigneur déclara adonc, par miracle, que c'étoit celle qu'elle trouva ; seulement, considérons ce qui en est de notre temps. On tient que cette croix que trouva Hélène est encore en Jérusalem ; et de cela, nul n'en doute. Combien que l'histoire ecclésiastique y contredit notamment. Car il est là récité qu'Hélène en prit une partie pour envoyer à l'empereur son fils, lequel la mit à Constantinople, sur une colonne de porphyre, au milieu du marché ; de l'autre partie, il est dit qu'elle l'enferma en un étui d'argent, et la bailla en garde à l'évêque de Jérusalem. Ainsi, ou nous arguerons l'histoire de mensonge, ou ce qu'on tient aujourd'hui de la vraie croix est une opinion vaine et frivole. Or, avisons d'autre part combien il y en a de pièces par tout le monde. Si je ne voulois réciter seulement ce que j'en pourrois dire, il y auroit un rôle pour remplir un livre entier. Il n'y a si petite ville où il n'y en ait, non-seulement en église cathédrale, mais en quelques paroisses. Pareillement, il n'y a si méchante abbaye où l'on n'en montre. Et en quelques lieux, il y en a de bien gros éclats : comme à la Sainte-Chapelle de Paris, et à Poitiers et à Rome, où il y a un crucifix assez grand qui en est fait, comme l'on dit. Bref, si on vouloit ramasser tout ce qui s'en est trouvé, il y en auroit la charge d'un bon grand bateau. L'Evangile testifie que la croix pouvoit être portée d'un homme. Quelle audace donc a-ce été de remplir la terre de pièces de bois en telle quantité que trois cents hommes ne les sauroient porter ! Et de fait, ils ont forgé cette excuse que, quelque chose qu'on en coupe, jamais elle n'en décroît. Mais c'est une bourde si sotte et lourde, que même les superstitieux la connoissent. Je laisse donc à penser quelle certitude on peut avoir de toutes les vraies croix qu'on adore çà et là. Je laisse à dire d'où c'est que sont venues certaines pièces, et par quel moyen. Comme les uns disent que ce qu'ils en ont leur a été porté par les anges ; les autres, qu'il leur est tombé du ciel. Ceux de Poitiers racontent que ce qu'ils en ont fut apporté par une demoiselle d'Hélène, laquelle l'avoit dérobé ; et comme elle s'enfuyoit, se trouva égarée auprès de Poitou. Ils ajoutent à la fable, qu'elle étoit boiteuse. Voilà les beaux fondements qu'ils ont pour persuader le pauvre peuple à idolâtrer. Car ils n'ont pas été contents de séduire et abuser les simples en montrant du bois commun au lieu du bois de la croix ; mais ils ont résolu qu'il le falloit adorer, qui est une doctrine diabolique. Et saint Ambroise nommément l'a réprouvée, comme superstition de païens.

Après la croix s'ensuit le titre, que fit mettre Pilate, où il avoit écrit : Jésus Nazarien, roi des Juifs. Mais il faudroit savoir et le lieu et le temps, et comment c'est qu'on l'a trouvé. Quelqu'un me dira que Socrate, historien de l'Eglise, en fait mémoire. Je le confesse. Mais il ne dit point qu'il est devenu. Ainsi, ce témoignage n'est pas de grande valeur. Davantage, ce fut une écriture faite à la hâte, et sur-le-champ après que Jésus-Christ fut crucifié. Pour tant de montrer un tableau curieusement fait, comme pour tenir en montre, il n'y a nul propos. Ainsi, quand il n'y en auroit qu'un seul, on le pourroit tenir pour une fausseté et fiction. Mais quand la ville de Toulouse se vante de l'avoir, et ceux de Rome y contredisent, le montrant en l'église de Sainte-Croix, ils se démentent l'un l'autre. Qu'ils se combattent donc tant qu'ils voudront : en la fin, toutes les deux parties seront convaincues de mensonge, quand on voudra examiner ce qui en est.

Encore, y a-t-il plus grand combat des clous. Je réciterai ceux qui sont venus à ma notice. Sur cela, il n'y aura si petit enfant qui ne juge que le diable s'est par trop moqué du monde, en lui ôtant sens et raison, pour ne pouvoir rien discerner en cet endroit. Si les anciens écrivains disent vrai, et nommément Théodorite, historien de l'Eglise ancienne, Hélène en fit enclaver un au heaume de son fils ; des deux autres, elle les mit au mors de son cheval. Combien que saint Ambroise ne dit pas du tout ainsi ; car il dit que l'un fut mis à la couronne de Constantin ; de l'autre, le mors de son cheval en fut fait ; le troisième, qu'Hélène le garda. Nous voyons qu'il y a déjà plus de douze cents ans

que cela étoit en différend, que c'est que les clous étoient devenus.
Quelle certitude en peut-on donc avoir à présent? Or, à Milan,
ils se vantent d'avoir celui qui fut posé au mors du cheval de Constantin. À quoi la ville de Carpentras s'oppose, disant que c'est
elle qui l'a. Or, saint Ambroise ne dit pas que le clou fût attaché au mors, mais que le mors en fut fait. Laquelle chose ne se
peut nullement accorder avec ce que disent tant ceux de Milan
que ceux de Carpentras. Après, il y en a un à Rome, à Sainte-Hé-
lène; un autre là même, en l'église Sainte-Croix; un autre à
Sène, un autre à Venise; en Allemagne, deux; un à Cologne, aux
Trois-Maries; l'autre à Trier. En France, un à la Sainte-Chapelle de Paris; l'autre aux Carmes; un autre à Saint-Denis en
France; un à Bourges; un à la Tenaille; un à Draguignan. En
voilà quatorze de compte fait. Chacun lieu allègue bonne approbation en son endroit, ce lui semble. Tant y a que chacun a aussi
bon droit que les autres. Pourtant, il n'y a meilleur moyen que
de les faire passer tous sous un *Fidelium :* c'est de réputer que
tout ce qu'on en dit n'est que mensonge, puisqu'autrement on
n'en peut venir à bout.

S'ensuit le fer de la lance, qui ne pouvoit être qu'un; mais il
faut dire qu'il est passé par les fourneaux de quelque alchi-
miste : car il s'est multiplié en quatre, sans ceux qui peuvent
être çà et là, dont je n'ai point ouï parler. Il y en a un à
Rome, l'autre à la Sainte-Chapelle de Paris, le troisième en l'abbaye de la Tenaille, en Saintonge; le quatrième à la Selve, près
de Bordeaux. Lequel est-ce qu'on choisira maintenant pour vrai?
Pourtant, le plus court, c'est de les laisser tous quatre pour tels
qu'ils sont. Mais encore, quand il n'y en auroit qu'un seul, si
voudrois-je bien savoir d'où il est venu : car les histoires anciennes,
ni aussi tous les autres écrits, n'en font nulle mention. Il faut
donc qu'ils aient été forgés de nouveau.

Touchant de la couronne d'épines, il faut dire que les pièces
en ont été replantées pour reverdir; autrement, je ne sais comment elle pourroit être ainsi augmentée. Pour un item, il y en a
la troisième portion en la Sainte-Chapelle de Paris; à Rome, en
l'église Sainte-Croix, il y en a trois épines; en l'église Saint-Eustace, de Rome même, quelque quantité; à Sène, je ne sais

quantes épines ; à Vicence, une ; à Bourges, cinq ; à Besançon,
en l'église de Saint-Jean, trois ; à Mont-Royal, trois ; à Saint-Salvador en Espagne, je ne sais combien ; à Saint-Jacques, en Ga-
lice, deux ; à Albi, trois ; à Toulouse, à Mâcon, à Charroux en
Poitou, à Cléri, à Saint-Flour, à Saint-Maximin en Provence, en
l'abbaye de la Salle, en l'église paroissiale de St-Martin à Noyon :
en chacun de tous ces lieux, il y en a pour le moins une. Quand
on auroit fait diligente inquisition, on en pourroit nommer plus
de quatre fois autant. Nécessairement on voit qu'il y a là de fausseté. Quelle fiance donc peut-on avoir ni des unes ni des autres ?
Avec ce, il est à noter que, en toute l'Eglise ancienne, jamais
on ne sut à parler que cette couronne étoit devenue. Par quoi il
est aisé de conclure que la première plante a commencé à jeter
longtemps après la passion de notre Seigneur Jésus-Christ.

Il y a puis après la robe de pourpre, de laquelle Pilate vêtit
nôtre Seigneur par dérision, d'autant qu'il s'étoit appelé roi.
Or, c'étoit une robe précieuse, qui n'étoit pas pour jeter à l'a-
bandon : et n'est pas à présumer que Pilate ou ses gens la lais-
sassent perdre, après s'être moqués pour une fois de notre
Seigneur Jésus. Je voudrois bien savoir qui a été le marchand
qui l'acheta de Pilate, pour la garder en reliquaire. Et pour
mieux colorer leur bourde, ils montrent quelques gouttes de
sang dessus, comme si les méchants eussent voulu gâter une
robe royale, en la mettant par risée sur les épaules de Jésus-
Christ. Je ne sais pas s'il y en a quelqu'une aussi bien ailleurs.
Mais de la robe qui étoit tissue de haut en bas sans couture,
sur laquelle fut jeté le sort, pource qu'elle sembloit plus propre à émouvoir les simples à dévotion, il s'en est trouvé plusieurs ; car, à Argenteuil, près de Paris, il y en a une, et à
Trier une autre. Et si la bulle de Saint-Salvador en Espagne dit
vrai, les chrétiens, par leur zèle inconsidéré, ont fait pis que
ne firent les gendarmes incrédules. Car iceux n'osèrent la déchirer en pièces, mais pour l'épargner mirent le sort dessus, et
les chrétiens l'ont dépecée pour l'adorer. Mais encore, que répondront-ils au Turc qui se moque de leur folie, disant qu'elle
est entre ses mains ? Combien qu'il n'est jà métier de les faire
plaider contre le Turc ; il suffit qu'entre eux ils vident leur dé-

bat. Cependant nous serons excusés de ne croire ni à l'un ni à l'autre, de peur de favoriser à l'une des parties plus qu'à l'autre, sans connoissance de cause; car cela seroit contre toute raison. Qui plus est, s'ils veulent qu'on ajoute foi à leur dire, il est requis, en premier lieu, qu'ils s'accordent avecques les évangélistes. Or, est-il ainsi, que cette robe, sur laquelle le sort fut jeté, étoit un saye ou un hoqueton, que les Grecs appellent *choeton*, et les Latins *tunica*. Qu'on regarde si la robe d'Argenteuil, ou celle de Trier, ont telle forme; on trouvera que c'est comme une chasuble. Ainsi, encore qu'ils crevassent les yeux aux gens, si connoîtroit-on leur fausseté en tâtant des mains. Pour faire fin à cet article, je demanderois volontiers une petite question. Ce que les gendarmes ont divisé entre eux les vêtements de Jésus-Christ, comme l'Écriture témoigne, il est certain que c'étoit pour s'en servir à leur profit; qu'ils me sachent à dire, qui a été le chrétien qui les ait rachetés des gendarmes, tant le saye que les autres vêtements qui se montrent en d'autres lieux, comme à Rome en l'église Saint-Eustace, et ailleurs. Comment est-ce que les évangélistes ont oublié cela? car c'est une chose absurde, de dire que les gendarmes ont butiné ensemble les vêtements, sans ajouter qu'on les a rachetés de leurs mains, pour en faire des reliques. Davantage, comment est-ce que tous ceux qui ont écrit anciennement, ont été si ingrats de n'en sonner mot? Je leur donne terme à me répondre sur ces questions, quand les hommes n'auront plus sens ni entendement pour juger. Le meilleur est qu'avec la robe ils ont aussi bien voulu avoir les dés, dont le sort fut jeté par les gendarmes. L'un est à Trier, et deux autres à Saint-Salvador en Espagne. Or, en cela ils ont naïvement démontré leur ânerie; car les évangélistes disent que les gendarmes ont jeté le sort, qui se tiroit adonc d'un chapeau ou d'un bocal, comme quand on veut faire le roi de la fève, ou bien quand on joue à la blancque. Bref, on sait que c'est jeter aux lots. Cela se fait communément en partages. Ces bêtes ont imaginé que le sort étoit jeu de dés, lequel n'étoit pas adoncques en usage, au moins tel que nous l'avons de notre temps; car, au lieu de six et as, et autres points, ils avoient certaines marques, lesquelles ils nommoient par leurs noms : comme Vénus ou Chien. Qu'on aille maintenant baiser les reliques au crédit de si lourds menteurs.

Il est temps de traiter du suaire, auquel ils ont encore mieux montré tant leur impudence que leur sottise. Car outre le suaire de la Véronique, qui se montre à Rome en l'église de Saint-Pierre, et le couvre-chef que la Vierge Marie, comme ils disent, mit sur les parties honteuses de notre Seigneur, qui se montre à Saint-Jean de Latran, lequel aussi bien est derechef aux Augustins de Carcassonne ; item, le suaire qui fut mis sur sa tête au sépulcre, qui se montre là même ; il y a une demi-douzaine de villes, pour le moins, qui se vantent d'avoir le suaire de la sépulture tout entier ; comme Nice, celui qui a été transporté là de Chambéry ; item, Aix en Allemagne ; item, le Traict ; item, Besançon ; item, Cadoin en Limousin ; item, une ville de Lorraine, assise au port d'Aussois ; sans les pièces qui en sont dispersées d'un côté et d'autre ; comme à Saint-Salvador en Espagne, et aux Augustins d'Albi. Je laisse encore un suaire entier qui est à Rome en un monastère de femmes, pource que le pape a défendu de le montrer solennellement. Je vous prie, le monde n'a-t-il pas été bien enragé, de trotter cent ou six vingt lieues loin, avec gros frais et grande peine, pour voir un drapeau duquel il ne pouvoit nullement être assuré, mais plutôt étoit contraint d'en douter ? Car quiconque estime le suaire être en un certain lieu, il fait faussaires tous les autres qui se vantent de l'avoir ; comme pour exemple : celui qui croit que le drapeau de Chambéry soit le vrai suaire, cettuy-là condamne ceux de Besançon, d'Aix, de Cadoin, de Trier et de Rome, comme menteurs, et qui font méchamment idolâtrer le peuple en le séduisant et lui faisant accroire qu'un drapeau profane est le linceul où fut enveloppé son Rédempteur. Venons maintenant à l'Évangile ; car ce seroit peu de chose qu'ils se démentissent l'un l'autre, mais le Saint-Esprit leur contredisant à tous, les rend tous ensemble confondus, autant les uns que les autres. Pour le premier, c'est merveille que les évangélistes ne font nulle mention de cette Véronique, laquelle toucha la face de Jésus-Christ d'un couvre-chef, vu qu'ils parlent de toutes les femmes lesquelles l'accompagnèrent à la croix. C'étoit bien une chose notable et digne d'être mise en registre, que la face de Jésus-Christ eût été miraculeusement imprimée en un linceul. Au contraire, il semble avis que cela n'emporte pas beaucoup, de dire que certaines femmes ayant accompagné Jésus-Christ à la croix, sans qu'il leur soit advenu aucun miracle. Comment est-ce doncques que les évangélistes racontent des choses menues et de légère importance, se taisant des principales? Certes, si un tel miracle avoit été fait, comme on fait accroire, il nous faudroit accuser le Saint-Esprit d'oubliance ou d'indiscrétion, qu'il n'auroit su prudemment élire ce qui étoit le plus expédient de raconter. Cela est pour leur Véronique, afin qu'on connoisse combien c'est un mensonge évident, de ce qu'ils en veulent persuader. Quant est du suaire auquel le corps fut enveloppé, je leur fais une semblable demande : les évangélistes récitent diligemment les miracles qui furent faits à la mort de Jésus-Christ, et ne laissent rien de ce qui appartient à l'histoire; comment est-ce que cela leur est échappé, de ne sonner mot d'un miracle tant excellent, c'est que l'effigie du corps de notre Seigneur Jésus étoit demeurée au linceul auquel il fut enseveli? Cela valoit bien autant d'être dit comme plusieurs autres choses. Même l'évangéliste saint Jean déclare comment saint Pierre étant entré au sépulcre, vit les linges de la sépulture, l'un d'un côté, l'autre d'autre. Qu'il y eût aucune pourtraiture miraculeuse, il n'en parle point. Et n'est pas à présumer qu'il eût supprimé une telle œuvre de Dieu, s'il en eût été quelque chose. Il y a encore un autre doute à objecter; c'est que les évangélistes ne parlent point que nul des disciples, ni les femmes fidèles, aient transporté les linceux dont il est question, hors du sépulcre; mais plutôt ils donnent à connoître qu'ils les ont ont là laissés, combien qu'ils ne l'expriment pas. Or, le sépulcre étoit gardé des gendarmes, qui eurent depuis le linceul en leur puissance. Est-il à présumer qu'ils le baillassent à quelque fidèle pour en faire des reliques? vu que les Pharisiens les avoient corrompus pour se parjurer, disant que les disciples avoient dérobé le corps? Je laisse à les rédarguer de fausseté par la vue même des pourtraitures qu'ils en montrent; car il est facile à voir que ce sont peintures faites de main d'homme. Et ne me puis assez ébahir, premièrement comme ils ont été si lourdauds,

de ne point avoir meilleure astuce pour tromper ; et encore plus
comment le monde a été si niais de se laisser ainsi éblouir les
yeux, pour ne voir point une chose tant évidente. Qui plus est,
ils ont bien montré qu'ils avoient les peintres à commandement.
Car quand un suaire a été brûlé, il s'en est toujours trouvé un
nouveau le lendemain. On disoit bien que c'étoit celui-là même
qui avoit été auparavant, lequel s'étoit par miracle sauvé du feu ;
mais la peinture étoit si fraîche, que le mentir n'y valoit rien, s'il
y eut eu des yeux pour regarder. Il y a, pour faire fin, une raison
péremptoire, par laquelle ils sont du tout convaincus de leur
impudence. Partout où ils se disent avoir le saint suaire, ils montrent un grand linceul qui couvroit tout le corps avec la tête ; et
voit-on là l'effigie d'un corps tout d'un tenant. Or, l'évangéliste
saint Jean dit que Jésus-Christ fut enseveli à la façon des Juifs.
Et quelle étoit cette façon, non-seulement on le peut entendre
par la coutume que les Juifs observent encore aujourd'hui, mais
aussi par leurs livres, qui montrent assez l'usage ancien : c'est
d'envelopper à part le corps jusques aux épaules, puis envelopper la tête dedans un couvre-chef, le liant aux quatre coins.
Ce qu'aussi l'évangéliste exprime, quand il dit que saint Pierre
vit les linges d'un côté, où le corps avoit été enveloppé ; et
d'un autre côté le suaire qui avoit été posé sur la tête. Car telle
est la signification de ce mot de suaire, de le prendre pour un
mouchoir, ou couvre-chef, et non pas pour un grand linceul
qui serve à envelopper le corps. Pour conclure brièvement, il
faut que l'évangéliste saint Jean soit menteur, ou bien que tous
ceux qui se vantent d'avoir le saint suaire soient convaincus de
fausseté, et qu'on voie apertement qu'ils ont séduit le pauvre
peuple par une impudence trop extrême.

Ce ne seroit jamais fait, si je voulois poursuivre par le menu
toutes les moqueries dont ils usent. On montre à Rome, à Saint-
Jean de Latran, le roseau qui fut mis en la main de Jésus-Christ,
au lieu d'un sceptre, quand on le battoit par moquerie, en la
maison de Pilate. Là même, en l'église Sainte-Croix, on montre
l'éponge avec laquelle on lui mit en la bouche le fiel et la myr-
rhe. Je vous prie, où est qu'on les a recouvrés ? C'étoient les
infidèles qui les avoient entre les mains. Les ont-ils délivrés aux

apôtres, pour en faire des reliques? Les ont-ils eux-mêmes en-
serrés, pour les conserver au temps à venir? Quel sacrilége est-
ce, d'abuser ainsi du nom de Jésus-Christ, pour couvrir des fables tant froidement forgées? Autant en est-il des deniers que
Judas reçut pour avoir trahi notre Seigneur. Il est dit en l'Évangile qu'il les rendit en la synagogue des Pharisiens, et puis, on en
acheta un champ pour ensevelir les étrangers. Qui est-ce qui a
retiré ces deniers-là de la main du marchand? Si on dit que ç'ont
été les disciples, cela est par trop ridicule : il faut chercher une
meilleure couleur. Si on dit que cela s'est fait longtemps après,
encore y a-t-il moins d'apparence, vu que l'argent pouvoit être
passé par beaucoup de mains. Il faudroit donc montrer, ou que
le marchand qui vendit sa possession aux Pharisiens pour en
faire un cimetière, l'eût fait pour acheter les deniers, afin d'en
faire des reliques ; ou bien qu'il les a revendus aux fidèles. Or,
de cela, il n'en fut jamais nouvelle en l'Église ancienne. C'est
une semblable fourbe des degrés du prétoire de Pilate qui sont
à Saint-Jean de Latran, à Rome, avec des trous, où ils disent
que des gouttes de sang tombèrent du corps de notre Seigneur
Jésus-Christ. Item, là même, en l'église Saint-Praxède, la colonne
à laquelle il fut attaché quand on le fouetta ; et en l'église Sainte-
Croix, trois autres, à l'entour desquelles il fut pourmené allant à la mort. De toutes ces colonnes, je ne sais où ils les ont
songées. Tant y a qu'ils les ont imaginées à leur propre fantaisie. Car en toute l'histoire de l'Évangile, nous n'en lisons rien.
Il est bien dit que Jésus-Christ fut flagellé ; mais qu'il fût attaché à un pilier, cela est de leur glose. On voit donc qu'ils n'ont
tâché à autre chose, sinon d'amasser comme une mer de mensonges. En quoi ils se sont donné une telle licence, qu'ils n'ont point
eu honte de feindre une relique de la queue de l'âne sur lequel
notre Seigneur fut porté. Car ils la montrent à Gênes. Mais il ne
nous faut étonner non plus de leur impudence, que de la sottise et
stupidité du monde, qui a reçu avec dévotion une telle moquerie.

    Quelqu'un pourroit ici objecter qu'il n'est pas vraisemblable
qu'on montre tous les reliquaires que nous avons déjà nommés
si authentiquement, qu'on ne puisse quand et quand alléguer
d'où ils viennent, et de quelle main on les a eus. A cela je pour-

rois répondre en un mot, qu'en mensonges tant évidents, il n'est
pas possible de prétendre aucune vérisimilitude. Car quelque
chose qu'ils s'arment du nom de Constantin, ou du roi Louis, ou
de quelque pape ; tout cela ne fait rien pour approuver que Jésus-Christ ait été crucifié avec quatorze clous, ou qu'on eût employé une haie tout entière à lui faire sa couronne d'épines ; ou
qu'un fer de lance en ait enfanté, depuis, trois autres ; ou que
son saye se soit multiplié en trois, et ait changé de façon pour
devenir une chasuble ; ou que d'un suaire seul il en soit sorti
une couvée, comme de poussins d'une poule ; et que Jésus-
Christ ait été enseveli tout autrement que l'Évangile ne porte.
Si je montrois une masse de plomb, et que je disse : ce billon
d'or m'a été donné par un tel prince ; on m'estimeroit un fol insensé, et pour mon dire, le plomb ne changeroit pas sa couleur
ni sa nature, pour être transmué en or. Ainsi, quand on nous
dit : « Voilà que Godefroy de Bouillon a envoyé par deçà, après
avoir conquis le pays de Judée », et que la raison nous montre
que ce n'est que mensonge, nous faut-il laisser abuser de paroles pour ne point regarder ce que nous voyons à l'œil ? Mais encore, afin qu'on sache combien il est sûr de se fier à tout ce
qu'ils disent pour l'approbation de leurs reliques, il est à noter
que les principales reliques, et les plus authentiques qui soient à
Rome, y ont été apportées, comme ils disent, par Tite et Vespasien. Or, c'est une bourde aussi chaude, comme si on disoit
que le Turc fût allé en Jérusalem pour quérir la vraie croix, afin
de la mettre à Constantinople. Vespasien, avant qu'il fût empereur, conquêta et détruisit une partie de Judée : depuis, lui étant
venu à l'empire, son fils Tite, lequel il avoit là laissé pour son
lieutenant, prit la ville de Jérusalem. Or, c'étoient païens,
auxquels il chaloit autant de Jésus-Christ que de celui qui n'a-
voit jamais été. Ainsi on peut juger s'ils n'ont pas osé mentir
aussi franchement, en alléguant Godefroy de Bouillon ou saint
Louis, comme quand ils ont allégué Vespasien. Davantage, qu'on
pense quel jugement a eu tant le roi qu'on appelle saint Louis,
que ses semblables. Il y avoit bien une dévotion et zèle tel quel
d'augmenter la chrétienté ; mais si on leur eût montré des crottes
de chèvres, et qu'on leur eût dit : voici des patenôtres de Notre-

Dame, ils les eussent adorées sans contredit, ou les eussent apportées en leurs navires par deçà, pour les colloquer honorable-
ment en quelque lieu. Et de fait, ils ont consumé leurs corps et
leurs biens, et une bonne partie de la substance de leur pays,
pour rapporter un tas de menues folies dont on les avoit emba-
bouinés, pensant que ce fussent joyaux les plus précieux du
monde. Pour donner encore plus amplement à connoître ce qui
en est, il est à noter qu'en toute la Grèce, l'Asie-Mineure et la
Mauritanie, que nous appelons aujourd'hui en vulgaire le pays
des Indes, on montre avec grande assurance toutes ces anti-
quailles, que les pauvres idolâtres pensent avoir à l'entour de
nous. Qu'est-il de juger entre les uns et les autres? Nous dirons
qu'on a apporté les reliques de ces pays-là. Les chrétiens qui y
habitent encore afferment qu'ils les ont, et se moquent de notre folle vanterie. Comment pourroit-on décider ces procès, sans
une inquisition, laquelle ne se peut faire, et ne se fera jamais?
Par quoi, le remède unique est de laisser la chose comme elle
est, sans se soucier ni d'une part ni d'autre.

Les dernières reliques qui appartiennent à Jésus-Christ, sont
celles qu'on a eues depuis sa résurrection : comme un morceau
du poisson rôti que lui présenta saint Pierre, quand il s'apparut
à lui sur les bords de la mer. Il faut dire qu'il a été bien épicé,
ou qu'on y ait fait un merveilleux saupiquet, qu'il s'est pu garder si longtemps. Mais, sans risée, est-il à présumer que les apôtres aient fait une relique du poisson qu'ils avoient apprêté pour
leur dîner? Quiconque ne verra que cela est une moquerie
aperte de Dieu, je le laisse comme une bête qui n'est pas digne
qu'on lui remontre plus avant.

Il y a aussi le sang miraculeux qui est sailli de plusieurs hos-
ties; comme à Paris, en l'église de Saint-Jean en Grève, à Saint-
Jean d'Angely, à Dijon, et ailleurs en tout plein de lieux. Et afin
de faire le monceau plus gros, ils ont ajouté le saint canivet dont
l'hostie de Paris fut piquée par un Juif; lequel les pauvres fols
Parisiens ont en plus grande révérence que l'hostie même; dont
notre maître de Quercu ne se contentoit point, et leur reprochoit
qu'ils étoient pires que Juifs; d'autant qu'ils adoroient le couteau qui avoit été instrument pour violer le précieux corps de

Jésus-Christ. Ce que j'allègue, pource qu'on en peut autant dire de la lance, des clous et des épines ; c'est que tous ceux qui les adorent, selon la sentence de notre maître de Quercu, sont plus méchants que les Juifs qui ont crucifié notre Seigneur.

Semblablement, on montre la forme de ses pieds où il a marché quand il s'est apparu à quelques-uns depuis son ascension : comme il y en a un à Rome, en l'église Saint-Laurent, au lieu où il rencontra saint Pierre, quand il lui prédit qu'il devoit souffrir à Rome ; un autre à Poitiers, à Sainte-Radegonde ; un autre à Soissons ; un autre à Arles. Je ne discute point si Jésus-Christ a pu imprimer sur une pierre la forme de son pied ; mais je dispute seulement du fait, et dis, puisqu'il n'y a nulle probation légitime, qu'il faut tenir tout cela pour fable. Mais la relique la plus fériale de cette espèce, est la forme de ses fesses qui est à Rheims en Champagne, sur une pierre, derrière le grand autel ; et disent que cela fut fait du temps que notre Seigneur étoit devenu maçon pour bâtir le portail de leur église. Ce blasphème est si exécrable que j'ai honte d'en plus parler.

Passons donc outre, et voyons ce qui se dit de ses images ; non point de celles qui se font communément par peintres, ou tailleurs, ou menuisiers, car le nombre en est infini ; mais de celles qui ont quelque dignité spéciale pour être tenues en quelque singularité comme reliques. Or, il y en a de deux sortes : les unes ont été faites miraculeusement, comme celle qui se montre à Rome en l'église Sainte-Marie, qu'on appelle *in Porticu* ; item, une autre à Saint-Jean de Latran ; item, une autre, en laquelle est pourtraite son effigie en l'âge de douze ans ; item, celle de Lucques, qu'on dit avoir été faite par les anges, et laquelle on appelle *Vultus sanctus*. Ce sont fables si frivoles, qu'il me semble advis que ce seroit peine perdue, et même que je serois ridicule et inepte, si je m'amusois à les réfuter. Par quoi il suffit de les avoir notées en passant ; car on sait bien que ce n'est pas le métier des anges d'êtres peintres, et que notre Seigneur Jésus veut être connu autrement de nous et se réduire en notre souvenance, que par images charnelles. Eusèbe récite bien en l'histoire ecclésiastique, qu'il envoya au roi Abagarus son visage pourtrait au vif ; mais cela doit être aussi certain qu'un des com-

ments des *Chroniques de Mélusine*. Toutefois, encore qu'ainsi
fût, comment est-ce qu'ils l'ont eu du roi Abagarus? car ils se
vantent à Rome de l'avoir. Or, Eusèbe ne dit pas qu'elle fût demeurée en être jusques à son temps, mais il en parle par ouï-
dire, comme d'une chose lointaine. Il est bien à présumer que
six ou sept cents ans après, elle soit ressuscitée et soit venue
depuis Perse jusques à Rome. Ils ont aussi bien forgé les
images de la croix, comme du corps ; car ils se vantent à Bresse
d'avoir la croix qui apparut à Constantin : de quoi je n'ai que
faire d'en débattre à l'encontre d'eux ; mais je les renvoie à
ceux de Courtonne, qui maintiennent fort et ferme qu'elle
est par devers eux. Qu'ils en plaident donc ensemble. Lors,
que la partie qui aura gagné son procès, vienne, et on lui
répondra. Combien que la réponse soit facile, pour les convaincre de leur folie ; car ce qu'aucuns écrivains ont dit, qu'il
apparut une croix à Constantin, n'est pas à entendre d'une croix
matérielle, mais d'une figure qui lui étoit montrée au ciel en
vision. Encore donc que cela fût vrai, on voit bien qu'ils ont
trop lourdement erré par faute d'intelligence, et ainsi ont bâti
leurs abus sans fondement.

Quant est de la seconde espèce des images, qu'on tient en
reliques pour quelques miracles qu'elles ont faits ; en ce nombre
sont compris les crucifix auxquels la barbe croît, comme celui
de Saint-Salvador et celui d'Aurenge. Si je m'arrête à remontrer
quelle folie, ou plutôt quelle bêtise c'est de croire cela, on se
moquera de moi ; car la chose de soi-même est tant absurde,
qu'il n'est jà métier que je mette peine à la réfuter. Toutefois,
le pauvre monde est si stupide, que la plupart tient cela aussi
certain que l'Évangile : je mets semblablement en ce rang les crucifix qui ont parlé, dont la multitude est grande. Mais contentons-nous d'un pour exemple, à savoir, de celui de Saint-Denis
en France : il parla (ce disent-ils) pour rendre témoignage que
l'Église étoit dédiée. Je laisse à penser si la chose le valoit bien ;
mais encore je leur demande comment est-ce que le crucifix
pouvoit être adonc en l'église, vu que quand on les veut dédier,
on en retire toutes les images ? Comment est-ce donc qu'il s'étoit
dérobé pour n'être point transporté avec les autres ? Il faut dire

qu'ils ont pensé tromper le monde fort à leur aise, vu qu'ils ne se sont souciés de se contredire apertement, mais qu'il leur a suffi de mentir à gueule déployée, ne se donnant point garde des répliques qu'on leur pouvoit faire.

Il y a finalement les larmes, dont l'une est à Vendôme, une à Trier, une à Saint-Maximin, une à Saint-Pierre le Pueillier, d'Orléans; sans celles que je ne sais point. Les unes, comme ils disent, sont naturelles, comme celle de Saint-Maximin, laquelle, selon leurs chroniques, tomba à notre Seigneur en lavant les pieds à ses apôtres; les autres sont miraculeuses. Comme s'il étoit à croire que les crucifix de bois fussent si dépits que de pleurer. Mais il leur faut pardonner cette faute, car ils ont eu honte que leurs marmousets n'en fissent autant que ceux des païens. Or, les païens ont feint que leurs idoles pleuroient quelquefois: ainsi nous pouvons bien mettre l'un avec l'autre.

Quant à la vierge Marie, pource qu'ils tiennent que son corps n'est plus en terre, le moyen leur en est ôté de se vanter d'en avoir les os; autrement, je pense qu'ils eussent fait accroire au monde qu'elle avoit un corps pour remplir un grand charnier. Au reste, ils se sont vengés sur ses cheveux et sur son lait, pour avoir quelque chose de son corps. De ses cheveux, il y en a à Rome, à Sainte-Marie sur Minerve, à Saint-Salvador en Espagne, à Mâcon, à Cluny, à Noërs, à Saint-Flour, à Saint-Jaquerie, et en autres plusieurs lieux. Du lait, il n'est jà métier de nombrer les lieux où il y en a; et aussi ce ne seroit jamais fait; car il n'y a si petite villette ni si méchant convent, soit de moines, soit de nonnains, où l'on n'en montre; les uns plus, les autres moins. Non pas qu'ils aient été honteux de se vanter d'en avoir pleines potées, mais pource qu'il leur sembloit avis que leur mensonge seroit plus couvert s'ils n'en avoient que ce qui se pourroit tenir dedans quelque montre de verre ou de cristallin, afin qu'on n'en fît pas d'examen plus près. Tant y a, que si la sainte Vierge eût été une vache, et qu'elle eût été une nourrice toute sa vie, à grand'peine en eût-elle pu rendre telle quantité. D'autre part, je demanderois volontiers comment ce lait, qu'on montre aujourd'hui partout, s'est recueilli pour le réserver en notre temps; car nous ne lisons pas que jamais aucun ait eu cette curiosité.

Il est bien dit que les pasteurs ont adoré Jésus-Christ, que les sages lui ont offert leurs présents; mais il n'est point dit qu'ils aient rapporté du lait pour récompense. Saint Luc récite bien ce que Siméon prédit à la Vierge, mais il ne dit pas qu'il lui demanda de son lait. Quand on ne regardera que ce point, il ne faut jà arguer davantage, pour montrer combien cette folie est contre toute raison et sans couverture aucune. Et c'est merveilles, puisqu'ils ne pouvoient avoir autre chose du corps, qu'ils ne se sont avisés de rogner de ses ongles et de choses semblables; mais il faut dire que tout ne leur est pas venu en mémoire.

Le reste qu'ils ont des reliques de Notre-Dame est de son bagage. Premièrement, il y en a une chemise à Chartres, de laquelle on fait une idole assez renommée; et à Aix en Allemagne, une autre. Je laisse là comment c'est qu'ils les ont pu avoir; car, c'est chose certaine que les apôtres et les vrais chrétiens de leur temps n'ont pas été si badins que de s'amuser à telles manigances. Mais qu'on regarde seulement la forme, et je quitte le jeu, si on n'aperçoit à l'œil leur impudence. Quand on fait la montre, à Aix en Allemagne, de la chemise que nous avons dit être là, on montre, au bout d'une perche, comme une longue aube de prêtre. Or, quand la vierge Marie auroit été une géante, à grand' peine eût-elle porté une si grande chemise. Et pour lui donner meilleur lustre, on porte quand et quand les chaussettes de saint Joseph, qui seroient pour un petit enfant ou un nain. Le proverbe dit: qu'un menteur doit avoir bonne mémoire, de peur de se couper par oubli. Ils ont mal gardé cette règle, quand ils n'ont pensé de faire meilleure proportion entre les chausses du mari et la chemise de la femme. Qu'on aille maintenant baiser bien dévotement ces reliques, lesquelles n'ont autre apparence de vérité. De ses couvre-chefs, je n'en sais que deux: à Trier un, en l'abbaye Saint-Maximin; à Lisio, en Italie, un autre. Mais je voudrois qu'on avisât de quelle toile ils sont, et si on les portoit de telle façon en ce temps-là au pays de Judée; je voudrois aussi qu'on fît comparaison de l'un à l'autre, pour voir comment ils s'entre-semblent. A Boulogne, ils en ont un fronteau: quelqu'un me demandera si je pense que ce fronteau soit une chose controuvée. Je réponds que j'en estime autant que de sa ceinture

qui est à Prat, et de celle cui est à Notre-Dame de Montferrat ;
item, de sa pantoufle qui est à Sainte-Jaquerie, et un de
ses souliers, qui est à Saint-Flour. Quand il n'y auroit autre
chose, tout homme de moyenne prudence sait bien que ce n'a
pas été la façon des fidèles, de ramasser ainsi chausses et
souliers pour faire des reliques, et que jamais il n'en fut fait
mention de plus de cinq certs ans après la mort de la vierge Marie.
Qu'en faut-il donc plus arguer, comme si la chose étoit douteuse ? Même ils ont voulu faire accroire à la sainte Vierge qu'elle
étoit fort curieuse à se parer et testonner, car ils montrent deux
de ses peignes : l'un à Rome, en l'église de Saint-Martin, et
l'autre à Saint-Jean le Grand, de Besançon, sans ceux qui se
pourroient montrer ailleurs. Si cela n'est se moquer de la sainte
Vierge, je n'entends point que c'est de moquerie. Ils n'ont
point aussi oublié l'anneau de ses épousailles, car ils l'ont à
Péruse. Pource que maintenant la coutume est que le mari
donne un anneau à sa femme en l'épousant, ils ont imaginé qu'il
se faisoit ainsi adonc ; et, sans en faire plus longue inquisition,
ils ont député un anneau à cet usage, beau et riche, ne considérant point la pauvreté en laquelle a vécu la sainte Vierge.
De ses robes, ils en ont à Rome, à Saint-Jean de Latran ; item,
en l'église Sainte-Barbe ; item, à Sainte-Marie sur Minerve ;
item, en l'église Saint-Blaise, et à Saint-Salvador en Espagne :
pour le moins ils se disent en avoir des pièces. J'ai bien encore
ouï nommer d'autres lieux, mais il ne m'en souvient. Pour
montrer la fausseté en cet endroit, il ne faudroit que regarder
la matière ; car il leur a semblé avis qu'il leur étoit aussi facile
d'attribuer à la vierge Marie des vêtements à leur poste, que de
vêtir les images ainsi qu'ils les vêtent.

Il nous reste à parler des images, non point des communes,
mais de celles qui sont en recommandation par-dessus les autres,
pour quelque singularité. Or, ils font accroire à saint Luc, qu'il
en peignit quatre à Rome, au lieu où est maintenant l'église
de Sainte-Marie qu'ils appellent *Inviolata*. L'une se montre là
en un oratoire, laquelle il fit (comme ils disent) à sa dévotion,
avec l'anneau duquel saint Joseph l'avoit épousée. Il s'en montre
à Rome même une autre à Sainte-Marie la Neuve, laquelle ils

disent avoir été faite ainsi par saint Luc en Troiade, et que depuis elle leur a été apportée par un ange ; item, une autre à Sainte-Marie Ara Cœli, en telle forme qu'elle étoit auprès de la croix. Mais à Saint-Augustin, ils se vantent d'avoir la principale ; car c'est celle, si on les en croit, que saint Luc portoit toujours avec soi, jusqu'à la faire entrer en son sépulcre. Je vous prie, quel blasphème de faire d'un saint évangéliste un idolâtre parfait ! Et même quelle couleur ont-ils pour persuader que saint Luc ait été peintre ? Saint Paul le nomme bien médecin, mais du métier de peintre, je ne sais où ils l'ont songé. Et quand ainsi seroit qu'il s'en fût mêlé, il est autant à présumer qu'il eût voulu peindre la vierge Marie, comme un Jupiter, ou une Vénus, ou quelque autre idole : ce n'étoit pas la façon des chrétiens d'avoir des images ; et n'a été longtemps après, jusqu'à ce que l'Église a été corrompue de superstitions. D'autre part, tous les anglets du monde sont pleins des images de la vierge Marie, qu'on dit qu'il a faites ; comme à Cambrai, et deçà et delà. Mais en quelle forme ? il y a autant d'honnêteté comme qui voudroit pourtraire une femme dissolue. Voilà comment Dieu les a aveuglés, qu'ils n'ont eu considération non plus que bêtes brutes. Combien que je ne m'étonne pas trop de ce qu'ils ont imputé à saint Luc d'avoir fait des images de la Vierge, vu qu'ils ont bien osé imposer le semblable au prophète Jérémie ; témoin le Puy en Auvergne. Il seroit temps, ce crois-je, que le pauvre monde ouvrît les yeux une fois, pour voir ce qui est tant manifeste. Je laisse à parler de saint Joseph, dont les uns en ont des pantoufles, comme en l'abbaye Saint-Simon, de Trier ; les autres ses chausses, comme nous avons déjà dit ; les autres ses ossements. Il me suffit de l'exemple que j'ai allégué pour découvrir la sottise qui y est.

Je mettrai ici saint Michel, afin qu'il fasse compagnie à la vierge Marie. On pensera que je me gaudisse en récitant les reliques d'un ange, car les joueurs de farces même s'en sont moqués. Mais les cafards n'ont pas laissé pourtant d'abuser tout à bon escient le pauvre peuple ; car à Carcassonne, ils se vantent d'en avoir des reliques, et pareillement à Saint-Julien de Tours. Au grand Saint-Michel, qui est si bien fréquenté de pè-

lerins, on montre son braquemart, qui est comme un poignard
à usage de petit enfant ; et son bouclier de même, qui est comme
la bossette d'un mors de cheval : il n'y a homme ni femme si
simple, qui ne puisse juger quelle moquerie c'est. Mais pource
que tels mensonges sont couverts sous ombre de dévotion, il
semble avis que ce n'est point mal fait de se moquer de Dieu
et de ses anges. Ils répliqueront que l'Écriture témoigne que
saint Michel a combattu contre le diable. Mais s'il falloit vaincre
le diable à l'épée, il la faudroit plus forte et de meilleure pointe,
et de meilleur tranchant que n'est pas celle-là. Sont-ils si bêtes
d'imaginer que ce soit une guerre charnelle, qu'ont tant les
anges que les fidèles à l'encontre des diables, laquelle se dé-
mène par glaive matériel ? Mais c'est ce que j'ai dit du commencement : que le monde méritoit bien d'être séduit en telle bêtise,
d'autant qu'il étoit si pervers de convoiter des idoles et marmousets pour adorer, au lieu de servir au Dieu vivant.

Pour tenir ordre, il nous faut maintenant traiter de saint Jean-
Baptiste, lequel, selon l'histoire évangélique, c'est-à-dire la vérité de Dieu, après avoir été décollé, fut enterré par ses disciples.
Théodorite, chroniqueur ancien de l'Église, raconte que son
sépulcre étant en Sébaste, ville Syrie, fut ouvert par les païens
quelque temps après, et que ses os furent brûlés par iceux, et
la cendre éparse en l'air. Combien qu'Eusèbe ajoute, que quelques hommes de Jérusalem survinrent là et en prirent en cachette quelque peu qui fut porté en Antioche, et là enterré
par Athanase en une muraille. Touchant de la tête, Sozome-
nus, un autre chroniqueur, dit qu'elle fut emportée par l'empereur Théodose auprès de la ville de Constantinople. Par quoi,
selon les histoires anciennes, tout le corps fut brûlé, excepté
la tête ; et tous les os et les cendres perdus, excepté quelque
petite portion que prirent les ermites de Jérusalem à la dérobée.
Voyons maintenant ce qu'il s'en trouve. Ceux d'Amiens se glorifient d'avoir le visage ; et en la masque qu'ils montrent, il y
a la marque d'un coup de couteau sur l'œil, qu'ils disent qu'Hérodias lui donna ; mais ceux de Saint-Jean d'Angeli y contredisent, et montrent la même partie. Quant au reste de la tête,
le dessus, depuis le front jusques au derrière, étoit à Rhodes,

et est maintenant à Malte, comme je pense ; au moins les commandeurs ont fait accroire que le Turc leur avoit rendu. Le derrière est à Saint-Jean de Nemours ; sa cervelle est à Nogent-le-Rotrou. Nonobstant cela, ceux de Saint-Jean de Maurienne ne laissent point d'avoir une partie de la tête. Sa mâchoire ne laisse point à être à Besançon, à Saint-Jean le Grand : il y en a une autre partie à Saint-Jean de Latran, à Paris ; et à Saint-Flour en Auvergne, un bout de l'oreille ; à Saint-Salvador en Espagne, le front et des cheveux ; il y en a aussi bien quelque lopin à Noyon, qui s'y montre fort authentiquement ; il y en a semblablement une partie à Lucques, je ne sais de quel endroit. Tout cela est-il fait ? Qu'on aille à Rome et au monastère de Saint-Sylvestre, et on orra dire, voici la tête de saint Jean-Baptiste. Les poëtes feignent qu'il y avoit autrefois un roi en Espagne, nommé Gérion, lequel avoit trois têtes : si nos forgeurs de reliques en pouvoient autant dire de saint Jean-Baptiste, cela leur viendroit bien à point pour leur aider à mentir. Mais puisque cette fable n'a point lieu, comment s'excuseront-ils ? Je ne les veux point presser de si près que de leur demander comment la tête s'est ainsi déchiquetée pour être départie en tant de lieux, et si divers, ni comment c'est qu'ils l'ont eue de Constantinople : seulement, je dis qu'il faudroit que saint Jean eût été un monstre, ou que ce sont abuseurs effrontés de montrer tant de pièces de sa tête.

Qui plus est, ceux de Sène se vantent d'en avoir le bras : ce qui est répugnant, comme nous avons dit, à toutes les histoires anciennes. Et néanmoins, cet abus non-seulement est souffert, mais aussi approuvé : comme rien ne se trouve mauvais au royaume de l'antechrist, moyennant qu'il entretienne le peuple en superstition. Or, ils ont controuvé une autre fable : c'est que, quand le corps fut brûlé, que le doigt dont il avoit montré notre Seigneur Jésus-Christ demeura entier, sans être violé. Cela non-seulement n'est pas conforme aux histoires anciennes, mais même il se peut aisément rédarguer par icelles ; car Eusèbe et Théodorite, nommément, disent que le corps étoit déjà réduit en os quand les païens le ravirent. Et n'eussent eu garde d'oublier un tel miracle, s'il en eût été quelque chose : car ils ne sont autrement que trop curieux à en raconter, même de frivoles.

Toutefois, encore qu'ainsi fût, oyons un petit où est ce doigt. A Besançon, en l'église St-Jean le Grand, il y en a un ; à Toulouse, un autre; à Lyon, un autre ; à Bourges, un autre ; à Florence, un autre ; à St-Jean des Aventures, près Mâcon, un autre. Je ne dis mot là-dessus, sinon que je prie les lecteurs de ne se point endurcir à l'encontre d'un avertissement si clair et si certain, et ne point fermer les yeux à une telle clarté, pour toujours se laisser séduire comme en ténèbres. Si c'étoient joueurs de passe-passe qui nous éblouissent les yeux, tellement qu'il nous semblât avis qu'il y en eût six, encore aurions-nous cet avis de craindre d'être abusés. Or, ici il n'y a nulle subtilité; il est seulement question si nous voulons croire que le doigt de saint Jean soit à Florence, et qu'il soit autre part en cinq lieux : autant de Lyon et de Bourges, et des autres. Ou, pour le dire plus bref, si nous voulons croire que six doigts ne soient qu'un, et qu'un seul soit six. Je ne parle sinon de ce qui est venu à ma notice. Je ne doute pas que si on enquéroit plus diligemment, qu'il ne s'en trouvât encore une demi-douzaine ailleurs. Et de la tête, qu'il ne s'en trouvât encore des pièces qui monteroient bien la grosseur d'une tête de bœuf, voire outre ce que j'en ai dit. Or de peur de ne rien laisser derrière, ils ont aussi bien fait semblant d'avoir les cendres : dont il y en a une partie à Gênes, l'autre partie à Rome, en l'église Saint-Jean de Latran. Or avons-nous vu que la plupart avait été jetée en l'air; toutefois, ils ne laissent point d'en avoir, comme ils disent, une bonne portion, et principalement à Gênes.

Restent maintenant, après le corps, les autres appartenances : comme un soulier, qui est aux Chartreux de Paris; lequel fut dérobé il y a environ douze ou treize ans. Mais incontinent il s'en retrouva un autre de nouveau. Et de fait, tant que l'enge des cordonniers soit faillie, jamais ils n'auront faute de telles reliques. A Rome, à Saint-Jean de Latran, ils se vantent d'avoir sa haire, de laquelle il n'est fait nulle mention en l'Évangile : sinon pource qu'il est là parlé qu'il étoit vêtu de poil de chameau, ils veulent convertir une robe en haire. Là même, ils disent qu'ils ont l'autel sur lequel il prioit au désert; comme si, de ce temps-là, on eût fait des autels à tout propos et en chacun lieu. C'est merveille qu'ils ne lui font accroire qu'il ait chanté messe. En Avi-

gnon, est l'épée de laquelle il fut décollé ; et à Aix en Allemagne, le linceul, lequel fut étendu sous lui. Je voudrois bien savoir
comment le bourreau étoit si gracieux, que de lui tapisser le pavé
de la prison quand il le vouloit faire mourir. N'est-ce pas une
sotte chose de controuver cela? Mais encore, comment l'un et
l'autre sont-ils venus entre leurs mains? Pensez-vous qu'il est
bien vraisemblable que celui qui le mit à mort, fût-il un gendarme ou un bourreau, donnât le linceul et son épée pour en
faire une relique? Puisqu'ils vouloient faire une telle garniture
de toutes pièces, ils ont failli de laisser le couteau d'Hérodias,
dont elle frappa l'œil : tout le sang qui fut répandu, et même son
sépulcre. Mais je pourrois bien aussi errer; car je ne sais pas si
toutes ces bagues sont autre part.

C'est maintenant aux apôtres d'avoir leur tour. Mais pource
que la multitude pourroit engendrer confusion, si je les mettois
tous ensemble, nous prendrons saint Pierre et saint Paul à part,
puis nous parlerons des autres. Leurs corps sont à Rome : la
moitié en l'église de Saint-Pierre, et l'autre moitié à Saint-Paul.
Et disent que saint Sylvestre les pesa, pour les distribuer ainsi
en égales portions. Les deux têtes sont aussi à Rome, à Saint-
Jean de Latran. Combien qu'en la même église il y a une dent
de saint Pierre à part. Après tout cela, on ne laisse point d'en
avoir des os partout: comme à Poitiers, on a la mâchoire avec la
barbe; à Trier, plusieurs os de l'un et de l'autre; à Argenton en
Berry, une épaule de saint Paul. Et quand seroit-ce fait? car partout où il y a église qui porte leurs noms, il y en a des reliques.
Si on demande quelles, qu'on se souvienne de la cervelle de saint
Pierre, dont j'ai parlé, qui étoit au grand autel de cette ville.
Tout ainsi qu'on trouva que c'étoit une pierre de ponce, ainsi
trouveroit-on beaucoup d'os de chevaux ou de chiens, qu'on attribue à ces deux apôtres.

Avec les corps, il y a suite. A Saint-Salvador en Espagne, ils
en ont une pantoufle : de la forme et de la matière, je n'en puis
répondre; mais est bien à présumer que c'est une semblable
marchandise que celle qu'ils ont à Poitiers, lesquelles sont d'un
satin broché d'or. Voilà comment on le fait brave après sa mort,
pour le récompenser de la pauvreté qu'il a eue sa vie durant.

Pource que les évêques de maintenant sont ainsi mignons quand ils se mettent en leur pontificat, il leur semble avis que ce seroit déroger à la dignité des apôtres, si on ne leur en faisoit autant. Or, les peintres peuvent bien contrefaire des marmousets à leur plaisir, les dorant et ornant depuis la tête jusqu'aux pieds, puis après leur imposer le nom de saint Pierre ou de saint Paul. Mais on sait quel a été leur état pendant qu'ils ont vécu en ce monde, et qu'ils n'ont eu autres accoutrements que de pauvres gens. Il y a aussi bien à Rome la chaire épiscopale de saint Pierre, avec sa chasuble. Comme si de ce temps-là les évêques eussent eu des trônes pour s'asseoir. Mais leur office étoit d'enseigner, de consoler, d'exhorter en public et en particulier, et montrer exemple de vraie humilité à leur troupeau : non point de faire des idoles, comme font ceux de maintenant. Quant est de sa chasuble, la façon n'étoit point encore venue de se déguiser : car on ne jouoit point des farces en l'église comme on fait à présent. Ainsi, pour prouver que saint Pierre eut une chasuble, il faudroit premièrement montrer qu'il auroit fait du bateleur, comme font nos prêtres de maintenant, en voulant servir à Dieu. Il est bien vrai qu'ils lui pouvoient bien donner une chasuble, quand ils lui ont assigné un autel ; mais autant a de couleur l'un comme l'autre. On sait quelles messes on chantoit alors. Les apôtres ont célébré de leur temps, simplement, la Cène de notre Seigneur, à laquelle il n'est point métier d'avoir un autel. De la messe, on ne savoit encore quelle bête c'étoit, et ne l'a-t-on pas su long-temps après. On voit bien donc que quand ils ont inventé leurs reliques, ils ne se doutoient point de jamais avoir contredisants, vu qu'ils ont ainsi osé impudemment mentir à bride avalée. Combien que de cet autel ils ne conviennent point entre eux ; car ceux de Rome afferment qu'ils l'ont, et ceux de Pise le montrent aussi bien aux faubourgs tirant vers la mer. Pour faire leur profit de tout, ils n'ont point oublié le couteau duquel Malchus eut l'oreille coupée ; comme si c'étoit un joyau digne de mettre en relique. J'avois oublié sa crosse, laquelle se montre à St-Étienne des Grés, à Paris, de laquelle il faut estimer autant que de l'autel, ou de la chasuble, car c'est une même raison.

Il y a un petit plus d'apparence à son bourdon ; car il est bien à présumer qu'il pouvoit être armé de tel bâton, allant par les champs. Mais ils gâtent tout, de ne se pouvoir accorder; car ceux de Cologne se font forts de l'avoir, et ceux de Trier semblablement. Ainsi, en démentant l'un l'autre, ils donnent bien occasion qu'on n'ajoute nulle foi à tous deux. Je laisse de parler de la chaîne de saint Paul, dont il fut lié; laquelle se montre à Rome, en son église. Item, du pilier sur lequel saint Pierre fut martyrisé, lequel est à Saint-Anastase. Je laisse seulement à penser aux lecteurs d'où c'est que cette chaîne a été prise pour en faire une relique. Item, à savoir si en ce temps-là on exécutoit les hommes sur des piliers.

Nous traiterons en commun de tous les autres apôtres, pour avoir plus tôt fait. Et premièrement, nous raconterons où il y en a des corps entiers, afin qu'en faisant conférence de l'un à l'autre, on juge quel arrêt on peut prendre sur leur dire. Chacun sait que la ville de Toulouse en pense avoir six; à savoir : saint Jacques le Majeur, saint André, saint Jacques le Mineur, saint Philippe, saint Simon et saint Jude. A Padoue est le corps saint Mathias; à Salerne, le corps saint Mathieu; à Orconne, celui de saint Thomas; au royaume de Naples, celui de saint Barthélemy. Avisons maintenant lesquels ont deux corps ou trois. Saint André a un second corps à Melphe; saint Philippe et saint Jacques le Mineur, chacun aussi un autre à Rome, ad Sanctos Apostolos; saint Simon et saint Jude, aussi bien à Rome, en l'église Saint-Pierre; saint Barthélemy, à Rome, en son église. En voilà déjà six qui ont deux corps chacun. Et encore, de superabondant, la peau de saint Barthélemy est à Pise. Toutefois, saint Mathias a emporté tous les autres; car il a un corps à Rome à Sainte-Marie la Major, et le troisième à Trier. Outre cela, encore a-t-il une tête à part et un bras à part, à Rome même. Il est vrai que les lopins qui sont de saint André çà et là récompensent à demi. Car à Rome, en l'église Saint-Pierre, il a une tête; en l'église Saint-Grisogone, une épaule; à Saint-Eustace, une côte, et au Saint-Esprit, un bras; à Saint-Blaise, je ne sais quelle autre partie; à Aix en Provence, un pied. Qui conjoindroit cela ensemble, ce seroit tantôt pour en faire deux quartiers, moyennant qu'on les pût bien proportionner. Or, comme saint Barthélemy a laissé la peau à Pise, aussi y a-t-il une main ; à Trier, il y en a je ne sais quel membre ; à Fréjus, un doigt ; à Rome, en l'église Sainte-Barbe, d'autres reliques. Ainsi encore n'est-il point des plus pauvres, car les autres n'en ont pas tant. Toutefois, chacun en a encore quelque lopin. Comme saint Philippe a un pied à Rome ad Sanctos Apostolos, et à Sainte-Barbe, je ne sais quelles reliques. Item plus, à Trier. En ces deux dernières églises, il a semblablement saint Jacques pour compagnon ; lequel a pareillement une tête en l'église Saint-Pierre, et un bras à Saint-Grisogone, et un autre ad Sanctos Apostolos. Saint Mathieu et saint Thomas sont demeurés les plus pauvres ; car le premier, avec son corps, n'a, sinon quelques os à Trier, un bras à Rome à Saint-Marcel, et à Saint-Nicolas une tête. Sinon que par aventure il m'en soit échappé quelque chose, ce qui se pourroit bien faire ; car en tel abîme qui n'y seroit confus ?

Pource qu'ils trouvent en leurs chroniques que le corps de saint Jean l'évangéliste s'évanouit incontinent après qu'on l'eut mis en la fosse, ils n'ont pu produire de ses ossements ; mais pour suppléer ce défaut, ils se sont rués sur son bagage. Et premièrement, ils se sont avisés du calice auquel il but la poison, étant condamné par Domitien. Mais pource que deux l'ont voulu avoir, ou il nous faut croire ce que disent les alchimistes de leur multiplication, ou que ceux-ci, avec leur calice, se sont moqués du monde. L'un est à Boulogne, et l'autre à Rome, à Saint-Jean de Latran. Ils ont puis après controuvé son hoqueton, et une chaîne dont il étoit lié, quand on l'amena prisonnier d'Éphèse ; avec l'oratoire où il souloit prier étant en la prison. Je voudrois bien savoir s'il avoit lors menuisiers à louage pour lui faire des oratoires. Item, quelle familiarité avoient les chrétiens avec sa garde, pour retirer sa chaîne et en faire une relique ? Ces moqueries sont trop sottes, et fût-ce pour abuser les petits enfants. Mais le joyau le plus férial est des douze peignes des Apôtres, qu'on montre à Notre-Dame de l'Ile, sus Lyon. Je pense bien qu'ils ont été du commencement là mis pour faire accroire qu'ils étoient aux douze pairs de France ; mais depuis, leur dignité s'est accrue, et sont devenus apostoliques.

Il nous faut donc maintenant dépêcher, ou autrement jamais nous ne sortirons de cette forêt. Nous réciterons donc en bref les reliques qu'on a des saints qui ont été du temps que notre Seigneur Jésus-Christ vivoit; puis, conséquemment, des martyrs anciens et des autres saints. Sur cela les lecteurs auront à juger quelle estime ils en devront avoir. Sainte Anne, mère de la vierge Marie, a l'un de ses corps à Apt en Provence, l'autre à Notre-Dame de l'Ile, à Lyon; outre cela, elle a une tête à Trier, l'autre à Turen en Jullet, l'autre en Turinge, en une ville nommée de son nom. Je laisse les pièces qui sont en plus de cent lieux; et entre autres il me souvient que j'en ai baisé une partie en l'abbaye d'Orcamp, près Noyon, dont on fait grand festin. Finalement, elle a un de ses bras à Rome, en l'église Saint-Paul. Qu'on prenne fondement là-dessus si on peut.

Il y a puis après le Lazare, et la Madeleine sa sœur. Touchant de lui, il n'a que trois corps, que je sache : l'un est à Marseille, l'autre à Autun, le troisième à Avalon. Il est vrai que ceux d'Autun en ont eu gros procès à l'encontre de ceux d'Avalon; mais après avoir beaucoup despendu d'argent d'un côté et d'autre, ils ont tous deux gagné leur cause : pour le moins, ils sont demeurés en possession de titre. Pource que la Madeleine étoit femme, il falloit qu'elle fût inférieure à son frère: pour tant elle n'a eu que deux corps, dont l'un est à Vezelé près d'Auxerre, et l'autre qui est de plus grand renom, à Saint-Maximin en Provence, là où la tête est à part, avec son *noli me tangere*, qui est un lopin de cire, qu'on pense être la marque que Jésus-Christ lui fit par dépit, pource qu'il étoit marri qu'elle le vouloit toucher. Je ne dis pas les reliques qui en sont dispersées per tout le monde, tant de ses os que de ses cheveux. Qui voudroit avoir certitude de tout cela, il s'enquerroit, pour le premier, à savoir si le Lazare et ses deux sœurs Marthe et Madeleine ne sont jamais venus en France pour prêcher. Car en lisant les histoires anciennes, et en jugeant du tout avec raison, on voit évidemment que c'est la plus sotte fable du monde, et laquelle a autant d'apparence que si on disoit que les nuées sont peaux de veau; et néanmoins ce sont les plus certaines reliques qu'on ait. Mais encore qu'ainsi fût, il suffisoit d'abuser d'un corps en idolâtrie, sans faire d'un diable deux ou trois.

Ils ont aussi bien canonisé celui qui perça le côté de notre Seigneur en la croix, et l'ont appelé saint Longin. Après l'avoir ainsi baptisé, ils lui ont donné deux corps, dont l'un est à Mantoue, et l'autre à Notre-Dame de l'Ile, près Lyon. Ils ont fait le semblable des sages qui vinrent adorer notre Seigneur Jésus après sa nativité. Et premièrement, ils ont déterminé du nombre, disant qu'ils n'étoient que trois. Or l'Évangile ne dit pas combien ils étoient; et aucuns des docteurs anciens ont dit qu'ils étoient quatorze, comme celui qui a écrit le commentaire imparfait sur saint Mathieu, qu'on attribue à Chrysostôme. Après, au lieu que l'Évangile les dit philosophes, ils en ont fait des rois à la hâte, sans pays et sans sujets. Finalement, ils les ont baptisés, donnant à l'un nom Balthasar, à l'autre Melchior, et à l'autre Gaspard. Or, encore que nous leur concédions toutes leurs fables, ainsi frivoles qu'elles sont, il est certain que les sages retournèrent au pays d'Orient; car la sainte Écriture le dit, et ne peut-on dire autre chose, sinon qu'ils moururent là. Qui est-ce qui les en a transportés depuis? Et qui est-ce qui les connoissoit, pour les marquer, afin de faire ainsi des reliques de leurs corps? Mais je m'en déporte, d'autant que c'est folie à moi de rédarguer des moqueries tant évidentes. Seulement je dis qu'il faut que ceux de Cologne et ceux de Milan se combattent à qui les aura; car tous deux prétendent ensemble les avoir, ce qui ne se peut faire. Quand leur procès sera vidé, lors nous aviserons ce qu'il sera de faire.

Entre les martyrs anciens, saint Denis est des plus célèbres; car on le tient pour un des disciples des Apôtres, et le premier évangéliste de France. A cause de cette dignité, on a de ses reliques en plusieurs lieux. Toutefois, comme l'on dit, le corps est demeuré entier seulement en deux lieux : à Saint-Denis en France, et à Regesbourg en Allemagne. Pour ce que les François maintenoient de l'avoir, ceux de Regesbourg en émurent le procès à Rome, il y a environ cent ans, et le corps leur fut adjugé par sentence définitive, présent l'ambassadeur de France, dont ils ont belle bulle. Qui diroit, à Saint-Denis près Paris, que le corps n'est point là, il seroit lapidé. Quiconque voudra contredire qu'il ne soit à Regesbourg, sera tenu pour hérétique, d'autant qu'il sera rebelle au Saint-Siége apostolique. Ainsi, le plus expédient sera de ne s'entremettre point en leurs querelles. Qu'ils se crèvent les yeux les uns aux autres s'ils veulent; et en ce faisant, qu'ils ne profitent de rien, sinon pour découvrir que tout leur cas gît en mensonge.

De saint Étienne, ils ont tellement parti le corps, qu'il est entier à Rome en son église, le chef en Arles, et des os en plus de deux cents lieux. Mais pour montrer qu'ils sont des adhérents de ceux qui l'ont meurtri, ils ont canonisé les pierres dont il a été lapidé. On demandera où c'est qu'on les a pu trouver, et comment ils les ont eues, et de quelles mains, et par quel moyen. Je réponds brèvement que cette demande est folle; car on sait bien qu'on trouve partout des cailloux, tellement que la voiture n'en coûte guère. À Florence, en Arles, aux Augustins, au Vigan en Languedoc, on en montre. Celui qui voudra fermer les yeux et l'entendement croira que ce sont les propres pierres dont saint Étienne fut lapidé; celui qui voudra un peu considérer s'en moquera. Et de fait, les carmes de Poitiers en ont bien trouvé un depuis quatorze ans, auquel ils ont assigné l'office de délivrer les femmes, lesquelles sont en travail d'enfant. Les jacobins, auxquels on avoit dérobé une côte de sainte Marguerite, servant à cet usage, leur en ont fait grand' noise, criant contre leurs abus; mais en la fin, ils ont gagné en tenant bon.

J'avois quasi délibéré de ne parler des innocents, pource que, quand j'en aurois assemblé une armée, ils répliqueront toujours que cela ne contrevient point à l'histoire, d'autant que le nombre n'en est point défini. Je laisse donc à parler de la multitude. Seulement, qu'on note qu'il y en a en toutes les régions du monde. Je demande maintenant, comment c'est qu'on a trouvé leurs sépulcres si longtemps après, vu qu'on ne les tenoit point pour saints quand Hérode les fit mourir. Après, quand c'est qu'on les a apportés? Ils ne me peuvent répondre autre chose, sinon que ç'a été cinq ou six cents ans après leur mort. Je m'en rapporte aux plus pauvres idiots qu'on pourra trouver, si on doit ajouter foi à des choses tant absurdes. Après encore, qu'il s'en fût trouvé par fortune quelqu'un, comme se pouvoit-il faire qu'on en apportât plusieurs corps en France, en Allemagne, en Italie, pour les distribuer en des villes tant éloignées l'une de l'autre? Je laisse donc cette fausseté pour convaincue du tout.

Pour tant que saint Laurent est du nombre des anciens martyrs, nous lui donnerons ici son lieu : je ne sais point que son corps soit en plus d'un lieu, c'est à savoir à Rome, en l'église dédiée de son nom; il est vrai qu'il y a puis après un vaisseau de sa chair grillée; item, deux fioles pleines, l'une de son sang, et l'autre de sa graisse; item, en l'église surnommée Palisperne, son bras et de ses os; et à Saint-Sylvestre, d'autres reliques. Mais si on vouloit amasser tous les ossements qui s'en montrent seulement en France, il y en auroit pour former deux corps, au long et au large. Il y a puis après la grille sur laquelle il fut rôti; combien que l'église qu'on surnomme Palisperne se vante d'en avoir une pièce. Or, pour la grille, encore la laisserai-je passer ; mais ils ont d'autres reliques trop fériales, desquelles il ne m'est point licite de me taire : comme des charbons qu'on montre à Saint-Eustace; item, une serviette dont l'ange torcha son corps. Puisqu'ils ont pris le loisir de songer telles rêveries pour abuser le monde, que ceux qui verront cet avertissement prennent aussi loisir de penser à eux, pour se garder de n'être plus ainsi moqués. D'une même forge est sortie sa tunique, qu'on montre à Rome même en l'église Sainte-Barbe. Pource qu'ils ont ouï dire que saint Laurent étoit diacre, ils ont pensé qu'il devoit avoir les mêmes accoutrements dont leurs diacres se déguisent, en jouant leur personnage à la messe; mais c'étoit bien un autre office, de ce temps-là, en l'Église chrétienne, que ce n'est à présent en la papauté : c'étoient les commis ou députés à distribuer les aumônes, et non point bateleurs pour jouer des farces. Ainsi ils n'avoient que faire de tuniques, ni dalmatiques, ni autres habits de fols pour se déguiser.

Nous ajouterons à saint Laurent, saint Gervais et saint Protais, desquels le sépulcre fut trouvé à Milan du temps de saint Ambroise, comme lui-même le testifie; pareillement saint Jérôme, saint Augustin et plusieurs autres. Et ainsi, la ville de Milan maintient qu'elle en a encore les corps. Nonobstant cela, ils sont à Brisac, en Allemagne, et à Besançon, en l'église paroissiale de Saint-Pierre; sans les pièces infinies qui sont éparses en diverses églises ; tellement, qu'il faut nécessairement que chacun ait eu quatre corps pour le moins, ou qu'on jette aux champs tous les os qui s'en montrent à fausses enseignes.

Pource qu'ils ont donné à saint Sébastien l'office de guérir de la peste, cela a fait qu'il a été plus requis, et que chacun a plus appété de l'avoir ; ce crédit l'a fait multiplier en quatre corps entiers, dont l'un est à Rome, à Saint-Laurent, l'autre à Soissons, le troisième à Piligni, près Nantes, le quatrième près de Narbonne, au lieu de sa nativité. En outre, il a deux têtes : l'une à Saint-Pierre de Rome, et l'autre aux Jacobins de Toulouse. Il est vrai qu'elles sont creuses, si l'on s'en rapporte aux cordeliers d'Angers, lesquels se disent en avoir la cervelle ; item, plus les jacobins d'Angers en ont un bras ; il y en a un autre à Saint-Sernin de Toulouse ; un autre à la Chaise-Dieu en Auvergne, et un autre à Montbrison en Forez ; sans les menus lopins qui en sont en plusieurs églises. Mais quand on aura bien contrepesé, qu'on devine où est le corps de saint Sébastien ? Même ils n'ont pas été contents de tout cela, s'ils ne faisoient aussi bien des reliques des flèches dont il fut tiré ; desquelles ils en montrent une à Lambesc en Provence ; une à Poitiers, aux Augustins ; et les autres par-ci par-là. Par cela, voit-on bien qu'ils ont pensé de né jamais rendre compte de leurs tromperies.

Une semblable raison a valu à saint Antoine, pour lui multiplier ses reliques ; car d'autant que c'est un saint colère et dangereux, comme ils le feignent, lequel brûle ceux à qui il se courrouce ; par cette opinion il se fait craindre et redouter. La crainte a engendré dévotion, laquelle a aiguisé l'appétit pour faire désirer d'avoir son corps, à cause du profit. Par quoi la ville d'Arles en a eu grand combat, et long, contre les antoniens de Viennois ; mais l'issue n'en a été autre qu'elle a accoutumé d'être en telle matière, c'est-à-dire que tout est demeuré en confus. Car, si on vouloit liquider la vérité, nulle des parties n'auroit bonne cause. Avec ces deux corps, il a un genou aux Augustins d'Albi ; à Bourg, à Mâcon, à Dijon, à Châlons, à Ouroux, à Besançon, des reliques de divers membres ; sans ce qu'en portent les quêteurs, qui n'est point petite quantité. Voilà que c'est d'avoir le bruit d'être mauvais ; car sans cela le bon saint fût demeuré en

sa fosse, où en quelque coin, sans qu'on en eût tenu compte.
J'avois oublié sainte Pétronelle, la fille de saint Pierre, laquelle
a son corps entier à Rome, en l'église de son père ; item, plus, des
reliques à part à Sainte-Barbe. Mais elle ne laisse point pourtant
d'en avoir un autre au Mans, au couvent des jacobins ; lequel est
là tenu en grande solennité, pource qu'il guérit des fièvres. D'autant qu'il y a eu plusieurs saintes nommées Susanne, je ne sais pas
bonnement si leur intention a été de redoubler le corps d'une ;
mais tant y a qu'il y a un corps de sainte Susanne à Rome, en
l'église dédiée de son nom, et un autre à Toulouse. Sainte Hélène
n'a pas été si heureuse : car, outre son corps qui est à Venise,
elle n'a gagné de superabondant qu'une tête, laquelle est à Saint-
Gérion de Cologne. Sainte Ursule l'a surmontée en cette partie :
son corps, premièrement, est à Saint-Jean d'Angély ; elle a puis
après une tête à Cologne, une portion aux Jacobins du Mans, une
autre aux Jacobins de Tours, l'autre à Bergerat. De ses compa-
gnes, qu'on appelle les onze mille Vierges, on en a bien pu avoir
partout. Et de fait, ils se sont bien aidés de cela, pour oser mentir plus librement ; car, outre cent charretées d'ossements, qui
sont à Cologne, il n'y a à grand' peine ville en toute l'Europe, qui
n'en soit remparée, ou en une église ou en plusieurs.

Si j'accommençois à faire les montres des saints vulgaires, j'en-
trerois en une forêt dont je ne trouverois jamais issue. Par quoi
je me contenterai d'alléguer quelques exemples en passant, dont
on pourra faire jugement de tout le reste. A Poitiers, il y a deux
églises qui se combattent du corps de saint Hilaire ; à savoir : les
chanoines de son église, et les moines de la Selle ; le procès en
est pendant au crochet jusques à ce qu'on en fasse visitation. Cependant les idolâtres seront contraints d'adorer deux corps d'un
homme. Les fidèles laisseront reposer le corps, où qu'il soit, sans
s'en soucier. De saint Honorat, son corps est en Arles, et aussi
bien à l'île de Lyrins, près Antibes. Saint Gilles a l'un de ses
corps à Toulouse, et l'autre à une ville du Languedoc, laquelle
porte son nom. Saint Guillaume est en une abbaye de Languedoc, nommée Saint-Guillaume-du-Désert, et en une ville d'Aus-
soy, nommée Ecrichen, avec la tête à part ; combien qu'il ait une
autre tête au faubourg de Turen en Juillet, en l'abbaye des guil-

lermites. Que dirai-je de saint Saphorin ou Symphorien, lequel est en tant de lieux, en corps et en os? Pareillement de saint Loup, qui est à Auxerre, à Sens, à Lyon, et faisoit-on accroire qu'il étoit à Genève. Autant de saint Ferréol, qui est tout entier à Uzès, en Languedoc, et à Brioude, en Auvergne. Au moins qu'ils fissent quelques bonnes transactions ensemble, pour ne point tant découvrir leurs mensonges; comme ont fait les chanoines de Trier avec ceux du Liége, touchant la tête de saint Lambert; car ils ont composé à quelque somme d'argent pour l'intérêt des offrandes, de ne la montrer publiquement, de peur qu'on ne s'étonnât de la voir en deux villes tant voisines. Mais c'est ce que j'ai dit du commencement; ils n'ont point pensé d'avoir jamais un contrôleur qui osât ouvrir la bouche pour remontrer leur impudence.

On me pourroit demander comment ces bâtisseurs de reliques, vu qu'ils ont ainsi amassé sans propos tout ce qu'il leur venoit en la tête, et en soufflant ont forgé tout ce qui leur plaisoit, ont laissé derrière les choses notables du vieil Testament. A cela je ne saurois que répondre, sinon qu'ils les ont méprisées, pource qu'ils n'espéroient point d'en avoir grand profit. Combien qu'ils ne les ont du tout oubliées; car à Rome, ils disent avoir des os d'Abraham, d'Isaac et de Jacob, à Sainte-Marie supra Minervam; à Saint-Jean de Latran, ils se vantent d'avoir l'arche de l'alliance avec la verge d'Aaron, et néanmoins cette verge est aussi bien à la Sainte-Chapelle de Paris; et ceux de Saint-Salvador en Espagne en ont quelque pièce. Outre cela, ceux de Bordeaux maintiennent que la verge de saint Martial, qui se montre là en l'église de Saint-Séverin, est celle même d'Aaron. Il semble avis qu'ils aient voulu faire miracle nouveau, à l'envie de Dieu; car comme cette verge fut convertie en serpent par la vertu d'icelui, aussi maintenant ils l'ont convertie en trois verges. Il peut bien être qu'ils ont beaucoup d'autres manicles de l'ancien Testament; mais il suffit d'en avoir touché ce mot-là, pour montrer qu'ils se sont portés aussi loyalement en cet endroit qu'en tout le reste.

Je prie maintenant le lecteur d'avoir souvenance de ce que j'ai dit du commencement; c'est que je n'ai pas eu des commissaires pour visiter les sacristies de tous les pays, dont j'ai fait par ci-dessus mention. Pourtant il ne faut point prendre ce que j'ai dit des reliques, comme un registre ou inventaire entier de ce qui s'en pourroit trouver. Je n'ai nommé d'Allemagne que environ demi-douzaine de villes ; je n'en ai nommé d'Espagne que trois, que je sache ; d'Italie, environ une quinzaine ; de France, de trente à quarante, et de celles-là encore n'ai-je pas dit tout ce qui en est. Que chacun donc fasse conjecture en soi-même quel tripotage ce seroit, si on mettoit par ordre la multitude des reliques qui sont par toute la chrétienté. Je dis seulement des pays qui nous sont connus et où nous hantons ; car le principal est de noter que toutes les reliques qu'on montre de Jésus-Christ par deçà et des prophètes, on les trouvera aussi bien en Grèce et en Asie, et aux autres régions où il y a des églises chrétiennes. Or, je demande maintenant quand les chrétiens de l'Église orientale disent que tout ce que nous en pensons avoir est par devers eux, quelle résolution pourra-t-on prendre là-dessus ? Si on leur contredit, alléguant qu'un tel corps saint fut apporté par des marchands, l'autre par des moines, l'autre par un évêque ; une partie de la couronne d'épines fut envoyée à un roi de France par l'empereur de Constantinople, l'autre conquise par guerre ; et ainsi de chacune pièce, ils hocheront la tête en se moquant. Comment videra-t-on ces querelles ? car, en cause douteuse, il faudra juger par conjectures. Or, en ce faisant, ils gagneront toujours ; car ce qu'ils ont à dire de leur côté est plus vraisemblable que tout ce qu'on pourra prétendre du côté de par deçà. C'est un point fâcheux à démêler pour ceux qui voudront défendre les reliques.

Pour faire fin, je prie et exhorte, au nom de Dieu, tous lecteurs de vouloir entendre à la vérité, pendant qu'elle leur est tant ouvertement montrée, et connoître que cela s'est fait par une singulière providence de Dieu, que ceux qui ont voulu ainsi séduire le pauvre monde ont été tant aveuglés, qu'ils n'ont point pensé à couvrir autrement leurs mensonges ; mais comme Madianites, ayant les yeux crevés, se sont dressés les uns contre les autres ; comme nous voyons qu'ils se font eux-mêmes la guerre et se démentent mutuellement. Quiconque ne se voudra point endurcir pour répugner à toute raison à son escient, encore qu'il ne soit pas pleinement instruit que c'est une idolâtrie exécrable d'adorer relique aucune, quelle qu'elle soit, vraie ou fausse ; néanmoins, voyant la fausseté tant évidente, n'aura jamais le courage d'en baiser une seule ; et quelque dévotion qu'il y ait eu auparavant, il en sera entièrement dégoûté.

Le principal seroit bien, comme j'ai du commencement dit, d'abolir entre nous chrétiens cette superstition païenne, de canoniser les reliques, tant de Jésus-Christ que de ses saints, pour en faire des idoles. Cette façon de faire est une pollution et ordure qu'on ne devroit nullement tolérer en l'Église. Nous avons déjà remontré par raisons et témoignages de l'Écriture, qu'ainsi est. Si quelqu'un n'est content de cela, qu'il regarde l'usage des Pères anciens, afin de se conformer à leurs exemples. Il y a eu beaucoup de saints patriarches, beaucoup de prophètes, de saints rois et autres fidèles en l'ancien Testament. Dieu avoit ordonné plus de cérémonies de ce temps-là que nous n'en devons avoir ; même la sépulture se devoit faire en plus grand appareil que maintenant, pour représenter par figure la résurrection glorieuse, d'autant qu'elle n'étoit pas si clairement révélée de parole, comme nous l'avons. Lisons-nous qu'on ait tiré hors les saints de leurs sépultures, pour en faire des poupées ? Abraham, père de tous fidèles, a-t-il jamais été élevé ? Sara, aussi princesse en l'Église de Dieu, a-t-elle été retirée de sa fosse ? Ne les a-t-on pas laissés avec tous les autres saints en repos ? Qui plus est, le corps de Moïse n'a-t-il pas été caché par le vouloir de Dieu, sans que jamais on l'ait pu trouver ? Le diable n'en a-t-il pas débattu contre les anges ? comme dit saint Jude. Pourquoi est-ce que Notre-Seigneur l'a ôté de la vue des hommes, et que le diable l'y voulut remettre ? C'est, comme chacun confesse, que Dieu a voulu ôter à son peuple d'Israël occasion d'idolâtrie. Le diable, au contraire, l'a voulu établir. Mais le peuple d'Israël, dira quelqu'un, étoit enclin à superstition. Je demande que c'est de nous ? N'y a-t-il pas, sans comparaison, plus de perversité entre les chrétiens en cet endroit qu'il n'y eut jamais entre les juifs ? Avisons ce qui a été fait en l'Église ancienne : il est vrai que les fidèles ont toujours mis peine de retirer les corps des martyrs, afin

qu'ils ne fussent mangés des bêtes et des oiseaux, et les ont ensevelis honnêtement : comme nous lisons et de saint Jean-Baptiste
et de saint Étienne. Mais c'étoit afin de les mettre en terre, pour
les laisser là jusqu'au jour de la résurrection, et non pas les colloquer en vue des hommes, pour s'agenouiller devant. Jamais cette
malheureuse pompe de les canoniser n'a été introduite en l'É-
glise, jusqu'à ce que tout a été perverti et comme profané : partie
par la bêtise des prélats et pasteurs, partie par leur avarice, partie qu'ils ne pouvoient résister à la coutume, depuis qu'elle étoit
reçue ; et aussi que le peuple cherchoit d'être abusé, s'adon-
nant plutôt à folies puériles qu'à la vraie adoration de Dieu.
Pourtant, ce qui a été mal commencé, et mis sus contre toute
raison, devroit être totalement abattu, qui voudroit droitement
corriger l'abus. Mais si on ne peut venir du premier coup à cette
intelligence, pour le moins que de l'un on vienne à l'autre, et
qu'on ouvre les yeux pour discerner quelles sont les reliques
qu'on présente. Or, cela n'est pas difficile à voir à quiconque y
voudra entendre ; car entre tant de mensonges si patents, comme
je les ai produits, où est-ce qu'on choisira une vraie relique, de
laquelle on se puisse tenir certain ? Davantage, ce n'est rien de ce
que j'en ai touché, au prix de ce qui en reste. Même cependant
qu'on imprimoit ce livret, on m'a averti d'un troisième prépuce
de notre Seigneur, qui se montre à Hildesheim, dont je n'avois
fait nulle mention. Il y en a une infinité de semblables. Finalement, la visitation découvriroit encore cent fois plus que tout ce
qui s'en peut dire. Ainsi, que chacun à son endroit s'avise de ne
se laisser à son escient traîner comme une bête, pour errer à
travers champs, sans qu'il puisse apercevoir ni voie ni sentier
pour avoir quelque sûre adresse. Il me souvient de ce que j'ai vu
faire aux marmousets de notre paroisse, étant petit enfant. Quand
la fête de saint Étienne venoit, on paroit aussi bien de chapeaux
et affiquets les images des tyrans qui le lapidoient, car ainsi les
appelle-t-on en commun langage, comme la sienne. Les pauvres
femmes, voyant les tyrans ainsi en ordre, les prenoient pour
compagnons du saint, et chacun avoit sa chandelle. Qui plus est,
cela se faisoit bien au diable saint Michel. Ainsi en est-il des reliques : tout y est si brouillé et confus, qu'on ne sauroit adorer les

os d'un martyr qu'on ne soit en danger d'adorer les os de quelque brigand ou larron, ou bien d'un âne, ou d'un chien, ou d'un cheval. On ne sauroit adorer un anneau de Notre-Dame, ou un sien peigne, ou ceinture, qu'on ne soit en danger d'adorer les bagues de quelque paillarde.

Pourtant, se garde du danger qui voudra; car nul dorénavant ne pourra prétendre excuse d'ignorance.

PETIT TRAITÉ

DE

LA SAINTE CÈNE DE NOTRE SEIGNEUR JÉSUS-CHRIST,

AUQUEL EST DÉMONTRÉ

LA VRAIE INSTITUTION, PROFIT ET UTILITÉ D'ICELLE.

———

Pource que le saint sacrement de la Cène de notre Seigneur Jésus a été longtemps embrouillé de plusieurs grands erreurs, et ces années passées a encore été de nouveau enveloppé de diverses opinions et disputes contentieuses, ce n'est pas de merveilles si beaucoup de consciences infirmes ne se peuvent bonnement résoudre de ce qu'elles en doivent tenir ; mais demeurent en doute et perplexité, en attendant que, toutes contentions laissées, les serviteurs de Dieu en viennent à quelque concorde. Toutefois, pource que c'est une chose fort périlleuse que de n'avoir nulle certitude de ce mystère, duquel l'intelligence est tant requise à notre salut, j'ai pensé que ce seroit un labeur très-utile que de traiter brièvement, et néanmoins clairement déduire la somme principale de ce qu'il en faut savoir ; et aussi vu qu'aucuns bons personnages, considérant la nécessité qui en étoit, m'en ont requis, lesquels je n'ai pu refuser sans contrevenir à mon devoir. Mais afin de nous bien dépêcher de toute difficulté, il est expédient de noter l'ordre que j'ai délibéré de suivre.

Premièrement doncques, nous exposerons à quelle fin et pour quelle raison le Seigneur nous a institué ce saint sacrement. Secondement, quel fruit et utilité nous en recevons ; où il sera pareillement déclaré comment le corps de Jésus-Christ nous y est donné. Tiercement, quel en est l'usage légitime. Quartement,

16

nous réciterons de quels erreurs et superstitions il a été contaminé; où il sera montré quel différend doivent avoir les serviteurs de Dieu d'avec les papistes. Pour le dernier point, nous dirons quelle a été la source de la contention, laquelle a été tant aigrement débattue, même entre ceux qui on de notre temps remis l'Évangile en lumière, et se sont employés pour droitement édifier l'Église en saine doctrine.

Quant est du premier article, puisqu'il a plu a notre bon Dieu de nous recevoir par le baptême en son Église, qui est sa maison, laquelle il veut entretenir et gouverner; et qu'il nous a reçus, non-seulement pour nous avoir comme ses domestiques, mais comme ses propres enfants; il reste que, pour faire l'office d'un bon père, il nous nourrisse et pourvoie de tout ce qui nous est nécessaire à vivre. Car de la nourriture corporelle, pource qu'elle est commune à tous, et que les mauvais en ont leur part comme les bons, elle n'est pas propre à sa famille. Bien est vrai que nous avons déjà en cela un témoignage de sa bonté paternelle, de ce qu'il nous entretient selon le corps, vu que nous participons à tous les biens qu'il nous donne avec sa bénédiction. Mais tout ainsi que la vie en laquelle il nous a régénérés est spirituelle, aussi faut-il que la viande, pour nous conserver et confermer en icelle, soit spirituelle. Car nous devons entendre que non-seulement il nous a appelés à posséder une fois son héritage céleste, mais que par espérance il nous a déjà aucunement introduits en cette possession; que non-seulement il nous a promis la vie, mais nous a déjà transférés en icelle, nous retirant de la mort. C'est quand, en nous adoptant pour ses enfants, il nous a régénérés par la semence d'immortalité, qui est sa parole, imprimée en nos cœurs par son saint Esprit.

Pour nous sustenter donc en cette vie, il n'est pas question de repaître nos ventres de viandes corruptibles et caduques, mais de nourrir nos âmes de pâture meilleure et plus précieuse. Or, toute l'Écriture nous dit que le pain spirituel dont nos âmes sont entretenues, est la même parole par laquelle le Seigneur nous a régénérés; mais elle ajoute quand et quand la raison, d'autant qu'en icelle Jésus-Christ, notre vie unique, nous est donné et administré. Car il ne faut pas estimer qu'il y ait vie ail-

leurs qu'en Dieu. Mais tout ainsi que Dieu a constitué toute plénitude de vie en Jésus, afin de nous la communiquer par son
moyen ; aussi il a ordonné sa parole comme instrument par lequel Jésus-Christ, avec toutes ses grâces, nous soit dispensé.
Cependant, cela demeure toujours vrai, que nos âmes n'ont nulle
autre pâture que Jésus-Christ. Pour tant, le Père céleste, ayant la
sollicitude de nous nourrir, ne nous en donne point d'autre,
mais plutôt nous recommande de prendre là tout notre contentement, comme en une réfection pleinement suffisante, de laquelle nous ne nous pouvons passer, et outre laquelle il ne s'en
peut trouver nulle autre.

Nous avons déjà vu comment Jésus-Christ est la seule viande
dont nos âmes sont nourries ; mais pource qu'il nous est distribué par la parole du Seigneur, laquelle il a destinée à cela,
comme instrument, elle est aussi appelée pain et eau. Or, ce qui
est dit de la parole appartient aussi bien au sacrement de la
Cène, par le moyen duquel le Seigneur nous mène à la communication de Jésus-Christ. Car d'autant que nous sommes si im-
béciles, que nous ne le pouvons pas recevoir en vraie fiance de
cœur, quand il nous est présenté par simple doctrine et prédication, le Père de miséricorde, ne dédaignant point condescendre
en cet endroit à notre infirmité, a bien voulu ajouter avec sa
parole un signe visible par lequel il représentât la substance de
ses promesses, pour nous conferrer et fortifier, en nous déli-
vrant de tout doute et incertitude. Puis donc que c'est un mystère tant haut et incompréhensible, de dire que nous ayons communication au corps et au sang de Jésus-Christ, et que de notre
part nous sommes tant rudes et grossiers, que nous ne pouvons
entendre les moindres choses de Dieu ; il étoit de métier qu'il
nous fût donné à entendre, selon que notre capacité le pouvoit
porter. Pour cette cause, le Seigneur nous a institué sa Cène,
afin de signer et sceller en nos consciences les promesses contenues en son Évangile, touchant de nous faire participants de son
corps et de son sang, et nous donner certitude et assurance
qu'en cela gît notre vraie nourriture spirituelle ; à ce qu'ayant
une telle arrhe, nous concevions droite fiance de salut ; secondement, afin de nous exciter à reconnoître sa grande bonté sur

nous, pour la louer et magnifier plus amplement; tiercement, afin de nous exhorter à toute sainteté et innocence, en tant que nous sommes membres de Jésus-Christ, et singulièrement à union et charité fraternelle, comme elle nous y est en spécial recommandée. Quand nous aurons bien noté ces trois raisons, que le Seigneur a regardées en nous ordonnant sa Cène, nous aurons déjà une entrée à bien entendre, et quel profit nous en revient, et quel est notre office pour droitement en user.

Il est donc temps de venir au deuxième point, à savoir, de montrer combien la Cène de notre Seigneur nous est profitable, moyennant que nous en fassions bien notre profit. Or, nous connoîtrons l'utilité en réputant notre indigence, à laquelle elle subvient. Il est nécessaire que soyons en merveilleux trouble et tourment de conscience, cependant que nous regardons qui nous sommes et examinons ce qui est en nous. Car il n'y a celui de nous qui puisse trouver un seul grain de justice en soi; mais au contraire, nous sommes tous pleins de péché et iniquité, tellement qu'il ne faut point autre partie pour nous accuser que notre conscience, ni autre juge pour nous condamner. Il s'ensuit doncques que l'ire de Dieu nous est appareillée, et qu'il n'y a nul qui puisse échapper de la mort éternelle. Si nous ne sommes endormis et stupides, il faut que cette horrible cogitation nous soit comme une géhenne perpétuelle pour nous vexer et tourmenter. Car le jugement de Dieu ne nous peut venir en mémoire que nous ne voyions notre condamnation s'en ensuivre. Nous sommes donc déjà au gouffre de la mort, sinon que notre bon Dieu nous en retire. Davantage, quelle espérance de résurrection pouvons-nous avoir, en considérant notre chair qui n'est que pourriture et vermine? Ainsi, tant selon l'âme que selon le corps, nous sommes plus que misérables, si nous demeurons en nous-mêmes; et ne se peut faire que nous n'ayons une grande tristesse et angoisse du sentiment d'une telle misère. Or, le Père céleste, pour subvenir à cela, nous donne la Cène, comme un miroir auquel nous contemplions notre Seigneur Jésus-Christ crucifié pour abolir nos fautes et offenses, et ressuscité pour nous délivrer de corruption et de mort, nous restituant en immortalité céleste. Voilà donc une singulière consolation que nous recevons de la Cène, qu'elle nous dirige et mène à la croix de Jésus-Christ et à sa résurrection, pour nous certifier que quelque iniquité qu'il y ait en nous, le Seigneur ne laisse pas de nous reconnoître et accepter pour justes ; quelque matière de mort qu'il y ait en nous, il ne laisse pas de nous vivifier ; quelque malheurté que nous ayons, il ne laisse pas de nous remplir de toute félicité.

Ou, pour déclarer plus facilement ce qui en est, comme ainsi soit que de nous-mêmes, nous défaillions en tout bien, et que nous n'ayons une seule goutte des choses qui nous doivent aider à salut, elle nous rend témoignage qu'étant faits participants de la mort et passion de Jésus-Christ, nous avons tout ce qui nous est utile et salutaire. Pour tant nous pouvons dire que le Seigneur nous y déploie tous les trésors de ses grâces spirituelles, en tant qu'il nous fait compagnons de tous les biens et richesses de notre Seigneur Jésus. Qu'il nous souvienne donc que la Cène nous est donnée comme un miroir, auquel nous puissions contempler Jésus-Christ crucifié pour nous délivrer de damnation, et ressuscité pour nous acquérir justice et vie éternelle. Bien est vrai que cette même grâce nous est offerte par l'Évangile : toutefois, pource qu'en la Cène nous en avons plus ample certitude et pleine jouissance, c'est à bon droit que nous reconnoissons un tel fruit nous en venir.

Mais pource que les biens de Jésus-Christ ne nous appartiennent de rien, sinon que premièrement il soit nôtre, il faut qu'en premier lieu il nous soit donné en la Cène, à ce que les choses que nous avons dites soient vraiment accomplies en nous. Pour cette cause, j'ai coutume de dire que la substance et matière des sacrements, c'est le Seigneur Jésus : l'efficace, sont les grâces et bénédictions que nous avons par son moyen. Or, l'efficace de la Cène est de nous conférer la réconciliation que nous avons avec Dieu par sa mort et passion ; le lavement de nos âmes que nous avons en l'effusion de son sang ; la justice que nous avons en son obéissance ; bref, l'espérance de salut que nous avons en tout ce qu'il a fait pour nous. Il faut doncques que la substance soit conjointe avec, ou autrement il n'y auroit rien de ferme ni certain. De cela nous avons à conclure que deux choses nous sont pré-

16.

sentes en la Cène : à savoir, Jésus-Christ, comme source et matière de tout bien ; puis après, le fruit et efficace de sa mort et passion. Ce qu'emportent aussi les paroles qui nous y sont dites. Car en nous commandant de manger son corps et boire son sang, il ajoute que son corps a été livré pour nous et son sang répandu pour la rémission de nos péchés. En quoi il dénote premièrement que nous ne devons pas simplement communiquer à son corps et à son sang, sans autre considération ; mais pour recevoir le fruit qui nous vient de sa mort et passion. D'autre part, que nous ne pouvons parvenir à la jouissance d'un tel fruit, qu'en participant à son corps et à son sang, dont il nous a été produit. Nous commençons déjà à entrer en cette question tant débattue, et anciennement et au temps présent : comment se doivent entendre ces paroles, où le pain est appelé corps de Jésus-Christ et le vin son sang ; laquelle se pourra vider sans grande difficulté si nous retenons bien le principe que j'ai naguères mis, c'est que toute l'utilité que nous devons chercher en la Cène est anéantie, sinon que Jésus-Christ nous y soit donné comme substance et fondement de tout. Cela résolu, nous confesserons sans doute que de nier la vraie communication de Jésus-Christ nous être présentée en la Cène, c'est rendre ce saint sacrement frivole et inutile, qui est un blasphème exécrable et indigne d'être écouté. Davantage, si la raison de communiquer à Jésus-Christ est afin que nous ayons part et portion en toutes les grâces qu'il nous a acquises par sa mort, il n'est pas seulement question que nous soyons participants de son esprit, mais il nous faut aussi participer à son humanité, en laquelle il a rendu toute obéissance à Dieu son père pour satisfaire à nos dettes. Combien, à proprement parler, que l'un ne se puisse faire sans l'autre ; car quand il se donne à nous, c'est afin que nous le possédions entièrement. Pour cette cause, comme il est dit que son esprit est notre vie, aussi lui-même de sa bouche prononce que sa chair est vraiment viande, son sang vraiment breuvage. Si ces paroles ne sont point dites pour néant, il convient que, pour avoir notre vie en Christ, nos âmes soient repues de son corps et de son sang comme de leur propre nourriture. Cela donc nous est nommément testifié en la Cène, quand il nous est dit du pain que nous le prenions et

mangions, et que c'est son corps ; que nous buvions du calice, et
que c'est son sang. Nommément il est parlé du corps et du sang,
afin que nous apprenions de là chercher la substance de notre
vie spirituelle. Maintenant, si on demande à savoir, néanmoins,
si le pain est le corps de Christ, et le vin son sang, nous répon-
drons que le pain et le sang sont signes visibles, lesquels nous
représentent le corps et le sang ; mais que ce nom et titre de
corps et de sang leur est attribué, pource que ce sont comme instruments par lesquels le Seigneur Jésus nous les distribue. La
raison de cette forme et manière de parler est très-convenable.
Car, comme ainsi soit que ce nous soit une chose incompréhensible, non-seulement à l'œil, mais à notre sens naturel, que la
communication que nous avons au corps de Jésus-Christ, elle nous
est là visiblement montrée. Comme nous avons un exemple bien
propre en chose semblable. Notre Seigneur voulant faire apparoître son Esprit au baptême de Christ, le représente sous la figure d'une colombe. Saint Jean-Baptiste, récitant cette histoire,
dit qu'il a vu le Saint Esprit descendre. Si nous enquérons de plus
près, nous trouverons qu'il n'a vu que la colombe, vu que le
Saint-Esprit en son essence est invisible. Toutefois, sachant que
cette vision n'étoit pas une vaine figure, mais un signe certain de
la présence du Saint-Esprit, il ne doute pas de dire qu'il l'a vu,
pource qu'il s'est représenté à lui selon sa capacité. Ainsi en est-
il de la communication que nous avons au corps et au sang du
Seigneur Jésus. C'est un mystère spirituel, lequel ne se peut voir
à l'œil, ni comprendre en l'entendement humain. Il nous est
donc figuré par signes visibles, selon que notre infirmité requiert,
tellement néanmoins que ce n'est pas une figure une, mais conjointe avec sa vérité et substance. C'est donc à bon droit que le
pain est nommé corps, puisque non-seulement il le nous représente, mais aussi nous le présente. Pourtant, nous considérons
bien que le nom du corps de Jésus-Christ est transféré au pain,
d'autant qu'il en est sacrement et figure ; mais nous ajouterons
pareillement que les sacrements du Seigneur ne se doivent et ne
se peuvent nullement séparer de leur vérité et substance. De les
distinguer à ce qu'on ne les confonde pas, non-seulement il est bon
et raisonnable, mais du tout nécessaire ; mais de les diviser pour

constituer l'un sans l'autre, il n'y a ordre. Pour tant, quand nous voyons le signe visible, il nous faut regarder quelle représentation il a, et de qui il nous est donné. Le pain nous est donné pour nous figurer le corps de Jésus-Christ, avec commandement de le manger ; et nous est donné de Dieu, qui est la vérité certaine et immuable. Si Dieu ne peut tromper ni mentir, il s'ensuit qu'il accomplit tout ce qu'il signifie. Il faut donc que nous recevions vraiment en la Cène le corps et le sang de Jésus-Christ, puisque le Seigneur nous y représente la communion de l'un et de l'autre. Car autrement, que seroit-ce à dire, que nous mangeons le pain et buvons le vin en signe que sa chair nous est viande et son sang breuvage, s'il ne nous donnoit que pain et vin, laissant la vérité spirituelle derrière ? ne seroit-ce pas à fausses enseignes qu'il auroit institué ce mystère ? Nous avons donc à confesser que si la représentation que Dieu nous fait en la Cène est véritable, la substance intérieure du sacrement est conjointe avec les signes visibles ; et comme le pain nous est distribué en la main, aussi le corps de Jésus-Christ nous est communiqué, afin que nous en soyons faits participants. Quand il n'y auroit autre chose, si avons-nous bien matière de nous contenter, quand nous entendons que Jésus-Christ nous donne en la Cène la propre substance de son corps et son sang, afin que nous le possédions pleinement, et, le possédant, ayons compagnie à tous ses biens. Car, puisque nous l'avons, toutes les richesses de Dieu, lesquelles sont en lui comprises, nous sont exposées à ce qu'elles soient nôtres. Ainsi, pour définir brièvement cette utilité de la Cène, nous pouvons dire que Jésus-Christ nous y est offert, afin que nous le possédions, et en lui toute plénitude de grâces que nous pouvons désirer. Et qu'en cela nous avons une bonne aide pour conformer nos consciences à la foi que nous devons avoir en lui.

Le second fruit qu'elle nous apporte est qu'elle nous admoneste et incite à mieux reconnoître les biens que nous avons reçus et recévons journellement du Seigneur Jésus, afin que lui rendions telle confession de louange qui lui est due. Car de nous-mêmes nous sommes tant négligents, que c'est merveille, à méditer la bonté de notre Dieu, sinon qu'il réveille notre paresse, et nous pousse à faire notre devoir. Or, nous ne saurions avoir aiguillon pour nous poindre plus au vif, que quand il nous fait, par manière de dire, voir à l'œil, toucher à la main, et sentir évidemment un bien tant inestimable : c'est de nous repaître de sa propre substance. C'est ce qu'il veut signifier, en nous commandant que nous annoncions sa mort, jusques à ce qu'il vienne. Si c'est donc une chose tant requise à salut, de ne point méconnoître les grâces que Dieu nous a faites, mais les réduire diligemment en mémoire et les magnifier envers les autres, afin de nous édifier mutuellement; en cela nous voyons une autre singulière utilité de la Cène, qu'elle nous retire d'ingratitude, et ne permet pas que nous oubliions le bien que nous a fait le Seigneur Jésus en mourant pour nous; mais nous induit à lui rendre action de grâces, et quasi par confession publique protester combien nous sommes attenus à lui.

La troisième utilité gît en ce que nous y avons une véhémente exhortation à vivre saintement, et surtout à garder charité et dilection fraternelle entre nous. Car puisque là nous sommes faits membres de Jésus-Christ, étant incorporés en lui, et unis avec lui, comme à notre chef; c'est bien raison que premièrement nous soyons faits conformes à sa pureté et innocence, et spécialement que nous ayons ensemble telle charité et concorde comme doivent avoir les membres d'un même corps. Combien que pour entendre droitement cette utilité, il ne faut pas estimer que notre Seigneur seulement nous avertisse, incite et enflamme nos cœurs par le signe extérieur. Car le principal est qu'il besogne en nous intérieurement par son Saint-Esprit, afin de donner efficace à son ordonnance, qu'il a destinée à cela comme instrument par lequel il veut faire son œuvre en nous. Par quoi, en tant que la vertu du Saint-Esprit est conjointe avec les sacrements, quand on les reçoit dûment, nous en avons à espérer un bon moyen et aide pour nous faire croître et profiter en sainteté de vie, et singulièrement en charité.

Venons au troisième point principal que nous avons proposé au commencement de ce traité, à savoir, à l'usage légitime, qui est d'observer révéremment l'institution du Seigneur. Car quiconque approche de ce sacrement avec mépris ou nonchalance,

né se souciant pas beaucoup de suivre où le Seigneur l'appelle, il
en abuse perversement, et, en abusant, le contamine. Or, polluer
et contaminer ce que Dieu a tant sanctifié, c'est un sacrilége intolérable. Ce n'est pas donc sans cause que saint Paul dénonce
une si grière condamnation sur tous ceux qui le prendront indignement. Car s'il n'y a rien au ciel ni en la terre de plus grand
prix et dignité que le corps et le sang du Seigneur, ce n'est pas
petite faute de le prendre inconsidérément, et sans être bien préparé. Pour tant il nous exhorte de nous bien éprouver pour en
user comme il appartient. Quand nous entendrons quel doit être
cet examen, nous saurons quel est cet usage que nous cherchons.

Or, il nous faut ici bien contregarder. Car, comme nous ne
pouvons mettre trop grande diligence à nous examiner, selon que
le Seigneur ordonne ; aussi, d'autre part, les docteurs sophisti-
ques ont mis les pauvres consciences en perplexité trop périlleuse, ou plutôt, en une géhenne horrible, requérant je ne sais
quel examen dont il n'était possible de venir à bout. Pour nous dépêcher de tous ces troubles, il nous faut réduire le tout, comme
j'ai déjà dit, à l'ordonnance du Seigneur, comme à la règle, laquelle ne nous laissera point faillir quand nous la suivrons. En
la suivant, nous avons à éprouver si nous avons vraie repentance en nous-mêmes, et vraie foi en notre Seigneur Jésus-Christ;
qui sont deux choses tellement conjointes, que l'une ne peut consister sans l'autre. Car si nous estimons notre vie être située en
Christ, il nous faut reconnoître que nous sommes morts en nous.
Si nous cherchons en lui notre vertu, il faut que nous entendions
que nous défaillons en nous-mêmes; si nous estimons toute notre félicité être en sa grâce, il est nécessaire que nous entendions
quelle est notre misère, sans icelle ; si nous avons en lui notre
repos, il faut qu'en nous-mêmes nous ne sentions que tourment
et inquiétude. Or, telle affection ne peut être, qu'elle n'engendre
premièrement un déplaisir de toute notre vie, puis après une
sollicitude et crainte, finalement un désir et amour de justice. Car
celui qui connoît la turpitude de son péché, et la malheurté de
son état et condition cependant qu'il est aliéné de Dieu, en a telle
honte, qu'il est contraint de se déplaire, se condamner, gémir et

soupirer de grande tristesse. Davantage, le jugement de Dieu se présente incontinent, lequel pressé la conscience pécheresse de merveilleuse angoisse, d'autant qu'elle voit qu'il n'y a nul moyen d'échapper, et n'a que répondre pour sa défense. Quand avec une telle reconnoissance de notre misère, nous pouvons goûter la bonté de Dieu, lors nous désirons de régler notre vie à sa volonté, et renoncer à toute notre vie précédente, pour être faits en lui nouvelles créatures. Si nous voulons donc dûment communiquer à la sacrée Cène du Seigneur, il faut que nous tenions en ferme fiance de cœur le Seigneur Jésus pour notre justice unique, vie et salut, recevant et acceptant les promesses qui nous sont données de lui pour certaines et assurées; renonçant, d'autre part, à toute fiance contraire, afin qu'en nous défiant de nous et de toutes créatures, nous nous reposions pleinement en lui, et nous contentions de sa seule grâce. Or, pource que cela ne peut être, que nous ne connoissions la nécessité que nous avons qu'il nous subvienne, il est métier que nous soyons aussi touchés vivement au-dedans du cœur d'un vrai sentiment de notre misère, lequel nous fasse avoir faim et soif de lui. Et de fait, quelle moquerie seroit-ce de venir chercher la viande sans appétit? Or, pour avoir bon appétit, il ne suffit pas que l'estomac soit vide; mais il est requis qu'il soit bien disposé, et capable de recevoir sa nourriture. De cela donc, il s'ensuit que nos âmes doivent être pressées de famine, et avoir un désir et zèle ardent d'être repues, pour bien trouver leur nourriture en la Cène du Seigneur. Davantage, il est à noter que nous ne pouvons désirer Jésus-Christ sans aspirer à la justice de Dieu, laquelle gît en l'abnégation de nous-mêmes, et obéissance de sa volonté. Car il n'y a ordre que nous prétendions d'être du corps de Christ, nous abandonnant à toute licence, et menant une vie dissolue. Puisqu'en Christ il n'y a que chasteté, bénignité, sobriété, vérité, humilité, et toutes telles vertus, si nous voulons être ses membres, il faut que toute paillardise, hautesse, intempérance, mensonge, orgueil, et semblables vices soient loin de nous. Car nous ne pouvons mêler ces choses avec lui, sans lui faire grand déshonneur et opprobre. Il nous doit toujours souvenir qu'il n'y a non plus de convenance entre lui et iniquité, qu'entre la clarté et les ténèbres. Voilà donc comme nous y viendrons en vraie repentance, si nous tendons à cela, que notre vie soit faite conforme à l'exemple de Jésus-Christ. Toutefois, combien que cela soit général en toutes les parties de notre vie, si a-t-il spécialement lieu en charité, comme elle nous est surtout recommandée en ce sacrement ; pour laquelle raison il est nommé le lien d'icelle. Car comme le pain qui est là sanctifié pour l'usage commun de nous tous, est fait de plusieurs grains tellement mêlés ensemble, qu'on ne sauroit discerner l'un de l'autre ; ainsi devons-nous être unis entre nous d'une amitié indissoluble. Et qui plus est, nous recevons là tous un même corps de Christ, afin d'en être faits membres. Si nous avons donc dissensions et discords ensemble, il ne tient pas à nous que Jésus-Christ ne soit déchiré par pièces ; et serons coupables d'un même sacrilége, comme si nous l'avions fait. Il ne faut pas donc que nous présumions nullement d'en approcher, si nous portons quelque haine ou rancune à homme vivant, et principalement à aucun chrétien qui soit en l'unité de l'Église. Nous devons aussi, pour bien accomplir l'ordre du Seigneur, apporter une autre affection : c'est de confesser de bouche et testifier combien nous sommes redevables à notre Sauveur, et lui rendre actions de grâces, non-seulement afin que son nom soit glorifié en nous, mais aussi afin d'édifier les autres, et les instruire par notre exemple de ce qu'ils ont à faire.

Mais pource qu'il ne se trouvera homme sur la terre qui ait si bien profité en foi et en sainteté de vie, qu'il n'ait encore beaucoup d'infirmités tant en l'une qu'en l'autre, il y auroit danger que plusieurs bonnes consciences ne fussent troublées de ce qui a été dit, si on ne venoit au-devant, en modérant les préceptes que nous avons mis, tant de foi comme de repentance. Pour tant, c'est une périlleuse manière d'enseigner que tiennent aucuns, de requérir une parfaite fiance de cœur et parfaite pénitence, et exclure tous ceux qui ne l'ont point. Car en ce faisant, tous sont exclus, sans en excepter un. Qu'ainsi soit, qui sera celui qui se puisse vanter de n'être entaché de quelque défiance ? de n'être sujet à quelque vice ou infirmité ? Certes les enfants de Dieu ont telle foi, qu'ils ont toujours métier de prier que le Seigneur subvienne à leur incrédulité. Car c'est une maladie tant enracinée en notre nature, que jamais nous n'en sommes pleinement guéris, que nous ne soyons délivrés de cette prison de notre corps. Davantage, ils cheminent tellement en pureté de vie, qu'ils ont métier journellement de prier, tant pour la rémission des péchés que pour demander grâce de mieux profiter. Combien que les uns sont plus imparfaits, les autres moins ; toutefois, il n'y a nul qui ne défaille en beaucoup d'endroits. Ainsi la Cène, non-seulement nous seroit inutile à tous, mais aussi pernicieuse, s'il nous y falloit apporter une intégrité de foi ou de vie, à laquelle il n'y eût que redire : ce qui est contraire à l'intention de notre Seigneur; car il n'a rien donné de plus salutaire à son Église. Pour tant, quand nous sentirons en nous une foi imparfaite, et que nous n'aurons pas la conscience si pure, qu'elle ne nous accuse de beaucoup de vices, si ne nous doit pas empêcher cela, que nous ne nous présentions à la sainte table du Seigneur, moyennant qu'au milieu de cette infirmité nous sentions en notre cœur que, sans hypocrisie et feintise, nous espérons salut de Jésus-Christ, et désirons de vivre selon la règle de l'Évangile. Je dis nommément qu'il n'y ait point d'hypocrisie; car il y en a beaucoup qui se déçoivent par vaines flatteries, se faisant accroire qu'il suffit de condamner leurs vices, combien qu'ils s'entretiennent toujours; ou bien de se déporter pour un temps, afin d'y retourner incontinent après. Or, la vraie pénitence est ferme et constante; pour tant, elle nous fait, non pas pour un jour ou pour une semaine, mais sans fin et sans cesse, batailler contre le mal qui est en nous.

Quand nous sentirons donc en nous une ferme déplaisance et haine de tous vices, procédant de la crainte de Dieu, et un désir de bien vivre afin de complaire à notre Seigneur, nous sommes capables de participer à la Cène, nonobstant les reliques d'infirmité que nous portons en notre chair. Même si nous n'étions infirmes sujets à défiance, et de vie imparfaite, le sacrement ne nous serviroit de rien, et eût été chose superflue de l'instituer. Puis donc que c'est un remède que Dieu nous a donné pour subvenir à notre foiblesse, fortifier notre foi, augmenter notre charité, nous avancer en toute sainteté de vie; d'autant plus en devons-nous user, que nous sentons que la maladie nous presse; tant s'en faut que cela nous en doive empêcher. Car si

17

nous alléguons, pour nous exempter devenir à la Cène, que nous sommes encore débiles en foi ou en intégrité de vie, c'est comme si un homme s'excusoit pour ne point prendre de médecine, à cause qu'il seroit malade. Voilà donc comme la foiblesse de foi que nous sentons en notre cœur, et les imperfections qui sont en notre vie, nous doivent admonester de venir à la Cène comme à un remède singulier pour les corriger. Seulement, que nous n'y venions point vides de foi et repentance. Dont la première est cachée dedans le cœur; et pour tant, il faut que notre conscience nous en rende témoignage devant Dieu. La seconde se manifeste par les œuvres; et pour tant, il faut qu'elle apparoisse aucunement en notre vie.

Quant est du temps d'en user, on ne le peut pas limiter à tous pour certain, car il y a aucunes fois des empêchements particuliers qui excusent l'homme s'il s'en abstient. Et davantage, nous n'avons pas de commandement exprès de contraindre tous chrétiens à en user chacun jour qu'elle leur est présentée. Toutefois, si nous regardons bien la fin à laquelle le Seigneur nous mène, nous connoîtrons que l'usage en doit être plus fréquent que beaucoup ne l'ont ; car d'autant que l'imbécillité nous presse, nous avons métier de nous exciter tant plus souvent en ce qui nous peut et doit servir à nous confermer en foi et avancer en pureté de vie. Pour tant, cette coutume doit être en toutes églises bien ordonnées, de célébrer souvent la Cène tant que la capacité du peuple le peut porter ; et un chacun particulier, à son endroit, se doit préparer à la recevoir toutes les fois qu'elle est administrée en la congrégation, sinon qu'il y ait grand empêchement qui le contraigne de s'en abstenir. Combien que nous n'ayons pas commandement exprès qui nous définisse le temps et le jour, il nous doit suffire de connoître l'intention de notre Seigneur être telle, que nous en usions souvent, autrement nous ne connoissons pas bien l'utilité qui nous en vient. Les excuses qu'aucuns allèguent au contraire, sont trop frivoles. Les uns disent qu'ils ne se trouvent pas dignes, et, sous ombre de cela, s'en abstiennent toute l'année ; les autres ne se contentent pas de regarder leur indignité, mais prétendent qu'ils ne pourroient communiquer avec plusieurs qu'ils y voient venir sans se bien préparer. Aucuns aussi pensent que c'est chose superflue d'en user souvent, pource que si nous avons une fois reçu Jésus-Christ, il n'est jà métier de retourner sitôt après à le recevoir. Je demande aux premiers qui se couvrent de leur indignité, comment leur conscience peut souffrir de demeurer plus d'un an en si pauvre état, que de n'oser invoquer Dieu droitement? car ils me confesseront que c'est témérité d'invoquer Dieu pour notre père, si nous ne sommes membres de Jésus-Christ; ce qui ne peut être, que la substance et vérité de la Cène ne soit accomplie en nous. Or, si nous avons la vérité, nous sommes par plus forte raison capables de recevoir le signe : on voit donc que celui qui se veut exempter de recevoir la Cène, comme indigne, se bannit de prier Dieu. Au reste, je n'entends pas de forcer les consciences qui sont tourmentées de quelques scrupules, à ce qu'elles s'ingèrent sans savoir comment ; mais plutôt leur conseille d'attendre que le Seigneur les ait délivrées. Semblablement, s'il y a cause légitime qui empêche, je ne nie pas qu'il ne soit loisible de différer ; seulement, je veux montrer que nul ne doit longuement acquiescer en cela, de s'abstenir de la Cène à cause de son indignité, vu qu'en ce faisant il se prive de la communion de l'Église, en laquelle gît tout notre bien. Plutôt, qu'il s'efforce de combattre contre tous les empêchements que le diable lui mettra en avant, afin de n'être exclu d'un si grand bien, et conséquemment de toutes les grâces desquelles la privation s'en ensuit. Les seconds ont quelque couleur, pource qu'ils prennent cet argument, à savoir, que s'il n'est pas licite de manger le pain commun avec ceux qui se nomment frères et mènent vie dissolue et méchante ; par plus forte raison, il nous faut garder de communiquer avec eux au pain du Seigneur, lequel est sanctifié pour nous représenter et dispenser le corps de Christ. Mais la réponse n'est pas trop difficile : que ce n'est pas l'office d'un chacun particulier de juger et discerner, pour admettre ou déchasser qui bon lui semble, vu que cette prérogative appartient à toute l'Église en général ; ou bien au pasteur, avec les anciens qu'il doit avoir pour lui assister au gouvernement de l'Église ; car saint Paul ne commande pas d'examiner les autres, mais qu'un chacun s'exa-

miné soi-même. Bien est vrai que notre devoir est d'admônes-
ter ceux que nous voyons vivre désordonnément, et s'ils ne
vous veulent écouter, d'en avertir le pasteur, afin qu'il y procède par autorité ecclésiastique. Mais ce n'est pas le moyen de
nous retirer de la compagnie des méchants, en quittant la communion de l'Église. Davantage, il adviendra le plus souvent, que
les crimes ne sont pas si notoires, qu'on puisse venir jusqu'à
excommunication ; car combien que le pasteur juge en son cœur
quelque homme indigne, toutefois, il n'a pas le pouvoir de le
prononcer tel et lui interdire la Cène, sinon qu'il le puisse
convaincre par jugement ecclésiastique. En tel cas, nous n'avons
autre remède que de prier Dieu qu'il veuille délivrer de plus en
plus son Église de tous scandales, en attendant le jour dernier,
auquel la paille sera pleinement séparée du bon grain. Les troi-
sièmes n'ont nulle apparence de vérisimilitude ; car ce pain
spirituel ne nous est pas donné afin que nous nous en soûlions
du premier coup, mais plutôt afin qu'en ayant eu quelque goût
de sa douceur, nous l'appétions davantage et en usions quand il
nous est offert. C'est ce que nous avons ci-dessus exposé, que
cependant que nous conversons en cette vie mortelle, Jésus-
Christ ne nous est jamais communiqué en telle sorte, que nos
âmes en soient du tout rassasiées, mais nous veut être en nourriture continuelle.

Pour venir au quatrième point principal, le diable sachant que
notre Seigneur n'avoit rien laissé plus utile à son Église que ce
saint sacrement, selon sa manière accoutumée, s'est efforcé dès
le commencement de le contaminer d'erreurs et de superstî-
tions pour en corrompre et détruire le fruit, et n'a cessé de
poursuivre cette entreprise jusqu'à ce qu'il a quasi du tout renversé l'ordonnance du Seigneur, et convertie en mensonge et
vanité. Mon intention n'est pas de marquer en quel temps un
chacun abus a pris commencement, et en quel temps il a été
augmenté ; il me suffira de noter par article quels erreurs le diable
a introduits, desquels il nous faut garder, si nous voulons avoir
la Cène du Seigneur en son entier.

Pour le premier, comme ainsi soit que le Seigneur nous ait
donné sa Cène afin qu'elle fût distribuée entre nous pour nous

testifier qu'en communiquant à son corps, nous avons part au
sacrifice qu'il a offert en la croix à Dieu son père pour l'ex-
piation et satisfaction de nos péchés ; les hommes, de leur tête,
ont inventé au contraire que c'est un sacrifice par lequel nous
acquérons la rémission de nos péchés devant Dieu. Cela est un
sacrilége qui ne se peut nullement porter ; car si nous ne reconnoissons la mort du Seigneur Jésus, et la tenons comme un
sacrifice unique par lequel il nous a réconciliés au Père, effa-
çant toutes les fautes dont nous étions redevables à son jugement, nous détruisons la vertu d'icelle ; si nous ne confessons
Jésus-Christ être le seul sacrificateur, que nous appelons communément prêtre, par l'intercession duquel nous sommes réduits en la grâce du Père, nous le dépouillons de son honneur
et lui faisons grande injure. Puis donc que cette opinion qu'on a
tenue de la Cène, que c'étoit un sacrifice pour acquérir rémission des péchés, déroge à cela, il la faut condamner comme
diabolique. Or, qu'elle y déroge, c'est chose trop notoire ; car
comment accorderoit-on ces choses ensemble, que Jésus-
Christ en mourant ait offert un sacrifice à son Père, par lequel
il nous a, une fois pour toutes, acquis rémission et grâce
de toutes nos fautes, et que journellement il faille sacrifier
pour obtenir ce qu'on doit chercher en icelle mort seulement? Cet erreur n'a pas été du premier coup tant extrême,
mais petit à petit a pris son accroissement, jusqu'à ce qu'il est là
venu. Il appert que les anciens Pères ont appelé la Cène sacrifice ; mais ils rendent la raison, pource que la mort de Jésus-
Christ y est représentée ; ainsi leur dire revient là, que ce nom
lui est attribué seulement pource qu'elle est mémoire de ce
sacrifice unique, auquel nous devons pleinement nous arrêter.
Combien que je ne puis bonnement excuser la coutume de l'É-
glise ancienne, c'est qu'on figuroit, par gestes et manières de faire,
une espèce de sacrifice quasi d'une même cérémonie qu'il y avoit
eu en l'ancien Testament, excepté qu'au lieu d'une bête brute,
on usoit de pain pour hostie. Pource que cela approche trop du
judaïsme, et ne répond pas à l'institution du Seigneur, je ne
l'approuve pas ; car en l'ancien Testament, du temps des figures,
le Seigneur avoit ordonné telles cérémonies, en attendant que

ce sacrifice fût fait en la chair de son Fils bien-aimé, lequel en étoit l'accomplissement. Depuis qu'il a été parfait, il ne reste plus sinon que nous en recevions la communication : par quoi c'est chose superflue de le plus figurer ; et ainsi porte l'ordre que Jésus-Christ nous a laissé, non pas que nous offrions ou immolions, mais que nous prenions et mangions ce qui a été offert et immolé. Toutefois, combien qu'il y ait eu quelque infirmité en une telle observation, si n'y avoit-il pas une impiété telle qu'elle est depuis survenue ; car on a du tout transféré à la messe ce qui étoit propre à la mort de Christ, c'est de satisfaire à Dieu pour nos dettes, et par ce moyen nous réconcilier à lui. Davantage, l'office de Jésus-Christ a été attribué à ceux qu'on nommoit prêtres, c'est de sacrifier à Dieu, et, en sacrifiant, intercéder pour nous acquérir grâces et pardon de nos fautes. Je ne veux pas dissimuler les solutions qu'allèguent en cet endroit les ennemis de vérité : c'est que la messe n'est pas un sacrifice nouveau, mais seulement une application du sacrifice unique dont nous avons parlé. Combien qu'ils colorent un petit leur abomination en parlant ainsi, toutefois ce n'est qu'une pure cavillation ; car il n'est pas dit seulement que le sacrifice de Christ est unique, mais qu'il ne doit jamais être réitéré, en tant que l'efficace en demeure à toujours. Il n'est pas dit que Christ s'est une fois offert au Père, afin que d'autres après fissent la même oblation pour nous appliquer la vertu de son intercession ; mais qu'il est entré au sanctuaire céleste, et que là il apparoît pour nous rendre le Père propice par son intercession. Quant est de nous appliquer le mérite de la mort, afin que nous en sentions le fruit, cela se fait, non pas en la manière qu'on a estimé en l'Église papale, mais quand nous recevons le message de l'Évangile, ainsi qu'il nous est testifié par la prédication des ministres, lesquels Dieu a constitués comme ses ambassadeurs, et scellé par les sacrements. L'opinion de tout le peuple a été approuvée par tous leurs docteurs et prélats, qu'en oyant ou faisant dire la messe, on méritoit, par cette dévotion, grâce et justice envers Dieu. Nous disons que pour sentir aucun profit de la Cène, il ne faut rien apporter du nôtre, pour mériter ce que nous cherchons ; mais que seulement nous avons à recevoir en foi la grâce qui nous y est présentée, laquelle ne réside pas au sacrement, mais nous renvoie à la croix de Jésus-Christ comme elle en procède. Voilà donc comment il n'y a rien plus contraire à la vraie intelligence de la Cène, que d'en faire un sacrifice, lequel nous détourne de reconnoître la mort de Christ pour sacrifice unique, duquel la vertu dure à jamais. Cela bien entendu, il apparoîtra que toutes messes auxquelles il n'y a point de communion telle que le Seigneur l'a instituée, ne sont qu'abomination; car le Seigneur n'a pas ordonné qu'un seul prêtre, après avoir fait son sacrifice, fît son cas à part, mais a voulu que le sacrement fût distribué en l'assemblée, à l'exemple de la première Cène qu'il fit avec ses apôtres. Mais après qu'on a forgé cette maudite opinion, d'icelle, comme d'un gouffre, est sortie cette malheureuse coutume, que le peuple, se contentant d'assister là pour participer au mérite de ce qui s'y fait, s'abstient de la communion, à cause que le prêtre se vante d'offrir son hostie pour tous, et spécialement pour les assistants. Je laisse à parler des abus, qui sont si lourds qu'ils ne sont pas dignes qu'on en fasse mention : comme d'attribuer à chacun saint sa messe, et transférer ce qui est dit de la Cène du Seigneur à saint Guillaume et saint Gautier; item, d'en faire foire ordinaire pour vendre et acheter; et autres telles vilenies que nous a engendrées le mot de sacrifice.

Le second erreur que le diable a semé pour corrompre ce saint mystère, a été en forgeant et inventant, qu'après les paroles prononcées avec intention de consacrer, le pain est transsubstancié au corps de Christ et le vin en son sang. Ce mensonge, premièrement, n'a nul fondement de l'Écriture, et n'a aucun témoignage de l'Église ancienne; et, qui plus est, ne peut nullement convenir ni subsister avec la parole de Dieu. N'est-ce pas une glose trop contrainte, quand Jésus-Christ, montrant le pain, l'appelle son corps, de dire que la substance du pain est anéantie, et en son lieu survient le corps de Christ? Mais il n'est jà métier de remettre la chose en doute, vu que la vérité est assez évidente pour réfuter cette absurdité. Je laisse infinis témoignages, tant de l'Écriture que des anciens Pères, où le sacrement est appelé pain ; seulement je dis que la nature du sacrement requiert cela, que le pain matériel demeure pour signe visible du corps. Car c'est une règle générale pour tous sacrements, que les signes que nous y voyons doivent avoir quelque similitude avec la chose spirituelle qui y est figurée. Comme donc au baptême nous avons certitude du lavement intérieur de nos âmes, quand l'eau nous en est donnée pour témoignage, laquelle nettoie nos ordures corporelles ; aussi faut-il qu'en la Cène il y ait du pain matériel, pour nous testifier que le corps de Christ est notre viande ; car autrement, quelle signification seroit-ce, que la blancheur nous figurât cela ? Nous voyons donc clairement comme toute la représentation, laquelle nous a voulu donner le Seigneur pour condescendre à notre infirmité, périroit, sinon que vraiment le pain demeurât. Car les paroles dont nous use le Seigneur emportent autant comme qui diroit : Tout ainsi que l'homme est substenté et entretenu selon le corps en mangeant du pain, ainsi ma chair est la nourriture spirituelle dont les âmes sont vivifiées. Davantage, que deviendroit l'autre similitude que baille saint Paul ? c'est, comme plusieurs grains de blé sont mêlés ensemble pour faire un pain, ainsi faut-il que nous soyons un ensemble, puisque nous participons tous d'un pain. S'il n'y avoit que la blancheur sans substance, ne seroit-ce pas moquerie de parler ainsi ? Pour tant, nous concluons, sans doute, que cette transsubstantiation est invention forgée par le diable, pour dépraver la vérité de la Cène.

De cette fantaisie sont sorties, après, plusieurs autres folies. Et plût à Dieu qu'il n'y eût que folies, et non pas grosses abominations ! car on a imaginé je ne sais quelle présence locale ; et a-t-on pensé que Jésus-Christ, en sa divinité et humanité, étoit attaché à cette blancheur, sans avoir égard à toutes les absurdités qui s'en ensuivent. Combien que les anciens docteurs sorboniques disputent plus subtilement, comment le corps et le sang sont conjoints avec les signes ; toutefois on ne peut nier que cette opinion n'ait été reçue des grands et petits en l'Église papale, et qu'elle ne soit aujourd'hui cruellement maintenue par feu et par glaive, que Jésus-Christ est contenu sous ces signes, et que là il le faut chercher. Or, pour soutenir cela, il faut con-

fesser, ou que le corps de Christ est sans mesure, ou qu'il peut
être en divers lieux ; et, en disant cela, on vient en la fin à ce
point, qu'il ne diffère en rien à un fantôme. De vouloir donc établir une telle présence, par laquelle le corps de Christ soit enclos
dedans le signe, ou y soit conjoint localement, c'est non-seulement une rêverie, mais un erreur damnable, contrevenant à la
gloire de Christ, et détruisant ce que nous devons tenir de sa
nature humaine. Car l'Écriture nous enseigne partout, que comme
le Seigneur Jésus a prins notre humanité en terre, aussi il l'a
exaltée au ciel, la retirant de condition mortelle ; mais non pas
en changeant sa nature. Ainsi nous avons deux choses à considérer, quand nous parlons de cette humanité : c'est que nous ne
lui ôtions pas la vérité de sa nature, et que nous ne dérogions
rien à sa condition glorieuse. Pour bien observer cela, nous avons
à élever toujours nos pensées en haut, pour chercher notre Rédempteur ; car, si nous le voulons abaisser sous les éléments
corruptibles de ce monde, outre ce que nous détruisons ce que
l'Écriture nous montre de sa nature humaine, nous anéantis-
sons la gloire de son ascension. Pource que plusieurs autres ont
traité cette matière amplement, je me déporte de passer outre.
Seulement, j'ai voulu noter en passant, que d'enclore Jésus-Christ
par fantaisie sous le pain et le vin, ou le conjoindre tellement
avec, que notre entendement s'amuse là, sans regarder au ciel,
c'est une rêverie diabolique. Et aussi, nous en toucherons encore
en un autre lieu. Or, cette perverse opinion, après avoir été une
fois reçue, a engendré beaucoup d'autres superstitions. Et premièrement cette adoration charnelle, laquelle n'est que pure idolâtrie ; car, de se prosterner devant le pain de la Cène, et là,
adorer Jésus-Christ comme s'il y étoit contenu, c'est en faire une
idole, au lieu d'un sacrement. Nous n'avons pas commandement
d'adorer, mais de prendre et de manger. Il ne falloit pas donc
attenter cela si témérairement. Davantage, cela a été toujours
observé en l'Église ancienne, que devant que célébrer la Cène, on
exhortoit solennellement le peuple de lever leurs cœurs en haut,
pour dénoter qu'on ne se devoit arrêter au signe visible pour
bien adorer Jésus-Christ. Mais on n'a que faire de combattre
longuement sur ce point, quand la présence et conjonction de la

vérité avec le signe, dont nous avons parlé et parlerons ci-après,
sera bien entendue. D'une même source sont procédées les autres
façons superstitieuses : comme de porter en pompe le sacrement
par les rues une fois l'an, et lui faire l'autre jour un tabernacle ;
et, tout au long de l'année, le garder en une armoire pour amuser là le peuple, comme si c'étoit Dieu. Pource que tout cela,
non-seulement a été controuvé sans la parole de Dieu, mais aussi
est contraire directement à l'institution de la Cène, il doit être
rejeté de tous chrétiens. Nous avons montré d'où est venue cette
calamité en l'Eglise papale, que le peuple s'abstient de communiquer à la Cène tout au long de l'an; à savoir, pource qu'on la
tient comme un sacrifice, lequel est offert d'un, au nom de tous ;
mais encore, quand il est question d'en user une fois l'année, elle
est pauvrement dissipée, et comme déchirée en pièces ; car au
lieu de distribuer au peuple le sacrement du sang, comme porte
le commandement du Seigneur, on lui fait accroire qu'il se doit
contenter de l'autre moitié. Ainsi les pauvres fidèles sont méchamment fraudés de la grâce que le Seigneur leur avoit faite;
car, si ce n'est pas un petit bénéfice que de communiquer au
sang du Seigneur pour notre pâture, c'est une trop grande
cruauté de le ravir à ceux auxquels il appartient. En cela, nous
pouvons apercevoir de quelle audace et hardiesse le pape a ty-
rannisé l'Église, après qu'il a une fois occupé la domination.
Notre Seigneur, ayant commandé à ses disciples de manger le
pain sanctifié en son corps, quand il vient au calice, ne leur
dit pas simplement buvez, mais il ajoute nommément que tous
en boivent ; voudrions-nous chose plus claire que cela ? Il dit
que nous mangions le pain, sans user de mot universel. Il dit
que nous buvions tous du calice. D'où vient cette différence,
sinon qu'il a voulu aller au-devant à cette malice du diable ? Et
néanmoins, l'orgueil du pape est tel, qu'il ose dire : N'en buvez
pas tous. Et afin de montrer qu'il est plus sage que Dieu, il allègue que c'est bien raison, que le prêtre ait quelque privilége
outre le peuple, pour honorer la dignité sacerdotale ; comme si
notre Seigneur ne se fût point avisé comment l'un doit être dis-
cerné de l'autre. Davantage, il objecte des dangers qui pourroient advenir, si le calice étoit communément donné à tous :

c'est qu'il s'en pourroit aucunes fois répandre quelques gouttes ;
comme si notre Seigneur n'avoit point prévu cela. N'est-ce pas
arguer Dieu tout apertement, qu'il a confondu l'ordre qu'il devoit observer, et a mis son peuple en danger sans propos ? Pour
montrer qu'il n'y a pas grand inconvénient en cette mutation, il
remontre que sous une espèce tout est compris ; d'autant que
le corps ne peut être divisé du sang : comme si en vain le Seigneur avoit distingué l'un de l'autre ; car si on peut laisser derrière l'une des parties comme superflue, ç'auroit été folie de les
recommander distinctement. Aucuns de ses suppôts, voyant que
c'étoit impudence de maintenir cette abomination, l'ont voulu
couvrir autrement : c'est, que Jésus-Christ, en instituant le sacrement, ne parloit qu'à ses apôtres, qu'il avoit érigés en ordre sa-
cerdotal. Mais que répondront-ils à ce que dit saint Paul, qu'il a
baillé à tout le peuple chrétien ce qu'il avoit reçu du Seigneur ;
c'est que chacun mange de ce pain et boive de ce calice ? Et de
fait, qui leur a révélé que notre Seigneur donnoit à ses apôtres
la Cène comme à des prêtres ? car les paroles chantent au contraire, quand il leur commande de faire après son exemple. Il
leur baille donc la règle, laquelle il veut être tenue à toujours en
son Église ; comme aussi elle a été tenue anciennement, jusqu'à
ce que l'antechrist, ayant gagné la tyrannie, a dressé ouvertement les cornes contre Dieu et sa vérité, pour la détruire totalement. Nous voyons donc que c'est une perversité intolérable, de
diviser ainsi et déchirer le sacrement, séparant les parties que
Dieu a conjointes. Pour faire fin, nous comprendrons sous un
article ce qui se pourroit autrement distinguer ; c'est, que le diable a introduit la manière de célébrer la Cène, sans aucune doctrine, et, au lieu de la doctrine, a substitué force cérémonies, en
partie ineptes et de nulle utilité, en partie aussi dangereuses, et
d'où il s'en est ensuivi beaucoup de mal ; tellement, que la
messe, laquelle on tient pour Cène en l'Église papale, pour la
bien définir n'est qu'une pure singerie et batelerie. Je l'appelle
singerie, pource qu'on veut là contrefaire la Cène du Seigneur,
sans raison ; comme un singe, inconsidérément et sans discrétion, ensuit ce qu'il voit faire. Qu'ainsi soit, le principal que le
Seigneur nous a recommandé est de célébrer ce mystère avec

vraie intelligence. Il s'ensuit donc que la substance gît en la doctrine ; icelle ôtée, ce n'est plus qu'une cérémonie froide et sans efficace. Cela, non-seulement est montré par l'Écriture, mais aussi testifié par les canons du pape, en une sentence alléguée de saint Augustin, où il demande que c'est que l'eau du baptême sans la parole, sinon un élément corruptible ; « la parole, dit-il incontinent après, non pas d'autant qu'elle est prononcée, mais entendue. » Il signifie en cela, que les sacrements prennent leur vertu de la parole, quand elle est prêchée intelligiblement ; sans cela, qu'ils ne sont pas dignes qu'on les nomme sacrements. Or, tant s'en faut qu'il y ait doctrine intelligible en la messe, qu'au contraire on estime tout le mystère être gâté, sinon que tout soit fait et dit en cachette, à ce qu'on n'y entende rien. Pourtant leur consécration n'est qu'une espèce de sorcellerie, vu qu'à la manière des sorciers, en murmurant et faisant beaucoup de signes, ils pensent contraindre Jésus-Christ de descendre entre leurs mains. Nous voyons donc comme la messe, étant ainsi ordonnée, est une profanation évidente de la Cène de Christ, plutôt qu'observation d'icelle ; vu que la propre et principale substance de la Cène y défaut, qui est que le mystère soit bien expliqué au peuple ; et les promesses clairement récitées ; non pas qu'un prêtre murmure tout bas à part sans sens ni raison. Je l'appelle aussi une batelerie, à cause que les fatras et mines qu'on y fait conviennent plutôt à une farce qu'à un tel mystère, comme est la sacrée Cène du Seigneur. Bien est vrai que les sacrifices, en l'ancien Testament, se faisoient avec plusieurs ornements et cérémonies ; mais, pource qu'il y avoit bonne signification, et que le tout étoit propre à instruire et à exerciter le peuple en piété, il y a bien à dire, qu'elles fussent semblables à celles dont on use maintenant, lesquelles ne servent de rien, sinon d'amuser le peuple sans nulle utilité. Pource que les messatiers allèguent cet exemple du vieil Testament, pour défendre leurs cérémonies, nous avons à noter quelle différence il y a entre ce qu'ils font et ce que Dieu avoit commandé au peuple d'Israël. Quand il n'y auroit que ce point seul, que ce qu'on observoit lors étoit fondé sur le commandement du Seigneur ; et au contraire, toutes leurs frivoles n'ont nul fondement que des hommes ; encore y

auroit-il grosse dissimilitude. Mais nous avons bien davantage
pour les réprouver ; car ce n'est pas sans cause que notre Seigneur avoit ordonné telle forme pour un temps, afin qu'elle prît
fin et fût abrogée quelques fois. C'est pourcequ'il n'avoit encore point donné si grande clarté de doctrine, il vouloit que ce
peuple-là fût exercité en plus de figures, pour récompenser ce
qui défailloit en autre endroit. Mais depuis que Jésus-Christ a
été manifesté en chair, lors, d'autant plus que la doctrine a été
éclaircie, les figures sont diminuées. Puis donc que nous avons
le corps, il nous faut délaisser les ombres ; car si nous voulons
remettre sus les cérémonies qui sont abolies, c'est refaire le voile
du temple que Jésus-Christ a rompu par sa mort, et obscurcir
d'autant la clarté de son Évangile. Ainsi nous voyons qu'une
telle multitude de cérémonies en la messe est une forme de
juifverie, pleinement contraire à la chrétienté. Je n'entends pas
de réprouver les cérémonies, lesquelles servent à l'honnêteté et
ordre public, et augmentent la révérence du sacrement, moyennant qu'elles fussent sobres et convenables. Mais un tel abîme
sans fin et mesure n'est nullement tolérable, vu même qu'il a
engendré mille superstitions, et a mis le peuple comme en stupidité, sans apporter aucune édification.

De cela on peut aussi voir le différent que doivent avoir avec les
papistes ceux à qui Dieu a donné intelligence de sa vérité. Pour
le premier, ils ne doutent pas que ce ne soit un sacrilége abo-
minable de réputer que la messe soit un sacrifice, par lequel la
rémission des péchés nous soit acquise ; ou bien que le prêtre soit
comme médiateur pour appliquer le mérite de la mort et passion
de Christ à ceux qui achèteront sa messe, ou y assisteront, ou y
auront dévotion. Mais au contraire, ils auront pour conclu que
la mort et passion du Seigneur est le sacrifice unique par lequel
il a été satisfait à l'ire de Dieu, et justice perpétuelle nous a
été acquise ; pareillement, que le Seigneur Jésus est entré au
sanctuaire céleste, afin d'apparoître là pour nous, et intercéder
avec la vertu de son sacrifice. Au reste, ils concéderont bien
que le fruit d'icelle mort nous est communiqué en la Cène, non
point par le mérite de l'œuvre, mais à cause des promesses qui
nous y sont données, moyennant que nous les recevions en foi.

Secondement, ils ne doivent nullement accorder que le pain soit transsubstancié au corps de Jésus-Christ, ni le vin en son sang ; mais doivent persister en cela, que les signes visibles retiennent leur vraie substance pour nous représenter la vérité spirituelle dont nous avons parlé. Tiercement , jaçoit qu'ils doivent tenir pour certain que le Seigneur nous donne en la Cène ce qu'il nous y figure, et, par ainsi, que nous y recevons vraiment le corps et le sang de Jésus-Christ ; néanmoins ils ne le chercheront pas comme enclos sous le pain ou attaché localement au signe visible, tant s'en faut qu'ils adorent le sacrement ; mais ils élèveront plutôt leurs entendements et leurs cœurs en haut, tant pour recevoir Jésus-Christ que pour l'adorer. De là viendra qu'ils mépriseront et condamneront pour idolâtrie toutes ces façons superstitieuses, tant de porter le sacrement en pompe et procession, que de lui construire des tabernacles pour le faire adorer. Car les promesses de notre Seigneur ne s'étendent pas outre l'usage qu'il nous en a laissé. Après, ils tiendront que priver le peuple d'une des parties du sacrement, à savoir, du calice, c'est violer et corrompre l'ordonnance du Seigneur ; et que pour la bien observer, il est nécessaire de distribuer entièrement l'un et l'autre. Finalement, ils réputeront que c'est une superfluité non-seulement inutile, mais aussi dangereuse et mal convenable à la chrétienté, d'user de tant de cérémonies prises des Juifs, outre la simplicité que les Apôtres nous ont laissée : et que c'est encore plus grande perversité de célébrer la Cène par mines et je ne sais quelles bateleries , sans que la doctrine y soit récitée, mais là où plutôt elle est ensevelie ; comme si la Cène étoit une espèce d'art magique.

Pour faire fin , il est temps de venir au dernier point principal. C'est de la contention qui a été débattue de notre temps, touchant cette matière. Or, pour ce qu'elle a été malheureuse, comme le diable, sans doute, l'a suscitée pour empêcher, voire même du tout rompre le cours de l'Évangile, je désirerois que la mémoire en fût du tout abolie ; tant s'en faut que je me délecte à en faire un long récit. Néanmoins, pource que je vois beaucoup de bonnes consciences troublées pource qu'elles ne savent de quel côté se tourner, j'en dirai, en bref, ce que me

semblera avis être nécessaire pour leur montrer comment elles
se doivent résoudre. Premièrement, je prie au nom de Dieu tous
fidèles de ne se point trop scandaliser de ce qu'un si grand différend a été ému entre ceux qui devoient être comme capitaines
pour remettre la vérité en lumière ; car ce n'est pas chose nouvelle que le Seigneur permette ses serviteurs en quelque ignorance, et souffre qu'ils aient débat les uns contre les autres, non
pas pour les délaisser là toujours , mais seulement à un temps,
afin de les humilier. Et de fait , si tout fût venu à souhait
jusqu'à maintenant , sans aucun destourbier , les hommes
se fussent possible méconnus, ou la grâce de Dieu eût été moins
connue qu'il n'appartenoit. Ainsi le Seigneur a voulu ôter toute
matière de gloire aux hommes, afin d'être seul glorifié. Davantage, si nous considérons en quel abîme de ténèbres le monde
étoit quand ceux qui ont ému cette controverse ont commencé
de nous réduire à la vérité , nous ne nous émerveillerons point
de ce qu'ils n'ont pas tout connu du commencement; c'est plutôt miracle que notre Seigneur, en si petit de temps, les a tellement illuminés, qu'ils ont pu ainsi sortir de cette fange d'erreurs,
et en retirer les autres, en laquelle on avoit été plongé si longtemps. Mais il n'est rien meilleur que de réciter comment la
chose est allée, pource que de là il apparoîtra qu'on n'a point si
grande occasion de se scandaliser en cet endroit , qu'on pense
communément.

Quand Luther commença à enseigner, il traitoit en telle sorte
la matière de la Cène , que touchant la présence corporelle du
Christ, il sembloit avis qu'il la laissât telle que le monde la con-
cevoit pour lors; car, en condamnant la transsubstantiation , il
disoit le pain être le corps de Christ, d'autant qu'il étoit uni
avec. Outre plus , il ajoutoit des similitudes, lesquelles étoient
un peu dures et rudes; mais il le faisoit comme par contrainte,
pource qu'il ne pouvoit autrement expliquer son intention ; car
il est difficile de donner à entendre une chose si haute, sinon en
usant de quelque impropriété.

D'autre part, s'élevèrent Zuingle et OEcolampade, lesquels,
considérant l'abus et tromperie que le diable avoit mis sus en
établissant une telle présence charnelle du Christ , qu'on avoit

enseignée et tenue plus de six cents ans, pensèrent qu'il n'étoit pas licite de dissimuler ; même puisque cela emportoit une idolâtrie exécrable, en ce que Jésus-Christ y étoit adoré comme enclos sous le pain. Or, pource qu'il étoit fort difficile d'ôter cette opinion enracinée de si longtemps au cœur des hommes, ils appliquèrent tout leur entendement à crier à l'encontre, remontrant combien c'étoit une lourde faute de ne reconnoître point ce qui est tant testifié en l'Écriture, touchant l'ascension de Jésus-Christ, et qu'il a été reçu en son humanité au ciel, là où il demeurera jusqu'à ce qu'il descende pour juger le monde. Cependant qu'ils s'amusoient à ce point, ils oublioient de montrer quelle présence de Jésus-Christ on doit croire en la Cène, et quelle communication de son corps et de son sang on y reçoit. Tellement que Luther pensoit qu'ils ne voulussent laisser autre chose que les signes nus, sans leur substance spirituelle. Ainsi il commença à leur résister en barbe, jusqu'à les dénoncer pour hérétiques. Depuis que la contention fut une fois commencée, elle s'enflamba toujours avec le temps, et ainsi a été démenée trop amèrement par l'espace de quinze ans ou environ, sans que jamais les uns aient voulu écouter les autres d'un cœur paisible. Car, combien qu'ils aient une fois conféré ensemble, néanmoins, il y avoit telle aliénation, qu'ils s'en retournèrent sans aucun accord : même, au lieu d'approcher de quelque bon appointement, ils se sont toujours reculés de plus en plus, ne regardant autre chose qu'à défendre leur sentence, et confuter tout ce qui étoit au contraire. Nous avons donc en quoi Luther a failli de son côté, et en quoi Œcolampade et Zuingle ont failli du leur. C'étoit, du commencement, l'office de Luther d'admonester qu'il n'entendoit pas établir une telle présence locale que les papistes la songent ; item, de protester qu'il ne vouloit pas faire adorer le sacrement au lieu de Dieu ; tiercement, de s'abstenir de ces similitudes tant rudes et difficiles à concevoir, ou en user modérément, les interprétant en sorte qu'elles ne pussent engendrer nul scandale. Depuis le débat ému, il a excédé mesure, tant en déclarant son opinion, comme en blâmant les autres avec une amertume de parole trop rigoureuse : car au lieu de s'exposer en telle sorte qu'on pût recevoir sa sentence, selon sa véhémence accoutumée, pour impugner les contredisants, il a usé des formes hyperboliques de parler, lesquelles étoient bien dures à porter à ceux qui autrement n'étoient pas fort disposés à croire à son dire. Les autres ont offensé aussi, en ce qu'ils se sont tellement acharnés à crier contre l'opinion superstitieuse et fantastique des papistes, touchant la présence locale du corps de Jésus-Christ dedans le sacrement, et l'adoration perverse qui s'en ensuivoit, qu'ils se sont plus efforcés de ruiner le mal, que d'édifier le bien : car, combien qu'ils n'aient pas nié la vérité, toutefois ils ne l'ont pas enseignée si clairement qu'ils devoient. J'entends, qu'en mettant trop grand' peine à maintenir que le pain et le vin sont nommés corps et sang de Christ, à cause qu'ils en sont signes, ils n'ont pas regardé d'ajouter qu'ils sont tellement signes, que la vérité est conjointe avec; et ainsi, protester qu'ils ne prétendoient nullement d'obscurcir la vraie communion que nous donne le Seigneur en son corps et son sang par ce sacrement.

L'une partie et l'autre a failli en n'ayant point la patience de s'entr'écouter, afin de suivre la vérité sans affection, là où elle seroit trouvée. Néanmoins, si ne devons-nous pas laisser de penser quel est notre devoir ; c'est de n'oublier les grâces que notre Seigneur leur a faites, et les biens qu'il nous a distribués par leurs mains et par leur moyen : car si nous ne sommes pas ingrats et méconnoissans de ce que nous leur devons, nous leur pourrons bien pardonner cela et davantage, sans les blâmer ni diffamer. Bref, puisque nous les voyons avoir été et être encore en partie de vie sainte et savoir excellent, et de zèle singulier à édifier l'Église, nous en devons toujours juger et parler avec modestie et révérence ; mêmement, puisqu'il a plu en la fin à notre bon Dieu, après les avoir ainsi humiliés, de mettre fin à cette malheureuse disceptation, ou, pour le moins, de l'apaiser, en attendant qu'elle soit du tout décidée. Je dis cela pource qu'il n'y a point encore eu de formulaire publié, où fût arrêtée la concorde, comme il en seroit bien métier. Mais ce sera quand il plaira à Dieu d'assembler en un lieu tous ceux qui ont à le composer. Cependant il nous doit suffire qu'il y a fraternité et communion entre les Églises, et que tous accordent, en tant qu'il est nécessaire pour convenir ensemble, selon le commandement de Dieu. Nous confessons donc tous d'une bouche, qu'en recevant en foi le sacrement, selon l'ordonnance du Seigneur, nous sommes vraiment faits participants de la propre substance du corps et du sang de Jésus-Christ. Comment cela se fait, les uns le peuvent mieux déduire et plus clairement exposer que les autres. Tant y a que d'une part, il nous faut, pour exclure toutes fantaisies charnelles, élever les cœurs en haut au ciel, ne pensant pas que le Seigneur Jésus soit abaissé jusque là, d'être enclos sous quelques éléments corruptibles. D'autre part, pour ne point amoindrir l'efficace de ce saint mystère, il nous faut penser que cela se fait par la vertu secrète et miraculeuse de Dieu, et que l'esprit de Dieu est le lien de cette participation, pour laquelle cause elle est appelée spirituelle.

QUATRE SERMONS

DE M. JEAN CALVIN,

TRAITANT

DES MATIÈRES FORT UTILES POUR NOTRE TEMPS,

COMME ON POURRA VOIR PAR LA PRÉFACE,

AVEC BRIÈVE EXPOSITION DU PSAUME 87.

JEAN CALVIN

À TOUS VRAIS CHRÉTIENS QUI DÉSIRENT L'AVANCEMENT DU RÈGNE DE NOTRE SEIGNEUR JÉSUS-CHRIST.

Quand vous entendrez pourquoi et à quelle fin j'ai voulu publier ces sermons-ci, et que vous serez avertis de l'argument qu'ils contiennent, vous en saurez tant mieux faire votre profit, et les appliquer à tel usage que je les ai destinés. Combien que j'aie écrit par ci-devant deux traités assez amples pour montrer qu'il n'est pas licite à un chrétien connoissant la pure doctrine de l'Évangile, quand il vit en la papauté, faire semblant en façon que ce soit de consentir ou adhérer aux abus, superstitions et idolâtries qui y règnent; toutefois, il y a tous les jours gens qui m'en demandent conseil de nouveau, comme si jamais je n'en avois parlé. J'entends aussi qu'il y en a d'autres qui ne cessent d'alléguer leurs répliques et subterfuges contre ce que j'en ai écrit. Ainsi, pour couper broche, tant à ceux qui s'enquièrent de ce qui leur doit être assez connu et notoire, qu'à ceux qui se pensent couvrir d'un sac mouillé contre le jugement de Dieu, j'ai pensé qu'il seroit expédient de revoir et réduire en ordre un sermon que j'avois fait sur cette matière, duquel la somme avoit été recueillie. Par quoi ce premier sermon contient une remontrance : quelle làcheté c'est à ceux auxquels Dieu a donné à connoître la vérité de son Évangile, de se polluer ès abominations des papistes, lesquelles sont du tout contraires à la religion chrétienne, vu qu'en ce faisant ils désavouent, en tant qu'en eux est, le Fils de Dieu qui les a rachetés.

Or, pource qu'il est impossible à un homme chrétien, habitant sous la tyrannie de l'antechrist, de faire droite et pure confession de sa foi, qu'incontinent il ne soit en danger d'être persécuté, j'ai ajouté un autre second sermon pour exhorter tous fidèles de priser plus l'honneur et service de Dieu que leur propre vie, et pour les fortifier contre toutes tentations. Et de fait, ce que beaucoup trouvent étrange qu'on ne leur permette point de se déguiser et contrefaire, n'est pas qu'ils ne soient convaincus que le devoir des enfants de Dieu est de l'adorer lui seul en rondeur et simplicité, se retirant de toutes pollutions et idolâtries ; mais c'est pource qu'ils voient qu'ils ne peuvent faire office de chrétiens, qu'ils n'enflambent la rage des malins contre eux. Or, ils veulent fuir la croix tant qu'ils peuvent. Moi donc, voyant que la doctrine d'adorer Dieu purement seroit inutile, sinon que les hommes soient disposés à mépriser cette vie fragile et caduque pour chercher le royaume de Dieu et suivre Jésus-Christ à la croix, pour parvenir à la gloire de sa résurrection, j'ai ajouté le sermon second pour exhorter à vertu et constance ceux qui, aujourd'hui, sont par trop débiles.

Le troisième sermon est pour déclarer quel trésor c'est d'avoir liberté, non-seulement de servir purement à Dieu et faire confession publique de sa foi, mais aussi d'être en Église bien réglée et policée, où la parole de Dieu se prêche, et où les sacrements s'administrent comme il appartient ; attendu que ce sont les moyens par lesquels les enfants de Dieu se peuvent confermer en la foi, et sont incités à vivre et mourir en obéissance de lui. Or, il m'a semblé que cet argument étoit aujourd'hui bien nécessaire, pource qu'il y a beaucoup de chrétiens imaginatifs qui se moquent de ceux qui prennent peine de venir en pays étrange et lointain pour jouir d'une telle liberté.

Mais pour ce que plusieurs sont tenus et empêchés de poursuivre ce bien que Dieu estime tant, pour le trop grand regard qu'ils ont à leur aise et commodité, ou bien pour la crainte et doute qu'ils ont que rien leur défaille ; et les autres sont si délicats, que si tout ne leur vient à souhait, ils se plaignent et murmurent, ou même se débauchent ; j'ai ajouté un quatrième sermon pour remontrer aux chrétiens qu'ils doivent être munis contre tous scandales, et porter patiemment toutes fâcheries qui leur pourront advenir, moyennant que Dieu leur fasse cette grâce de les entretenir en sa maison. Ainsi, la somme du quatrième sermon est, quand nous avons le privilége d'ouïr la parole de Dieu purement prêchée, d'invoquer son nom et user des sacrements, que cela est bien pour récompenser tous les ennuis, troubles et molestes que Satan pourra susciter contre nous.

J'ai mis en la fin une brève exposition du psaume octante-septième, laquelle me semble venir à propos ; car là il est traité de la restauration de l'Église de Dieu. Or, nous en voyons aujourd'hui plusieurs qui se décomposent, la voyant ainsi désolée qu'elle est, comme si elle devoit du tout périr bientôt. Telles gens, et en général tous fidèles, trouveront ici de quoi se consoler, voyant l'espérance que Dieu donne de remettre au-dessus son Église, après avoir été abattue pour un temps, et la faire prospérer et fleurir, après qu'elle aura été misérable selon le monde. Je prie notre bon Dieu que je n'aie point travaillé en vain, mais que vous soyez édifiés par mon labeur, selon que je le désire. De Genève, ce vingtième de septembre 1552.

SERMON

Je ne communiquerai point à leurs sacrifices de sang, et leurs noms ne
passeront point par ma bouche.

Nous avons ici à traiter une doctrine assez claire et facile,
moyennant que la plupart de ceux qui se disent fidèles ne cher-
chât point je ne sais quelles subtilités pour couvrir son mal.
La somme est, qu'après avoir connu le Dieu vivant pour notre
père, et Jésus-Christ pour notre rédempteur, nous devons dédier corps et âme à celui qui, par sa bonté infinie, nous a adoptés
pour ses enfants ; et mettre peine à faire hommage à ce bon
Sauveur de ce qui lui a coûté si cher ; et pour tant que nous
avons non-seulement à renoncer à toute infidélité, mais aussi à
nous séparer de toutes superstitions qui sont contraires tant au
service de Dieu qu'à l'honneur de son Fils, et lesquelles ne se
peuvent accorder avec la pure doctrine de l'Évangile et la vraie
confession de foi. J'ai dit que cette doctrine est assez facile de
soi, et qu'il ne resteroit qu'à la bien pratiquer, n'étoit que
beaucoup de gens cherchent des petites cautelles pour n'être
point vus coupables en ce qui est tant et plus condamné par
la bouche de Dieu. Cela fait que nous sommes contraints de
nous arrêter davantage à montrer ce qui en est, afin que chacun
connoisse quel est son devoir, et que nul ne s'abuse, cuidant
être échappé par se couvrir d'un sac mouillé. Mais pource
qu'aucuns pensent que ce soit un argument superflu quant à
nous, qui avons, par la grâce de Dieu, nos Églises purgées des
infections et idolâtries de la papauté ; devant que passer outre,
il est bon de montrer que telles gens faillent lourdement ; car,
en premier lieu, quand il nous est montré quelle offense c'est
de nous polluer avec les idolâtres, faisant semblant de consentir
ou adhérer à leurs impiétés, nous sommes avertis de gémir pour
nos fautes passées, et en demander pardon à Dieu avec toute

humilité, et sur cela reconnoître le bien inestimable qu'il nous
à fait, en nous retirant d'une telle fange où nous étions plongés ; car, nous ne pouvons pas trop magnifier une telle grâce.
Et pource que nous ne savons pas ce qui nous peut advenir,
et à quoi Dieu nous réserve, il est bon que nous soyons prémunis d'heure, afin qu'en quelque lieu que nous venions, ou de
quelques tentations que nous soyons assaillis, nous ne décli-
nions point de la pure parole de Dieu. Il y en peut avoir plusieurs en la compagnie qui ont à faire voyages au pays des papistes. Ceux-là, étant au combat, ont besoin d'être armés.
D'autre part, si Dieu nous donne aujourd'hui liberté de le servir purement, nous ne savons pas combien c'est. Prenons donc
le temps auquel nous sommes en repos, non pas comme s'il
nous devoit toujours durer, mais comme une trêve en laquelle
Dieu nous donne loisir de nous fortifier, afin qu'étant appelés à
faire confession de notre foi, nous n'y soyons point nouveaux
par faute d'y avoir pensé en temps opportun. Cependant, nous
avons aussi à penser à nos pauvres frères qui sont sous la
tyrannie de l'antechrist, afin d'avoir pitié d'eux, et prier Dieu
qu'il les fortifie en telle constance qu'il la demande par sa parole. Puis, aussi, nous avons à les solliciter, afin qu'ils ne s'en-
dorment et ne se flattent point, mais plutôt qu'ayant connu leur
devoir, ils s'efforcent à donner gloire à Dieu. Car, ce n'est pas
seulement pour nous que nous sommes enseignés, mais afin que
chacun, selon la mesure de sa foi, départisse à ses prochains de
ce qui lui a été montré en l'école de Dieu. Nous voyons donc
qu'il est utile, voire nécessaire tant pour nous que pour nos
frères, que la mémoire de cette doctrine nous soit souvent
rafraîchie, et surtout quand le texte que nous avons à exposer
nous mène là, comme en ce passage David fait une grande
protestation et comme un vœu solennel de ne jamais participer aux sacrifices des idolâtres, même d'avoir les idoles en telle
haine et détestation, qu'il s'abstiendra de les nommer, comme
s'il polluoit sa bouche en les nommant. Ceci n'est pas le fait
particulier d'un homme, mais l'exemple de David est une règle
générale à tous enfants de Dieu. Toutefois, afin que cela nous
soit connu plus clairement, et qu'aussi nous en soyons mieux

touchés, notons la raison qu'il ajoute, laquelle est comme le fondement de l'horreur qu'il a de se mêler parmi les idolâtres. « Le Seigneur, dit-il, est mon héritage. » Ceci n'est-il pas commun à tous fidèles? Pour le moins, il n'y a celui qui ne s'en glorifie; et de fait, il est bien certain que Dieu s'étant une fois donné à nous en la personne de son Fils, journellement nous convie, afin que nous le possédions. Mais il y en a bien peu qui soient affectionnés en cet endroit, comme la chose le mérite; car nous ne pouvons posséder Dieu qu'à cette condition, que nous soyons aussi du tout siens. C'est donc à bon droit que David se fonde sur ce thème, puisque Dieu est son héritage, qu'il s'abstiendra de toutes pollutions des idoles, lesquelles nous détournent et aliènent de lui. Voilà pourquoi le prophète Isaïe, après avoir reproché aux juifs qu'ils s'étoient abandonnés à des faux dieux qu'ils s'étoient forgés, ajoute: « Ceux-là soient ta portion », signifiant par ces mots que Dieu quitte toute alliance aux idolâtres, et les prive et déshérite du bien infini qu'il leur avoit fait en se donnant à eux. Quelqu'un répliquera qu'il est là traité de ceux qui se fient aux idoles et s'y abusent par incrédulité. Je le confesse; mais je réponds, au contraire, que si ceux qui attribuent du tout l'honneur de Dieu aux idoles sont pleinement retranchés de lui, ceux aussi pour le moins s'en égarent en partie, qui, par crainte et infirmité, feignent de consentir aux superstitions. Car on ne peut en quelque façon que ce soit, ni de cœur, ni de maintien, ni de volonté, ni par semblant, s'approcher des idoles, qu'on ne se recule autant loin de Dieu. Par quoi ayons cet article résolu, que ceux qui cherchent vraiment et en pureté de cœur de posséder Dieu pour leur héritage, n'auront nulle accointance aux idoles, avec lesquels il a un tel divorce, qu'il veut que tous les siens leur fassent guerre mortelle. Et notamment David exprime en ce passage qu'il ne participera point à leurs offrandes, et que leurs noms ne passeront point par sa bouche. Il pouvoit bien dire : Je ne m'abuserai point aux sottes dévotions des incrédules; je ne mettrai point ma confiance en tels abus; je ne laisserai point la vérité de Dieu pour suivre tels mensonges. Il ne parle pas ainsi; mais qu'il ne se mêlera point parmi leurs cérémonies. Il proteste donc de se maintenir en pureté de corps comme d'âme quant au service de

Dieu. En premier lieu, nous avons ici à voir si c'est idolâtrie de montrer par signes extérieurs qu'on s'accorde aux superstitions par lesquelles le service de Dieu est corrompu et perverti. Ceux qui nagent entre deux eaux allèguent, puisque Dieu veut être adoré en esprit, qu'on ne peut adorer les idoles sans y avoir sa confiance. Mais la réponse est facile, que Dieu ne veut pas être adoré tellement en esprit, qu'il quitte le reste comme s'il ne lui appartenoit point; car il est parlé en assez d'autres passages de ployer les genoux devant lui et de lever les mains au ciel. Quoi donc! le principal service qu'il demande est bien spirituel, mais la déclaration que font les fidèles que c'est lui seul qu'ils servent et honorent vient après, et doit être conjointe quand et quand. En l'instance qu'ils font du mot, un seul passage suffira pour les rédarguer. Il est écrit au second chapitre de Daniel, que Sidrach, Misach et Abdenago, refusant à Nabuchodonosor de faire semblant de consentir à la superstition qu'il avoit dressée, déclarent qu'ils n'adoreront point ses dieux. Si ces bons sophistes eussent là été, ils se fussent moqués de la simplesse de ces trois serviteurs de Dieu. Car ils eussent dit : Pauvres gens, ce n'est pas adorer, quand vous n'y ajoutez point foi; l'idolâtrie n'est sinon quand il y a dévotion. Mais ces saints personnages ont suivi un meilleur conseil. Et de fait, cette réponse ne vient point de leur cerveau, mais c'est le Saint-Esprit qui pousse leur langue, auquel si nous ne voulons résister, il nous convient prendre de ce passage une règle et définition, que c'est une vraie espèce d'idolâtrie quand on commet acte extérieur répugnant au vrai service de Dieu, encore que ce ne soit que par feintise. Ces hypocrites ont beau caviller: ce n'est point idolâtrie, puisque nous n'y avons point notre fiance. Si demeureront-ils condamnés par cette sentence que le grand Juge en a prononcée. Or, telles gens débattent du mot, prétendant seulement d'amoindrir en partie la faute, laquelle ils ne peuvent du tout excuser. Ils confesseront bien que c'est mal fait; mais ils voudroient qu'on estimât tel acte quasi un péché véniel. Or, quand on leur accorderoit du nom ce qu'ils demandent, si n'auroient-ils guère gagné. Prenons le cas qu'on n'appelle point idolâtrie un tel semblant d'adorer les idoles, ce ne laissera point

19

d'être une déloyauté contre Dieu, un acte répugnant à la confession de foi, une pollution et un sacrilége. Je vous prie, quand l'honneur de Dieu est violé, que nous lui faussons la promesse que lui avons donnée, que nous sommes si lâches de renoncer obliquement notre chrétienté, que nous sommes doubles et nous polluons ès choses que Dieu a maudites, est-ce pour torcher notre bouche et dire que nous avons fait une petite faute? Otons donc tels subterfuges, voyant qu'ils ne nous servent qu'à nous rendre plus hardis au mal, sans diminuer notre coulpe. Il y en a d'autres qui sont plus effrontés, car non-seulement ils tâchent, en déguisant le mot, de faire accroire que ce ne soit pas un péché si grand ni si énorme, mais ils maintiennent à pur et à plat que ce n'est point péché. C'est assez, disent-ils, que Dieu soit servi de cœur. Oui bien, si le cœur n'étoit pas double. Car, quand il y a vraie intégrité, le corps ne tirera point au rebours. Je leur demande que c'est qui porte leurs pieds au temple quand ils vont ouïr la messe : les jambes ne se remueront jamais de leur propre mouvement. Ils sont donc convaincus qu'ils ont quelque affection de servir aux idoles, voire en tant qu'ils désirent de complaire aux ennemis de la vérité, et que leur vie leur est plus précieuse que l'honneur de Dieu. Mais encore, leur impudence est par trop lourde, tellement que j'ai honte de disputer à l'encontre, comme s'il y avoit quelque couleur. Si le faut-il faire néanmoins, vu qu'ils s'y plaisent tant et y sont comme enivrés. C'est assez, ce leur semble, que Dieu soit adoré en esprit. A qui sera donc le corps? Saint Paul nous exhorte à porter le Seigneur en tous les deux, pource qu'ils sont à lui. Dieu a créé le corps, et il sera permis d'en faire hommage au diable? Il vaudroit mieux qu'ils se déclarassent tout outre manichéens, niant que Dieu soit créateur de l'homme total. S'ils avoient le moindre goût du monde de l'Évangile, jamais ils ne se déborderoient en telle licence ; car ils montrent qu'ils ne savent que c'est d'avoir été rachetés par le sang du Fils de Dieu. Qu'ainsi soit, comment espérons-nous la résurrection de la chair, sinon d'autant que Jésus-Christ est rédempteur des corps et des âmes? Saint Paul nous avertit que nous ne devons être serfs des hommes, puisque nous avons été achetés si chèrement. Celui donc qui s'adonne au service des idoles

ne foule-t-il point aux pieds le sang de Jésus-Christ, qui est le
prix de la gloire immortelle que nous attendons en nos corps?
Et quel propos y a-t-il que nos corps soient souillés et profanés
devant les idoles, puisque la couronne de vie leur est promise
au ciel? Est-ce le moyen d'entrer au royaume céleste de Dieu,
que de nous vautrer au bordeau de Satan? Davantage, ce n'est
pas en vain qu'il est dit que nos corps sont temples du Saint-Esprit. Par quoi ceux qui ne connoissent qu'on les doit garder en
toute sainteté, montrent assez que jamais ils n'ont rien entendu
de l'Évangile. Ils montrent aussi qu'ils ne savent que c'est de
Jésus-Christ, ni de sa grâce. Car quand il est dit que nous sommes os de ses os, et chair de sa chair, c'est bien pour montrer
que nous sommes conjoints à lui de corps et d'âme. Et pourtant,
on ne peut souiller son corps en quelque superstition, qu'on ne se
prive de cette union sacrée, par laquelle nous sommes faits
membres du Fils de Dieu. Que ces docteurs subtils me répondent
s'ils ont reçu le baptême seulement en leurs âmes. Dieu n'a-t-il
pas ordonné que ce signe fût engravé en notre chair? Le corps
donc, auquel la marque de Jésus-Christ a été imprimée, doit-
il être pollué aux abominations contraires? La Cène se reçoit-elle
seulement de l'âme, et non pas aussi des mains et de la bouche?
Dieu met les armoiries de son Fils en nos corps, et nous les
souillerons de fange et d'ordure? Il n'est pas licite d'imprimer
des coins en une pièce d'or, ou de mettre en un instrument public des sceaux contraires l'un sur l'autre; et l'homme mortel se
donnera congé de falsifier le baptême et la sainte Cène de Jésus-Christ, et dira qu'il n'y a nul mal? Telles gens seroient dignes
que leurs serviteurs leur fissent accroire qu'ils ont bien le cœur
à les servir, en dormant et se gaudissant, et ne remuant point
un seul doigt pour rien faire. S'ils allèguent que ce n'est pas
tout un, d'autant que nous avons à faire du service de ceux qui
sont sous nous, je réponds : puisque Dieu, sans en avoir besoin,
nous veut employer à son honneur, que c'est une grande honte
qu'en faisant tout au rebours nous veuillions être quittes envers
lui ; et encore une plus grande honte qu'un ver de terre et une
charogne veuille avoir plus de prééminence que son Créateur. Il
faut encore parler plus grossement à telles bêtes. Ils disent qu'il

leur est licite de se contrefaire entre les papistes. Qui est-ce donc qui leur donne le pain qu'ils mangent là? et qui est-ce qui fait fructifier la terre? S'ils ne peuvent nier que Dieu les nourrisse là comme ailleurs, pourquoi feront-ils hommage au diable de leurs corps? S'ils étoient chrétiens, j'userois de raisons plus hautes, à savoir, en leur demandant pourquoi c'est que nous vivons ici-bas. Mais c'est pitié que ceux qui veulent par leurs cautelles se jouer avec Dieu, s'abrutissent tellement qu'il les faut manier comme gens insensés. Il leur semble que c'est assez d'avoir dit qu'ils ne font rien en cet endroit que par crainte. Mais si cette couleur avoit lieu, il faudroit dire que Joseph n'eût point mal fait de paillarder avec sa maîtresse, ne cherchant point sa volupté, mais seulement pour céder à la force qu'elle lui faisoit. C'eût donc été follement fait à lui de tant souffrir et s'exposer en tel diffame, vu qu'il avoit moyen d'échapper. Mais il nous convient plutôt tenir au témoignage du Saint-Esprit, lequel loue sa constance. Si on ne fait point mal en idolâtrant pour éviter la rage des papistes, celui qui sera maquereau de son maître n'offensera point. Un homme sera excusé quand il empoisonnera son prochain ou qu'il fera quelque trahison pour craindre d'offenser celui auquel il est sujet. C'est trop insister sur cet article-là auquel, comme j'ai dit, il n'y a nulle difficulté ni scrupule. Mais il est bon qu'on voie en quelle confusion tombent ceux qui, par leurs finesses, cuident échapper du jugement de Dieu. Il y en a qui usent aujourd'hui d'une autre échappatoire; car, en confessant que c'est une chose détestable de se mêler avec les idolâtries des païens, ils ne veulent pas que cela s'étende aux superstitions de la papauté. Comme si toutes les impiétés des païens n'avoient pas été corruptions du vrai service de Dieu. D'où est-ce, je vous prie, que les païens ont tiré toutes leurs cérémonies, sinon des saints pères? Le mal a été qu'ils ont abâtardi ce qui étoit bien institué de Dieu. Tant y a que toutes les abominations qui ont jamais été au monde ont eu cette belle couverture du nom de Dieu et de religion; mais cela n'a pas fait qu'elles fussent pourtant justifiées, ni que les fidèles y pussent participer. Passons outre. Combien que j'accorde à ceux ici qu'il y ait différence entre l'idolâtrie des papistes et celle des païens du temps passé, si est-ce qu'ils ne pourront pas nier que Dieu n'ait aussi étroitement défendu au peuple ancien l'idolâtrie de Bethel comme des pays étrangers. Quand les veaux sont dressés en Dan et en Bethel, c'est sous couleur du nom de Dieu, voire de celui qui a retiré son peuple d'Égypte. Mais pour ce que le service qui là est établi répugne à la doctrine de la loi, Dieu condamne tous ceux qui s'iront là polluer. Ce sont choses bien autant incompatibles, la Cène de Jésus-Christ et la messe papale, comme les sacrifices de Moïse et de Jéroboam. Par quoi, d'où viendra cette dispense, d'aller à la messe, sous ombre que c'est un déguisement de la Cène de Jésus-Christ? Au contraire, je dis que ceux qui craignent vraiment Dieu la doivent avoir en double détestation, puisqu'elle profane plus ouvertement la sainte ordonnance du Fils de Dieu, que si elle n'étoit pas dressée ainsi à l'opposite d'icelle. Tenons donc en somme cette règle, que toutes inventions humaines qui sont dressées pour corrompre la simple pureté de la parole de Dieu, et renverser le service qu'il demande et approuve, sont vrais sacriléges, auxquels l'homme chrétien ne peut participer qu'en blasphémant Dieu, c'est-à-dire en foulant son honneur aux pieds. Je sais combien cette rigueur semble dure et insupportable à ceux qui voudroient qu'on les maniât selon leur appétit. Mais que veulent-ils que j'y fasse? Les connoissant ainsi délicats, je les voudrois bien épargner s'il m'étoit possible. Au reste, il faut que moi et eux passions condamnation sitôt que Dieu a parlé. Ils n'en trouvent point (comme ils disent) de plus sévère que moi. Or, je leur veux montrer que jusques ici je ne les ai traités que trop doucement. Qu'ainsi soit, ils ne se pourront pas exempter de ce que le prophète Jérémie requiert des Juifs qui étoient captifs en Babylone. Non-seulement il leur défend d'aller aux abominations des Chaldéens, ou faire semblant d'y consentir, mais il leur fait commandement exprès de montrer que ce leur est une puantise. Son propos est tel: « Vous leur direz: les dieux qui n'ont point fait le ciel et la terre périront de la terre et de dessous le ciel. » Il y a une circonstance bien à noter, que le prophète ayant écrit son livre en hébreu, couche ce verset en gros patois du pays de Chaldée, comme s'il pressoit

les Juifs de changer leur langage, afin de montrer plus clairement le discord qu'ils ont avec les idolâtres. Que nos tendrons
s'en aillent maintenant plaindre de moi, comme si j'étois trop
excessif : si est-ce que jamais je n'ai requis d'eux la moitié de ce
que fait le prophète. Or, soit que j'en parle ou que je m'en
taise, nous ne laissons pas d'être tous obligés à cette loi que Dieu
nous impose. Et de fait, ce n'est pas sans cause que Dieu, parlant à ses fidèles, leur dit : « Vous êtes mes témoins, et mon serviteur lequel j'ai élu. » Quiconque se veut approuver membre de
Jésus-Christ doit montrer que ce titre lui compète, tellement
que ceux qui ensevelissent, par leur faux semblant et hypocrisie, le témoignage de la vérité, n'ont nulle excuse. Que sera-
ce donc, je vous prie, de ceux qui toute leur vie le renversent,
comme font ceux qui, non-seulement cachent leur chrétienté
pour n'en montrer nul signe devant les hommes, mais font des
actes tout contraires à icelle? Il ne reste donc aux enfants de
Dieu qui sont au milieu de telles pollutions, sinon d'affliger
leurs âmes à l'exemple du bon Lot, voire pour contredire au
mal, selon que Dieu leur en donnera le moyen et l'opportunité.
Venons maintenant à spécifier les idolâtries qui ont aujourd'hui
la vogue. J'ai déjà touché quelque peu de la messe. Or, combien
que ce soit un blasphème si lourd et si énorme que rien plus,
toutefois, si se trouve-t-il encore des avocats de mauvaises causes
qui tergiversent en cet endroit. Veuillent-ils ou non, ils sont
contraints de confesser ce que je dis, c'est que la messe en soi
est un renoncement de la mort de Jésus-Christ, et un sacrilége
forgé par Satan pour anéantir le sacrement de la Cène. Ils
ne peuvent aussi nier que les prières qu'on fait aux saints, et
les suffrages qu'on fait pour les trépassés, ne soient autant
d'abus par lesquels l'invocation du nom de Dieu, qui est une
chose sacrée sur toutes, est profanée. Toutefois, en se mêlant en
telles ordures parmi les papistes, ils ne pensent point être coupables. Qu'y ferions-nous? disent-ils; il ne nous est pas permis
de réformer les choses que nous connoissons être mauvaises, car
nous sommes personnes privées, et ceux qui ont l'autorité publique les maintiennent; par quoi il faut que nous passions par là.
Je leur confesse tout ce qu'ils disent, mais il n'y a rien à propos.

Ce n'est pas à eux de réformer l'état commun du peuple ; nul aussi ne les en requiert : mais on les admoneste de réformer leurs personnes, ce qui est de leur office. On ne leur dit pas qu'ils purgent les temples ni les rues, mais que chacun garde son corps et son âme en pureté, et qu'ils mettent peine que Dieu soit honoré en sa maison. Ce sont deux choses bien diverses, d'abolir la messe en un pays, ou de ne s'y trouver point quand on ne peut empêcher qu'elle ne soit en usage. Ils retournent encore au refrain de leur ballade, c'est qu'ils ne renoncent point la mort et passion de Jésus-Christ, pource que leur intention n'est pas telle. Mais je leur demande que c'est qu'un chrétien confesse de bouche, sinon ce qu'il croit de cœur ? Que l'acte qu'ils font soit du tout contraire à la confession chrétienne, il est assez notoire. Ainsi, en tant qu'en eux est, ils renoncent et désavouent ce qui est de la pure foi. Je parlerai encore plus privément : la messe est un sacrifice auquel les papistes veulent offrir Jésus-Christ pour se réconcilier à Dieu. Si cela étoit vrai, Jésus-Christ, par sa mort et passion, ne nous auroit point acquis justice ni salut éternel. Qu'on fasse tant de circuits qu'on voudra, si faut-il venir au point. Tous ceux qui vont à la messe sous titre de dévotion protestent d'y consentir ; ainsi, en tant qu'en eux est, ils montrent qu'ils ne tiennent point leur rédemption parfaite de la mort de Jésus-Christ. Il y en a qui se restreignent un peu plus, c'est qu'ils ne réservent que la messe parochiale, en laquelle il leur semble qu'il y a plus de conformité avec la Cène de Jésus-Christ. Et de fait, on pourroit dire que les messes qui se disent tant par les falourdiers que par les chanoines et chapelains, et toutes celles qui sont fondées à la dévotion d'un particulier, ou qui s'achètent chacun jour, sont comme des putains de bordeau. La messe parochiale est comme une paillarde, laquelle se couvre du nom de son mari pour se tenir en réputation de femme de bien. Combien que la similitude n'est pas du tout propre ; car une paillarde mariée aura encore quelle vergogne de s'abandonner à tous venants, mais la messe parochiale est l'idolâtrie la plus commune de toutes. Tant y a que ceux ici la fardent de cette couleur, qu'elle retient encore quelque trace de la Cène de Jésus-Christ ; voire comme si un brigand valoit mieux quand il sera

revêtu de la dépouille de celui auquel il a coupé la gorge, et qu'il
sera monté sur son cheval. Nous cherchons, disent-ils, la Cène
de Jésus-Christ ; puisque nous ne la pouvons avoir pure en la
tyrannie en laquelle nous sommes, il nous faut contenter de
ce résidu, en attendant que Dieu y mette la main. Voilà une belle
excuse ! D'autant qu'ils n'ont point le droit usage et entier de la
Cène, par manière de provision, ils protestent qu'ils ne tiennent
point Jésus-Christ pour sacrificateur éternel et unique, et qu'ils
cherchent toutes les semaines un nouveau sacrifice pour effacer
leurs péchés ; car tout cela est en la messe parochiale autant
qu'en une messe de saint Nicolas ou des trépassés. Ils font semblant d'adorer une idole, et se vantent de chercher Jésus-Christ ;
et afin qu'ils ne combattent point contre Dieu sans épée ni bouclier, ils mettent en avant l'autorité de cettui-ci et de cettui-là,
comme si l'absolution d'un homme les exemptoit qu'ils ne
soient condamnés de Dieu. Je laisse à dire qu'ils ne font que
mentir en amenant ceux qu'ils amènent pour leurs avocats.
Même qu'ainsi fût qu'un saint personnage eût pour un temps
pensé que ce ne fût pas si grand mal d'aller à la messe parochiale, si depuis il a connu ce qui en étoit, tant plus de foi
doit-on ajouter à la condamnation qu'il en aura faite après,
d'autant qu'on voit que la vertu de Dieu l'a contraint à cela,
et qu'il s'est trouvé vaincu en ce qu'il tenoit auparavant. Mais que
faut-il ici barbouiller ? Cuident-ils rembarrer Dieu par l'opinion
ou le dire d'un homme mortel ? Nous savons qu'il n'y a que
la seule vérité qui règne en son jugement sans acception de
personne. Or, le fait est tel, que la messe parochiale est instituée pour sacrifier Jésus-Christ, et faire appointement avec
Dieu tant pour les vivants que pour les morts, et qu'un morceau de pain est là adoré comme si c'étoit le Fils de Dieu. Je
n'épluche point les choses par le menu ; il y a mille autres infections, mais je prends seulement le plus gros. Que ceux qui
font semblant d'y accorder lavent leurs mains tant qu'ils voudront, si ne seront-ils pas à la fin plus justes que Pilate. Mais
c'est merveille que ces bons parochiens, quand ce viendra à
Pâques, vont chercher une chapelle à l'écart, où quelque moine
demi-chrétien leur fera une cène bâtarde. Si la messe parochiale

approche, comme ils disent, de la Cène de Jésus-Christ, pourquoi ne s'y tiennent-ils? Mais quand ils y auront été tous les dimanches de l'an pour bien participer au sacrement de la Cène, ils la renoncent : combien qu'il ne se faut point trop ébahir d'une telle inconstance; car c'est le vrai payement de tous ceux qui ne sont point fondés en la vérité de Dieu, et Dieu se venge d'eux, faisant qu'ils soient toujours en branle, et qu'ils se contrarient eux-mêmes en ce qu'ils font. Touchant d'une telle Cène fardée, je sais bien qu'à leur fantaisie, on leur fait un grand tort de la réprouver; mais qu'y pouvons-nous, puisqu'elle ne convient point à la règle du maître? Je ne la condamne pas pource qu'elle se fait en cachette, car je sais que jamais la Cène ne s'est mieux faite ni plus saintement que quand les disciples se sont retirés en secret pour la faire, à cause de la tyrannie des ennemis. Mais il y a ici deux vices insupportables : l'un est que ceux qui bâtissent une telle singerie de Cène font semblant d'y avoir leur messe, et veulent qu'on le pense ainsi; le second est que le beau père duquel ils la reçoivent, la leur donne, non pas comme pasteur chrétien, mais en qualité de prêtre papal. Ils pensent avoir bonne défense en disant que leur chanteur de messe n'a pas intention de leur faire adorer ni le pain ni le vin, qu'il laisse le canon où sont les plus grandes impiétés, et qu'il donne le sacrement à toute la compagnie sous les deux espèces. Mais quand ce viendra devant le grand Juge, ils sentiront ce qu'ils auront gagné avec toutes telles couvertures. Même ils le doivent déjà sentir, et je m'en rapporte aux pointes et piqûres qu'ils en ont en leur conscience, et c'est là où il faut que ce procès se vide; car sans faire plus longues enquêtes, ils savent ce qu'ils prétendent de montrer tant aux ennemis de Dieu qu'à tout le commun peuple. Il faudroit que Dieu se renonçât pour approuver un acte de telle profession. Quand tous les hommes de la terre auroient conspiré ensemble pour les justifier, si est-ce que le plus habile d'eux ne se pourra jamais absoudre qu'il ne cloche des deux côtés. Or, Dieu a déclaré par son prophète qu'on ne lui fera jamais trouver une telle clochure bonne. Quant à l'homme qu'ils prennent pour ministre de leur Cène, c'est une moquerie de le vouloir faire capable d'un tel office. Voire, mais la vertu des sacrements, disent-ils, ne dépend point de la dignité des personnes. Je le confesse, et dis plus outre, que si un diable administre la Cène, elle n'en sera point pire, et, au contraire, si un ange chantoit la messe, qu'elle n'en vaudroit rien mieux. Mais nous sommes à cette heure sur une autre question, à savoir, si les ordres du pape conférés à un moine le rendent idoine à faire office de pasteur. S'ils répliquent qu'ils n'entendent pas que cela y fasse rien, et qu'ils ne le choisissent pas en telle qualité, la chose montre le contraire. Prenons le cas quant à eux qu'il ne leur en chaille; si ai-je toujours à insister sur la profession extérieure qu'ils font : or, il appert qu'ils se couvrent d'un masque de prêtre. Pour dûment célébrer la Cène du Seigneur, il leur convenait se séparer du rang des idolâtres, à ce qu'ils n'eussent en cela rien de commun avec eux. Au lieu de ce faire, ils se vont comme immatriculer, et font semblant d'être un membre du corps. Et sur cela, ils nous feront ressembler aux hérétiques anciens qui ont condamné l'usage des sacrements pour les vices des hommes, comme si nous regardions aux vices particuliers, et non plutôt à l'état. Je passe ceci brièvement; mais si peu que j'en touche, n'est que trop pour convaincre une impudence si vilaine. Toutefois, s'ils sont si hébétés que de n'en rien sentir, la parole de Dieu nous doit suffire, comme quand le Seigneur dit par Jérémie : « Israël, si tu te convertis, retourne-toi à moi. » Lesquels mots expriment en quelle simplicité nous devons procéder avec Dieu, sans tourner à l'entour du pot. Et voilà pourquoi saint Paul proteste qu'il est envoyé pour convertir les infidèles de leurs vanités au Dieu vivant; comme s'il disoit que ce n'est rien fait de changer un mal accoutumé à des autres feintises, mais qu'il faut rondement abolir les superstitions, afin que la vraie religion soit établie en sa pureté; car, sans cela, les hommes ne viennent point droit à Dieu, mais chancellent et varient, ne sachant de quel côté ils se doivent tourner. Il y en a d'autres qui viennent jusque-là de quitter la messe, mais ils voudroient bien retenir quelques autres lopins de ce qu'on appelle service de Dieu, afin de n'être point tenus (comme ils disent) du tout pour gens profanes. Et possible qu'il y en a qui y vont de

bonne affection ; pour le moins je suis content de le croire ; mais
quelques désirs qu'ils aient, si n'est-ce pas à dire qu'ils y tiennent droite règle, ni bonne mesure. Aucuns diront : Nous pouvons bien aller aux baptêmes, car il n'y a point d'idolâtrie manifeste ; comme si le sacrement n'étoit pas là barbouillé en tant
de sortes, qu'il semble que Jésus-Christ soit encore en la maison
de Pilate, pour être souffleté et exposé à tout opprobre. Au reste,
sur ce qu'ils disent que c'est pour montrer qu'ils ne sont pas
gens sans religion, qu'on en demande à leurs consciences, elles
répondront que c'est pour contenter les papistes, et faire la mine
afin d'éviter persécution. Les autres épient le temps pour ne
point rencontrer de messes, et toutefois viennent au temple, afin
qu'on pense qu'ils y ont été. Aucuns se réservent seulement les
vêpres pour leur part. Mais je voudrois bien savoir d'eux, s'ils
n'estiment rien qu'on encense les idoles, qu'une prière solennelle
soit fondée sur l'intercession et mérite de quelque saint ; qu'on
chante le *Salve Regina*, une chose tant farcie de blasphèmes
exécrables et diaboliques. Je laisse encore à dire que le chant,
tel qu'il est, en langage inconnu, est une profanation toute patente de l'Écriture sainte et des louanges de Dieu ; comme saint
Paul en traite au quatorzième de la *première aux Corinthiens*.
Qu'on leur pardonne cette dernière faute, s'ils vont à vêpres pour
donner quelque approbation de leur chrétienté, ce sera surtout
aux grandes fêtes. Là, il se fera encensements solennel aux principaux idoles, qui est une espèce de sacrifice, comme l'Écriture
le montre. Et aussi, c'étoit la façon commune qu'avoient les
païens de faire renoncer Dieu aux infirmes, et voilà sur quelle
querelle la plupart des martyrs ont souffert la mort ; c'est qu'ils
n'ont point voulu faire parfums et encensements aux idoles.
Ceux-ci, en allant flairer l'odeur des encensoirs, se vont infecter
en la pollution qui s'y commet, et leur semble qu'on leur doit
caler cela ; mais je les prie, au nom de Dieu, qu'ils notent bien
ce qui est ici dit : que les idoles doivent être en si grande détestation à l'homme fidèle, qu'ils ne lui passent point par la langue,
de peur de la souiller. Ce mot, certes, nous doit bien faire retirer
de tout ce qui nous enveloppe parmi les pollutions des idolâtres.
Or, pour parler franchement de tous ceux qui, en voulant

moyenner entre Dieu et le diable, sont doubles, je ne puis trouver comparaison plus propre pour les peindre au vif que celle d'Esaü ; car, quand il voit qu'Isaac son père envoie Jacob en Mésopotamie pour prendre femme, d'autant que celles du pays de Chanaan déplaisoient à lui et à Rebecca, sa femme, jusques à la fâcher mortellement; pour satisfaire en partie à ses parents, il prend bien femme nouvelle, mais il ne quitte point celle qu'il avoit déjà. Il retient donc le mal, duquel Isaac se plaignoit, mais, pour le radouber tellement quellement, il mêle ce mariage nouveau. Ainsi ceux qui sont tellement entortillés au monde, qu'ils ne peuvent pas suivre ce que Dieu commande, feront beaucoup de mélinges, et brasseront des potages de diverses guises, pour se conformer aucunement à la volonté de Dieu. Mais cependant, ils ne laissent pas de retenir toujours quelque corruption, en sorte que tout ce qu'ils font n'est ni pur ni droit. Je sais bien qu'il y a beaucoup de pauvres âmes en perplexité, lesquelles, sans hypocrisie, désirent de cheminer droit; et toutefois, ne se peuvent dépêcher de beaucoup de scrupules. De quoi je ne m'étonne point, attendu l'horrible confusion qui est en la papauté. Même, j'ai bien pitié de ceux qui cherchent les moyens de pouvoir servir à Dieu, et de s'entretenir, si possible étoit, entre les ennemis de la foi. Mais quoi? Je ne saurois que faire ni aux uns ni aux autres, sinon de leur montrer en quoi ils faillent, afin qu'ils y remédient. Si on me vient demander ceci et cela par le menu, je renvoyerai tels enquêteurs à la règle générale que je tiens de Dieu. Je dis ceci, pource qu'il y en a de si importuns, que jamais ce ne seroit fait avec eux, si on vouloit répondre à toutes leurs difficultés. Telles gens, à bon droit, pourroient être accomparés à ceux qui, après avoir ouï un sermon où ils sont exhortés de s'accoutrer modestement, sans superfluité ni pompe, voudroient bien que le prêcheur leur taillât leurs chausses et leur cousît leurs souliers. Qu'est-il donc de faire ? Nous avons en tout ceci un but certain auquel il nous faut tendre; c'est que le zèle de la maison de Dieu nous ronge le cœur, et que nous prenions sur nous les opprobres qui sont faits à son nom. Quand un tel zèle sera bien allumé en nos cœurs, et non pas comme un feu d'étoupes, mais pour y ardre incessamment, tant s'en faut

qu'il nous souffre faire semblant d'approuver les abominations
auxquelles Dieu est déshonoré, qu'il nous sera impossible de
nous taire et dissimuler en les voyant. Et notons bien qu'il est
dit : « Le zèle de la maison de Dieu », afin que nous sachions
que cela se rapporte à l'ordre extérieur qui est en l'Église, pour
nous exercer en la confession de notre foi. Il ne me chaut des
moqueurs qui disent que nous en parlons bien à notre aise ; car
ce n'est point à moi qu'ils s'attachent, d'autant qu'il n'y a rien
ici de mon crû, comme on le voit. Autant en dis-je de tous ces
philosophes, qui en prononcent leur sentence sans savoir comment ; car, puisqu'ils ne veulent écouter Dieu, lequel parle à
eux pour les enseigner, je les ajourne devant son siége judicial,
là où ils orront sa sentence, contre laquelle il ne sera plus question de répliquer. Puisqu'ils ne daignent maintenant l'ouïr
comme maître, ils le sentiront alors juge en dépit de leurs dents.
Les plus habiles et les plus rusés se trouveront ici trompés en
leur compte : qu'ils soient stylés tant qu'ils voudront à renverser
ou obscurcir le droit, leurs chaperons fourrés auxquels ils se
mirent, et en s'y mirant s'aveuglent, ne leur donneront point la
cause gagnée. Je dis ceci, pource que messieurs les conseillers,
juges et avocats, non-seulement entreprennent de plaider contre Dieu, pour avoir privilége de se moquer de lui, mais, en rejetant toute l'Écriture sainte, dégorgent leurs blasphèmes comme
des arrêts souverains ; et tels marmousets seront si orgueilleux,
qu'après qu'ils auront dit le mot, ils ne pourront souffrir que
raison ni vérité ait lieu. Si est-ce qu'en passant je leur annonce
qu'il vaudroit beaucoup mieux qu'ils pensassent quelle horrible
vengeance est apprêtée à tous ceux qui convertissent la vérité
en mensonge. Que les docteurs de chambre et de table ne prennent point ici un degré trop haut pour eux, c'est de gergonner
contre le Maître céleste, auquel il nous convient tous donner
audience. Les beaux titres ne feront ici rien pour exempter personne, sinon que messieurs les abbés, prieurs, doyens et archi-
diacres seront contraints de mener la danse en la condamnation
que Dieu fera. Si messieurs les courtisans ont accoutumé de contenter les hommes par leur eau bénite, qu'ils n'attentent pas de
faire le semblable à Dieu. Que tous gaudisseurs se déportent de

donner leurs coups de bec, et jeter leurs brocards accoutumés,
s'ils ne veulent sentir la main forte de celui à la parole duquel ils
devoient trembler. C'est un abus trop lourd de se faire accroire
qu'en me prenant à partie, ils n'auront plus Dieu pour juge.
Qu'ils raclent mon nom de leurs papiers en cette matière, d'autant que je ne prétends sinon que Dieu soit écouté et obéi, et non
pas de gouverner les consciences à mon appétit, ni de leur imposer nécessité ou loi. Quant aux autres, qui ne rejettent point
la parole de Dieu en telle fierté, et cependant toutefois sont si
infirmes et lâches qu'on ne les peut faire bouger, je les exhorte
qu'ils pensent un peu mieux à eux, pour ne se plus flatter comme
ils ont fait. Qu'ils ouvrent les yeux et se réveillent pour voir et
sentir leur mal. Je sais les difficultés èsquelles ils sont, et je ne
leur parle pas aussi de servir purement à Dieu entre les idolâtres,
comme d'une chose facile; mais si la vertu leur défaut, qu'ils
recourent à Dieu, afin qu'il les fortifie, et qu'ils apprennent à
préférer sa gloire à toutes choses du monde. Je désire que tous
les pauvres fidèles, qui sont en la papauté, entendent ceci;
comme le prophète Jérémie, étant en Jérusalem, envoyoit cette
même leçon au peuple qui étoit détenu captif en Babylone. Si la
tyrannie du pape et des siens est dure et cruelle, les Juifs de ce
temps-là en avoient bien leur part; et toutefois il leur est commandé de dépiter l'idolâtrie de Chaldée, au propre gergon du
pays; car, ce n'est pas raison, que la tyrannie des hommes
rompe ou diminue le droit que Dieu a d'être honoré de nous. Il
n'y a ici exemption ni privilége pour grands ou pour petits, pour
riches ou pauvres. Que tous donc ploient le col; que le pauvre
craigne, de peur que s'il dit : Je ne sais que faire, Dieu ne lui
réponde : Je ne sais aussi que faire de toi. Que les riches ne s'en-
ivrent pas en leurs aises, comme en croupissant sur leur lit;
mais plutôt qu'ils apprennent, à l'exemple de saint Paul, de tenir pour ordure et dommage tout ce qui les divertit ou retarde
de vivre chrétiennement. Cependant, n'oublions pas aussi, de
notre côté, ce que j'ai touché au commencement, c'est que nous
appliquions ceci à notre instruction, pour être toujours prêts,
quelque part que nous soyons transportés, ou quelque chose qui
nous advienne, de persister en la pure confession de notre foi,

détestant toutes superstitions, idolâtries et abus qui contrarient
à la vérité de Dieu, obscurcissent son honneur, et renversent son
service.

LE SECOND SERMON,

CONTENANT EXHORTATION A SOUFFRIR PERSÉCUTION POUR SUIVRE
JÉSUS-CHRIST ET SON ÉVANGILE, SUR LE PASSAGE QUI EST AU
TREIZIÈME CHAPITRE DES HÉBREUX.

Allons hors des tentes, après Christ, portant son opprobre.

Toutes les exhortations qu'on nous pourra faire de souffrir
patiemment pour le nom de Jésus-Christ et pour la querelle de
l'Évangile n'auront point de lieu, si nous ne sommes bien assurés de la cause pour laquelle nous combattons. Car quand il est
question de quitter la vie, il faut bien que nous soyons résolus et
certains pourquoi c'est; et telle constance ne peut être en nous,
sinon qu'elle soit fondée en certitude de foi. Vrai est qu'il s'en
trouvera d'aucuns qui s'exposeront follement à la mort pour
soutenir quelques folles opinions et rêveries qu'ils auront con-
çues en leurs têtes; mais une telle impétuosité mérite plutôt
d'être tenue pour frénésie que pour zèle chrétien. Comme
aussi, de fait, il n'y a ni fermeté ni sens rassis en telles gens qui
se jettent ainsi à l'étourdie. Quoi qu'il en soit, il n'y a que la
bonne cause qui fasse que Dieu nous avoue pour ses martyrs;
car la mort est commune à tous, et les enfants de Dieu seront
condamnés à telle ignominie et tourments comme les brigands;
mais Dieu les discerne, en tant qu'il ne peut renier sa vérité. Or,
il est requis que de notre part nous ayons certain témoignage et
infaillible de la doctrine laquelle nous tenons. Pourtant, comme
j'ai dit, nous ne pouvons être émus ni touchés à bon escient par
quelques exhortations qu'on nous fasse de souffrir persécution
pour l'Évangile, s'il n'y a une vraie certitude de foi imprimée en
nos cœurs. Car de hasarder notre vie à l'aventure, cela n'est
point naturel; et quand nous le ferions, ce ne seroit que témérité,

non pas vertu chrétienne. Finalement, Dieu n'approuvera rien de tout ce que nous ferons, si nous ne sommes bien persuadés que c'est pour lui et pour sa querelle qu'on nous moleste, et que le monde nous est ennemi. Or, quand je parle d'une telle certitude, je n'entends pas seulement que nous sachions discerner entre la vraie religion et les abus ou folies des hommes, mais aussi que nous soyons bien persuadés de la vie céleste et de la couronne qui nous est promise là haut, après que nous aurons combattu ici-bas. Cependant notons que tous ces deux points sont requis, et qu'on ne doit séparer l'un d'avec l'autre. Il nous convient donc commencer par ce bout, de bien connoître quelle est notre chrétienté, quelle est la foi que nous avons à tenir et suivre, quelle est la règle que Dieu nous a donnée, et que nous soyons si bien munis de telle instruction, que nous puissions hardiment condamner toutes les faussetés, erreurs et superstitions que Satan a introduites pour corrompre la pure simplicité de la doctrine de Dieu. Par quoi on ne se doit ébahir si on ne voit aujourd'hui guères de gens qui soient disposés à souffrir pour l'Évangile, et que la plupart de ceux qui se nomment chrétiens, ne sachent que c'est. Car tous sont quasi nonchalants, et ne tiennent compte d'ouïr ni de lire; mais ce leur est assez d'avoir eu quelque petit goût de la foi chrétienne. Voilà pourquoi il y a bien peu d'arrêt; et s'ils sont assaillis, ils se trouvent incontinent éperdus. Cela nous doit inciter à nous enquérir plus diligemment de la vérité de Dieu pour en être bien certains. Mais encore n'est-ce pas le tout que nous soyons bien instruits et entendus : car on en voit qui semblent être quasi du tout confits en bonne doctrine, lesquels toutefois n'ont ni zèle ni affection en eux, non plus que si jamais ils n'eussent rien connu de Dieu, sinon par quelque fantaisie volage. Et pourquoi cela? sinon d'autant qu'ils n'ont jamais compris la majesté de l'Écriture sainte? Et de fait, si nous, tant que nous sommes, considérions bien que c'est Dieu qui parle à nous, il est tout certain que nous serions plus attentifs à l'écouter, et avec une plus grande révérence. Quand nous penserions qu'en lisant l'Écriture nous sommes à l'école des anges, nous aurions bien un autre soin et désir à nous exercer à la doctrine qui nous est proposée. Nous voyons maintenant quel est le moyen de nous préparer à souffrir pour l'Évangile, à savoir, que nous ayons profité jusque-là en l'école de Dieu, qu'étant résolus de la vraie religion et de la doctrine que nous devons tenir, nous puissions dépiter toutes cautèles et tromperies de Satan, et toutes inventions humaines, comme choses non-seulement frivoles, mais aussi maudites, en tant qu'elles corrompent la pureté chrétienne ; et qu'en cela nous différions, comme vrais martyrs de Jésus-Christ, d'avec les acariâtres qui souffrent pour leurs folles opinions. Pour le second, qu'étant certains de la bonne cause, nous soyons enflambés, comme il appartient, de suivre Dieu partout où il nous appelle ; que sa parole ait telle autorité envers nous comme elle mérite, et qu'étant retirés de ce monde, nous soyons comme ravis à chercher la vie céleste. Mais c'est une chose plus qu'étrange, que la clarté de Dieu luise aujourd'hui aussi pleinement que jamais elle ait fait, et qu'il y a si peu de zèle que c'est pitié. Si nous ne sommes confus de honte, tant pis ; car si faudra-t-il venir en bref devant le grand Juge, où le mal que nous tâchons de couvrir sera mis en avant avec tels reproches, qu'il y aura bien de quoi nous abîmer du tout. Car si nous sommes obligés de rendre témoignage à Dieu selon la mesure de la connoissance qu'il nous a donnée, à quoi tient-il, je vous prie, que nous sommes si froids et craintifs à entrer au combat, vu que Dieu s'est tellement manifesté en ce temps-ci, qu'on peut dire qu'il nous a ouvert et déployé les grands trésors de ses secrets ? Ne faut-il pas bien dire que nous n'estimons point avoir affaire à Dieu ? Car si nous avions quelque regard de sa majesté, nous n'oserions pas ainsi tourner la doctrine qui procède de sa bouche, en une philosophie ou spéculation je ne sais quelle. Bref, il n'y a nulle excuse que ce ne nous soit une grande honte, voire une condamnation horrible, d'avoir tant connu de la vérité de Dieu, et avoir eu si peu de courage à la maintenir. Surtout quand nous regardons aux martyrs du temps passé, nous avons bien à détester la vilenie qui est en nous. Car, la plus grande part n'étoient pas gens fort exercés en l'Écriture sainte, pour bien savoir disputer de toutes choses. Ils connoissoient qu'il y avoit un seul Dieu, lequel on devoit adorer et servir ; item, qu'ils avoient été rachetés par le sang de Jésus-Christ,

afin de mettre en lui et en sa grâce la fiance de leur salut; et
puis, que tout ce qui avoit été controuvé par les hommes n'étoit
que fatras et ordures, afin de pouvoir condamner toutes idolâtries et superstitions. En somme, leur théologie étoit : Il y a un
seul Dieu qui a créé tout le monde, et nous a déclaré sa volonté
par Moïse, par les prophètes, et finalement par Jésus-Christ. et
les apôtres. Nous avons un seul Rédempteur qui nous a acquis
par son sang, et par la grâce duquel nous espérons être sauvés.
Toutes les idoles du monde sont maudites et exécrables. N'ayant
que cela, ils s'en alloient franchement, ou au feu, ou à une autre
espèce de mort. Ce n'étoit point pour deux ou pour trois, mais
en si grandes troupes, que le nombre de ceux qui sont passés
par les mains des tyrans est quasi infini. Nous sommes de notre
côté si grands clercs que rien plus, au moins ce nous semble; et de
fait, quant à l'intelligence de l'Écriture, Dieu nous en a autant élargi
que jamais il a fait en nul âge. Cependant, à grand'peine y a-t-il
une seule goutte de zèle. Or, de nourrir une telle lâcheté, il n'y
a nul propos, si nous ne voulons, à notre escient, provoquer la
vengeance de Dieu. Qu'est-il donc de faire pour prendre bon
courage? Nous avons à considérer, en premier lieu, combien c'est
une chose précieuse devant Dieu que la confession de notre foi ;
car nous connoissons mal combien Dieu la prise, quand notre
vie, qui n'est rien, nous est plus chère; en quoi nous montrons
une merveilleuse bêtise. Car nous ne pouvons épargner notre vie
en cet endroit, que nous ne confessions qu'elle nous est en plus
grande estime que l'honneur de Dieu et le salut de nos âmes. Un
païen a bien su dire que c'étoit une chose misérable de quitter
les causes qu'on a de vivre pour sauver sa vie. Cependant, lui et
ses semblables n'ont jamais su à quelle fin les hommes étoient
mis au monde, et pourquoi ils y vivent. Vrai est qu'ils eussent
bien su dire qu'on doit suivre vertu, qu'on se doit maintenir honnêtement et sans reproches. Mais toutes leurs vertus n'étoient
que fards et fumées. Nous savons bien mieux à quoi notre vie se
doit rapporter, à savoir, que nous glorifiions Dieu, afin qu'il soit
notre gloire. Sans cela, malheur sur nous ! et ne pouvons pro-
longer notre vie d'une seule minute de temps sur la terre, que
nous n'amassions toujours tant plus de malédictions sur nos tê-

tes. Cependant nous n'avons nulle vergogne de racheter quelque peu de jours à languir ici-bas, renonçant à ce royaume éternel, nous séparant même de celui par la vertu duquel nous sommes maintenus en vie. Si on demande aux plus idiots, voire aux plus brutaux du monde, pourquoi c'est qu'ils vivent, ils n'oseront pas simplement dire que ce soit pour boire et manger et dormir, car tous connoissent qu'ils sont créés à une fin plus noble et plus haute. Et quelle fin trouverons-nous, sinon d'honorer Dieu et nous laisser gouverner à lui, comme enfants à un bon père, afin qu'après avoir achevé le voyage de cette vie corruptible, nous soyons reçus en son héritage éternel? Voici le principal et même le tout. Quand nous n'en tenons compte et que nous sommes acharnés à une vie brutale, laquelle est pire que mille morts, que pouvons-nous alléguer pour nos excuses? De vivre et ne savoir pourquoi, c'est déjà contre nature. De rejeter les causes pour lesquelles nous vivons, sous ombre d'un fol appétit d'avoir quelque répit de trois jours, afin d'habiter au monde en étant séparés de Dieu, je ne sais comment on doit nommer une telle forcenerie et rage. Mais pource que les persécutions ne laissent point de nous être dures et amères, regardons comment c'est et par quels moyens que les chrétiens se peuvent fortifier à patience, jusques à exposer constamment leur vie pour la vérité de Dieu. Le texte que nous avons récité, quand il sera bien entendu, est assez suffisant pour nous induire à cela. « Sortons hors de la ville, » dit l'Apôtre, « après le Seigneur Jésus, portant son opprobre. » En premier lieu, il nous exhorte, encore que les épées ne fussent pas dégaînées sur nous, ni les feux allumés pour nous brûler, que nous ne pouvons être vraiment conjoints au Fils de Dieu cependant que nous sommes enracinés en ce monde. Par quoi il faut qu'un chrétien, étant même en repos, ait toujours un pied levé pour marcher au combat. Et non-seulement cela, mais qu'il ait son affection retirée du monde, combien que le corps y habite. Jaçoit que cela nous semble rude de prime face, si nous devrions-nous bien contenter de ce mot de saint Paul, c'est que « nous sommes appelés et établis à souffrir », comme s'il disoit que la condition de notre chrétienté est telle, en sorte qu'il nous faut passer par ce chemin, si nous voulons suivre Jésus-

Christ. Cependant, pour soulager notre infirmité et adoucir la fâcherie et tristesse que nous pourroient apporter les persécutions, voici une bonne récompense, c'est qu'en souffrant pour l'Évangile, nous suivons comme pas à pas le Fils de Dieu, et l'avons pour notre guide. S'il nous étoit simplement dit que pour être chrétiens nous avons à marcher parmi tous les opprobres du monde, pour venir franchement à la mort toutes fois et quantes qu'il plaira à Dieu, nous aurions, ce semble, quelque couleur de répliquer que c'est chose fort étrange d'aller à l'égarée. Mais quand il nous est commandé de suivre le Seigneur Jésus, sa conduite est trop bonne et honorable pour en faire refus. Or, afin que nous soyons mieux touchés, non-seulement il est dit que Jésus-Christ marche devant nous comme notre capitaine, mais que nous sommes conformés à son image, comme saint Paul en parle au huitième chapitre des *Romains*, « que Dieu a ordonné tous ceux qu'il a adoptés pour ses enfants pour être faits conformes à celui qui est le patron et le chef de tous. » Sommes-nous si délicats de ne vouloir rien endurer ? Il nous faut renoncer à la grâce de Dieu, par laquelle il nous a appelés à l'espérance de salut. Car ce sont deux choses qui ne se peuvent séparer, d'être membre de Jésus-Christ, et d'être exercé en beaucoup d'afflictions. Certes, nous devrions bien plus priser une telle conformité avec le Fils de Dieu, que nous ne faisons pas. Vrai est que selon le monde c'est vitupère de souffrir pour l'Évangile; mais puisque nous savons que les infidèles sont aveugles, ne devons-nous point avoir de meilleurs yeux qu'eux? C'est ignominie d'être affligé par ceux qui occupent le siége de justice. Mais saint Paul nous montre par son exemple que nous avons à nous glorifier aux flétrissures de Jésus-Christ, comme aux marques èsquelles Dieu nous reconnoît et avoue pour siens. Et nous savons ce que récite saint Luc de Pierre et de Jean, à savoir, « qu'ils se sont réjouis de ce qu'ils avoient été réputés dignes de souffrir infamie et opprobre pour le nom du Seigneur Jésus. » Voilà deux choses contraires, ignominie et dignité, voire d'autant que le monde, étant insensé, juge contre toute raison, et par ce moyen convertit la gloire de Dieu à déshonneur. Or, de notre part, ne refusons point d'être vilipendés quant au monde, pour être hono-

rés devant Dieu et ses anges. Nous voyons quelle peine les ambitieux prennent à obtenir l'ordre d'un roi , et quels triomphes
ils en font. Le Fils de Dieu nous présente son ordre, et chacun
recule. Je vous prie, en ce faisant, sommes-nous dignes d'a-
voir rien de commun avec lui ? Notre sensualité ne peut ici
mordre ; mais tant y a que ce sont les vraies armoiries de
la noblesse des cieux. Prisons, bannissements, maudissons,
n'emportent, à la fantaisie des hommes, que tout vitupère.
Mais qui nous empêche à regarder ce que Dieu en juge et
prononce, sinon notre infidélité ? Par quoi, que le nom du Fils
de Dieu ait telle importance envers nous comme il mérite, afin
que nous apprenions ce prendre à honneur qu'il nous imprime
ses marques ; autrement, notre ingratitude est insupportable. Si
Dieu nous pourchasse selon nos démérites, n'a-t-il pas juste
raison de nous châtier journellement en mille sortes ? Qui plus
est, cent mille morts ne suffiroient point à une petite portion
de nos méfaits. Or, par sa bonté infinie, il met sous le pied
toutes nos fautes et les abolit, et au lieu de nous punir
selon que nous l'avons desservi, il trouve un moyen admirable pour faire que les afflictions nous soient converties
en honneur et en un privilége spécial, d'autant que par icelles
nous sommes associés en la compagnie de son Fils. Ne faut-il
pas bien dire, quand nous dédaignons une condition si heureuse, que nous avons bien mal profité en la doctrine chrétienne ? Voilà pourquoi saint Pierre, après nous avoir exhortés
à cheminer si saintement en la crainte de Dieu, que nous ne
souffrions point comme larrons, paillards et meurtriers, ajoute
quand et quand : « S'il nous faut souffrir comme chrétiens, que
nous glorifiions Dieu du bien qu'il nous fait. » Ce n'est pas sans
cause qu'il parle ainsi ; car, qui sommes-nous, je vous prie,
pour être témoins de la vérité de Dieu, et procureurs à maintenir sa cause ? Voici de pauvres vers de terre, des créatures
pleines de vanité, et des menteurs pour tout potage : et Dieu
veut que nous défendions sa vérité, qui est un honneur, lequel
n'appartient pas même aux anges du paradis. Cette seule considération ne nous doit-elle pas bien enflamber à nous offrir à
Dieu, à ce qu'il lui plaise nous employer à une chose tant

honorable? Toutefois, plusieurs ne se peuvent tenir de se rebecquer contre Dieu, ou pour le moins de faire leur complainte de
ce que Dieu ne supporte mieux leur faiblesse. C'est merveilles,
disent-ils, vu que Dieu nous a choisis pour ses enfants, comment il endure que nous soyons ainsi foulés et tourmentés des
iniques. Je réponds : Encore qu'il ne nous apparût point pourquoi il le fait, qu'il devroit bien avoir cette autorité envers
nous, de nous faire ranger à son plaisir. Mais quand nous
voyons Jésus-Christ, notre patron, ne devons-nous pas estimer
à grand heur d'être faits semblables à lui, sans enquérir plus
outre ? Cependant, Dieu nous montre des causes toutes patentes
pour lesquelles il veut que nous soyons persécutés. Quand il
n'y auroit que cette remontrance que fait saint Pierre, nous
sommes bien dédaigneux, si nous n'y acquiesçons ; c'est:
« Puisque l'or et l'argent, qui ne sont que métaux corruptibles,
sont purgés et examinés par le feu, c'est bien raison que notre
foi, qui surmonte toutes les richesses de ce monde, soit éprouvée. »
Dieu nous pourroit bien couronner du premier coup, sans nous
avoir fait soutenir nuls combats ; mais comme il veut que jusques en la fin du monde Jésus-Christ règne au milieu de ses
ennemis, aussi il veut que nous, étant mêlés parmi eux,
souffrions leurs oppressions et violences jusqu'à ce qu'il nous
en délivre. Je sais bien que la chair rechigne quand on la veut
amener à ce point, mais si faut-il que la volonté de Dieu soit
maîtresse. Si nous sentons quelque contradiction en nous, il
ne nous en faut ébahir ; car cela nous est trop naturel, de fuir
la croix. Cependant ne laissons pas de passer outre, sachant
que Dieu accepte notre obéissance, moyennant que nous cap-
tivions et mations tous nos sens et désirs pour les rendre sujets à lui ; car les prophètes et apôtres ne sont pas allés tellement
à la mort, qu'ils ne sentissent en eux quelque vouloir de reculer.
« On te mènera où tu ne voudras point », disoit notre Seigneur
Jésus-Christ à Pierre. Ainsi, quand telles craintes de mort nous poignent, gagnons par-dessus, ou plutôt que Dieu gagne ; et cependant tenons-nous assurés que ce lui est un sacrifice agréable,
que nous résistions et fassions force à nos affections pour être
du tout à son commandement. Et c'est la principale guerre en

laquelle Dieu veut que les siens s'emploient, c'est qu'ils s'efforcent à rabattre tout ce qui s'élève en leurs sens et esprit pour les détourner du chemin qu'il leur montre. Cependant les consolations sont si amples, qu'il faut bien dire que nous soyons plus lâches quand nous défaillons. Anciennement, un nombre infini de gens, à l'appétit d'une simple couronne de feuilles, ne refusoit nul travail, ni moleste, ni fâcherie; même il ne leur coûtoit rien de mourir; toutefois, il n'y avoit celui d'eux qui ne combattît à l'aventure, ne sachant s'il devoit gagner le prix ou non. Dieu nous propose la couronne immortelle par laquelle nous soyons faits participants de sa gloire; il n'entend pas que nous combattions à l'aventure, mais nous promet à tous le prix que nous avons à désirer. Quelle occasion avons-nous de chômer là-dessus? Pensons-nous qu'il soit dit en vain que «si nous mourons avec Jésus-Christ, nous vivrons aussi avec lui? » Le triomphe nous est appareillé, et nous fuyons de combattre en tant qu'en nous est. C'est une doctrine répugnante au jugement humain, je le confesse; et aussi quand Jésus prononce que « ceux qui souffrent pour justice sont bienheureux », il ne met point en avant une sentence qui soit aisément reçue au monde; au contraire, il veut que nous réputions à félicité ce que notre sens juge être malheur. Il nous semble que nous sommes misérables quand Dieu nous laisse fouler par la tyrannie et cruauté de nos ennemis; mais la faute est que nous ne regardons point aux promesses de Dieu, lesquelles nous certifient que le tout nous sera tourné à bien. Nous sommes abattus, voyant les iniques être les plus forts et nous tenir le pied sur la gorge; mais une telle confusion, comme dit saint Paul, nous doit plutôt élever en haut; car d'autant que nous sommes par trop adonnés à nous amuser aux choses présentes, Dieu, en permettant que les bons soient maltraités, et que les iniques aient la vogue, nous montre par signes évidents qu'un jour viendra auquel tout ce qui est maintenant confus sera réformé. Si le terme nous semble long, courons au remède, et ne nous flattons point en notre vice; car il est certain que nous n'avons nulle foi si nous n'étendons la vue de nos âmes jusqu'à la venue de Jésus-Christ. Or, Dieu, pour ne laisser nul moyen derrière qui soit propre à nous pousser, nous propose les promesses d'un côté, et les menaces de l'autre. Sentons-nous que les promesses n'aient point assez de vertu en nous, conjoignons les menaces pour les fortifier. Vrai est qu'il faut bien que nous soyons pervers tant et plus, de n'ajouter point plus de foi que nous faisons aux promesses de Dieu, quand le Seigneur Jésus dit « qu'il nous avouera pour siens devant son Père, moyennant que nous le confessions devant les hommes. » Qu'est-ce qui nous doit empêcher que nous ne lui rendions la confession qu'il demande? Quand les hommes auront fait tous leurs efforts, ils ne peuvent pis que de nous meurtrir ; et que nous sera la vie céleste au prix ? Je n'amasse pas ici toutes les promesses contenues en l'Écriture, qui tendent en une même fin : tant y a (d'autant qu'elles sont souvent réitérées), que nous y devrions être tout confits. Et quand ce vient aux coups ruer, si trois ou quatre nous sont assez, une centaine, tout au pis aller, devroit bien vaincre toute tentation contraire. Mais si Dieu ne nous peut attirer à soi par douceur, ne faut-il pas que nous soyons plus qu'hébétés, quand les menaces n'y font non plus? Jésus-Christ ajourne devant Dieu, son Père, tous ceux qui auront, par crainte de la mort corporelle, renié la vérité, et dit que « corps et âme seront mis à perdition. » Et en un autre passage, il dit « qu'il renoncera là tous ceux qui l'auront renié devant les hommes. » Sinon que nous soyons par trop dépourvus de sens, ces mots nous doivent bien faire dresser les cheveux en la tête. Quoi qu'il en soit, quand nous n'en serons point émus comme il appartient, il ne nous reste sinon une horrible confusion ; car en ce que toutes les paroles de Jésus-Christ nous profitent si peu, nous sommes convaincus d'une trop grande infidélité. Nous aurons beau alléguer qu'il y a pitié en nous, d'autant que notre nature est si fragile ; car il est dit, au contraire, que « Moïse ayant regardé Dieu par foi, a été endurci pour ne fléchir sous aucune tentation. » Par quoi, quand nous sommes ainsi mols et aisés à ployer, voire qu'il n'y a ni zèle, ni constance, c'est signe que nous ne savons que c'est de Dieu ni de son royaume. Quand on nous remontre que nous devons être conjoints à notre chef, il nous semble que nous avons une belle couleur de nous en exempter, en disant que nous sommes hommes. Mais ceux qui ont marché devant nous, qui étoient-ils ? Il est vrai, quand nous n'aurions que la pure doctrine, que toutes excuses lesquelles nous saurions amener, seroient frivoles ; mais ayant tant d'exemples qui nous doivent servir de plus grande approbation, tant plus sommes-nous à condamner. Or, ici il y a deux points à considérer : le premier est que tout le corps de l'Église en général a été toujours sujet et sera jusqu'en la fin à être affligé par les méchants, comme il est dit au psaume : « Dès ma jeunesse ils m'ont tourmentée, et ont tiré la charrue sur moi depuis un bout jusqu'à l'autre. » Le Saint-Esprit introduit là l'Église ancienne parlant, afin que nous, après avoir connu les afflictions d'icelle, ne trouvions point nouveau ni fâcheux que le semblable nous soit fait aujourd'hui. Saint Paul aussi, amenant ce passage de l'autre psaume, où il est dit : « Nous avons été comme moutons qu'on mène à la boucherie », montre que cela n'a point été pour un âge seulement, mais que c'est l'ordinaire de l'Église et sera. Ainsi, voyant l'Église de Dieu être aujourd'hui foulée par l'orgueil des mondains, que l'un aboie après, l'autre la mord ; qu'on la tourmente, qu'on machine contre elle, que sans cesse elle est assaillie de chiens enragés et de bêtes sauvages, qu'il nous souvienne que cela s'est fait de toute ancienneté. Vrai est que Dieu lui donne bien parfois quelques trêves et relâches, et c'est ce qui est dit au psaume ci-dessus allégué : « Il coupe les cordeaux des iniques » ; et en l'autre passage, qu'il « rompt leur bâton », de peur que les bons ne se débauchent étant par trop pressés. Mais tant y a que toujours il a voulu que son Église fût en ce monde pour batailler, lui ayant réservé son repos là-haut aux cieux. Cependant si est-ce que l'issue de ses afflictions a été toujours heureuse ; et pour le moins Dieu a fait que, étant pressée de beaucoup de maux, elle n'a jamais été accablée du tout, comme il est dit « que les méchants, avec tous leurs efforts, ne sont pas venus à bout de ce qu'ils pensoient. » Saint Paul se glorifie du semblable, pour montrer que c'est une grâce de Dieu perpétuelle. « Nous endurons, dit-il, tribulations, mais nous n'en sommes point en angoisses ; nous sommes appauvris, mais

nous ne sommes point destitués ; nous sommes persécutés, mais
nous ne sommes point abandonnés ; nous sommes abattus, mais
nous ne périssons point ; portant partout en notre corps la mortification du Seigneur Jésus, afin que sa vie soit manifestée en
nos corps mortels. » Telle issue, comme nous voyons que Dieu
l'a donnée de tout temps aux persécutions de son Église, nous
doit bien donner courage ; sachant que nos pères, qui étoient
hommes fragiles ainsi que nous, ont toujours eu victoire sur
leurs ennemis, d'autant qu'ils sont demeurés fermes en patience.
Or, je touche cet article en bref, pour venir au second, lequel
convient plus à notre propos ; c'est de faire notre profit des exemples particuliers des martyrs qui nous ont précédés. Or, il n'y
en a pas deux ou trois seulement, mais « une grosse nuée et
épaisse, » comme dit l'Apôtre au douzième des *Hébreux ;* en quoi il
signifie que la quantité est si grande, qu'elle nous doit quasi crever les yeux. Pour n'être trop long, je prendrai seulement les
Juifs, qui ont été persécutés pour la vraie religion, tant sous la
tyrannie du roi Antioche, qu'un peu après sa mort. Nous ne pouvons alléguer que ç'ait été un petit nombre de gens ; car il y a eu
pour lors comme une grande armée de martyrs. Nous ne pouvons dire que ç'aient été des prophètes, lesquels Dieu eût séparés
du commun peuple ; car les femmes et jeunes enfants ont été
de cette bande. Nous ne pouvons pas dire qu'ils en aient été
quittes à bon marché ; car on les a tourmentés aussi cruellement
qu'il étoit possible de le faire. Nous oyons aussi ce que l'Apôtre
nous en remontre. « Les uns, dit-il, ont été étendus comme ta-
bourins, ne tenant compte d'être délivrés, afin d'obtenir une
meilleure résurrection ; les autres ont été éprouvés par moqueries et batures, ou par liens et prisons ; les autres, lapidés ou
sciés ; les autres ont cheminé çà et là, errant par les montagnes
et cavernes. » Entrons maintenant à faire comparaison d'eux
avec nous : s'ils ont enduré pour la vérité de Dieu, qui étoit encore tant obscure de ce temps-là, que devons-nous faire en la
clarté qui luit maintenant ? Dieu parle à nous comme à pleine
bouche ; la grande porte du royaume des cieux est ouverte ; Jésus-Christ nous appelle à soi, étant descendu à nous, afin que
nous l'ayons comme présent à nos yeux. Quel reproche nous

sera-ce d'avoir moins de zèle à souffrir pour l'Évangile, que n'ont eu ceux qui ont seulement salué les promesses de loin ; qui n'ont eu qu'un petit guichet ouvert pour venir au royaume de Dieu ; qui n'ont eu, sinon quelque remembrance et figure de Jésus-Christ ? Ces choses ne se peuvent exprimer de bouche, selon qu'elles méritent ; par quoi je les laisse méditer à chacun. Or, cette doctrine, comme elle est générale, se doit pratiquer de tous chrétiens. Mais chacun la doit appliquer à son usage, selon que la nécessité le requiert. Je dis ceci, afin que ceux qui ne se voient point en danger apparent, ne pensent pas qu'elle soit superflue quant à eux. Ils ne sont pas pour cette heure entre les mains des tyrans ; mais que savent-ils que Dieu voudra faire d'eux ci-après ? Par quoi nous devons être tellement prémunis, que si quelque persécution, laquelle nous n'aurons point attendue, survient, nous ne soyons point surpris au dépourvu. Mais je crains bien qu'il n'y ait beaucoup d'oreilles sourdes à ouïr ce propos. Tant s'en faut que ceux qui sont cois et à leur aise, se préparent à souffrir la mort quand besoin sera, qu'il ne leur chaut de servir à Dieu en vivant. Si est-ce néanmoins que ce devroit être notre étude ordinaire, et surtout au temps auquel nous sommes. Cependant, ceux que Dieu appelle à souffrir pour le témoignage de son nom, doivent montrer par effet qu'ils ont été duits de longue main à s'y porter constamment. Et alors ils doivent réduire en mémoire toutes les exhortations qu'ils ont ouïes le temps passé, comme si un gendarme prenoit les armes quand la trompette sonne. Mais quoi ! il n'est question que de chercher subterfuges pour échapper, je dis quant à la plupart ; car la persécution est bien une vraie touche par laquelle Dieu découvre quels sont les siens. Tant y a qu'il ne s'en trouve guère qui lui soient fidèles jusqu'à se présenter franchement à la mort. Or, c'est quasi une chose incroyable, que gens qui se glorifient d'avoir entendu quelque peu en l'Évangile, osent ouvrir la bouche pour user de telles cavillations. Les uns diront : Que gagnons-nous de confesser notre foi à gens obstinés et qui ont délibéré de batailler contre Dieu ? n'est-ce pas semer les pierres précieuses devant les pourceaux ? Comme si Jésus-Christ n'avoit point déclaré notamment qu'il veut qu'on le confesse entre les plus pervers et malins. S'ils n'en sont édifiés, pour le moins si demeureront-ils confus. Tant y a que la confession est de bonne odeur devant Dieu, combien qu'elle soit mortelle aux réprouvés. Il s'en trouve qui disent : De quoi notre mort profitera-t-elle ? plutôt elle tournera en scandale. Comme si Dieu leur avoit laissé le choix de mourir quand bon leur semblera, et quand ils voiront le temps opportun. Au contraire, nous approuvons notre obéissance, lui laissant en sa main le profit qui doit revenir de notre mort. Par quoi, en premier lieu, il faut que l'homme chrétien, quelque part qu'il soit, nonobstant les dangers ou menaces, avise de cheminer en simplicité, comme Dieu lui commande. Qu'il se garde, tant qu'il pourra, de la rage des loups ; mais que ce ne soit point avec une astuce charnelle. Surtout, qu'il remette sa vie entre les mains de Dieu. A-t-il fait cela ? S'il advient qu'il tombe entre les mains des ennemis, qu'il pense que Dieu, l'ayant là amené, le veut avoir pour l'un des témoins de son Fils, et pour tant, qu'il n'y a moyen de reculer, sinon en faussant la foi à celui auquel nous avons promis tout devoir à vivre et à mourir, et auquel nous sommes et appartenons, encore que nous ne lui eussions rien promis. Par cela, je n'impose point nécessité à tous de faire confession pleine et entière de tout ce qu'ils croient, jaçoit qu'ils en fussent même requis. Je sais aussi quelle mesure saint Paul y a tenue, lequel étoit autant délibéré que nul autre à maintenir franchement la cause de l'Évangile comme il devoit. Et aussi ce n'est point sans cause que notre Seigneur Jésus nous promet qu'en tel cas Dieu nous donnera bouche et sagesse, comme s'il disoit que l'office du Saint-Esprit n'est pas seulement de nous fortifier à être hardis et vaillants, mais aussi de nous donner prudence et discrétion pour nous savoir bien guider selon qu'il sera expédient. Le tout est que ceux qui sont en telle détresse, demandent et reçoivent telle prudence d'en haut ; ne suivant point leur conseil charnel, pour trouver moyen d'échapper à travers des marais, comme on dit. Il y en a qui répliquent, que notre Seigneur Jésus même n'a pas répondu à ceux qui l'ont interrogé. Mais je dis, premièrement, que cela n'est pas pour abolir la règle qu'il nous a donnée, de faire confession de notre foi quand nous en sommes requis. Je dis, pour

le second, qu'il n'a jamais rien dissimulé pour sauver sa vie.
Tiercement, que jamais il n'a donné réponse si ambiguë, qu'elle
n'emportât suffisant témoignage de ce qu'il avoit à dire ; ou bien,
que déjà il n'eût satisfait à ceux qui le venoient interroger derechef, comme tendant des filets pour le surprendre. Pour tant,
que ce point demeure résolu entre tous chrétiens, c'est qu'ils ne
doivent point tenir leur vie plus précieuse que le témoignage de
la vérité, en tant que Dieu veut être glorifié en icelui. Est-ce en
vain qu'il appelle ses témoins (car le mot de martyr signifie
cela) tous ceux qui ont à répondre aux ennemis de la foi ? N'est-
ce pas pource qu'il s'en veut servir à tel usage ? Et ne faut pas
que chacun regarde ici son compagnon, car Dieu ne fait pas
cet honneur à tous de les appeler là. Et, d'autant que nous y
sommes enclins, il nous en faut mieux garder. Pierre, ayant ouï
de la bouche de notre Seigneur Jésus, qu'on le mèneroit en sa
vieillesse où il ne voudroit pas, demanda que deviendroit Jean,
son compagnon. Il n'y a celui de nous qui ne fît volontiers telle
réplique ; car ceci nous vient incontinent en fantaisie : Pourquoi
est-ce que j'endure plutôt que les autres? Au contraire, Jésus-
Christ nous exhorte tous en commun, et chacun en particulier,
de nous tenir prêts, afin que, selon qu'il appellera les uns ou les
autres, nous marchions en notre rang. J'ai déjà exposé ci-dessus,
que nous serons mal apprêtés à souffrir martyre, sinon que
nous soyons armés des promesses de Dieu. Il reste maintenant
de déduire un peu plus à plein à quoi elles tendent; non point
pour les spécifier toutes par le menu, mais pour montrer les choses principales que Dieu veut que nous espérions de lui, pour
nous consoler en nos afflictions. Or, ces choses sont trois en
somme. La première est, d'autant que notre vie et notre mort
sont en sa main, qu'il nous préservera tellement par sa vertu,
qu'un cheveu ne nous sera point arraché de la tête, que par son
congé. Pourtant les fidèles se doivent tenir assurés, en quelques
mains qu'ils soient, que Dieu ne s'est point dessaisi de la garde
qu'il a de leurs personnes. Si une telle persuasion nous étoit bien
imprimée aux cœurs, nous serions délivrés de la plus grande
part des douleurs et perplexités qui nous tourmentent, et empê-
chent de faire notre devoir. Nous voyons les tyrans débridés : sur

cela, il nous semble que Dieu n'a plus moyen de nous sauver. Par quoi nous sommes tentés de pourvoir à nos affaires, comme s'il n'y avoit plus nulle attente quant à lui. Au contraire, sa providence, telle qu'il nous la déclare, nous devroit être comme une forteresse imprenable. Travaillons donc d'apprendre ce petit mot, que nos corps sont en la main de celui qui les a créés. Pour cette cause, il a quelquefois délivré les siens d'une façon miraculeuse, et outre toute l'espérance des hommes, comme Sidrach, Misach et Abdénago, de la fournaise ardente ; Daniel, de la fosse des lions; Pierre, de la prison d'Hérode, où il étoit enserré, enchaîné et gardé de si près. Par ces exemples, il nous a voulu testifier qu'il tient nos ennemis en bride, combien qu'il ne le semble pas, et a puissance de nous retirer du milieu de la mort quand il voudra. Non pas qu'il le fasse toujours ; mais, en se réservant l'autorité de disposer de nous à vie et à mort, si veut-il que nous soyons tous résolus qu'il nous a en sa garde ; tellement que, quoi que les tyrans attentent, et de quelque fureur qu'ils se ruent contre nous, que c'est à lui seul d'ordonner de notre vie. S'il permet aux tyrans de nous occire, ce n'est pas que notre vie ne lui soit chère, et en plus grande recommandation cent fois qu'elle ne mérite. Qu'ainsi soit, ayant prononcé par la bouche de David, « que la mort des saints est précieuse devant lui », il dit aussi par la bouche d'Isaïe, « que la terre découvrira le sang qui semble être caché. » Que les ennemis donc de l'Évangile soient prodigues tant qu'ils voudront du sang des martyrs, si faudra-t-il qu'ils en rendent un terrible compte, jusqu'à la dernière goutte. Ils se moquent aujourd'hui orgueilleusement en brûlant les fidèles, et, après s'être baignés en leur sang, ils en sont tellement enivrés, qu'ils n'estiment point tous les meurtres qu'ils font un fétu. Mais si nous avons la patience d'attendre, Dieu montrera en la fin que ce n'est pas en vain qu'il a taxé notre vie d'un si haut prix. Cependant, qu'il ne nous fasse point mal qu'elle serve à ratifier l'Évangile, qui surmonte en dignité le ciel et la terre. Et pour être mieux assurés que Dieu ne nous laisse pas en la main des tyrans comme à l'abandon, souvenons-nous de la sentence de Jésus-Christ, où il dit que c'est lui qu'on persécute en ses membres. Dieu avoit bien dit auparavant par Zacharie : « Qui vous touche, il touche la

prunelle de mon œil. » Mais ceci est encore plus exprès : « Que si
nous souffrons pour l'Évangile, c'est autant comme si le Fils de
Dieu y étoit en personne. » Par quoi, sachons qu'il faudroit que
Jésus-Christ se fût oublié, s'il ne pensoit de nous quand nous
sommes en prison ou en danger de mort pour sa querelle ; et
sachons que Dieu prendra à cœur tous les outrages que nous feront les tyrans, comme s'ils s'étoient attachés à son propre Fils.
Venons au second point que Dieu nous déclare en ses promesses,
pour nous consoler : c'est qu'il nous soutiendra tellement par la
vertu de son Esprit, que nos ennemis, quoi qu'ils fassent, ni
même Satan leur chef, ne gagnera rien sur nous. Et de fait, nous
voyons comme il déploie ses grâces en un tel besoin ; car la constance invincible qui est aux vrais martyrs, est une assez belle
montre que Dieu besogne puissamment en eux. Il y a deux choses fâcheuses à la chair aux persécutions, à savoir : le vitupère
et opprobre des hommes, et les tourments que le corps endure. Or,
Dieu nous promet de nous tenir si bien la main, que nous vain-
crons l'un et l'autre par patience. Il nous approuve par effet ce
qu'il nous dit. Prenons donc ce bouclier pour repousser toutes
craintes, desquelles nous sommes assaillis, et ne restreignons
point la vertu de l'Esprit de Dieu à si petite mesure, que nous
n'estimions qu'il surmontera aisément toutes les cruautés des
hommes. Et de ceci, nous en avons eu de notre temps un exemple mémorable entre les autres. Un jeune homme, qui a ici habité
avec nous, étant pris en la ville de Tournay, fut condamné à
avoir la tête tranchée s'il se dédisoit, et à être brûlé vif s'il per-
sistoit en son propos ; quand on lui demanda qu'il vouloit faire,
il répondit simplement : Celui qui me fera la grâce de mourir
patiemment pour son nom, me fera bien la grâce d'endurer le
feu. Nous devons prendre cette sentence, non pas comme d'un
homme mortel, mais comme du Saint-Esprit, pour nous assurer
que Dieu n'est pas moins puissant à nous fortifier et rendre victorieux contre les tourments, qu'à nous faire prendre une plus
douce mort en gré. Qui plus est, nous voyons souventes fois
quelle constance il donne aux pauvres malfaiteurs qui endurent
pour leurs crimes. Je ne parle point des endurcis, mais de ceux
qui se consolent en la grâce de Jésus-Christ, et par ce moyen

reçoivent d'un cœur paisible la plus griève punition qu'on puisse faire, comme nous en voyons un si beau miroir au brigand qui se convertit à la mort de notre Seigneur Jésus. Dieu, qui assiste si puissamment aux pauvres criminels, étant punis pour leurs méfaits, défaudra-t-il aux siens qui combattent pour sa cause, qu'il ne leur donne une vertu invincible ? Le troisième point des promesses que Dieu donne à ses martyrs, est du fruit qu'ils doivent espérer de leurs souffrances ; et en la fin, si besoin est, de leur mort. Or, ce fruit est, qu'après avoir glorifié son nom, avoir édifié l'Église par leur constance, ils seront recueillis avec le Seigneur Jésus en sa gloire immortelle. Mais pource que nous en avons parlé ci-dessus plus à plein, c'est assez de le réduire maintenant en mémoire. Et ainsi, que les fidèles apprennent d'élever la tête haute à cette couronne d'immortalité et gloire, à laquelle Dieu les convie, afin qu'il ne leur fasse point mal de quitter la vie présente pour un tel loyer ; et pour être assurés de ce bien inestimable, qu'ils aient toujours devant les yeux cette conformité qu'ils ont avec notre Seigneur Jésus, pour contempler la vie au milieu de la mort, comme lui par l'opprobre de la croix est parvenu à la résurrection glorieuse, en laquelle gît toute notre félicité, joie et triomphe.

LE TIERS SERMON,

REMONTRANT COMBIEN LES FIDÈLES DOIVENT PRISER D'ÊTRE EN L'ÉGLISE DE DIEU, OU ILS AIENT LIBERTÉ DE L'ADORER PUREMENT, PRIS SUR LE THÈME DU PSAUME 27 :

J'ai demandé une chose à Dieu, et la requerrai, c'est d'habiter en la maison du Seigneur tout le temps de ma vie, afin de voir la beauté du Seigneur et de bien regarder son temple.

C'est merveille de la diversité qu'on trouve aux appétits des hommes ; et toutefois, il y a un point auquel tous s'accordent et sont conformes, c'est de s'amuser ici-bas au monde. Chacun aura bien son but et son moyen à part. Mais cette vanité règne partout, de ne chercher son bien et sa félicité sinon en cette vie cor-

ruptible ; ce qui montre que les hommes sont fort abrutis ; car
nous sommes créés en une fin toute contraire, c'est qu'en conver-
sant au monde, nous aspirions au royaume céleste de Dieu ; et
voilà pourquoi la vie présente est nommée passage ou chemin.
Par quoi, quiconque ne se veut priver à son escient de l'héritage
éternel de Dieu, il faut qu'il commence par ce bout, de retrancher
tous fols désirs et volages, qui seroient pour l'occuper et tenir
en ce monde ; en sorte que son principal désir soit d'aller à Dieu,
et que rien ne l'empêche que pour le moins il n'y tende. Je dis
pour le moins, d'autant qu'il seroit bien requis que toutes affections terriennes, qui ne font que nous distraire de Dieu, fussent
pleinement arrachées de nos cœurs, afin que nous pussions courir vite en ce voyage que nous avons à faire. Mais pource qu'il
s'en faut beaucoup qu'il y ait une telle pureté en nous, il reste
en second lieu de surmonter tous les empêchements qui nous
retardent, et de poursuivre notre train, quoi qu'il en soit ; tellement qu'au milieu de nos infirmités nous préférions néanmoins
la vie céleste à tout ce qui est du monde. Il reste maintenant de
voir par quels moyens nous y pouvons parvenir. Or, ce n'est
point à nous d'en forger ; mais il nous faut prendre ceux que
Dieu a ordonnés, desquels les principaux sont ici nommés par
David, à savoir, l'ordre et police que Dieu a établis en son Église,
que nous soyons enseignés par sa parole ; que nous l'adorions
tous d'un commun accord, et l'invoquions ; que nous ayons l'u-
sage des sacrements pour nous aider à cela. Car voilà comme il
nous faut exercer pour être de mieux en mieux confermés en la
foi, en la crainte de Dieu et sainteté, au mépris de ce monde, et
en l'amour de la vie céleste. Et c'est aussi à ce propos que David proteste qu'il a surtout désiré d'habiter au temple de Dieu.
Car sous ce mot de temple, il comprend la liberté de pouvoir adorer Dieu purement avec les fidèles, faire confession de sa foi,
prier, et participer aux sacrements. Car pour ce temps-là Dieu
avoit choisi un lieu certain, auquel il vouloit qu'on lui sacrifiât,
qu'on lui fît hommage, protestant qu'on le tenoit pour seul Dieu,
qu'on fût instruit en sa loi, et qu'on eût les témoignages de sa
présence. Et de fait, il exprime assez quel regard il a, en désirant d'habiter au temple, quand il ajoute que c'est pour voir la

beauté de Dieu. En quoi il montre que le temple de soi n'étoit
rien, mais qu'il s'arrêtoit à l'usage auquel il étoit dédié. Si nous
pensions qu'il se fût amusé à un bâtiment matériel, nous lui ferions grand tort et injure; car cela lui seroit imputé à superstition, non pas attribué à vertu. Nous devons donc être résolus qu'il
déclare en quelle recommandation il a l'ordre extérieur par lequel
les fidèles sont conduits en l'Église. En somme, il signifie que
c'est un bien et privilége inestimable d'être en l'Église de Dieu,
pour être participants des moyens que ce bon Père a donnés à
ses enfants pour approcher de lui. Notons bien quel est celui qui
parle. Ce n'est pas un pauvre idiot, rude et grossier, mais un
prophète aussi excellent et illuminé du Saint-Esprit, que jamais
il y en a eu. Il ne parle point de ce qui est utile et bon au commun populaire; mais il proteste, quant à soi, que rien ne lui est
plus désirable que de se pouvoir trouver en l'assemblée du peuple de Dieu, afin que, déclarant sa foi, il soit toujours plus édifié en
icelle par la doctrine de salut qui s'y prêche, et par les sacrements.
Ce n'est pas seulement ici qu'il fait une telle protestation, mais en
beaucoup d'autres passages, comme au psaume précédent,
quand il dit : « Seigneur, j'ai aimé la demeure de ta maison,
et le lieu où ta gloire a son domicile. » Item, au psaume 42 :
« Comme un cerf souhaite de se rafraîchir en l'eau, ainsi mon
âme désire après toi, Seigneur : mon âme brûle de soif en cherchant Dieu. Quand sera-ce que je viendrai pour comparoître devant la face de Dieu vivant? » C'étoit bien assez d'avoir dit
cela; mais son désir le transporte plus haut, car il ajoute « qu'il
s'est repu de larmes pendant qu'il étoit privé de pouvoir venir
au temple. » Il ajoute encore plus, « que son cœur s'est écoulé
quand il s'est souvenu du temps qu'il alloit au temple, louant
Dieu en la troupe des fidèles. » Après avoir bien gémi, fait ses
plaintes et jeté ses regrets, il ne trouve meilleure consolation
qu'en l'espérance qu'il conçoit que Dieu lui rendra ce bien qu'il
avoit perdu. « Mon âme, dit-il, pourquoi te troubles-tu et te
tempêtes devant moi? Encore verrai-je derechef la face du Seigneur. » Comme aussi au psaume 43, il réitère le même propos;
surtout au psaume 84, il déclare combien il est affectionné à
cela. Car après s'être écrié : « O Dieu des armées! combien ton

tabernacle est-il à aimer! » il dit que « son cœur et son corps sont
tressaillis de l'ardent désir qu'il avoit d'entrer au parvis du Seigneur. » Il met la raison que ceux qui habitent en la maison de
Dieu sont bien heureux, pource qu'ils le louent; c'est-à-dire que,
d'un commun accord, ils reconnoissent ses grâces et se glorifient en lui, faisant confession de leur foi. Puisque David, lequel
étoit tant avancé en toute sainteté, et même étoit comme un ange
du ciel habitant au monde, recomnoît qu'il a si grand besoin d'ê-
tre aidé et incité par les moyens que Dieu a donnés à son peuple, je vous prie, que sera-ce de nous, qui sommes si rudes et
si terrestres, et desquels la foi est si petite, la dévotion si maigre
et si froide? Il faut bien conclure, encore que David, pour la perfection qui étoit en lui, se fût bien passé de telles aides inférieures, qu'elles nous sont plus que nécessaires, attendu l'infirmité qui est en nous. Mais quoi? ceux qui sont les plus parfaits
connoissent beaucoup mieux ce qui leur défaut, que ceux qui
n'ont du tout rien. David est-il bien doué de vertus angéliques?
cela lui fait mieux sentir combien il lui est propre d'être plus en-
flambé par la prédication de la loi, par les sacrements, et autres
exercices semblables. Au contraire, ces glorieux vilains, qui ne
tiennent compte aujourd'hui de toutes ces choses, montrent bien
par cela qu'ils n'ont point une seule goutte de chrétienté. Je
parle de nos philosophes de cabinet, qui sont sous la papauté.
C'est bien à propos, disent-ils, qu'on ne soit point chrétien, si
on ne trotte à Genève pour avoir les oreilles confites de sermons, et user des cérémonies qu'on observe là! Ne peut-on pas
bien lire et prier Dieu à part soi? Faut-il entrer en un temple
pour être enseigné, puisque chacun a l'Écriture en sa maison?
Je réponds à cela que nous n'imposons loi à personne de bouger du lieu où il est. Même, quand un homme vivra purement et
servira Dieu comme il doit au milieu de la tyrannie du pape, je
le prise cent fois plus, tant pour tant, que nous, qui sommes en
liberté et repos. Mais il est ici question de deux choses : à savoir, si ceux qui, en sentant leur infirmité, viennent chercher
en une église chrétienne telle confirmation que faisoit David de
son temps au temple de Jérusalem, ne font pas bien. Item, si
tous en général, même ceux qui sont retenus par force, ne doi-

vent pas bien soupirer, se voyant destitués des moyens ordinaires qui étoient pour les conduire à Dieu? Les bêtes, qui n'ont ni sens nir aison, brairont bien après la pâture ; et ceux qui se disent enfants de Dieu ne se soucieront de ce qui est pour nourrir et entretenir leur foi? Et encore ne se contentent-ils pas de fouler orgueilleusement aux pieds des grâces de Dieu si précieuses, mais ils se moquent de ceux qui courent en pays étrange, pour les chercher et en jouir. Quant à leur fierté, laquelle leur fait accroire que les sermons, les prières publiques et les sacrements leur sont comme choses superflues, il ne faut autre témoignage pour les excommunier et bannir de l'Église de Dieu. Qu'ainsi soit, saint Paul ne dit pas que l'ordre que notre Seigneur a mis en son Église soit seulement pour les rudes et les simples ; mais il le fait commun à tous, sans en excepter nul. Il a ordonné, dit-il, des apôtres, pasteurs et docteurs, pour l'établissement des saints, pour l'édification du corps de Christ, jusques à ce que nous parvenions tous en l'unité de foi, en homme parfait, en la mesure de l'âge entière de Christ. Notons bien qu'il ne dit pas que Dieu a laissé l'Écriture afin que chacun y lise ; mais qu'il a institué une police, qu'il y ait gens pour enseigner ; et sous cela il comprend tout le reste, qui en est comme une dépendance. Par quoi, si chacun lit en privé, cela n'empêche point qu'on écoute en public. Et à qui est-ce qu'il s'adresse ? aux grands et aux petits indifféremment. Dit-il que c'est pour un jour ? mais au contraire, il commande qu'on suive ce train jusqu'à la mort : car voilà le temps de notre perfection. Ceux donc qui ne daignent pas se tenir en ce rang de profiter en la foi et en toute vertu par l'ordre commun de l'Église, ne sauroient mieux se retrancher de la compagnie des enfants de Dieu. Ils ont beau caviller, car la sentence de saint Paul est trop manifeste, « que nul n'est du corps de Christ, et n'en doit être tenu, sinon qu'il se soumette à cette règle générale. » Par quoi, mes frères, humilions-nous et ne tentons point Dieu, cuidant pouvoir voler sans ailes. Mais quelqu'un dira : possible que David parloit pour le temps des figures, pource que Dieu gouvernoit alors son peuple à la façon des petits enfants, ainsi que dit saint Paul ; et pour tant, que les regrets qu'il fait du temple ne nous conviennent point aujourd'hui,

vu que nous sommes à comparer à ceux qui, étant sortis hors
d'enfance, sont devenus grands. A quoi je réponds, en premier
lieu, que la nécessité d'être enseignés par les sermons, d'être confermés par les sacrements, exercés aux prières publiques et confession de foi, nous est commune avec les Pères anciens. Et à cela
tendent tant de promesses qui sont principalement au prophète
Isaïe, là où Dieu dit que son Église aura des enfants infinis, et
qu'après les avoir conçus et enfantés, elle les nourrira. On ne
peut nier que cela n'appartienne au royaume de Jésus-Christ
et à notre temps. Or, Dieu notamment renvoie ses enfants au
giron de l'Église. Pourquoi cela, sinon à cause de cet ordre
qu'il a établi pour recueillir les siens comme par troupeaux ?
ce qui est très-bien exprimé par une belle similitude dont use
le même prophète, disant au chapitre 60 « que les chrétiens seront comme pigeons qui se retireront par volées en leur colom-
bier.» Et quel est, je vous prie, ce colombier-là, sinon chacun
lieu où la parole de Dieu se prêche, où les sacrements s'administrent et où le nom de Dieu est réclamé? De fait, ceux qui
cuident être si robustes de n'avoir plus affaire de cette conduite
externe, regardent bien mal à leur condition. Car pourquoi Dieu
nous a-t-il ordonné les sacrements, sinon pource qu'étant vêtus
de nos corps, nous sommes trop pesants pour appréhender les
choses spirituelles sans être aidés par signes visibles? Les anges
ont bien la vérité des sacrements, et cela leur suffit. Mais il faut
que Dieu descende plus bas à nous, à cause de notre rudesse.
Que ces chrétiens imaginatifs se dépouillent de leurs corps et se
fassent anges du ciel, et alors ils se pourront exempter de ces
petites aides dont ils tiennent si peu de compte. Mais il faut que
tous ceux qui se connoissent hommes passent par là, de s'assujettir à la police ordinaire que Dieu commande à tous les siens.
Vrai est que la grâce de Dieu n'est point attachée, et la vertu de
son esprit n'est point enclose ni aux sacrements, ni à toutes
choses externes, qu'il ne puisse besogner, quand il lui plaira,
sans nul moyen : mais ici nous traitons de l'ordre perpétuel qu'il
a mis en son Église, et non pas de ce qu'il fait extraordinaire-
ment comme miracle. Tant y a que ceux qui sont privés de l'u-
sage des sacrements et de la liberté de pouvoir invoquer son

22

nom, et ne sentent point leur mal et misère pour en gémir, sont plus stupides que les bêtes brutes. Je dis davantage, que si David en son temps a eu juste occasion de dire : « Seigneur, que ton temple est désirable! Bienheureux sont ceux qui habitent en ta maison ; mon âme brûle du désir qu'elle a d'entrer au parvis du Seigneur », qu'aujourd'hui nous devons être émus et enflambés à cela plus qu'au double. Car, quels étoient les biens du temple, lesquels David regrettoit tant, jusqu'à être ennuyé de sa vie quand il s'en voyoit privé? Vrai est qu'en substance c'étoient ceux que nous avons aujourd'hui : mais nous savons que c'étoient ombrages obscurs, là où Dieu ne déployoit pas, à beaucoup près, sa grâce telle que nous l'avons à présent. Car Dieu se déclare si privément à nous en l'ordre de l'Église, que les cieux nous sont (par manière de dire) ouverts. Les sacrements ne nous montrent pas Jésus-Christ de loin comme sous la loi, mais le nous mettent devant les yeux. Par quoi il faut bien que nous soyons par trop ingrats, si nous ne préférons ces biens à tout ce que David pouvoit jadis trouver au temple de Sion ; nous ne sommes plus aux parvis, comme David en parle. Il n'y a plus de voile tendu qui nous éloigne du sanctuaire. En somme, c'est bien mal honorer la grandeur infinie des biens que Dieu nous fait, quand pour le moins notre désir n'est point égal à celui de David. Je dis ceci par simple forme de doctrine : car l'exhortation suivra après en son lieu. Il reste de voir de plus près quel a été ce désir, afin de nous y conformer, comme à notre règle. « J'ai demandé, dit-il, une chose au Seigneur. » Parlant d'une chose, il signifie qu'il y a été si fort adonné, qu'il a laissé les autres derrière, comme s'il les eût mises en oubli. Étoit-ce qu'il jouit de tous ses souhaits, tellement qu'il n'y eût que ce point qui lui défaillit? Au contraire, il étoit fugitif de la terre de sa naissance, banni même de la maison de son père et de la compagnie de ses parents et amis. Il étoit dépouillé de tous ses biens, privé de ses états et honneurs, qui avoient été grands. On lui avoit ravi sa femme. Bref, voilà un homme désolé en tout et partout : néanmoins, il ne regrette qu'une chose, c'est d'avoir accès au temple ; comme aussi à l'opposite, quand il remercie Dieu de tous les biens qu'il lui a faits, après avoir parlé du boire et du manger, du repos et des commodités du corps, il met pour conclusion qu'il habitera au temple de Dieu ; en quoi il proteste qu'étant à son aise et en toutes délices, il n'a rien toutefois plus précieux que d'être au troupeau des fidèles pour être conduit au bien souverain. Notons bien donc que David, tant en ses afflictions qu'en sa prospérité, a eu toujours ce même courage de jouir de cette liberté que Dieu avoit donnée aux enfants d'Israël, ce qui n'est pas petite vertu. Nous en verrons d'aucuns, lesquels étant pressés de maux et d'angoisses, se souviendront de Dieu ; mais sitôt qu'ils en sont sortis et qu'ils se trouvent à leur aise, il n'en est plus de nouvelles. Qui pis est, ils regimbent contre lui comme des chevaux trop grassement nourris. Les autres se fâchent tellement et dépitent contre Dieu en leur adversité, qu'ils ne peuvent ouïr parler de lui. David est-il abattu de tant de pauvretés qu'il semble que ce soit la plus misérable créature du monde? tant s'en faut que la tristesse l'accable pour lui faire prendre à fâcherie et dédain qu'on lui parle de Dieu, que c'est le seul propos où il se console ; même encore qu'il ne puisse penser à Dieu qu'il ne se lamente d'être banni de son temple et forclos de l'usage des sacrements et des autres exercices de la foi, si est-ce qu'il n'a nul plus grand plaisir qu'à regretter un tel mal. Est-il au-dessus de toutes ses affaires, a-t-il vaincu ses ennemis pour être paisible en son royaume et redouté de tous? a-t-il moyen de se plonger en toutes voluptés? si est-ce qu'il demeure toujours ferme en ce propos, que sa vraie félicité est d'avoir accès au temple pour participer à l'ordre de l'Église. Par quoi nous voyons qu'il ne proteste pas en vain d'avoir demandé une chose, car elle lui étoit si chère, qu'il eût toujours quitté le reste en échange. Regardons maintenant qui est celui d'entre nous qui ait telle discrétion que David. Ceux qui se contentent du bien qu'ils ont entre mains, priseront-ils la liberté de pouvoir invoquer purement le nom de Dieu, d'ouïr prêcher sa parole et user des sacrements, plus que leur repos domestique? Il y en a bien peu qui le fassent. Plutôt, la graisse les endort tellement, qu'il ne leur chaut que de faire bonne chère. Bref, le monde est tel qu'il prisera plus un ange bien farci de viande que le temple de Dieu. Si on parle des troubles qui peuvent advenir, chacun craindra bien d'être fourragé par les guerres, de souffrir dommages, molestes et ennuis. Mais de perdre la prédication de la doctrine de salut, le pur usage des sacrements, et telles aides qui sont pour nous approcher de Dieu, il n'en est point de mention, et aussi on n'aperçoit point que ceux qui en sont privés s'en soucient guère. Si leur revenu ne les mène point au bout de l'an pour tenir tel train que leur ambition les pousse à souhaiter, si leur gain et leurs trafics diminuent, si leur crédit se perd, ils se tourmentent jusqu'au bout. Cependant la pâture ordinaire des enfants de Dieu (de laquelle ils devoient être affamés) ne leur est rien. Si est-ce que Dieu montre bien, par la menace qu'il fait, qu'il ne nous sauroit advenir plus grand mal. « J'enverrai, dit-il, famine, non pas de pain ni d'eau (comme s'il disoit : cela est peu de chose), mais d'ouïr ma parole. » Par quoi, mes frères, gardons bien de nous laisser abrutir par Satan et par le monde, que nous n'ayons toujours ce bien recommandé pardessus tous autres, c'est-à-dire d'être entretenus au troupeau de Dieu sous l'ordre extérieur et la conduite qu'il a mise entre les siens. Et cela nous est encore mieux exprimé par ce que David a ajouté, c'est qu'il requerra la chose qu'il a demandée. En quoi il signifie qu'il n'a point eu une dévotion soudaine, laquelle se soit refroidie tantôt, mais qu'il a été constant, et sera à la poursuite de ce bien. Nous en voyons bien aucuns qui seront si bien affectionnés pour peu de temps, qu'il semblera qu'ils doivent tout abandonner le lendemain. Mais c'est une chose bien rare que cette constance dont parle David. Même la plupart, au lieu d'attiser le feu pour allumer le bon zèle que Dieu a mis en eux, l'éteignent à leur escient. Nous avons un pareil témoignage quant à David, au psaume que j'ai déjà allégué. Car pource qu'on lui pouvoit mettre au-devant qu'étant chassé du pays de Judée, il se pouvoit retirer çà et là, il s'écrie : « Tes autels, Seigneur des armées, mon Dieu et mon Roi ! » comme s'il disoit qu'il ne peut trouver lieu délectable, encore qu'il possédât tous les palais du monde, quand il n'a point entrée au temple de Dieu. Il se plaint que les passereaux et arondelles trouvent bien à faire leurs nids, et qu'il est de pire condition. Pourquoi cela? est-ce qu'il n'ait ni chambre ni cuisine? Il n'allègue point cela; mais d'autant

qu'il ne trouve nulle bonne demeure ni propre , puisqu'il est
reculé des autels de Dieu. Il est bien certain que si cette doctrine nous étoit entrée au cœur, nous ne serions pas ainsi les uns
empêchés, les autres débauchés du tout de nous exercer aux
moyens que Dieu nous a mis en main pour nous avancer au
chemin de la vie éternelle. Mais quoi ? l'ambition retient les uns
aux dignités et grands états, et invite les autres à les pourchasser :
l'avarice embrase et transporte les autres ; beaucoup n'ont rien
au cœur que leurs voluptés et vaines dissolutions. Tant y a que
tous languissent en leurs cupidités : cependant nul ne s'écrie :
« Tes autels, Seigneur, où sont tes autels, mon Dieu ; mon Roi ? »
Et de fait, les vanités du monde règnent par trop en eux, pour
souffrir que Dieu y soit obéi. Ce mot aussi est d'importance, quand
David dit qu'il a demandé à Dieu la chose dont il parle : car il
sera facile de faire si beau semblant devant les hommes, qu'on
cuidera que ce soit tout feu de nous. Mais voici comme un homme
pourra dire que c'est à bon escient qu'il désire d'être au troupeau, si en n'ayant que Dieu pour son témoin, il a néanmoins
cette affection. Car quand nous venons devant un tel juge , il
faut que toute hypocrisie cesse, et qu'il n'y ait que vérité et rondeur. Voulons-nous donc ensuivre l'exemple de David ? que chacun se retire en sa conscience, et, en adressant son propos à Dieu,
qu'il dise : « Seigneur, tu sais comme je prise d'être en ton Église
par-dessus tous les biens du monde. » Au reste, nous sommes
ici avertis aussi bien de ne point ronger notre frein à gémir et
nous lamenter ; mais que nous devons jeter nos soupirs droit à
celui qui peut remédier à notre mal. De fait, nous devons bien
savoir que l'horrible dissipation qui est aujourd'hui au monde, en
ce que tout le service de Dieu est corrompu, que la parole de
Dieu est falsifiée, les sacrements abâtardis, est une juste vengeance sur nos péchés. A qui est-ce donc que nous recourrons
pour jouir de la pure doctrine, des sacrements et de la liberté
d'invoquer le nom de Dieu et faire confession de notre foi, sinon
à celui qui nous châtie, en nous privant de ces biens-là ? Et ne
faut-il point que la rigueur des châtiments de Dieu nous détourne
de venir à lui ; et tant moins devons-nous regimber contre l'é-
peron en nous dépitant pour ne point chercher la médecine en

22.

la main de celui qui a fait la plaie. David, certes, entendoit très-bien qu'il n'étoit point banni du pays de Judée sans la providence de Dieu. Toutefois, il ne laisse pas de venir à lui et de lui faire ses complaintes. Non pas que ce ne lui soit une griève tentation et dure, de se voir déchassé de Dieu en apparence; mais la foi qu'il a en la promesse qui lui est faite l'élève par-dessus, pour supplier à Dieu qu'il lui rende à toujours ce qu'il lui a ôté pour un temps. J'ai déjà (comme il me semble) assez appliqué cette doctrine à nous, et à la condition du temps présent, n'étoit qu'il y a des esprits tant rudes, qu'on ne leur sauroit rien faire avaler, sinon qu'on leur mâche et remâche les propos qu'on leur tient. Combien (pour dire au vrai ce qui en est) que la rudesse ne les empêche point, ni l'obscurité de la doctrine. Mais ils s'entortillent d'eux-mêmes, cherchant tous subterfuges qu'il leur est possible d'imaginer, pour obscurcir ce qui est de soi tant et plus évident. Tant y a que telle résistance nous contraint de mieux éplucher comment la doctrine que nous avons ci-dessus exposée appartient à notre temps. Je confesse qu'il n'y a plus de temple matériel où il faille aller en pèlerinage pour sacrifier à Dieu, mais qu'aujourd'hui nous sommes ses temples spirituels, et que nous devons en tout lieu lever les mains pures au ciel. Mais l'ordre d'invoquer son nom en la compagnie des fidèles dure à jamais; car cela n'est pas des figures de l'ancien Testament, mais c'est la règle que notre Seigneur Jésus nous a donnée jusques en la fin du monde. Par quoi, combien que nous différions avec David quant à ce temple de Sion et aux sacrifices, nous sommes semblables en ce que nous avons à prier Dieu en commun, et à nous assembler pour faire confession de notre foi. Il est bien vrai que nous ne sommes plus comme petits enfants tenus sous la tutelle de la loi de Moïse; mais tant y a que nous sommes hommes, et serons jusques à ce que Dieu nous retire du monde. Ainsi, combien que les ombres et figures qui ont été du temps de David ne nous appartiennent plus, si est-ce que nous avons métier d'être poussés et amenés par la prédication de l'Évangile et par les sacrements. Si quelqu'un débat au contraire, il ne faut que l'expérience pour le vaincre; car les plus habiles montrent bien la nécessité qu'ils ont que Dieu aide à leur foi-

blesse. Nous ne sommes point là-dessus, à savoir si Dieu veut
conduire les siens sans aucun moyen inférieur, mais comment
c'est qu'il les veut conduire. Or, il est certain que, voyant notre
imbécillité, il nous a donné comme des potences ou bâtons pour
nous soutenir. Quelle folie est-ce, je vous prie, quand nous sentons
que les jambes nous faillent, de ne tenir compte des potences,
comme si elles ne nous servoient de rien! Connoissons donc,
quelque diversité qu'il y ait entre nous et les Juifs, que la doctrine que met ici David est commune à tous; seulement nous
avons à changer le mot de temple, en ce que nous ne sommes
plus liés en un certain lieu. Cependant le regard qu'avoit David
ne nous attouche pas moins qu'à lui. Il est vrai que gens hau-
tains et présomptueux ne font pas grand cas qu'on s'assemble
pour ouïr le sermon, pour faire prières publiques, et pour administrer les sacrements; mais c'est faute d'examiner leurs consciences.
De notre côté, quand il n'y auroit sinon l'ordonnance de Dieu,
contentons-nous de ce qu'il lui plaît entretenir notre foi en telle
petitesse; mais encore, comme nous avons dit, nous sentons
le profit qui nous en revient. Quoi qu'il en soit, puisque saint
Paul déclare que c'est le chemin de venir à perfection que de se
tenir à l'ordre de l'Église, tel que Jésus-Christ l'a institué quand
il a donné des pasteurs, maudite soit l'outrecuidance de ceux
qui veulent voltiger en l'air, et prétendent de monter au ciel par
leurs spéculations, en méprisant les sermons et l'usage des sacrements, comme si c'étoient choses externes et non pas fort requises. Notez bien, mes frères, de quelles gens je parle; je confesse que Dieu garde les siens sous la captivité de l'antechrist,
combien qu'ils soient destitués des aides que nous avons ici en
liberté. La parole de Dieu ne leur est point prêchée, ils n'ont
nul lieu où il leur soit permis de faire confession de leur foi;
les sacrements leur sont ôtés; mais pource qu'en se séparant des
abominations de l'antechrist, ils soupirent et regrettent de n'a-
voir point ce qui leur seroit tant et plus utile, Dieu besogne en
eux par son Esprit, et supplée ce qui y défaut. Mais il y en a
la plupart, lesquels étant en telle désolation, s'y plaisent néanmoins, et, étant affamés, n'ont nul appétit : ce sont ceux qui
contrefont les philosophes, se contentant d'avoir leur trois pages

et demie, pour dire qu'ils en savent tout ce qu'il faut en savoir.
Telles gens (comme il leur semble) n'ont point besoin d'être
prêchés : de la Cène, c'est tout un, quand jamais ils n'en ap-
procheront. Quant à tout ordre extérieur de l'Église, ils le ren-
voient aux petits enfants, comme s'il étoit trop bas pour eux.
Je vous prie, ne faut-il pas bien que telles gens soient plus que
aveugles ? Cependant, encore nous accuseront-ils de ce que nous
exhortons ceux auxquels notre Seigneur a déclaré sa vérité,
d'user des moyens que Dieu ordonne pour l'accroissement, conser-
vation et persévérance de notre foi. Et pourquoi cela, sinon d'autant qu'ils se fâchent qu'on les réveille pour leur faire sentir leur
mal ? Je prends le cas qu'ils n'idolâtrent point avec les papistes ;
si ne peuvent-ils nier que ce ne soit une maudite servitude de
ne pouvoir confesser le nom de Dieu et de Jésus-Christ. Le Saint-
Esprit voulant navrer le cœur des fidèles qui étoient captifs en
Babylone, leur met cette sentence en la bouche : « Comment
chanterions-nous les louanges du Seigneur en terre étrange ? »
Je confesse que le royaume de Dieu est aujourd'hui partout, et
qu'il n'y a plus de distinction entre Judée et les autres pays ;
mais je dis toutefois que le pays où le service de Dieu est aboli
et la religion anéantie, mérite bien d'être tenu pour étrange et
profane. Il faut donc que ceux qui n'ont nul regret de n'oser
faire protestation de leur foi et célébrer le nom de Dieu, soient
du tout hébétés. Mais que les enfants de Dieu soient avertis, par
cette remontrance, de ne se point étourdir d'eux-mêmes. Quant
à ceux qui babillent en se moquant de nous, à savoir si on ne
peut aller en paradis qu'en passant par Genève, je réponds que
plût à Dieu qu'ils eussent le courage de s'assembler au nom
de Jésus-Christ quelque part qu'ils soient, et dresser quelque
forme d'église, tant en leurs maisons qu'en celles de leurs voi-
sins, pour faire en leur endroit ce que nous faisons ici en nos
temples ! Mais quoi ! en ne daignant user des moyens que Dieu
leur donne, ils veulent être sauvés ! c'est donc autant comme
s'ils demandoient s'ils ne peuvent pas arriver à port en tirant
tout au rebours, et s'ils ne peuvent pas, en tentant Dieu, jouir de
sa grâce. Or, qu'ils se fassent grands et robustes tant qu'ils voudront pour se rompre le cou, mais que tous fidèles se gardent

bien de s'élever avec eux ; et quiconque n'a pas le moyen d'être
en l'Eglise chrétienne, là où Dieu soit purement adoré, pour le
moins qu'il gémisse nuit et jour : « Tes autels, Seigneur, il n'y
a que tes autels que je désire, mon Dieu, mon Roi ! » Et que ce
feu demeure toujours allumé en tous bons cœurs, afin que, pour
chose qui vienne, ils ne se fâchent d'être ainsi transis, et que
la longueur du temps ne les refroidisse point, qu'ils ne pour-
chassent toujours d'être amenés au troupeau. Davantage, que
chacun pense bien à soi pour se retirer hâtivement à l'enseigne
sitôt que notre Seigneur lui en donnera les moyens ; car voilà
comment on doit montrer qu'on n'a point en feintise cette requête d'habiter en la maison de Dieu. Il reste maintenant pour
la fin, de bien noter ce que David ajoute, c'est « qu'il verra la
beauté du Seigneur et considérera son temple. » Car ce n'est pas
tout de s'exercer avec les fidèles en tout l'ordre extérieur de
l'Église, si nous ne tendons à cette fin de connoître Dieu de mieux
en mieux. Il y a deux choses ici requises : l'une est que nous
soyons diligents à fréquenter les sermons et les prières publiques ; la seconde, que nous sachions pourquoi ; car beaucoup y viennent avec une sotte dévotion, cuidant s'être bien
acquittés d'avoir fait leurs montres au temple. Prenons donc
garde à nous, mes frères ; car il y a danger que la plupart ne
se trouvent condamnés en l'un ou en l'autre. Combien y en a-t-il
qui fuient les sermons, et seroient bien aises de n'en ouïr jamais parler ? mais je laisse là ceux qui se montrent pleinement
contempteurs de Dieu. Seulement, je parle du mépris ou non-
chaloir qui est en beaucoup, lesquels ne s'aviseroient jamais
de venir au sermon, s'il n'étoit dimanche ; et encore n'est-ce
que par acquit, comme s'ils faisoient quelque corvée à Dieu.
La cloche sonnera bien tous les jours, mais ce leur est assez
de comparoître au bout de la huitaine. Le dimanche on les appelle quatre fois, mais c'est bien venu s'ils s'y trouvent une
seule fois, car il y en a assez qui se dispensent pour seulement
venir à quinzaine. Bref, la plus grande multitude pratique le
proverbe ancien, d'être près du moutier et loin de Dieu. De ceux
même qui ont abandonné leur pays pour venir ici servir à Dieu,
il y en a qui s'y portent assez lâchement. Qu'est-il donc de

faire? puisque Dieu se montre à nous , contemplons sa beauté ;
mais il ne faut pas laisser derrière la façon de la bien contempler ; c'est que nous soyons ravis en l'amour d'icelle , et trans-
formés en sa semblance (comme dit saint Paul). Et pour ce
faire, il nous convient être attentifs , plus que nous ne sommes
ni que nous n'avons accoutumé d'être, à considérer ce que Dieu
nous propose en son temple. Car qui est cause que nous rappor-
tons si peu de fruit des sermons et des sacrements , sinon que
nous n'appliquons guère notre étude à ce qui s'y dit et s'y fait?
Ainsi, nous avons les oreilles battues, et les cœurs nullement
touchés. Encore y en a-t-il beaucoup qui n'entendent de tout un
sermon que quelques mots en passant, voire à demi. Par quoi
ce n'est pas sans cause que David parle de visiter attentivement
le temple du Seigneur ; et de fait, les grands trésors de la sagesse,
qui nous y sont proposés de Dieu méritent bien qu'on s'arrête
soigneusement à les regarder. Or, comme j'ai déjà touché,
Dieu ne veut point qu'on les regarde pour s'en retourner vide.
Sachons donc que la doctrine a profité en nous, quand nous
sommes dûment réformés pour servir à Dieu ; et c'est ce qu'entend David au psaume 84, que nous avons allégué par ci-devant :
« Que ceux qui habitent en la maison de Dieu le loueront. »
A quel propos donc nous assemblons-nous ? Pourquoi est-ce
que l'Évangile nous est prêché ? Pourquoi avons-nous le baptême et la Cène, sinon afin que Dieu soit magnifié en nous?
Or, cette louange ne gît pas seulement au bout de la langue,
mais elle s'étend par toute la vie. Pourtant il est dit en l'autre
passage : « Je laverai mes mains en intégrité, Seigneur ; puis
j'entrerai à ton autel. » Nous voyons maintenant quel est le
vrai usage de tout l'ordre de l'Église ; c'est que nous servions
purement à Dieu. Du temps de la loi, ceux qui venoient adorer
au temple, et les sacrificateurs y entrant pour faire leur office,
se lavoient. Cette cérémonie est passée , mais nous en devons
retenir la vérité. C'est, d'autant que nous avons les moyens
pour nous induire au service de Dieu , nous devons cheminer
en plus grande intégrité que les autres ; car selon que Dieu nous
donne les aides, tant moins y a-t-il d'excuses pour nous, si nous
ne les faisons valoir. Si nous choppons, ce n'est point par

faute que nous ne voyions les chemins devant nos pieds. S'il
nous advient de nous écarter, ce n'est point par faute que
Dieu ne nous éclaire tant et plus. Si nous oublions à faire notre
devoir, ce n'est point par faute d'être sollicités ; bref, Dieu n'omet
nul moyen pour avancer notre salut. Craignons donc ce reproche qu'il fait par son prophète Isaïe au chapitre 65 : « J'ai
tout le jour épandu mes bras à ce peuple rebelle. » Si ceux qui
sont errants par les déserts de la papauté ne seront point épar-
gnés quand ils n'auront cheminé droit, je vous prie, que sera-ce
de nous qui sommes nourris comme en la maison, sous les
yeux de notre Père céleste? Les uns ont abandonné le pays de
leur naissance pour se ranger ici en une église chrétienne; les
autres ont eu plus de privilége, que Dieu les est venu visiter en
leur nid : maintenant, si ceux qui sont natifs du lieu ne reconnoissent un tel bien pour se dédier du tout à Dieu, lequel s'est ainsi
approché d'eux, une telle ingratitude demeurera-t-elle impu-
nie? Plutôt qu'ils disent : Seigneur, tu as bâti ton temple et
dressé ton autel au milieu de nous : fais-nous donc la grâce de
nous purifier, afin que nous ne souillions point par nos ordures
la sainteté de tes dons, et que nous ne tournions point en opprobre la gloire de tes bénéfices. Quant à ceux qui sont venus
de loin, qu'ils avisent à se gouverner saintement comme en
la maison de Dieu. Ils pouvoient bien vivre ailleurs en débau-
che, et ne falloit point qu'ils bougeassent de la papauté pour
mener un train dissolu. Et de fait, il y en a aucuns auxquels
il vaudroit mieux s'être rompu le cou, que d'avoir jamais mis le
pied en cette Église pour s'y porter si mal. Les uns s'adjoignent
aux gaudisseurs pour les endurcir en leur malice ; les autres
seront gourmands et ivrognes, les autres mutins et noiseux.
Il y a des ménages où les maris et femmes sont comme chiens
et chats ; il y en a qui haussent leurs états et contrefont les seigneurs sans propos, sont adonnés à pompes et superfluités
mondaines ; les autres deviennent si délicats qu'ils ne savent
plus que c'est de travailler, et n'y a nul contentement pour la
nourriture. Il y en a de médisants et détracteurs, qui trouveroient à redire aux anges de paradis ; et d'autant qu'ils crèvent
de vices, ils mettent toute leur sainteté à contrôler leur prochain.

Cependant il leur semble à tous que Dieu est bien tenu à eux de ce qu'ils ont fait le voyage de Genève, comme s'il n'eût pas mieux valu qu'ils fussent demeurés sur leur fumier, que de venir faire tels scandales en l'Église de Dieu. Or, s'il y a eu du mal par ci-devant, que chacun pense à se réduire; et s'il y en a qui soient du tout incorrigibles, que les enfants de Dieu se munissent de cette doctrine, afin de n'être point infectés par leur mauvaise vie. Il nous doit bien faire mal quand nous voyons l'Église de Dieu être ainsi profanée. Mais puisqu'il nous faut être comme le grain parmi la paille, prenons patience jusques à ce que Dieu nous sépare de la compagnie des méchants. Il n'y a aussi nul doute que cette Église ne soit comme une touche pour en éprouver beaucoup. Quoi qu'il en soit, efforçons-nous, puisque Dieu nous a recueillis en sa famille, de nous adonner à toute pureté, en renonçant à toute pollution du monde, afin que le Seigneur Jésus, au grand jour, nous avoue et tienne au nombre de ceux qui auront réclamé son nom sans feintise.

LE QUATRIÈME SERMON,

MONTRANT COMBIEN ON DOIT PRENDRE DE PEINE POUR RACHETER LA LIBERTÉ DE SERVIR DIEU PUREMENT EN L'ÉGLISE CHRÉTIENNE, SUR LE THÈME DU PSAUME 27 :

Mon cœur a dit de toi : Cherchez ma face. Je chercherai ta face, Seigneur.

Comme les hommes se jettent en une merveilleuse confusion en lâchant la bride à leurs appétits et souhaits, aussi c'est une grande sagesse à eux de s'enquérir de ce que Dieu leur commande pour le suivre; et de cela, nous en avons ici un bel exemple. David étoit bien homme sujet aux mêmes passions qui nous tourmentent et agitent çà et là, et n'y a doute qu'il ne fût sollicité de beaucoup de tentations, lesquelles pouvoient bien égarer son esprit. Mais pour remédier à toutes occasions de débauchement, et avoir une conduite certaine, il regarde à ce que Dieu

lui montre ; il médite et rumine là-dessus. La somme est que
Dieu convie et exhorte tous ses fidèles à chercher sa face. David
proteste d'avoir appliqué son étude à ce commandement; en sorte
qu'il y a eu comme une bonne mélodie et accord entre Dieu qui
parle en disant : « Cherchez-moi », et lui qui répond : « Oui, mon
Dieu, je te chercherai. » Or, il nous faut ici voir pourquoi Dieu
notamment exprime ce mot de face : car s'il n'avoit quelque face
en laquelle il se montrât, il nous abuseroit en nous commandant
de la chercher. Je sais que plusieurs qui voudront faire des subtils ne feront non plus de cas de cela que s'il étoit dit : Cherchez-
moi. Mais ceux qui sont bien exercés en l'Écriture connoissent
bien que Dieu a voulu spécifier la façon qu'il a tenue de tout
temps à se montrer et déclarer privément aux hommes. Et de
fait, c'est un langage tant et plus fréquent en l'Écriture, que
nommer le sanctuaire et l'arche de l'alliance face de Dieu. Pourquoi cela? C'est pource que Dieu, qui est incompréhensible en
son essence et en sa majesté, use de moyens tels qu'il connoit
être propres à l'infirmité et rudesse des hommes pour les amener
à soi. Vrai est que le monde se forge toujours de fausses remem-
brances de Dieu. Mais tout ce que nous imaginons de notre cerveau sont autant de faux visages par lesquels Dieu est déguisé ;
ou, pour dire plus clairement, quand les hommes se forgent
quelque figure ou remembrance pour avoir Dieu visible, ils n'ont
qu'un marmouset. Mais quand Dieu se représente selon son bon
plaisir, et qu'il nous donne signes et marques pour être connu
de nous, alors il prend comme une face. Sur cela il commande
que chacun de nous y dresse sa vue, et que nous soyons soigneux
à la regarder; « car aussi c'est notre souverain bien, et duquel
nous devons être pleinement rassasiés, de jouir du regard de
notre Dieu », comme il est dit au psaume 16. Or, pource que
nous ne pouvons pas monter si haut sans échelle, le second bien
qu'il nous puisse faire, est de nous donner le moyen pour parvenir à ce premier-là. Ainsi, notons que cette sentence où Dieu dit :
« Cherchez ma face », vaut autant comme s'il ouvroit la porte
pour nous faire entrer en la vie éternelle. Ce n'étoit pas grande
chose, ce semble, de venir, du temps de David, au temple pour
voir tant de cérémonies qui s'y faisoient ; mais si nous pen-

sons bien au patron spirituel qui fut montré à Moïse en la montagne, nous ne trouverons point étrange que Dieu dise que c'est sa face. Et de fait, puisque Jésus-Christ y étoit révélé, que dirons-nous, sinon que Dieu s'y montroit? Maintenant, voyons si Dieu ne nous a point ordonné quelque moyen extérieur pour être contemplé de nous. Il est vrai qu'il nous est apparu par son Fils qui est son image vive, et en la personne duquel il veut être connu en perfection. Mais saint Paul déclare quand et quand « que l'Évangile est le miroir auquel Jésus-Christ doit être contemplé, au 4 de la *seconde aux Corinthiens*. Les sacrements ont une même nature, et en somme, l'ordre tel que Dieu l'a mis en son Église. Pour tant, que les braves et orgueilleux de ce monde se moquent tant qu'ils voudront; mais puisque Dieu nous a fait ce bien de s'abaisser à nous, n'ayons point de honte de porter cet honneur à sa parole et à ses sacrements; de le regarder là comme en face, non pas pour être retenus ici-bas aux éléments corruptibles du monde, comme les papistes qui font des idoles de tous les signes que Dieu nous a donnés pour nous conduire à Jésus-Christ; mais tant y a que pour jouir une fois pleinement de la présence de Dieu, il faut que nous tendions à lui par ces moyens inférieurs. Vrai est qu'il ne nous faut pas prendre trop étroitement ce que je dis, comme si jamais les fidèles n'approchoient de Dieu, sinon quand ils viennent au temple; car cela seroit une superstition trop lourde. Mais j'entends qu'il ne nous faut point mettre Dieu par-dessus les nues, comme font aucuns fantastiques, et spéculer de sa haute majesté ce que bon nous semble, laissant derrière tant la prédication de l'Évangile que les autres moyens semblables; comme si on la pouvoit voir en fermant les yeux. Car à la vérité, ceux qui méprisent l'usage que je dis, tant des sacrements que de tout l'ordre de l'Église, ne daignent regarder Dieu quand il leur apparoît. Regardons maintenant combien il nous est nécessaire que Dieu nous incite de venir à lui. Nous avons déjà dit quelle grâce et honneur il nous fait de nous convier si doucement à soi pour avancer notre salut, et nous amener à la vraie et parfaite félicité, de laquelle nous sommes bien loin quant à nous. Mais nous avons aussi à noter que ce n'est pas sans grande nécessité que Dieu nous pique et sollicite pour nous gar-

der d'être malheureux. En premier lieu, nous avons la vue tant
égarée que c'est pitié. Car il n'y a que les vanités de ce monde
qui occupent tous nos sens, et Satan a des illusions infinies pour
nous tromper. Vrai est que toutes ses cautèles ne sont que mo-
meries ou jeux de farce et amuse-fols ; mais l'expérience montre
combien nous sommes fols ou insensés en nous laissant séduire
par trop. Par quoi, si nous étions bien avisés, cette voix de Dieu
nous retentiroit toujours aux oreilles : « Cherchez ma face. »
Mais quoi! d'autant que Dieu est soigneux de son côté, nous
sommes paresseux et tardifs. Plût à Dieu encore que nous ne
fussions pas chevaux rétifs pour reculer au lieu d'avancer! Tant
y a que cet exemple ne nous est pas proposé en vain. Car la protestation que fait David d'avoir médité en son cœur cette doctrine, que lui et tous fidèles devoient chercher la face de Dieu,
nous montre à quoi nous devons étudier, afin que Dieu ne perde
point sa peine en nous appelant à soi. Or, il conjoint ici deux
articles qui sont dignes d'être observés. Le premier est quand
Dieu a parlé, disant : « Cherchez ma face », qu'il a répondu à
cette voix d'une bonne affection de cœur. Le second est qu'après
avoir dit oui, il dit qu'il s'emploiera par effet à chercher la face
de Dieu. Et de fait, voici l'ordre selon lequel nous aurions à
procéder : c'est de donner ouverture et accès à ce que Dieu nous
dit, selon aussi qu'il nous est remontré au psaume : « Aujour-
d'hui, en oyant sa voix, n'endurcissez pas vos cœurs »; mais il
s'en trouve bien peu qui le fassent. Une grande partie dira bien
pour s'acquitter : Oui, c'est raison ; il n'est pas licite de répliquer
à l'encontre; mais il s'en faut beaucoup que ce qu'ils accordent
de bouche leur entre jusques au cœur. Ainsi, apprenons de commencer par ce bout, que nous répondions à Dieu à bon escient,
que nous avons entendu le bien qu'il nous fait, en nous conviant
à voir sa face. Si cela est, il ne se peut que le reste ne s'ensuive,
à savoir, une vertu d'exploiter ce que nous connoîtrons nous être
si justement commandé, et pour notre bien singulier. Car David
montre qu'il n'a point eu une méditation froide ou morte, sans
remuer ni bras ni jambe, mais qu'en ayant conclu qu'il falloit
chercher Dieu, il s'est mis en chemin et proteste qu'il poursui-
vra. Or, c'est une grande honte à ceux qui se disent chrétiens,

de si mal pratiquer l'un et l'autre. Aucuns allégueront qu'il ne
leur est point licite de quitter le pays de leur naissance, combien
qu'ils soient là destitués de la pâture de vie, et qu'il n'y ait que
désolation quant à l'ordre de l'Église. Pourquoi ? A cause du devoir qu'ils ont à leur prince naturel. A quoi je ne ferai pas longue
réplique. Seulement je leur demande, s'ils n'avoient que boire ni
que manger en leur maison, s'ils y seroient retenus d'un tel scrupule. Il n'y a celui qui ne se dispensât hardiment de quitter son
pays, pour ne point mourir de faim. Je mettrai un cas qui n'est
pas encore tant privilégié, c'est que si on leur présentoit six fois
autant de biens qu'ils ont en pays étrange, qu'ils ne feroient pas
grande difficulté pour s'en aller tantôt mettre en possession. De
quoi donc leur sert-il de prétendre ces couleurs, puisqu'on voit
que c'est au plus loin de leur cœur qu'ils parlent ? Il n'est pas
ici question de se retirer en terre d'ennemis, là où ils soient contraints de porter armes contre leur prince, pour faire guerre à
leur pays naturel, mais seulement de chercher lieu pour servir
paisiblement à Dieu, là où rien ne les empêche qu'ils ne prient
pour leur prince et pour tous ses sujets. Bref, telle retraite n'est
autre que celles qui se font tous les jours pour quelques commodités terriennes, sans qu'on les impute à crime. Mais encore regardons si la nécessité n'excuse pas. Voici Dieu qui dit : « Cherchez ma face. » Les princes terriens se rebecquent à l'encontre,
et veulent qu'on lui tourne le dos, ou bien ils privent les pauvres
âmes de leur pâture ordinaire, et, au lieu de la face de Dieu, mettent devant les yeux des masques de superstition. Faut-il qu'ils
soient préférés au Dieu vivant ? Si on écoute Dieu, il faut plutôt
aller mille lieues loin, pour voir sa face où il la montre, que de
croupir en son nid. Ainsi, toutefois et quantes que les princes attentent rien au préjudice de celui qui a toute autorité souveraine
par-dessus eux, on ne leur fait nul tort en lui obéissant. Combien
qu'outre ce que j'ai dit, telles gens montrent assez qu'ils n'ont
guère pensé à leur condition. Quelle est la captivité en laquelle ils
sont tenus ? Si leur conscience n'étoit par trop endormie, il seroit
impossible qu'ils ne fussent en continuelle détresse, comme si on
les tourmentoit en là géhenne. Comment leur est-il permis de faire
que Dieu soit honoré en leurs ménages ? Il ne faut pas aller plus

loin. Si un d'eux a quelque enfant qui lui naisse, son devoir est
de l'offrir à Dieu, avec prières et actions de grâces, demandant
que la marque de salut lui soit imprimée en son corps par le baptême. Or, nous savons que le baptême est si corrompu en la papauté, et si barbouillé de superstitions et ordures, qu'un enfant
ne le peut recevoir sans être pollué quand et quand. Ainsi, un
père ne sauroit faire baptiser son enfant sans péché. S'il s'en
déporte, autant en sera-ce, et n'y eût-il que le scandale qu'il
donne en rejetant le sacrement que le Fils de Dieu a institué.
Quelle perplexité est-ce là, qu'on ne puisse faire ni laisser un
acte, sans que Dieu y soit offensé! Je laisse le reste, pource que
ce seul exemple n'est déjà que trop. Or, un homme aura-t-il
langui toute sa vie ainsi misérablement, ne sachant de quel côté
se tourner, les grands assauts seront à la mort, et là le diable
aura tout son équipage. Si le pauvre captif a été par le temps
passé empêché de servir à Dieu, pour le regard de sa femme et
de sa famille, c'est adonc pis que jamais. Ceux qui doutent s'il
leur est licite de sortir d'un tel bourbier, ou plutôt d'un tel gouffre d'enfer, sous ombre de la subjection qu'ils ont aux princes
terriens, pervertissent bien tout ordre de nature. Il est bien certain que la prière que Dieu veut que nous lui fassions pour nos
princes est conforme à l'autorité qu'il leur attribue par-dessus
nous, et au devoir auquel il nous oblige envers eux. Or, saint
Paul exhorte qu'on prie Dieu pour les rois et magistrats, afin
que nous menions vie paisible en toute honnêteté et crainte de
Dieu. C'est donc trop étendre la subjection que l'on doit aux
princes terriens, de vouloir que l'honneur et service du roi céleste soit reculé. Vrai est qu'il a fallu que les pauvres Juifs de-
meurassent en la servitude de Babylone jusques au terme qui
leur étoit assigné. Mais que ces gens avec lesquels je débats
montrent que nous soyons obligés à nous priver de notre bon
gré des biens spirituels que Dieu donne à ses enfants. Ils
sentent la nécessité qui les presse; leur infirmité les sollicite;
Dieu leur montre le remède. Quelle raison y a-t-il qu'ils ne s'o-
sent aider, afin de complaire à ceux qui leur arrachent le pain
hors de la main? Il y a autre raison du mari envers la femme,
ou de la femme envers le mari. Car d'autant que Dieu les a con-

joints comme en une chair, l'un ne feroit pas bien d'abandonner l'autre sous couleur de chercher Dieu. Non pas qu'ils se doivent éloigner de lui pour s'entretenir ensemble, mais pource que chacun doit mettre toute peine d'y attirer son compagnon. Voici donc ce qu'ils ont à faire : c'est que le mari remontre à sa femme combien ils sont malheureux d'être séparés de la compagnie des fidèles, de n'avoir ni prédications ni sacrements, qui sont les gages pour nous rendre certains que Dieu habite avec nous. Sur cela, qu'il l'exhorte à prendre courage, et s'il ne la peut gagner sitôt qu'il voudroit bien, qu'il ne se lasse point jusques à ce qu'il en soit venu à bout. Encore que la femme lui contrarie, qu'il ne laisse point de l'importuner jusques à ce qu'elle se montre du tout obstinée. Si après avoir tout fait ce qui est en lui, il ne se peut plus tenir là, il est franc et libre ; car il s'est acquitté de son devoir, et n'a pas tenu à lui que sa femme ne le suivît comme elle y est tenue. Combien qu'un tel partement n'est pas un divorce ; mais le mari va devant pour montrer le chemin à sa femme. Quant est de la femme, elle a encore un lien plus étroit, d'autant qu'elle n'est point le chef. Ainsi il faut qu'elle tâche, par tous moyens qu'il lui sera possible, d'induire son mari à ce qu'il les mette tous deux en liberté. Ayant fait tout ce qu'elle aura pu, si n'est-elle pas quitte pour pouvoir laisser celui auquel elle est sujette, sinon que quelque persécution se levât, et qu'il y eût danger apparent, et surtout si le mari étoit comme un boute-feu, la poursuivant à mort. Or, adonc elle ne se retire pas de son mari, mais elle fuit le mal qui lui seroit apprêté et la rage des ennemis, selon la permission et le congé de Dieu. Bref, la contrainte qu'on lui fait la délivre et affranchit. Tant y a que nul regard du monde ne doit retenir ni mari ni femme, mais seulement l'amour qu'ils se doivent en Dieu pour procurer le salut l'un de l'autre. Car s'il faut qu'un homme s'oublie soi-même quant à ce qui concerne la vie terrienne et le corps, il faut bien qu'il oublie ce qui est à l'entour de soi.

Retournons donc à cette estime que fait David de chercher la face de Dieu, selon qu'aussi il en parle au psaume 84, disant : « qu'il vaut mieux vivre un seul jour au parvis du Seigneur, que mille et en être éloigné » ; en quoi il signifie que la vie des fidèles ne sauroit être trop brève, moyennant que Dieu leur fasse

cette grâce, qu'en vivant en ce monde ils s'exercent à le servir
et honorer, se confermer en ses promesses et confesser son nom.
Si quelqu'un réplique que cela se peut bien faire en un désert, ou
entre les ennemis de la foi, je réponds que ce n'est pas sans
cause que David notamment exprime le parvis du temple; car il
considère combien l'ordre de l'Église est nécessaire à tous hommes mortels, attendu la rudesse et infirmité qui est en eux. Si ce
propos étoit bien imprimé aux cœurs de tous, à savoir, de venir
seulement en une église chrétienne où ils pussent mourir à repos, il n'y a celui qui n'eût bientôt troussé son paquet. Mais
quoi? Tous appètent de vivre, voire à leur aise, et chacun selon
la cupidité dont il est mené. Voilà qui est cause que le temple de
Dieu est méprisé. Qui plus est, beaucoup sont subtils à se mettre
devant les yeux de mauvais objets, pour se détourner de l'affection qu'a eue David. Ils allèguent : Que profiterons-nous en changeant de lieu? Nous trouverons le monde où nous viendrons,
aussi bien qu'il est en notre pays. Tout est aujourd'hui corrompu; il y a partout des scandales et tentations à se débaucher.
Je leur confesse tout cela. Mais s'il étoit question de leurs corps,
et qu'on les avertît en quel lieu ils trouveroient bons médecins,
remèdes propres et autres aides, diroient-ils qu'il ne leur en
chaut, pource qu'on peut devenir malade partout? Je confesse,
quelque part qu'on soit, qu'on rencontrera des occasions de malfaire et débauchements tant et plus. Mais il y a grande différence
d'avoir les moyens que Dieu nous a donnés de nous retenir et redresser, ou d'en être du tout destitués. Prenons le cas que tous
vices règnent également au monde, que l'air en soit infecté
comme de peste, n'est-ce pas un grand avantage d'avoir les pré-
servatifs que Dieu a ordonnés à ses enfants? d'avoir les purges et
médecines par lesquelles il nous veut guérir? J'entends toujours
la doctrine de l'Évangile, quand elle est prêchée; les sacrements,
quand on en use comme il appartient; les prières publiques, et
ce qui appartient à nous inciter et réveiller, pour n'être point
empoisonnés des tentations du monde. De tout cela chacun sait
qu'il n'y a rien en la papauté, mais tout le contraire. Avisons
donc qu'en telle nécessité que nous avons d'être secourus, nous
ne rejetions point le secours que Dieu nous offre. Il y en a d'au-

cuns qui se dégoûtent encore plus expressément. Qu'irons-nous, disent-ils, faire en une église où nous verrons des troubles et scandales qui nous sont maintenant inconnus? Si aux lieux où on prêche l'Évangile il y avoit telle police qu'il seroit bien requis pour nous édifier, et que nous fussions assurés de n'y trouver que des anges qui nous menassent en paradis, nous serions émus d'y courir; mais quand nous serons là venus, nous orrons parler de beaucoup de choses qui ne feront que nous scandaliser, et en verrons plus qu'il ne seroit besoin. Il y aura force gens débauchés qui diffament l'Évangile par leur vie dissolue. Les vanités, les pompes, les ivrogneries et choses semblables y auront leur vogue par trop. Qui pis est, plusieurs se montreront contempteurs de Dieu si énormes, qu'on y verra une plus grande impiété qu'entre les papistes. Il y aura aussi bien des abus et corruptions en la justice qu'ailleurs; même on verra beaucoup à redire en l'état des prêcheurs. Les uns seront nonchalants, ou bien ils seront si bien empêchés à leur profit particulier, qu'il ne leur chaudra guère de leur office. Qui pis est, il y a des gaudisseurs qui ne demandent qu'à faire grand' chère, et se font complices des plus méchants pour avoir licence de vivre à leur poste. Prenons le cas qu'il y ait dix fois pis; si est-ce toujours une excuse frivole à ceux qui se mettent une barre pour ne point approcher de l'Église de Dieu. Qu'ainsi soit, arrêtons nos yeux à l'exemple de David. Je vous prie, du temps de Saül, y avoit-il une telle droiture en l'état de justice comme on la pouvoit souhaiter? Au contraire, nous oyons les complaintes qu'il fait souvent de la malice, des fraudes, de la cruauté et orgueil, tant du roi que de ses officiers. Les sacrificateurs et lévites se portoient-ils si saintement qu'il eût occasion de s'en contenter? Mais plutôt nous pouvons recueillir qu'une grande partie adhéroit au mal, et nourrissoit les iniquités en les flattant. Au commun peuple il y avoit beaucoup d'hypocrisie et beaucoup de vices tout manifestes. Voilà donc l'Église de Dieu pleine de beaucoup de corruptions: toutefois, David n'est point dégoûté d'y entrer, et le désir qu'il en a ne se refroidit point. La tentation est merveilleusement dure, je le confesse; car selon que chacun est mieux touché du zèle de l'honneur de Dieu, d'autant a-t-il plus juste raison de se contrister et ennuyer,

voyant tels opprobres qu'on lui fait en polluant son Église. Mais
le remède de surmonter tout cela nous est montré par David, c'est
de chercher la face de Dieu, et de prendre un tel contentement
au seul regard d'icelle, que maugré toutes les fâcheries que Satan
nous suscite, à l'opposite, nous prenions cette conclusion, qu'il
n'y a rien plus beau ni plus délectable que d'habiter au temple
où on la voit. Ainsi, toutes fois et quantes que tels scandales nous
viennent au-devant, qu'il nous souvienne que c'est Satan qui besogne de son artifice accoutumé pour nous troubler la vue. Sur
cela soyons sages pour n'être point divertis de voir la face de
Dieu, afin de nous éjouir pleinement en la voyant. Les pauvres
idolâtres nous devroient faire grande honte; car si quelqu'un
d'eux, après avoir mal dépendu son argent, et consumé son corps
en travail pour faire un fol pèlerinage, étant venu au lieu, rencontre un hôte qui le rançonne, des batteurs de pavé qui lui fassent violence, des prêtres qui l'affrontent; bref, qu'il n'y trouve
que confusion, si est-ce que pour tout cela sa dévotion ne chan-
gera point : car il dira qu'il est venu pour voir et adorer, ou le
corps du benoît saint, ou l'image de quelque Notre-Dame, ou un
tel reliquaire. La simple vue d'une charogne ou d'un marmouset
aura-t-elle plus de vertu à faire que les incrédules demeurent obstinés en leurs superstitions, que la face de Dieu n'aura envers
nous pour nous donner constance à suivre le bien? Nous voyons
ceci et cela qui nous dépitent. Dieu nous rappelle à soi et veut
qu'en regardant sa face nous y prenions tel plaisir, que nous portions patiemment tout le reste. Pour tant, que ce soit le bouclier
et refuge de tous vrais fidèles de se tenir à la face de Dieu, en
quelque sorte que Satan machine à les divertir. Et de fait, quand
nous la priserons ainsi qu'elle le mérite, rien ne nous coûtera;
combien, à dire la vérité, que la plupart ne sont pas tant empêchés des scrupules que des difficultés qui concernent le corps;
non pas que les enfants de Dieu n'aient des combats bien difficiles
en leurs consciences, quand ils trouvent aux églises qu'on dit
être réformées les scandales dont nous avons parlé. Et pour tant
faut-il que ceux qui se délibèrent de se retirer aux lieux où l'É-
vangile se prêche, soient avertis des mauvaises rencontres, et se
préparent à y résister. Que ceux aussi qui en ont l'expérience se

fortifient, et que maugré Satan ils continuent à chercher la face de Dieu. Mais quand tout sera bien compté, il n'y a qu'une pure défiance qui retarde la plus grande multitude ; et comme les hommes sont subtils à forger des excuses , les riches en amènent d'un côté, les pauvres de l'autre. Comment sera-t-il possible, dira un grand terrien, que je me défasse de ce que j'ai ? et m'en irois-je dénué de tous biens ? J'ai femme et enfants, nous avons accoutumé d'être bien nourris sans travailler ; que ferons-nous en un pays étrange, auquel nous n'aurons ni rentes ni revenus ? Le pauvre allègue à l'opposite : « J'ai ici bien peu, mais j'ai des amis qui me font du bien. Je suis achalandé pour vivre de mon labeur ; que ferai-je en pays étrange, sans denier ni maille , étant inconnu, n'ayant faveur ni support ? » Et peut-être que ces excuses seront en partie véritables, et, sans enquérir plus outre, j'accorde à tous que c'est une chose bien fâcheuse de quitter non-seulement le pays de sa naissance, mais un lieu auquel on soit habitué. Tant y a qu'ils songent comment ils se pourront mettre des empêchements au-devant pour ne point venir à Dieu. C'est-à-dire, combien qu'ils ne trouvent pas les choses tant difficiles qu'ils les font, qu'ils sont bien aises de se couvrir en prétendant des couleurs telles quelles. Qui plus est , quand ils ont fait ces belles complaintes , il leur semble qu'ils ont fermé la bouche à Dieu ; et que, s'il les presse plus outre, qu'il leur fait grand tort, comme s'il les contraignoit à chose impossible. A ceci je n'ai autre réponse que ce qui est écrit au psaume 84, à savoir : « que les fidèles passant par les vallées sèches ou par les déserts pour venir au temple de Dieu, se fouiront des puits ou des citernes », et je crois que c'est bien assez pour dompter ceux qui ne voudront, par certaine malice, se rebecquer contre Dieu. Pourtant, que ceux qui se voient tellement assiégés de difficultés qu'il n'y a ni voie ni sentier, se souviennent que même les déserts où il n'y aura point une goutte d'eau ne leur doivent clore le passage. Pour avoir plus claire intelligence de ce propos, notons que Dieu se fait chercher de ses enfants , non point par belles prairies ni par ombrages beaux et plaisants, mais parmi des chemins âpres et raboteux , parmi des sablonnières ou des landes , parmi des régions laides et hideuses, et le tout pour exercer leur foi, pour approuver le zèle et le désir qu'ils ont de parvenir à lui. Combien donc que nous ne puissions venir à Dieu sans passer par quelque désert ou chemin sauvage, connoissons que ce n'est pas d'aujourd'hui que Dieu traite ainsi ses fidèles, et prenons courage à ensuivre ceux qui nous ont précédés de longtemps.

Le second point est qu'il y doit avoir une telle et si grande ardeur aux enfants de Dieu, que rien ne les détourne de le venir adorer. Ce qui se voit aujourd'hui en bien peu; même quasi tous sont si délicats, qu'il ne faut qu'un fétu (par manière de dire) pour les arrêter tout court. Je ne puis passer outre, disent-ils. Pourquoi? D'autant qu'ils ne daignent prendre la peine d'enjamber par-dessus un petit empêchement. Il faut dire que le zèle est bien débile, quand il s'abat pour si peu. Or, tant s'en faut qu'il nous faille être éperdus si aisément, que nous devons être munis contre les plus grands obstacles du monde. Pour ce faire, recordons cette leçon, que Dieu n'avoue pour ses enfants, sinon ceux qui le cherchent par les lieux secs et stériles, et qui cavent les citernes où il n'y avoit point une goutte d'eau. Or, sous ce mot il nous est signifié qu'il n'y a peine ni fâcherie qu'il ne nous convienne endurer pour jouir de la face de Dieu. Est-il donc question de chercher lieu où on ait liberté de servir Dieu et l'adorer purement? quelque mauvais passage qui soit entre deux, qu'on ne laisse point de se mettre en chemin. A-t-on faim et soif en cheminant? si ne faut-il point défaillir. Que nul ne s'amuse à moi, comme si j'en parlois bien à mon aise; car c'est l'esprit de Dieu qui nous enseigne de gratter la terre, plutôt que d'être divertis ou reculés de venir au temple de Dieu. Or, si ceux qui sont en pays lointain, et qui sont, selon le monde, forclos de tous moyens de se retirer au pays où l'Évangile se prêche, n'ont nulle excuse, quelle condamnation, je vous prie, doivent attendre ceux qui ont l'Évangile à leur porte, et ne daignent marcher un pas pour entrer au temple? On prêchera journellement, on fera les prières; il ne faudra que traverser le ruisseau d'une rue pour y venir: chacun dira qu'il a quelque affaire en sa maison. Bref, il semble que beaucoup constituent leur félicité à se détourner de Dieu, car il leur semble qu'ils ont tout gagné quand ils ont trouvé un subterfuge le plus frivole du monde. Or, puisqu'ainsi est que nous

sommes si enclins à nous tenir loin de Dieu, voire à nous en-
écarter après qu'il s'est approché de nous, prions-le qu'il nous
fortifie en telle sorte, que nous marchions hardiment jusques à ce
que nous ayons trouvé des fontaines où il n'y avoit que sécheresse
auparavant; et encore que cela nous défaillît, que nous cavions
des citernes, attendant la pluie du ciel. S'il ne plaît point à Dieu
de nous faire sentir sitôt son aide, que nous ne laissions point de
passer outre. Je pense bien que ceci se trouvera obscur de beaucoup de gens; mais pourquoi est-ce, sinon par faute de pratique?
On nous pourra prêcher cent mille ans, sans que jamais nous y
entendions un mot, jusques à ce que nous ayons connu de fait
que c'est de passer par une voie sèche quand il est question de
venir à Dieu. Tant y a que cette doctrine doit être familière à
tous fidèles, à savoir, de s'apprêter et munir contre toutes tentations que Satan leur pourra brasser pour leur rompre le chemin
qui les conduit à Dieu. Et de fait, tous ceux qui s'emploient fidèlement à chercher Dieu, encore qu'ils ne bougent d'un lieu, ne
laissent point d'avoir assez de mauvaises rencontres qui seroient
pour leur faire tourner bride, s'ils n'avoient un ferme courage
de résister. Mais c'est pitié qu'une grande quantité (comme j'ai
dit) se laisse abattre par les difficultés qui se présentent à eux.
Ils diront bien qu'il le faut faire, et semblera qu'ils soient fort
bien délibérés; mais au besoin le cœur leur faut, et ceux qui
ont bien commencé se lassent au milieu du chemin le plus souvent. D'autant plus donc avons-nous à recorder cette leçon
de caver des puits, c'est-à-dire de chercher les moyens qui n'ap-
paroissent point, pour passer toujours outre. Efforçons-nous,
dis-je, par-dessus toute vertu humaine. Si les choses ne viennent
point à notre gré, ne laissons point de poursuivre en patience le
bon train où Dieu nous a mis. Il est certain, quand nous invo-
querons Dieu en vraie foi, qu'il pourra bien convertir les déserts
en fontaines. Mais cependant il convient aussi, d'un autre côté,
mettre les mains à la pâte (comme on dit), car Dieu ne veut point
que nous demeurions stupides, sans remuer ni bras ni jambes.
Plutôt il nous commande de caver les puits; travaillons donc à caver jusques à ce que nous ayons accompli notre chemin. Regardons
ces pauvres malheureux soldats, qui vendent leur vie à tant pour

mois. S'ils sont en un camp, quelle pauvreté est-ce qu'ils endurent! S'ils sont assiégés, encore pis; s'ils vont par pays, il n'y a ni froid ni chaud, ni vent ni pluie, qui les empêche de leur entreprise. Ils viendront bien quelquefois jusque-là que s'ils ne fouissent pour trouver eau, ils n'auront point une goutte à boire. Il n'y a nul travail, ni disette, ni malheurté, de quoi ils ne viennent à bout. Ont-ils tout fait? Soit qu'ils échappent ou non, ils ont bien perdu leur peine, d'autant qu'ils n'ont servi qu'à Satan. Le Fils de Dieu, par sa grâce infinie, nous a élus pour être ses soldats. Nous savons quel loyer il nous a apprêté. Combien devons-nous donc être plus courageux à son service, que ces pauvres désespérés-là ne sont à pourchasser leur ruine! Or, il n'est pas question ici seulement que chacun compte combien il y a de lieues depuis sa maison jusqu'au lieu où il puisse adorer Dieu librement, faire confession de sa foi, et ouïr prêcher la pure doctrine de l'Évangile; nous avons bien plus long chemin à faire, qui dure tout le temps de notre vie. Avons-nous fréquenté le temple de Dieu un an ou plus? En continuant nous trouverons journellement de nouveaux déserts; car nous serons un coup affligés de maladie, l'autre de pauvreté. La femme ou les enfants mourront; les moyens seront ôtés de servir à Dieu comme auparavant; nous serons agités d'inquiétude et divers troubles. Par quoi il est requis que jusques à la fin nous ayons les mains prêtes à caver puits, et les ongles à gratter la terre, si besoin est. Si quelqu'un allègue : Comment donc? ne sommes-nous pas au temple de Dieu? Je réponds que nous y sommes pour y venir et entrer par chacun jour. Nous contemplons la face de Dieu, mais nous n'en sommes point encore rassasiés comme nous serons quand il nous aura recueillis à soi. Par quoi il faut que tous en général appliquent ceci à leur usage, et selon que Satan ne cesse d'empêcher tous ceux qui tendent à Dieu, que chacun se renforce pour continuer demain à faire ce qu'il a fait aujourd'hui. Car si l'ennemi ne se lasse point à tâcher de nous faire reculer en arrière, tant moins devons-nous perdre courage à nous avancer, et cueillir sans fin et sans cesse nouvelles forces. Mais pour ce faire, il faudroit avoir bien imprimé en son cœur une telle affection qu'a eue David ; « J'aime mieux, dit-il, habiter au seuil

de la maison de Dieu, qu'aux tentes et pavillons des iniques. »
En quoi il déclare que pour racheter ce bien d'habiter en la maison de Dieu, il ne lui fera point mal d'être abaissé et rendu contemptible. Considérons, je vous prie, quel avoit été son état. Il
étoit gendre du roi. Toutefois il est content d'être reculé et mis
au plus bas rang du commun peuple, moyennant qu'il puisse
avoir quelque petit anglet au temple. Si ce désir régnoit en tous,
ils n'auroient pas si grande peine à se développer, et ne seroient
pas si longtemps à barguigner sur l'échange qu'ils ont à faire
en quittant leurs maisons et pays pour venir en l'Église de Dieu.
Mais il s'en trouve bien peu qui veulent et puissent souffrir être
diminués. Chacun seroit content d'être porté sur une litière pour
adorer Dieu là où il y a liberté de ce faire, et que champs et
possessions, train de marchandises, crédit, alliances et toutes autres commodités suivissent quand et quand. Or, en ce faisant,
combien prisent-ils Jésus-Christ? Car tout ce qu'ils veulent faire
est de se promener à sa requête comme par ébat, qui est une
bien pauvre considération. Car combien que nous ne valions
rien, si nous a-t-il tant estimés par sa bonté infinie, qu'il ne s'est
point épargné pour notre salut, voire lui, auquel gît la perfection de tout bien. Cependant nous aurons regret de quitter quelques biens corruptibles, et d'empirer notre condition pour n'être
pas traités tant à notre aise que nous avons été! C'est bien loin
de suivre ce que saint Paul nous a montré par son exemple, c'est
« que nous réputions comme fiente et ordure tout ce qui nous
empêche de posséder Jésus-Christ, et que nous le quittions comme
chose nuisible, sachant que ce qui nous sépare de la vraie vie
ne peut sinon nous tirer à la mort. » C'est aussi bien loin de suivre l'exhortation qui nous est faite par Jésus-Christ, de vendre et
de quitter tout ce que nous avons au monde pour le royaume
des cieux, sachant que c'est une pierre précieuse qui vaut cent
mille fois mieux que tout ce que les hommes désirent et prisent
tant. Si quelqu'un allègue qu'on peut bien parvenir au royaume
des cieux sans abandonner sa maison, je réponds que ce n'est
pas sans cause que notre Seigneur appelle ainsi la prédication
de l'Évangile. Ceux donc qui en sont dénués et ne tiennent compte
de chercher tous les moyens qu'il est possible d'en jouir, mon-

trent bien qu'ils sont par trop acharnés aux biens du monde,
et qu'ils ne sont pas encore disposés à en faire échange avec le
royaume des cieux. S'ils pouvoient posséder les deux ensemble,
je ne leur en porterois point d'envie. Mais s'ils ne peuvent retenir leur possession et croupir sur leur nid sans se frauder de la
pâture des enfants de Dieu, même s'ils ne peuvent se maintenir
en l'état auquel ils sont sans se retrancher de l'Église, c'est à eux
de regarder à la nécessité que Dieu leur impose. Il leur est facile
d'amener des excuses telles quelles ; mais tout cela ne leur servira rien quand le grand Juge tonnera de sa voix horrible sur
tous ceux qui auront mieux aimé la vie terrienne, laquelle nous
est commune avec les bêtes brutes, que l'héritage éternel, lequel il a dédié à ses enfants. C'est une chose étrange, que plusieurs
nous cuident clore la bouche si nous ne leur assignons état et
moyen de vivre en servant à Dieu. Ma condition, diront-ils, est
telle au pays ; si je la laisse, que deviendrai-je, ou comment serai-je nourri ? Comme si Dieu avoit ordonné ceux qui prêchent
l'Évangile maîtres-d'hôtel pour coucher en ses états les uns et
les autres, et donner, à chacun selon sa qualité, pension et gages.
Si nous pouvons aider de conseils et adresses, nous sommes
bien tenus de le faire, encore qu'on ne nous en requît point ;
mais s'il n'est pas en nous, est-ce à dire que nous ayons perdu
la liberté d'enseigner à chacun ce que Dieu lui commande ? Combien que s'ils avoient appris et retenu cette doctrine de David,
d'aimer mieux un petit anglet au seuil du temple de Dieu que les
lieux les plus hauts et les plus honorables qu'ils pourroient choisir entre les infidèles, ils ne se trouveroient pas si empêchés à
prendre conseil. Mais le mal est qu'ils se veulent tenir en leur
entier, et ne peuvent souffrir d'être amoindris en honneurs et
richesses, ni être privés de leurs aises et délices, c'est-à-dire
qu'ils ne peuvent plier le col et se courber pour porter Jésus-
Christ. Qu'ils plaident là-dessus tant qu'ils voudront, si faudra-
t-il à la fin qu'ils perdent leur cause. Quant à ceux qui ont déjà
quitté leur pays pour venir en lieu où ils puissent franchement
servir à Dieu, et où la vérité de l'Évangile leur soit fidèlement
prêchée, il est bien métier qu'ils réduisent souvent en mémoire cette sentence, pour s'exercer de jour en jour à la prati-

que d'icelle, et s'y endurcir par longue accoutumance. Car beaucoup de choses peuvent advenir avec le temps et adviennent de fait, lesquelles pourroient décourager ceux qui auroient eu un grand zèle. Ceux qui se rangent aux églises de Dieu ne sont pas toujours reçus comme ils le méritent. Souvent l'ordre est perverti, en sorte que ceux qui seroient dignes d'être les plus avancés sont reculés. Telle tentation seroit pour les faire aussi reculer de leur salut en délaissant le bon train qu'ils ont commencé, s'ils ne prenoient leur contentement d'être plutôt les derniers et les plus contemptibles en la maison de Dieu, que d'en être forclos. Ainsi que tous bons fidèles n'ayant point ce qu'ils pourroient bien souhaiter, mais au contraire se sentant fâchés en beaucoup de sortes pour avoir quitté leur pays, apprennent de se consoler en ce seul mot : si sommes-nous toutefois en la maison de Dieu. Maintenant, que les mondains se moquent de nous tant qu'ils voudront, et qu'ils nous blasonnent en leur orgueil comme gens méprisés, c'est assez que Dieu nous fait cet honneur de nous tenir de son palais et de son sanctuaire. Nous voyons quelle peine prennent ces fols ambitieux pour être avoués de la maison de quelque prince, et se réputent bien heureux s'ils peuvent entrer seulement en la cuisine et en la salle. Or, quand nous serons les plus rejetés qu'il est possible de dire selon le monde, moyennant que nous soyons de l'Église de Dieu, il nous introduit avec telle privauté aux grands secrets et admirables de sa sagesse, comme un père se communique à ses enfants. Nous sommes trop mal gracieux si cette récompense ne nous satisfait. Vrai est que les fidèles pourront bien être tentés et piqués quand leurs affaires iront en arrière et que les méchants triompheront en toute prospérité ; mais quand ils considèrent, à l'opposite, que Dieu les a choisis de sa maison et qu'il les y retient, cette consolation vaut bien peu, si elle n'est pour apaiser tous les regrets et ennuis dont ils peuvent être agités. Et de fait, ceux qui murmurent et se dépitent pour n'être pas traités de Dieu comme ils désirent, ou se repentent d'avoir bien commencé, montrent bien qu'ils n'ont pas suivi le conseil de notre Seigneur Jésus, qui est de bien compter, quand on commence un bâtiment, ce qu'il pourra coûter à le parfaire, afin qu'on ne se fâche point d'y avoir trop dépendu, et que par ce moyen l'ouvrage demeure imparfait. Qui pis est, la plupart de ceux qui se lassent ainsi au milieu du chemin, le font sans propos. En quoi ils se montrent trop impudents. Car ceux qui n'avoient maisons ni champs, et auxquels c'étoit tout un d'habiter en leur pays ou au bout du monde, n'auront point de honte de reprocher à Dieu qu'ils ont quitté ceci ou cela. Mais encore, prenons le cas qu'ils aient perdu de leurs biens pour l'Évangile, toutefois c'est une moquerie de priser un sou plus qu'un écu. Cependant, on n'orra autre chose que ces murmures : et plût à Dieu que telles gens fussent à leur aise fort loin de nous! Tant y a que ni pauvres ni riches n'ont juste excuse de se débaucher pour les afflictions qui leur adviennent en suivant Dieu. Or, pource que cela nous est bien difficile, le remède nous est montré au psaume 84, là où David, après avoir dit : « Bienheureux est l'homme qui espère en Dieu», ajoute : « et au cœur duquel sont les sentiers » ; comme s'il disoit, qui a son cœur adonné à cheminer selon que Dieu le commande. Voilà donc deux choses qui ne se doivent point séparer l'une de l'autre : de mettre son espérance en Dieu, et d'aller le droit chemin. Par quoi, selon que notre fragilité nous empêche de marcher en avant, ou même qu'elle nous rend si lâches que nous serions tous les coups contents de tourner bride, fortifions-nous en foi et en espérance, priant notre bon Dieu qu'il nous fasse tellement regarder à lui, que rien ne nous trouble quand nous serons fondés en ses promesses, par lesquelles il nous assure d'être avec nous, et en la vie et en la mort.

EXPOSITION SUR LE PSAUME 87.

L'ARGUMENT.

Nous voyons comme les enfants du monde, quand leur cas va bien, se plaisent en leur position, et comme ils s'élèvent bravement en méprisant l'Église de Dieu; et combien même qu'ils soient quelquefois domptés par affliction, si ne peuvent-ils ou-

blier cette outrecuidance tant folle, de se plaire aux biens caducs
de la terre. Cependant il ne leur chaut guère de la religion ni
du service de Dieu, pource qu'en se contentant de leurs délices,
richesses, commodités, pompes et honneurs, il leur semble
qu'ils sont heureux sans que Dieu leur aide. Or, il advient souventes fois que Dieu traite telles gens selon leurs souhaits,
comme s'il les vouloit engraisser, jusques à ce que le temps opportun de les punir soit venu; et qu'à l'opposite, il bat son
Église de beaucoup d'adversités et la traite fort rudement; ou
bien la laisse languir en pauvre condition et misérable, tellement
qu'elle pourroit s'estimer malheureuse. Pour le moins, elle est
sujette à la moquerie et opprobre des mondains. Afin donc que
les fidèles ne soient trompés d'une telle apparence, il leur est
besoin d'être ramenés à un autre regard plus haut, afin qu'ils se
puissent tenir résolus de ce qui est dit au psaume 33, v. 12, à
savoir : « Qu'un peuple est bien heureux, moyennant qu'il ait
le Seigneur pour son Dieu. » Et c'est le sommaire du psaume
présent, de montrer qu'il n'y a que la seule Église de Dieu qui
surmonte en dignité et excellence tous les royaumes et gouver-
nements de la terre, pource qu'elle a Dieu pour son tuteur et
gardien de son salut, et qu'elle est sous sa main et conduite,
voire afin qu'entre les horribles tempêtes, troubles et changements dont le monde est continuellement ébranlé, elle demeure
et persiste; et principalement, qu'étant ainsi miraculeusement
sauvée par la grâce de Dieu, elle poursuive à batailler vaillamment jusques à ce qu'elle soit parvenue à la couronne de gloire
qui lui est apprêtée là-haut. C'est certes un singulier bénéfice de
Dieu, et un miracle digne de mémoire, qu'entre tant de révolutions qui se font aux principautés du monde, il entretient son
Église d'âge en âge, et ne permet point que jamais elle soit abolie. Mais, pource que souventes fois, cependant que les incrédules regorgent en biens, florissent en crédit et autorité, on voit
la pauvre Église être agitée de maux et dangers infinis; qui plus
est, on la voit comme accablée, tout ainsi qu'un bateau qui seroit
prêt à enfondrer ; la félicité d'icelle consiste principalement en
l'état éternel que Dieu lui a établi en son royaume. La circonstance du temps auquel ce psaume a été composé, nous ser-

vira beaucoup à le nous faire mieux entendre. Car, combien que
le peuple alors fût retourné de Babylone, où il avoit été longtemps captif ; combien que l'Église fût recueillie comme en un
corps, pour n'être plus en telle dissipation qu'elle avoit été ; combien que le temple fût bâti et l'autel dressé pour y faire les sacrifices, et tout le service de Dieu restauré ; néanmoins, pource
qu'il n'y avoit qu'une poignée de gens qui fût retournée en la
terre sainte, au prix de la grande multitude qui en étoit sortie,
et que ce qui en restoit se diminuoit journellement par les violences et outrages des ennemis, tellement que l'état de ce peuple étoit fort contemptible, et aussi que le temple n'avoit pas une
telle majesté comme auparavant ; tout cela faisoit que les fidèles
ne pouvoient guère bien espérer pour le temps à venir, et, au
mieux aller, il sembloit qu'il fût impossible que jamais ils fussent restitués en l'état duquel ils étoient déchus. Par quoi il y
avoit danger qu'en réduisant en mémoire leur déconfiture et dé-
faite, et pensant aussi à tant de maux dont ils ne cessoient
d'être opprimés, ils ne fussent ébranlés, et qu'en la fin ils ne
tombassent en désespoir pour défaillir du tout. La fin donc du
psaume est de les consoler, afin qu'ils ne se découragent en
leurs misères ; et, pour ce faire, Dieu leur promet que non-seulement ils recouvreront ce qu'ils ont perdu, mais il leur commande d'espérer beaucoup mieux, c'est-à-dire une gloire incom-
parable ; selon aussi qu'il leur avoit promis par son prophète
Aggée, « que la majesté du second temple seroit plus grande
que celle du premier. » Il reste maintenant d'appliquer ce
psaume à notre usage. Dieu a voulu que cette consolation fût
de telle vertu et importance envers les fidèles de ce temps-là,
que non-seulement elle les pût redresser afin qu'ils ne fussent
oppressés de tant de maux, mais qu'elle les retirât du sépulcre,
par manière de dire, pour les élever jusqu'au ciel. Maintenant,
puisque nous savons que les choses qui étoient prédites de ce
temps-là ont été accomplies, nous sommes plus qu'ingrats, si
l'expérience qu'ont eue les anciens pères, étant conjointe aux
promesses de Dieu, ne nous suffit pas pour confermer notre foi au
double. Car, on ne peut exprimer par paroles combien Jésus-Christ
à sa venue a orné et magnifié son Église. Car, adoncques la

vraie religion, laquelle avoit été jusque-là enclose au pays de
Judée, a eu son étendue par tout le monde; et Dieu, qui n'avoit
été connu auparavant que d'une seule race, a commencé d'être
réclamé en toutes langues et par toutes nations. Alors le monde,
qui avoit été distrait et comme déchiré en tant de sectes, d'erreurs et superstitions, a été conjoint et uni en une sainte concorde de foi. Alors tous peuples, d'un désir ardent, se sont
accointés aux Juifs, lesquels ils avoient eus en horreur et détestation. Aussi les rois et les peuples se sont rendus de leur bon
gré à Jésus-Christ pour lui être sujets. Les loups et les lions ont
été convertis en agneaux. Dieu a épandu sur ses fidèles les dons
de son esprit, qui surmontoient toute gloire terrienne. Ç'a été
une chose tant et plus admirable, que le corps de l'Église ait été
assemblé et composé de membres si divers et qui étoient séparés
l'un de l'autre en régions lointaines, et conséquemment qu'il ait
été augmenté et maintenu. Il a bien fallu aussi que Dieu beso-
gnât puissamment à multiplier en si peu de temps la prédication
de l'Évangile, et à la faire si bien profiter. Par quoi, encore que
la noblesse et dignité de l'Église n'eût jamais été décrite au
psaume présent, toutefois, les grâces incomparables que Dieu
a déployées à la venue de son Fils nous montrent que l'Église est
vraiment un royaume céleste, et non pas terrien. Au reste, si falloit-il que de ce temps-là même auquel Dieu a ainsi magnifié et
fait reluire l'état de l'Église, les fidèles, pour bien estimer la dignité d'icelle, regardassent plus haut que le sens humain ne
peut atteindre. Car, du temps qu'elle florissoit, ainsi que nous
avons dit, il n'y avoit nulle pompe d'or ni d'argent, ni de pierres
précieuses; mais plutôt ses triomphes étoient au sang des martyrs; et, selon qu'elle étoit riche d'esprit, elle étoit dénuée et
pauvre des biens de ce monde; selon qu'elle étoit précieuse et
belle en sainteté devant Dieu et les anges, elle étoit contemptible
au monde. Elle avoit beaucoup d'ennemis manifestes qui la per-
sécutoient cruellement, ou bien qui machinoient par-dessous
terre de la ruiner en dedans. Il y avoit beaucoup de traîtres et
de méchants complots, comme le diable ne cesse jamais de la
molester par les hypocrites. Bref, la dignité d'icelle étoit encore
cachée sous la croix de Christ. D'autre côté, on pouvoit assez

juger que toute la dignité qu'elle a est spirituelle, et, ainsi, qu'elle ne se peut voir par les yeux de la chair. Pourtant la consolation qui est ici contenue ne laissoit point d'être bien propre et opportune en ce temps-là, afin que les fidèles fussent avertis de penser à un état plus parfait de l'Église, que celui qui leur étoit apparent. Mais elle nous est aujourd'hui bien plus nécessaire. Il y a jà longtemps que, pour les péchés de nos pères, Dieu a permis que ce noble état et magnifique qu'il avoit dressé en son Église, ait été défiguré, et qu'il y soit survenu, au lieu, une horrible désolation. Et encore de présent, là pauvre Église est opprimée par nos transgressions, et gémit sous la cruelle tyrannie des adversaires de la vérité, sous les diffames et reproches que lui font ses ennemis, sous les moqueries du diable et des iniques, tellement qu'il n'y a rien que les mondains, qui désirent d'être à leur aise, fuient plus que d'être tenus et réputés du nombre des fidèles ; dont il advient que la plupart se séparent de l'Église, comme si on n'en pouvoit être si on n'est malheureux. Dont il nous est facile de voir combien la doctrine du psaume présent nous est utile, afin que nous la méditions incessamment.

PSAUME 87.

1. Aux enfants de Coré, psaume de Cantique. « Ses fondements sont ès montagnes saintes. »

Le nom des enfants de Coré pourroit être ici mis, non pas comme ayant composé le cantique, mais pource qu'ils étoient ordonnés musiciens pour le chanter au temple. Combien qu'on pourroit aussi dire que quelqu'un de cette famille-là en auroit été auteur. Quant au texte, là où il est dit que ses fondements sont ès montagnes saintes, cela se doit rapporter à Dieu ; car cette façon de parler est assez commune aux Hébreux, de mettre le relatif devant le nom de celui duquel il est propos. Le sens donc est tel : que le fondement de Dieu est ès montagnes saintes. Plusieurs ont exposé ce mot de l'Église ou du temple ; mais cela ne peut convenir. Aucuns l'ont entendu du psaume, comme s'il étoit dit que l'argument ou le sujet du psaume est de traiter des saintes montagnes où le temple étoit bâti ; mais cela n'est non plus convenable. Or, comme j'ai déjà touché, l'intention du prophète est telle : que Dieu a choisi les saintes montagnes pour y fonder la ville royale, Jérusalem et son temple ; car il s'ensuivra puis après au texte, que le Souverain même l'établira. Il est bien certain que Dieu est le vrai et principal fondateur de toutes les villes du monde ; mais ce titre si excellent n'est attribué à nulle autre ville qu'à Jérusalem, « que ce soit le repos éternel de Dieu, et qu'il y habitera, parce qu'il l'a élue ». Nous avons toujours à noter cette diversité, que les autres villes n'étoient bâties en la vertu et autorité de Dieu, sinon pour la police terrienne, mais que Jérusalem étoit son sanctuaire, et qu'en particulier il l'avoit élue comme le siége de sa majesté. Et voilà aussi comment le prophète Isaïe en parle : « Que diront les messagers du peuple ? c'est que le Seigneur a fondé Sion. » Qui plus est, combien que tout le pays de Judée fût dédié à lui, si dit-il, toutefois, qu'en rejetant tout le reste, il s'est réservé cette ville de Jérusalem pour y régner; et c'est ce qui s'ensuit au second verset.

2. « Le Seigneur aime les portes de Sion par-dessus tous les tabernacles de Jacob. »

A quoi répond ce qui est dit au psaume septante-huitième, que « Dieu a rejeté Silo, la lignée d'Ephraïm et le tabernacle de Joseph, pour habiter en Sion, laquelle il a aimée. » Notons bien aussi la cause, laquelle spécifie ici le prophète, pourquoi Dieu a préféré un certain lieu à tous les autres, à savoir, non pas pour la dignité du lieu, mais pour une amour gratuite qu'il lui a portée. Pourtant, si on demande d'où vient ce privilége à Jérusalem d'être la sainte cité de Dieu et son palais royal, la réponse est facile et brève, c'est qu'il a ainsi plu à Dieu. Ce plaisir-là est comme la source ou la racine de son amour. La fin où il a prétendu étoit à ce qu'il y eût quelque lieu auquel la religion eût son domicile, pour nourrir une ferme unité de foi entre les Juifs jusqu'à la venue du Seigneur Jésus, et qu'en la fin l'Évangile sortît de là

pour être publié par tout le monde. Et ainsi le prophète, pour
magnifier la ville de Jérusalem, dit que Dieu en est le fondateur,
et qu'il y préside pour la gouverner. Mais afin que les hommes
ne prennent point occasion de s'enorgueillir d'un tel honneur, il
ajoute et remontre que tout ce que Jérusalem a d'excellence doit
être attribué à la pure grâce et adoption de Dieu. Quant à ce
qu'il met Sion pour toute la ville, et les portes pour tout le circuit et pourpris des murailles, c'est en prenant une partie pour
le tout. Par les montagnes, dont il est parlé en pluriel, on entend
communément Sion et Moria, qui étoient deux couppets prochains l'un de l'autre, comme des cornes : or, combien que je ne
veux réprouver cette exposition, toutefois il me semble qu'on
peut bien étendre ce mot plus loin, à savoir à toute la région. Car
Jérusalem étoit située entre montagnes.

3. « Choses honorables sont dites de toi, cité de Dieu. » Selah.

Il y a de mot à mot : « Ce qui est dit en toi sont choses glorieu-
ses. » Or, nous avons à regarder à l'intention du prophète, ou
plutôt ce qu'a voulu l'Esprit de Dieu parlant ici. La condition du
peuple des Juifs étoit pour lors fort contemptible, tellement qu'on
n'en tenoit nul compte. Ils avoient beaucoup de grands ennemis
de tous côtés qui les molestoient, et ne se trouvoit guère de
gens qui eussent courage magnanime pour repousser les scandales. Tous les jours il advenoit nouveaux changements, outre
l'espérance des hommes; tellement qu'il sembloit bien, puisque les
choses alloient ainsi en décadence, que tout dût être finalement
ruiné. Ainsi, à grand' peine pouvoit-on espérer que la ville de
Jérusalem se restaurât jamais. Or, afin que les cœurs des fidèles
ne soient accablés de tristesse et désespoir, ils sont ici appuyés
par le prophète sur ce que Dieu a prononcé de l'état à venir de
son Église; car il n'y a nul doute que le Saint-Esprit ne retire ici
les fidèles du regard des choses présentes, pour les amener aux
promesses, lesquelles les assuroient d'une gloire incroyable que
Dieu devoit donner en bref à son Église. Ainsi, combien que tout
ce qui apparoissoit adonc ne fût pas pour réjouir les enfants,
toutefois le prophète leur commande d'élever leurs sens en haut,

en vertu de la parole qui leur est donnée, afin d'attendre patiemment jusques à ce que les choses qui leur ont été promises s'exécutent. Par ce moyen, ils étoient avertis et exhortés de lire attentivement et méditer jour et nuit les prophéties anciennes touchant la restauration de l'Église, et surtout celles qui sont contenues au livre d'Isaïe, depuis le quarantième chapitre jusques à la fin ; puis aussi de prêter l'oreille et ajouter foi aux prophètes, qui étoient envoyés de ce temps-là pour les consoler et annoncer le royaume de Jésus-Christ qui étoit prochain ; dont il s'ensuit que nous ne pouvons bien ni droitement juger de la félicité de l'Église, sinon en l'estimant par la parole de Dieu.

4. « Je ferai mémoire de Rahab et Babylone entre ceux qui me connoissent. Voici Palestine et Tyr avec Éthiopie. Cettui-ci est là né. »

Le nom de Rahab est mis aussi bien en d'autres passages de l'Écriture pour Égypte, et ici il vient très-bien à propos, car l'intention du prophète est de montrer l'état excellent et magnifique de l'Église, lequel étoit pour lors caché. Il dit donc que ceux qui auparavant lui avoient été ennemis mortels, ou étoient du tout étranges d'icelle, seront non-seulement de ses amis privés, mais comme entés en un corps, afin d'être tenus pour citoyens de Jérusalem. Je mettrai, dit-il, en compte, ou j'enroulerai Égypte et Babylone entre mes familiers ou domestiques. Puis il ajoute que les Philistins, ceux de Tyr et d'Éthiopie, qui avoient eu jusque-là grand discord avec le peuple de Dieu, lui seront aussi bons amis comme s'ils étoient natifs de Judée. Or, en parlant ainsi, il spécifie une singulière dignité de l'Église de Dieu, c'est que ceux qui la méprisoient ou l'eussent voulu abîmer, se rangeront à icelle, et même réputeront à grand honneur d'être avoués entre son peuple. Car le prophète signifie que tous renonceront de leur bon gré à leurs pays naturels, auxquels auparavant ils mettoient toute leur gloire. C'est donc autant comme s'il disoit que, de quelque quartier que les hommes soient nés, soit de Palestine, ou de Tyr, ou d'Éthiopie, ils seront bien aises d'être nombrés avec le peuple de Dieu, et reconnus pour citoyens de Jérusalem. Les rabbins des Juifs font une glose cornue sur ce

passage ; c'est que des autres nations du monde viendra bien
peu d'excellents en esprit ou vertu, mais qu'en leur race il y en
aura grande quantité : comme s'il étoit dit, qu'en chacun pays
à grand' peine trouvera-t-on un homme louable, tellement qu'on
pourra bien marquer au doigt ceux qui seront tels ; mais qu'en
Sion il y en aura une grande abondance. Les docteurs chrétiens,
d'un commun accord, rapportent ceci à notre Seigneur Jésus, et
pensent que la raison est ici rendue pourquoi les étrangers, voire
les ennemis de l'Église, désireront d'être immatriculés en icelle ; à
savoir, d'autant que le Fils de Dieu y sera né, duquel l'office est de
recueillir les hommes qui ont été dissipés, en une sainte unité de
foi, et ramasser les membres épars pour en faire un corps entier. Or, cette sentence est bien vraie en soi, mais elle ne convient
point au passage. Et il nous faut toujours soigneusement garder
que l'Écriture ne soit tirée, sous ombre de subtilité, en un autre
sens qu'elle ne doit. Qu'il nous suffise donc d'avoir la pure et
simple exposition, que chacun appétera pour un grand bien d'être
reçu bourgeois de l'Église. Ce qui est encore plus à plein confermé par ce qui s'ensuit :

5. « Et sera dit de Sion : Cettui-ci et cettui-là sont nés en icelle, et le
Souverain sera celui qui l'établira. »

Comme j'ai déjà dit, le prophète continue son propos, voulant
signifier que Dieu amassera de toutes les contrées du monde
gens pour les incorporer en son Église comme nouveaux bourgeois. Combien qu'il use d'une autre façon de parler, c'est que
les étrangers seront réputés entre le saint peuple de Dieu comme
s'ils étoient descendus de la lignée d'Abraham. Il avoit dit au
prochain verset que les Chaldéens et Égyptiens se rendroient
domestiques de l'Église ; que les Éthiopiens, Philistins et Tyriens
demanderoient d'être enroulés au nombre de ses enfants : maintenant il ajoute pour confirmation de son propos, que la troupe
sera grande et infinie pour peupler et remplir la ville de Jérusalem, qui avoit été pour un temps déserte, ou bien n'avoit été
habitée que d'une poignée de gens, en comparaison du peuple
qui y devoit aborder. Ce qui est ici brièvement promis est dé-

claré plus au long en Isaïe, quand il dit : « Éjouis-toi, femme stérile qui n'enfantois point ; car la veuve aura plus d'enfants que celle qui a mari. Élargis le lieu de tes tentes et tends tes cordages », etc. Item : « Tes enfants viendront de tous pays lointains, lève tes yeux à l'environ ; tous ceux-ci seront assemblés à toi. » Et au chapitre 44, il use quasi d'une même façon de parler que celle que nous lisons ici, ou bien qui en approche fort : « Cettui-ci dira : Je suis au Seigneur, et l'autre s'appellera du nom d'Israël. Cettui-ci écrira de sa main : Je suis au Seigneur, et l'autre se surnommera du nom d'Israël. » Ce n'est pas aussi sans cause que le prophète use du mot de *naissance*, voulant signifier que les Chaldéens, Égyptiens et autres semblables seront conjoints au troupeau de Dieu. Car combien qu'ils ne fussent point natifs de Sion et enfants naturels, mais seulement que par adoption ils dussent être incorporés au peuple saint, toutefois, pource que l'entrée que nous faisons en l'Église est comme une seconde nativité, cette similitude est bien convenable. Et de fait, Jésus-Christ s'allie et se marie avec les fidèles à cette condition, qu'ils oublieront leur peuple et la maison de leur père. Et voilà pourquoi saint Paul dit que nous commençons d'être enfants de Dieu et de l'Église, quand nous sommes renés de semence incorruptible, et formés en nouvelles créatures. Et de fait, nous ne sommes pas autrement régénérés en la vie céleste, que par le ministère et moyen de l'Église. Cependant, qu'il nous souvienne de la diversité que met là saint Paul entre la ville de Jérusalem terrestre, laquelle, selon qu'elle est serve, ne peut engendrer qu'en servitude, et la céleste, laquelle conçoit et enfante ses enfants en liberté par l'Évangile. En la fin du verset, il y a une promesse de la longue durée de l'Église ; car on voit souvent que d'autant que les villes s'élèvent soudain en richesses et en grandeur, elles ne demeurent pas longtemps en leur prospérité. Afin doncques qu'on ne pensât point la félicité de l'Église être ainsi caduque, le prophète déclare qu'elle aura sa fermeté en Dieu, et par ainsi qu'elle sera permanente. Comme s'il disoit : Ce n'est point merveille si les autres villes sont toujours en branle et sujettes à beaucoup de révolutions, vu qu'elles se tournent et virent avec le monde, et n'ont pas des gardiens éternels. Mais

la condition de cette nouvelle Jérusalem sera diverse; car sa
perpétuité, étant fondée en Dieu, tiendra bon, encore que le ciel
et la terre dussent abîmer.

6. « Le Seigneur enregistrera écrivant les peuples : Cettui-ci est là né. »

Le prophète entend que le nom de Sion sera si noble et honorable, que chacun désirera d'y être reçu pour bourgeois; car
il parle du principal bien et du plus désirable qui puisse advenir. Le sens donc est tel : Quand Dieu fera les montres des peuples et les enroulera, le plus grand bien et honneur qu'il puisse
faire à ses bien-aimés sera de les tenir pour bourgeois de Sion
plutôt que de nulle autre ville. Car ce sera une noblesse plus magnifique d'avoir quelque anglet entre le commun peuple de l'É-
glise, que d'être fort prisé ou dominer en un autre lieu. Cependant le prophète nous avertit d'où c'est qu'un tel bien procède,
que ceux qui étoient étrangers soient soudain introduits en l'É-
glise, à savoir, de la grâce de Dieu. Et de fait, ceux qui sont es-
claves de Satan et de péché n'acquerront jamais par leur propre
industrie un tel titre et droit d'être bourgeois du ciel. C'est donc
Dieu seul qui distribue selon son bon plaisir les peuples en leurs
ordres, et discerne les uns d'avec les autres, selon que bon lui
semble; attendu qu'il y a une pareille condition en tous selon
leur nature. L'enroulement duquel il est ici parlé s'entend de
la vocation par laquelle Dieu déclare quels sont ceux qu'il a élus.
Car combien qu'il ait écrit ses enfants au livre de vie devant la
création du monde, toutefois il les couche solennellement en
son registre quand il leur donne la marque de son adoption, les
appelant à sa vérité, et les renouvelant par son esprit.

7. « Et tant les chantres que les joueurs de flûte. Toutes mes fontaines sont
en toi. »

La brièveté de cette sentence est en partie cause de la rendre
obscure, et en partie aussi un mot duquel la signification est
douteuse. Tous les expositeurs accordent bien en cela, que le
mot de fontaine se prend ici par similitude; mais les uns le rapportent aux affections du cœur, les autres aux pensées. Il y en a

qui le translatent « veines ou mélodies », desquels j'approuverois
bien l'opinion, si l'usage de la langue hébraïque le pouvoit souffrir ; mais pource que cela seroit un peu contraint, je me tiens
à ce qui est le plus propre et naturel, c'est que le prophète par
ce mot signifie les yeux ou le regard, comme s'il disoit : J'aurai toujours ma vue fichée et arrêtée en toi. Car même la racine
de ce mot signifie œil en hébreu. Il reste de voir qu'il veut dire
en l'autre partie : « Tant les chantres que les joueurs de flûte. »
C'est bien une sentence rompue, mais cela n'empêche pas qu'on
n'en puisse aisément recueillir le sens, à savoir, qu'il y aura si
ample argument de joie dans l'Église après qu'elle sera restau-
rée, que les louanges de Dieu y résonneront sans cesse, tant de
voix que d'instruments de musique. Il conferme donc ce qu'il
avoit dit de cette réparation tant magnifique de Sion et de Jérusalem, en démontrant que pour la grande félicité qui y sera, on
aura occasion de s'éjouir, chanter et louer Dieu à jamais. Cependant il montre aussi à quelle fin et intention Dieu enrichit si libéralement son Église de ses dons et grâces, à savoir, à ce que
les fidèles montrent par hymnes, louanges et cantiques, qu'ils
ne sont point ingrats envers lui. D'autre part, nous avons à noter
le zèle, l'amour, sollicitude et affection du prophète envers l'É-
glise ; car il en rend témoignage pour nous exhorter tous à suivre
son exemple, selon qu'il est dit en l'autre passage : « Que ma
dextre soit mise en oubli, si Jérusalem n'est le chef de ma joie. »
Or, alors tous nos sens et affections s'arrêtent en l'Église, quand
nous mettons peine à les retirer des vanités de ce monde, lesquelles les distraient et égarent ; ce qui se fait quand, en méprisant les honneurs, délices, richesses et pompes terriennes, nous
apprenons de nous contenter de la gloire spirituelle du règne
de Christ.

CONTRE UN FRANCISCAIN,

SECTATEUR DES ERREURS DES LIBERTINS.

JEAN CALVIN,

SERVITEUR DE JÉSUS—CHRIST,

A TOUS CEUX QUI CRAIGNENT DIEU, EN LA VILLE DE ROUEN.

Mes frères, le zèle que j'ai pour la maison de Dieu me contraint de vous écrire la présente, tant pour la sollicitude que j'ai de votre salut, que pour ce que ne dois point dissimuler ni me taire quand j'entends que le nom de Dieu est blasphémé quelque part, et sa doctrine faussement corrompue, si j'ai moyen de contredire. Or, on m'a présenté quelques écrits d'un certain cordelier qui est détenu prisonnier en votre ville, sous ombre de chrétienté, par lesquels je connois évidemment que c'est un faux hérétique, lequel pourroit infecter de son poison beaucoup de pauvres âmes pour les mener à perdition, si ceux à qui Dieu a fait la grâce n'y remédient. Et afin qu'il ne vous semble que j'ai cru de léger à quelques rapports incertains, je vous avertis qu'il y a un an passé que j'ai lu un dialogue composé par lui, plein d'horribles blasphèmes. Et depuis naguère, j'ai été informé par gens dignes de foi, que les autres écrits qu'on m'a envoyés sont sortis de sa main, lesquels tendent à un même but ; car il ne sait qu'une chanson sur laquelle il retombe toujours, c'est : puisque Dieu est auteur de toutes choses, il ne faut plus discerner entre le bien et le mal ; mais que tout est bien fait, moyennant que nous ne fassions scrupule de rien. J'entends qu'en blasphémant ainsi il est favorisé de beaucoup de gens, et même d'aucunes femmes d'état, lesquelles le tiennent pour leur grand mignon. Dont il est facile de juger qu'il y a de bonnes Galloises coiffées de chaperons de velours, pour être putains honorables. Car si elles avoient une seule goutte d'hon-

25.

nêteté et qu'elles ne fussent du tout effrontées, elles auroient horreur d'avoir accointance aucune avec lui; mais pource que j'ai entendu qu'il y en a aussi aucuns simples qui sont abusés en lui de prime face, je vous ai bien voulu envoyer cet avertissement pour découvrir son venin, afin que chacun s'en donne garde.

Vrai est qu'il a de belles préfaces pour colorer son cas; mais quand ce vient à entrer en matière, on trouve que cela n'est sinon une beauté apparente d'un sépulcre qui est au-dedans rempli de toute corruption et puanteur. Il fera un long poëme; il nous faut ranger tout notre sens à Dieu, ne point présumer de notre sagesse, captiver notre entendement en l'obéissance de Jésus-Christ; ce que nous confessons. Et même il ne fait telle parade, sinon de ce qu'il a dérobé de nous. Mais en vous présentant cette coupe d'or, à la fin il ne prétend qu'à vous empoisonner. Par quoi ne vous amusez point à toutes ces allégations qui seront hors l'argument principal; mais venez incontinent, et contraignez-le de venir au point. Premièrement, il a ce qu'ont commun tous les libertins, de se jouer de l'Écriture sainte, la transfigurant à son plaisir par folles allégories, qui n'est autre chose que falsifier le sens naturel d'icelle. Suivant cela, il forme des rêveries innumérables, et puis déguise impudemment l'Écriture, pour la faire servir à tout ce qu'il a songé. Mais pour venir à la somme principale, il impose à Dieu qu'il a créé l'homme avec inclination mauvaise et une nature vicieuse, qui est un blasphème manifeste, donnant occasion à l'homme de s'excuser de son mal, rejetant la coulpe sur Dieu. Vrai est qu'il proteste bien du contraire, disant qu'il n'entend pas de faire Dieu auteur du mal. Mais de quoi sert un tel subterfuge, quand le contraire est tout clair? Quand j'aurai donné un soufflet à un homme, serai-je excusé en protestant que je ne l'ai pas fait pour le blesser? car il appert quel est l'acte en soi. Pour approuver son erreur, il abuse du témoignage de saint Paul, quand il dit aux Éphésiens: « Que nous sommes de nature enfants d'ire », et recommande qu'on pèse bien ce mot, « de nature.» Mais il est tout évident que saint Paul parle de cette nature corrompue que nous tirons d'Adam. Et d'où vient cette corruption?

Saint Paul le déclare au cinquième des *Romains* : à savoir, que
« par un homme le péché est entré au monde. » Ainsi le mot
de nature ne signifie point la création que Dieu a mise en nous,
mais la race que nous tirons du premier homme. Comme au
deuxième des *Galatiens*, quand il dit : « Nous sommes Juifs de
nature » ; car il entend qu'ils étoient descendus d'Abraham, et,
par ce moyen, participants de la bénédiction promise à lui et à
sa semence. Comme au dixième des *Romains*, il appelle tous
les Juifs « branches naturelles de la racine sainte. » Voilà donc
comme nous sommes héritiers de damnation éternelle par nature ; c'est d'autant que tout le genre humain est maudit en
Adam. Par quoi vous voyez que ce fantastique impose à Dieu ce
qui doit être imputé au premier homme ; car il est dit que « Dieu a
créé l'homme à son image et semblance » ; et saint Paul montre
qu'il « faut que cette image soit réparée en nous par la grâce
de Jésus-Christ. » Dont il s'ensuit qu'elle a été effacée par le
péché d'Adam. Et de là je conclus que le vice et perversité qui
est en nous ne procède point de la création de Dieu, mais de
la faute d'Adam, qui s'est dépravé ; comme aussi Salomon le témoigne disant : « Je sais que Dieu a créé l'homme droit, mais ils se
sont forgé plusieurs inventions. »

Sous ombre de la prédestination, il tâche d'anéantir tellement
l'homme, que les réprouvés ne font rien à leur perdition ; qui
est obscurcir cette doctrine de la prédestination, comme ont
fait les sophistes. Et on peut voir comme j'ai mis peine à l'éclair-
cir et la déduire le plus facilement que j'ai pu. Mais quand on
fera comparaison de ce que j'en ai traité, avec les friperies que
cettui-ci a ramassées, on verra à l'œil comme il falsifie d'une
grande audace les passages de l'Écriture, desquels j'ai donné
bonne solution et certaine ; car ce lui est tout un, moyennant
qu'il puisse échapper. Je confesse donc que Dieu endurcit ceux
qu'il lui plaît et a pitié de ceux qu'il lui plaît, sans qu'on lui
puisse demander pourquoi il le fait. Mais ce n'est pas à dire
pour tant que les réprouvés, étant endurcis de Dieu, ne s'endur-
cissent aussi ; car en parlant ainsi il dément l'Écriture. Cependant cela ne sert de rien à son propos, que le mal qui est en
nous ne procède du péché originel, c'est-à-dire du côté de

l'homme, combien que Dieu ait prévu et ordonné, avant que créer le monde, ce qu'il vouloit être fait de nous tous. Ce n'est pas sans cause qu'il a fait l'homme à son image et semblance; mais il nous a voulu tenir convaincus que notre perdition vient de nous, comme il 'dit par son prophète Osée. Ce malheureux afferme qu'il n'y a que trois péchés intérieurs, à savoir, présomption de notre sagesse, présomption de notre vertu, et présomption de notre justice ; et ajoute que tous les péchés extérieurs se peuvent là rapporter. Je confesse bien que ce sont trois choses fort à condamner, et qu'il n'y a peste si mortelle que de présumer rien de nous. Mais s'il n'y avoit que ces trois péchés, que deviendra avarice, envie, cupidité de vengeance, convoitise de paillarder, et les semblables? Je ne parle que des maladies intérieures qui sont en l'âme. Quand il veut prendre un miroir de cette trinité de péchés qu'il a forgée, il allègue l'exemple de saint Pierre ; mais à la fin il n'y en trouve que l'un, à savoir, une fausse confiance de sa vertu; et en cela on peut toucher au doigt sa bêtise. Les trois négations, dit-il, qu'a faites Pierre, nous figurent le triple péché. Après qu'il a nommé le premier, si on lui demande les deux autres, il est au bout de son sens. Mais encore avisons si saint Pierre n'a péché que par outrecuidance ; car ce qu'il a renoncé son maître procédoit de ce qu'il estimoit plus sa vie, qui n'est qu'une ombre caduque, que le témoignage de sa foi, qui est une chose tant précieuse. Cette infirmité, de craindre tant la mort transitoire que nous renoncions la fontaine de vie, et de priser plus le monde que l'honneur de Dieu, est un vice énorme, comme un chacun le voit ; et néanmoins ce vénérable docteur ne veut point qu'il entre en compte, ni qu'on le répute plus péché.

Mais, par les conséquences qu'il a déduites, la méchanceté appert encore mieux; car il dit que le péché a été pardonné à Pierre, pource qu'il a connu et confessé, que ce n'étoit-il pas qui pût rien faire ni qui eût rien fait; au contraire, que le péché n'a point été pardonné à Judas, d'autant qu'il s'est glorifié en sa puissance, disant : « J'ai trahi le sang juste. » Qui n'auroit horreur d'un tel blasphème, de constituer toute la pénitence en cela, que nous disions que ce ne sommes-nous pas qui avons rien

fait? Celui donc qui, après avoir commis adultère, larcin et
meurtre, dira : Je ne peux rien faire, ainsi je n'ai rien fait, sera
juste ; et ceux qui en humilité et tristesse confesseront qu'ils
ont perpétré et commis grandes offenses contre Dieu, seront condamnés, comme n'ayant point de repentance. Que dira donc ce
malheureux, touchant saint Paul? car il faudra qu'il le mette au
rang de Judas, vu qu'il fait une semblable confession. Car, après
avoir parlé, comme il étoit persécuteur auparavant et ennemi
de la foi, il ajoute : « Je l'ai fait par ignorance et incrédulité. »
Que dira-t-il aussi de David? Je laisse à parler de sa bêtise, en
tant qu'il ne connoit autre péché en David, que présomption.
Il est si impudent de dire que David, en faisant tuer Urie, se
confioit de sa justice ; en ravissant Bethsabée, il se confioit de sa
vertu. Toutefois, laissons cela, voyons sa pénitence. Ne con-
fesse-t-il pas qu'il a fait le mal dont Nathan l'accuse? Selon ce
bon docteur, il doit être tenu pour endurci ; d'autant qu'il ne rejette point l'acte sur Dieu, confessant qu'il n'y pouvoit rien.
Bref, il condamne toutes les confessions que l'Écriture approuve,
quand les fidèles disent : Nous avons péché, nous avons fait
iniquement. Et encore, ce malheureux ne se contente point de
cela ; car, au lieu d'exhorter les pauvres pécheurs à doléance
pour leurs méfaits, il les enseigne de se réjouir, puisqu'il plaît à
Dieu, et tout ce qui lui plaît est bon. Que deviendra donc ce que
dit saint Paul, que pour avoir pénitence nous devons être tristes?
Item, ce que dit le prophète Ézéchiel : « Il te souviendra de tes
voies, et tu seras confuse. » Pour approuver un tel blasphème,
il falsifie le passage de Jérémie où il dit : « Je sais que la vie de
l'homme n'est pas à lui, et qu'il n'est en la puissance de l'homme
d'adresser ses pas. » Or, le prophète n'entend pas, comme ce
malheureux conclut, que ne puissions plus mal faire à l'avenir ;
mais, connoissant que ce n'est pas à nous d'amener à fin ce que
nous aurons proposé, ni disposer de rien, pour ce que tout est
renversé pour punir notre folie, il se remet et soumet du tout à
Dieu, afin qu'il le guide. Il falsifie aussi bien le passage d'Isaïe,
où il dit : « Faites bien ou mal si vous pouvez » ; exposant que
Dieu se moque là des méchants, qui pensent pouvoir faire bien
ou mal. Or, il est question des idoles, et notre Seigneur argue

leur vanité, pource qu'elles ne peuvent faire bien à ceux qui les servent, ni mal à ceux qui les méprisent ; par le bien, entendant les grâces, et par le mal, les punitions.

Autant en fait-il de tous les autres passages. Et principalement il renverse, comme un pourceau avec le groin, tout le septième chapitre de l'*Épître aux Romains*, disant que là saint Paul représente la personne d'Adam, se vantant de pouvoir bien malfaire. Or, saint Paul traite de l'homme régénéré par la grâce de Dieu, qui a toujours quelque reliquat de péché en soi. Même, il produit sa personne pour exemple, et confesse qu'il ne peut accomplir le bien, pour l'infirmité de sa chair, qui répugne au désir spirituel. Mais ce malheureux ne se soucie de déchirer l'Écriture par pièces. Je ne nie pas que celui qui a vraie repentance ne doive reconnoître qu'il est du tout impuissant à faire le bien ou éviter le mal, pour demander à Dieu que, par sa vertu, il le préserve de l'un et le conduise à l'autre. Mais il ne faut pas conclure de cela que le pécheur ne doive avoir sentiment de ses fautes, et connoître que c'est lui qui a fait le mal.

Vous avez déjà, mes frères, connu assez de blasphèmes exécrables que ce malheureux dégorge contre Dieu et sa sainte doctrine, et n'en faudroit point davantage à tous ceux qui ont bonne conscience, pour le mettre en horreur et détestation. Si saint Paul commande que ceux qui sont rebelles à son admonition soient notés et marqués afin que chacun les fuie, combien plus doit être notée telle peste, qui, sous ombre de glorifier Dieu, le transfigure en un diable ! Et ne faut point qu'il allègue que les scribes et pharisiens se sont aussi bien scandalisés de la doctrine de Jésus-Christ ; car les hérésies qu'il enseigne n'ont rien de commun et accordant avec le Fils de Dieu, non plus que Bélial. Il allègue les persécutions qu'il a endurées, comme si Satan n'avoit point des martyrs. Ce n'est pas le tout que d'être persécuté, ains il faut en discerner la cause. En ce qu'il condamne tous ceux qui lui osent contredire comme orgueilleux, enflés de vaine science, lui-même montre son arrogance. Car ceux qui ont sain jugement, voient facilement que c'est une bête ignorante, qui tire l'Écriture à tort et à travers. Et cependant toutefois c'est un glorieux qui se complaît en son ignorance, se moquant de tous ceux auxquels Dieu a fait plus de grâces qu'à lui. Combien qu'en cela il se contredit; car aucunes fois il vitupère tout ce qu'il ne sait point; les autres fois il contrefait de l'hébreu pour être prisé des idiots; comme quand il dit: Israël signifie voyant Dieu, en quoi il se montre être un aveugle; car Moïse l'expose, puissant ou vertueux devant Dieu. Puis il se mêle d'exposer la langue latine, en laquelle il s'entend comme au haut allemand. Mais on diroit que c'est un paon qui étend ses ailes, quand il parle témérairement des choses inconnues. Voilà l'humilité de ce vénérable docteur, qui prononce comme un oracle, que depuis qu'il a la connoissance de Dieu, il n'a jamais rien dit qui ne fût bien dit. A quoi je réponds avec saint Augustin, qu'une telle vanterie ne peut être que d'un homme du tout insensé et hébété.

Néanmoins, je tâcherai de vous déchiffrer en bref la somme de sa doctrine, selon que lui-même en parle. Il présuppose que Dieu a fait l'homme malicieux, et le diable quand et quand; et dit, qu'en ce faisant, il n'a point fait mal. Pour probation, il amène la sentence d'Isaïe: « Je suis le Seigneur qui crée la lumière et les ténèbres, qui fais la paix et le mal. » En cela il y a contradiction; car, à son dire, Dieu se nomme auteur du mal, ce que lui nie; et pour tant qu'il apprenne à accorder ses flûtes. Or, il vous faut noter qu'il corrompt cette sentence, comme aussi celle de Jérémie, aux *Lamentations*, quand il est dit: « Y a-t-il mal en la cité, que le Seigneur ne fasse? » Car tous les deux prophètes reprennent l'incrédulité de ceux qui attribuent à fortune les jugements de Dieu. Ainsi, par le mal, ils entendent ce que nous appelons en langage commun adversités. Et pour tant Isaïe oppose le mal à la paix, qui signifie prospérité en langage hébraïque.

Au reste, quant à ce qu'il maintient, que le diable a toujours été malin, cela est manifestement contre l'Écriture. S'il ne se contente de ce qui est dit au huitième de saint Jean, les témoignages en sont clairs en la deuxième de saint Pierre, et en l'épître de saint Jude, où il est parlé de la chute de ceux qui ont été anges et sont devenus diables. Mais encore, regardons comme il se développe du témoignage de saint Jean. Il dit que ce verbe *sto* en latin signifie être. Voire bien en latin de cordelier. Cependant, il ne s'avise point que saint Jean a écrit en grec. Mais quoi? ce lui est assez d'être en estime entre ces bonnes bourgeoises qui le traitent délicatement en prison, afin qu'il soit leur maquereau, faisant accroire que paillarder n'est point malfait quand on connoît que Dieu fait tout. Mais il allègue pour soi ce qui est là dit, que le diable a été menteur dès le commencement, comme si saint Jean disoit qu'il a été tel dès la création. Or, ce n'est pas ce qu'il entend; mais que dès le commencement il a séduit les hommes, étant auparavant tombé en mensonge et déchu de la vérité.

Je confesse bien ce que saint Paul traite au neuvième des *Romains*, de la prédestination, c'est que toutes choses sont faites par le conseil admirable de Dieu. Et ne faut pas qu'il nous calomnie que nous faisons Dieu passif; car nous lui attribuons la souveraine disposition des choses. Mais pour cela, nous ne laissons pas de dire que quand les diables et les hommes pèchent, ils font le mal et leur doit être imputé, comme il est dit du diable au chapitre préallégué de saint Jean, que quand il profère mensonge, il parle de son propre. Quant au conseil étroit de Dieu, nous l'adorons en humilité, pource que notre esprit n'atteint point telle hautesse. Mais cependant nous confessons les choses patentes, c'est à savoir, que nous faisons le mal.

Il dit pour ses excuses qu'il entend bien que le mal est en nous. Mais quoi? il dit et maintient que nous ne faisons rien. Au contraire, David confesse: « J'ai fait mal devant toi, Seigneur, afin que tu sois justifié contre ceux qui te condamnent. » En quoi il signifie que, si nous ne confessons cela, nous blasphémons Dieu et ne glorifions point sa justice. Mais encore, il y a une autre contradiction en son dire; car si Dieu fait tellement tout, que les créatures ne fassent rien, il s'ensuit qu'il ne se fait rien de mal; car s'il se fait du mal, qu'on allègue l'auteur. Or, il ne s'en trouvera nul que Dieu, auquel il ne compète point de malfaire. Et que deviendra donc le nom de péché, d'iniquité, de transgression, de méchanceté, de rébellion, dont toute l'Écriture est pleine? Et pourquoi est-ce que Dieu accuse les hommes, s'ils ne font nul mal? Et qu'est-ce qu'il trouvera à la fin à condamner en eux ou à punir? Il demandera si je nie que Dieu ne fasse tout. Je réponds qu'il le fait tellement, que les créatures ne laissent pas de faire en leur degré ; et qu'en une même œuvre, quand Dieu fait bien selon sa bonté, l'homme fait mal selon sa malice. En somme, il prétend à ce seul but, d'ôter discrétion du bien et du mal, à ce qu'on ne fasse plus conscience de rien, quand on attribuera le tout à Dieu. Par quoi il dit que c'est le péché de Sodome de penser faire quelque chose, et en ce faisant il transfigure cette abomination brutale des Sodomites que l'Écriture condamne si aigrement, et la fait évanouir à ce que bougrerie ne soit estimée péché. Ce que je crois qu'il ne fait pas sans cause; car je pense bien qu'il a pratiqué le métier suivant le privilége de son ordre. Et maintenant, selon sa philosophie, il se réjouit à y penser pource que c'est une œuvre de Dieu, car il n'a pas honte de dire que nous sommes coopérateurs de Dieu à malfaire. L'Écriture dit bien que les méchants sont instruments de son ire, mais c'est un blasphème exécrable de leur attribuer ce titre de coopérateurs, qui emporte société et conjonction. Quand, pour réprouver ce que nous tenons du péché originel, il allègue que nous faisons Adam notre créateur, c'est une impudence trop sotte. Car si un enfant engendré d'un père ladre attire la corruption de lui, ce n'est pas dire que l'honneur de Dieu soit diminué pour tant. Nous ne disons rien, sinon ce que David témoigne, c'est que nous sommes conçus en iniquité. Mais il débat qu'Adam a été créé tel que nous sommes, et que le mal ne provient point de lui. Cela est contredire à saint Paul, qui enseigne clairement que nous sommes tous pécheurs en Adam. La similitude qu'il allègue de Jérémie n'est point à propos, car le prophète ne parle là nullement ni de péché, ni de la création de l'homme; mais pource que le peuple étoit endurci, ne craignant point les menaces de Dieu, le prophète leur déclare qu'il sera aussi aisé à Dieu de les détruire, comme à un potier de casser un pot de terre, comme c'étoit lui qui les avoit faits tels qu'ils étoient. Nous ne disons pas donc qu'Adam nous ait donné une nature nouvelle, mais que Dieu par son juste jugement nous a maudits en lui, et a voulu que nous naissions corrompus par son péché, afin d'être restaurés en Jésus-Christ.

Il allègue., pour prouver que tant les diables que les hommes sont malicieux de nature, voire que Dieu y a mis cette malice, ce qui est dit en Job, à savoir, que « Dieu trouvera iniquité en ses anges. » En cette allégation, il se joue de l'Écriture selon sa coutume ; car s'il étoit là parlé des diables, l'argument ne conviendroit pas. L'intention du Saint-Esprit est de montrer aux hommes que nul d'eux se trouvera juste devant Dieu. Pour ce faire, il dit que même les anges ne sont pas si purs ni parfaits qu'il n'y trouvât à redire, s'il les vouloit juger à la rigueur. Et de fait, qu'est-ce de la créature au prix de son Créateur? Comme il est aussi là dit que les étoiles ne sont pas claires devant sa face. Je vous prie, de quoi est-ce que cela sert à ce fantastique? Et puis, quand bon lui semble, il confesse qu'il y a des diables; et en tournant la main il change de propos, et dit que le serpent duquel parle Moïse n'étoit point le diable.

Pour prouver que Dieu ne laissera point de nous punir combien que nous n'ayons fait aucun mal, il allègue que le figuier fut maudit, jaçoit qu'il ne tint qu'à Dieu, qu'il n'avoit point apporté de fruit. Mais le Saint-Esprit parle bien autrement des hommes, comme quand il dit par la bouche de saint Paul, que chacun recevra son loyer selon qu'il aura fait en ce corps, soit bien ou mal. Je n'entends pas toutefois que le bien que nous faisons soit de nous. S'il réplique qu'il y a une pareille raison du mal, le prophète dit bien autrement, prononçant en la personne de Dieu : « Ta perdition est de toi, Israël ; seulement ton aide est à moi.» Pour tant saint Paul, en un autre passage, distingue notamment entre les deux, disant que « la mort est le loyer de péché ; que la vie éternelle est un don gratuit de Dieu.» Or, ce malheureux confond tout, n'admettant aucune discrétion, et cependant fait de grandes fanfares de sentences mal entendues, comme quand il allègue ce que dit notre Seigneur Jésus : « Le Père qui habite en moi est celui qui fait les œuvres. » Or, là il est question d'approuver une vertu divine en ses miracles. Il dit donc que si le Père n'étoit habitant en lui, qu'il ne seroit point possible qu'il fît les miracles, vu que ce sont œuvres plus qu'humaines. Ce rêveur tire ce passage par les cheveux, comme on dit, pour montrer que Dieu fait tout. Au reste, je ne nie pas que Dieu ne fasse tout par sa providence ; mais j'ajoute pour déclaration ce que l'Écriture enseigne, c'est qu'il nous conduit par son saint Esprit, afin que nous fassions le bien qu'il nous donne de faire ; et ainsi qu'en notre degré inférieur nous faisons ce qu'il fait en nous. Quant au mal, que nous en devons être appelés auteurs, et comme déjà nous avons allégué que cela est du nôtre, d'autant que la racine en est à nous et en notre nature, non point celle que Dieu a créée, mais selon qu'elle est vicieuse par corruption. Quant à ce qu'il allègue, que par ce moyen Dieu ne seroit pas créateur de tout, la solution est facile entre gens qui ne sont pas du tout écervelés. Car la malice et perversité qui est tant en nous qu'au diable n'est pas une chose essentielle, ou une substance créée, mais seulement une corruption de l'œuvre de Dieu, et un défaut de ce que Dieu avoit mis en nous ; comme toutes les convoitises méchantes ne sont qu'un débordement et excès désordonné de la règle et mesure que Dieu approuve : par quoi nous disons que le diable et l'homme ont été créés bons, toutefois muables, et que par le conseil admirable de Dieu, et par sa volonté à nous inconnue, toutefois juste et équitable, tous les deux sont tombés, et par leur chute ont changé de naturel, et sont en une même condamnation, excepté que d'entre les hommes, les élus en sont relevés par la grâce de Jésus-Christ. Voilà que nous enseigne le Saint-Esprit, ce que ce malheureux tâche renverser, mêlant la clarté avec les ténèbres.

Quant à ce qu'il allègue que Dieu a envoyé Satan pour séduire Achab, je le confesse, et non-seulement qu'il l'a permis, mais qu'il l'a ainsi voulu et ordonné. Mais cependant que Satan et les faux prophètes ne fassent mal en séduisant, c'est une doctrine diabolique. Voyez, je vous prie, mes frères, et relisez diligemment ce que j'en ai déduit en l'institution, et vous y trouverez pour apaiser vos consciences, pour glorifier Dieu et vous humilier en recevant confusion en vous-mêmes. Au reste, de ce qu'il présuppose que Michée ait séduit pour un temps et se soit contrefait, et qu'obliquement il en veut autant faire accroire de saint Paul, c'est une méchante calomnie ; car Michée se moquoit d'Achab qui demandoit être flatté, comme s'il disoit : Tu ne m'as point appelé pour faire office de prophète, t'annonçant la

vérité, mais pour te complaire ; va donc, puisque tu te veux gouverner à ta tête. Et le roi infidèle entend très-bien l'ironie ; par
quoi ce malheureux fait grand tort au saint prophète. Autant en
est-il de saint Paul; car il ne s'est point déguisé pour faire chose
illicite, ou pour abuser les ignorants, mais s'est accommodé à
leur petitesse en tant qu'il lui étoit permis, selon la liberté qui est
donnée à tous chrétiens en édification.

Mais on voit puis après à quoi il tend, c'est à l'esprit double des
libertins. Car il dit qu'Abraham en mentant a été conduit de l'Esprit de vérité, pource qu'il pouvoit mentir aux ignorants; en quoi
il blasphème contre Abraham et contre Dieu; car il n'est pas vrai
qu'Abraham ait menti, c'est-à-dire qu'il ait dit quelque chose à
son escient contre la vérité. Faire le mensonge licite pour tromper les ignorants, c'est blasphémer contre Dieu, duquel l'office
est perdre et détruire tous menteurs.

Il a souvent en la bouche mortification, comme ont les libertins; mais entendez quelle est sa mortification dont il parle,
comme il se déclare, que si un homme entend que Dieu fasse
tout, qu'il sera puis après alloué en tout ce qu'il fait. Car,
moyennant qu'un homme dise je ne puis rien, il a congé
de faire tout ce que bon lui semblera. Bref, sa mortification est de
ne plus connoître ni bien ni mal, mais se laisser mener, et puis
dire que tout va bien, car Dieu l'a fait. Car, comme j'ai déjà déclaré ci-dessus, il ne connoît d'autre repentance pour amener
l'homme à perfection, que de confesser que Dieu fait tout, qu'il
connoît tout, et qu'il est seul juste. Il dit que tout le reste est
superflu et même damnable. Sur laquelle querelle il faut qu'il
débatte avec saint Paul, qui se complaint de ceux qui n'ont point
fait de pénitence de leur souillure, paillardise et impudicité qu'ils
avoient commise. Que dira-t-il, sinon que saint Paul n'étoit point
assez profond théologien pour lui? Mais il allègue que la gloire
de Dieu consiste en ces trois choses. Et que sera-ce donc de sa
bonté et miséricorde, laquelle est nommée gloire par excellence?
Quand Dieu dit par Jérémie qu'il nous faut glorifier en sa connoissance, il ajoute qu'il veut être connu, et là il met jugement
et miséricorde, plutôt que sagesse et vertu. Nous lisons les titres
qu'il s'attribue dans cette grande révélation et authentique qu'il

donna de sa divinité à Moïse. Là nous ne voyons point cette
trinité que nous forge ce fantastique; mais Dieu est glorifié en
sa miséricorde et clémence, en sa pitié, patience et vérité. Il
dira que tout revient à ces trois. Mais pourquoi à ces trois plutôt qu'à quatre? Y a-t-il rien plus propre à Dieu que vérité? Où
est-ce qu'il montrera que Dieu est nommé vertu, sagesse ou
justice, comme il est nommé charité par saint Jean? On voit donc
qu'il obscurcit et restreint la gloire de Dieu, quand il l'enclôt en
ces trois choses, contre la doctrine de l'Écriture. Ce sont petites
subtilités frivoles qui plaisent de prime face; mais, quand on y
regarde de près, elles s'évanouissent comme fumée.

Il a un autre article touchant la perfection qu'on peut avoir en
ce monde, selon son dire, lequel il fonde sur une belle raison,
que deux choses contraires ne peuvent être en un même sujet.
Comme si saint Paul ne disoit pas qu'en cette vie mortelle les
fidèles sentent toujours en eux une répugnance entre la chair et
l'esprit. Car c'est aux enfants de Dieu à qui il parle aux *Gala-*
tiens, disant : « L'esprit combat contre la chair et la chair contre
l'esprit, tellement que vous ne faites pas ce que vous voulez. »
Et au septième des *Romains,* il déduit cet argument plus au long.
Il est vrai que cet enragé dit qu'il parle en la personne d'un
homme charnel non mortifié; et pour colorer sa cavillation, il
amène ce qui est dit au commencement du chapitre : « Je parle
à ceux qui connoissent la loi. » Mais c'est une trop grande impudence de rapporter cela à la similitude que touche là saint Paul,
de l'obligation que la femme a envers son mari. Et de fait, tout
ce qui est là contenu ne convient sinon à ceux qui sont jà régénérés par l'Esprit de Dieu. Car notamment il dit « qu'ayant
intelligence de la loi, il s'est condamné à mort, et n'a plus estimé
être vivant »; item, « qu'il a une volonté bonne de suivre Dieu »;
ce qui ne peut être que par régénération; item, « que ce n'est
point lui qui fait le mal, mais le péché qui habite en lui. » En
quoi il signifie que son principal désir est d'adhérer à la justice de Dieu, mais qu'il est empêché de ce faire par l'infirmité
de sa chair. Mais surtout je m'ébahis que ce frénétique ne regarde à la conclusion; car il confesse que la vraie mortification
de l'homme est d'attribuer toute puissance à Dieu, et non à soi.

Or, saint Paul se confesse là malheureux et serf de péché, et n'acquiesce qu'en la grâce de Jésus-Christ. Est-ce là le propos d'un homme charnel? Ce qu'il dit en un autre passage : « Je ne vis plus, mais Jésus-Christ vit en moi », ne contrevient rien à cela ; car ce qui est dit au huitième des *Romains* accorde bien tous les deux : « Le corps est mort à cause du péché, mais l'esprit est vie à cause de justice. » Voilà comme deux contraires sont en un même sujet, contre la doctrine de ce fantastique ; car la vie y est commencée, et y a encore du reliquat de mort. Et de fait, nous entrons en vie par foi, et l'infidélité est morte. Or, il est dit : «Je crois, Seigneur, subviens à mon incrédulité »; item : « Seigneur, augmente-nous la foi. » Il appert bien par cela que tels fantastiques n'ont jamais goûté que c'est de Dieu ni de ses grâces, quand ils ne connoissent point qu'elles sont imparfaites, et que le défaut est un vice contraire.

Tous les exemples qu'il amasse pour approuver la perfection qu'il imagine pouvoir être aux hommes en cette vie présente, ne servent de rien. Il allègue Joseph, disant qu'il a été figure de Jésus-Christ, dont il prétend qu'il a été exempt de tout péché. Je dis qu'Aaron et tous ses successeurs ont aussi bien été figures de Jésus-Christ; et toutefois il leur étoit commandé de sacrifier pour leurs péchés, devant qu'intercéder pour le peuple. Pource qu'il est écrit de Samuel, que jamais une parole proférée de sa bouche ne tomba en terre, il demande s'il est à présumer qu'il fût pécheur jusqu'à la mort. Je dis qu'il a mal entendu cette sentence, laquelle ne parle sinon qu'il a proférée en son office de prophète. Ce qui est aussi bien vrai d'Isaïe et de Daniel : et toutefois Isaïe dit en sa dernière vieillesse : «Nous avons péché, Seigneur. » Et Daniel, étant âgé de septante ans, récite qu'il confessoit ses péchés et les péchés de son peuple. Mais, pour n'être point trop long, je viens à David; car ce fantastique demande s'il n'avoit point été exaucé de tant de prières et gémissements qu'il a faits, désirant être délivré de péché. Je réponds que si a ; mais à la façon que montre saint Paul, désirant le semblable, à savoir quand il a été retiré de ce corps mortel, qui est comme une prison qui nous tient en servitude de péché. Qu'ainsi soit, il n'en faut prendre autre témoin que lui, quand il dit :

« Seigneur, n'entre point en jugement avec moi ; car nul homme ne sera justifié en ta présence. » Et ne faut que ce chien réplique en blasphémant, qu'il étoit pour ce temps-là charnel ; car il a parlé en sa plus grande perfection, et comme prophète de Dieu. Et n'a pas seulement parlé du temps présent, mais a enclos toute la vie de l'homme ; comme aussi au psaume trente-deuxième il donne une doctrine perpétuelle, en disant : « Bienheureux sont ceux auxquels les péchés sont remis. » Laquelle doctrine saint Paul applique à tous les enfants de Dieu. Et de fait, ce n'est pas sans cause que notre Seigneur Jésus a enseigné ses apôtres de prier : « Pardonnez-nous nos offenses. » Ce malheureux dégorge un blasphème exécrable que ce a été pour le temps qu'ils étoient charnels. Ce que jamais n'ont osé dire les célestins et pélagiens, qui jadis tenoient une même hérésie que lui. Et quand les mots de Jésus-Christ seront pesés, l'impudence de ce fantastique sera plus que notoire. Car il ne dit pas : « Priez ainsi pour le présent », mais « Vous prierez ainsi » ; comme leur baillant une règle perpétuelle. Bref, quiconque n'aura que faire de la rémission de ses péchés, qu'il ne soit point disciple de Jésus-Christ, et qu'il ne soit point membre de l'Église. Car tous chrétiens, après avoir en leur créance confessé l'Église catholique, ajoutent qu'ils croient la rémission des péchés, suivant ce qui a été dit par les prophètes, « que l'iniquité seroit pardonnée à tous les habitants de la vraie Jérusalem et spirituelle. »

Mais je vous prie, mes frères, de considérer combien ce malheureux est effronté. Car en voulant soudre ce passage de saint Jean : « Si nous disons que nous n'avons point de péché, nous nous séduisons, et faisons Dieu menteur », il répond que cela est dit pour les charnels. Or, une ligne auparavant, saint Jean avoit dit : « Si nous cheminons en lumière, nous avons conjonction ensemble. » Que feroit-on à une telle bête furieuse ? Mais il réplique que saint Jean dit puis après : « Que celui qui est né de Dieu ne pèche plus. » Je le confesse, mais c'est selon sa mesure de sa régénération ; tellement que le péché ne règne plus en lui. Or, tous les enfants de Dieu savent bien, par expérience, que cette régénération ne s'accomplit pas du premier jour ; mais, au contraire, ils y travaillent et ahannent, disant

avec saint Paul : « Nous n'y sommes point encore parvenus. »
Quant à ce fantastique, il lui est bien aisé d'en caqueter comme
à un clerc d'armes, car il n'a jamais goûté que c'est. Je dis donc
que celui qui est né de Dieu ne pèche point, d'autant qu'il n'est
point adonné à péché, mais que son affection principale tend à
servir Dieu ; suivant ce que dit saint Paul : « Que le péché ne
règne point en votre corps mortel. » Il seroit bien à désirer qu'il
n'y habitât plus du tout ; mais pour autant qu'il ne se peut faire
en ce monde, il commande que la domination lui soit ôtée, pour
nous assujettir à la justice de Dieu. Pareillement, ce fantastique
abuse de ce qui est dit au huitième des *Romains*, à savoir, « qu'il
n'y a plus de damnation sur ceux qui sont en Jésus-Christ, qui
vivent selon l'esprit, et non pas selon la chair. » En quoi on voit
qu'il se moque de l'Écriture sainte, comme un méchant épicu-
rien. Car il s'ensuit tantôt après, en saint Paul, « que le corps est
mort à cause de péché. » Et, parce qu'il dit « qu'il n'y a plus de
condamnation », il entend que leurs péchés ne leur sont plus
imputés. Car malheur à celui qui sera jugé selon sa justice.
Comme aussi saint Jacques ne peut faire une menace plus terrible que celle-là, d'être jugé sans miséricorde. Je confesse bien
que, si nous sommes enfants de Dieu, le Saint-Esprit doit avoir
la conduite en nous, pour nous conformer à la volonté de Dieu,
en mortifiant toute rébellion de la chair ; mais ce n'est pas à
dire qu'il n'y demeure toujours beaucoup d'infirmités ; en sorte
que cette sentence de saint Augustin est toujours vraie : « La
justice que les fidèles ont en ce monde, consiste toujours plus en
la rémission des péchés qu'en perfection de vertu. »

Et à cela ne contrevient point ce qu'amène ce frénétique : à
savoir, que si jamais l'homme ne pouvoit être délivré de péché,
que saint Paul n'exhorteroit pas si souvent les fidèles à mortifier
le vieil homme ; car il nous montre le but auquel il convient
tendre. Profitons donc et avançons-nous tant qu'il sera possible, et ce sera beaucoup fait, quand nous en aurons approché à la fin de notre vie ; autrement, ce seroit en vain que
notre vie seroit appelée course. Par quoi, mes frères, laissant
les rêveries de Satan, desquelles il s'efforce de vous aveugler
par ce malheureux, tenez-vous à la doctrine de l'Évangile,

laquelle nous enseigne de profiter en pénitence jusqu'à la mort.
« Il a beau protester qu'il ne veut point donner licence de péché, car cela n'est que déguiser le nom par hypocrisie trop
sotte ; d'autant que rien ne lui est péché, quand on pense que
Dieu fait tout. Telle est aussi la couverture qu'il prend de donner gloire à Dieu. Il est vrai que c'est tout ce que nous devons
chercher, que Dieu soit glorifié en tout et partout. Mais quoi ?
quand il enclôt sa gloire en trois points, c'est trop lui retrancher
ses morceaux ; car il dit que Dieu n'est blasphémé, sinon quand
nous présumons de notre sagesse, de notre mérite et de notre
franc arbitre. De là il s'ensuivroit que le pape ne blasphème
point quand il usurpe la juridiction sur les âmes pour les condamner à sa poste. Ce brouillon répliquera que cela est compris
sous l'un des trois points qu'il nomme. Mais est-il plus sage que
le Saint-Esprit, pour changer sa langue ? Car saint Paul, notamment, remontre que l'homme mortel usurpe l'office de Dieu et
déroge à sa majesté, quand il se fait juge de ses prochains. « Qui
es-tu, dit-il, qui entreprends de juger ton frère ? » Ne nous faut-
il pas tous comparoître devant le trône de Christ ? Et saint Jacques pareillement : « Si tu juges, dit-il, sur la loi, tu n'es plus
observateur de la loi, mais juge. Or, il y a un législateur qui
peut sauver et damner. » Je vous prie, cet orgueil-là ne mérite-
t-il point d'être noté à part, quand l'homme, qui n'est qu'un ver
de terre, monte sur le siége de Dieu pour exercer sur les âmes
la judicature qu'il se réserve à lui seul ? D'autre côté, quand ce
brouillon a bien gazouillé pour faire semblant de vouloir glorifier
Dieu, le tout revient là, que nous reconnoissions tout être bien
fait, d'autant que c'est Dieu qui fait tout ; et que sous ce manteau
toute abomination soit couverte, et que toute ordure soit trouvée
de bonne odeur. Bref, que Dieu soit le maquereau des paillards,
le recéleur des larrons et meurtriers ; qui sont blasphèmes si
épouvantables, que toute créature en doit trembler. Mais encore
ne se contente-t-il pas de défendre sa cause, mais prend la défense de Quintin, comme étant son avocat. S'il étoit question de
réciter ce que tous chrétiens doivent détester en Quintin, je n'en
parlerois pas seulement par ouïr dire, mais de ce que j'en ai
connu moi-même. Toutefois, je m'en déporte, et toucherai seu-

lement un mot de sa mort, pour vous montrer quel beau martyr
c'est. Que l'occasion de sa prise ne fût qu'il sollicitoit à paillardise d'honnêtes femmes, comme un vieil cheval hennit après les
juments, c'est impudence de le nier, car toute la ville de Tournai en est témoin. Étant pris, il ne tint pas à lui qu'il n'échappât, selon cette belle philosophie qu'ils tiennent, qu'il est licite
de se contrefaire et se transformer pour décevoir ceux qu'ils
appellent charnels. Ainsi, il renonça tout, alléguant qu'il
étoit bon catholique à la mode papale. En la fin, étant convaincu,
tant par témoins que par mon livre, dont la justice, ainsi qu'elle
est malheureuse par delà, se servit; il demanda, pour le moins,
de n'être point exécuté par tourment cruel, s'offrant à dire tout
ce qu'on voudroit, comme il s'en acquitta bien. Car, étant venu
sur l'échafaud, à l'instigation des cafards, il exhorta deux fois le
peuple de se bien garder de lire la sainte Écriture, qu'il n'y avoit
rien pire, ni plus pernicieux pour les simples gens. Quelle injure donc est-ce que fait cet effronté menteur aux saints martyrs
de Jésus-Christ, de mettre Quintin de leur rang et compagnie,
lequel toute la ville de Tournai sait avoir été puni, non-seulement comme un putier d'une paillardise insatiable, mais comme
si horrible blasphémateur que je l'ai déchiffré; et cela, je ne le
dis point par haine de l'homme, mais pource qu'il nous faut
discerner entre le blanc et le noir, et surtout quand il y a danger
d'être séduits par tels suppôts de Satan.

Au reste, j'ai vu que ce gaudisseur se mêle de nous blasonner, en nous imposant que nous tâchons d'attirer ici les riches
pour en faire notre profit, et cependant que nous rejetons les
pauvres. A quoi je ne réponds, sinon que je n'ai point eu double langue, comme ont eu les libertins, pour tenir divers propos
selon les personnes; mais j'ai donné indifféremment à tous une
franche réponse, comme la règle de Dieu est commune tant aux
grands qu'aux petits; quant à l'intention, le fait peut vérifier
quelle elle a été. La venue de beaucoup de pauvres m'a coûté,
la demeure encore plus; et n'y a nul qui m'ait valu un denier
pour m'augmenter. Et de fait, si nous pourchassions de nous
enrichir par ce moyen, ce seroit grande folie; car les riches ne
se peuvent pas ici transporter, qu'avec grande perte et diminu-

tion de leurs biens. Mais il est bien certain que ceux qui les flattent en leurs idolâtries, leur faisant accroire qu'ils peuvent là demeurer, se conformant avec le monde, le font pour écumer une partie de leur graisse, et leur vendent aussi bien cette dispense et absolution, que jamais le pape fit les siennes. Je ne poursuis point ce propos davantage, pource que la calomnie est trop évidente, et aussi que ce nous est une grande gloire d'être aboyés par ces chiens.

Pour faire fin, mes frères, je vous prie et admoneste au nom de Dieu, qu'il vous souvienne bien de ce que dit saint Jean, à savoir, d'éprouver les esprits de peur d'être détournés de la simplicité de l'Évangile par vaines sophisteries de ces rêveurs, qui changent la clarté de l'Évangile en ténèbres si obscures, qu'il n'y a qu'abîme et confusion en tout leur dire. Sur quoi, je prierai notre bon Dieu de vous avoir en sa garde, vous gouverner par son Esprit en toute sagesse et prudence, vous fortifier en toute vertu, et vous dédier à toute sainteté, afin que sa gloire reluise en vous comme il appartient.

Votre humble frère,

JEAN CALVIN.

De Genève, ce 20 d'août 1547.

RÉFORMATION

POUR

IMPOSER SILENCE A UN CERTAIN BÉLÎTRE NOMMÉ ANTOINE CATHELAN,
JADIS CORDELIER D'ALBIGEOIS.

———

Combien qu'aujourd'hui beaucoup de sottes bêtes se mêlent
de brouiller le papier, tellement que tantôt les gens savants auront honte de faire rien imprimer ; toutefois, à grand'peine trouvera-t-on qui surmonte un certain bélître, nommé Antoine Cathelan, jadis cordelier en Albigeois, à présent se disant être prêtre
séculier ; lequel toutefois se cuide faire valoir, dégorgeant à la
volée contre nous toutes les injures qu'il peut forger ou qu'on
lui souffle en l'oreille, et faisant gagner quelque imprimeur
affamé, à en infecter le monde, moyennant quelque écot qu'il
en a pour son butin. Comme encore naguère il a publié une
feuille de papier contre moi, tendant à réprouver la doctrine que
je porte, et blasphémant si hardiment contre Dieu et toute vérité,
qu'il lui semble bien qu'il sera trouvé habile compagnon de ceux
qui le peuvent récompenser de quelque lippée. Si on demande,
puisqu'il est si badin, comment je m'attache à lui, je confesse
qu'en sa sottise encore a-t-il gagné ce point, de m'inciter à répondre à ses bourdes, intitulant l'épître qu'il fait : A messei-
gneurs les syndics de Genève, à ce qu'ils aient à me contraindre
de me purger, comme si tout le monde me devoit tenir convaincu,
en cas que je ne sonnasse mot. Vrai est qu'il pourra bien ci-
après gazouiller tant et plus avant qu'il arrache réponse de moi.
Car jà Dieu ne plaise que j'emploie si mal mon temps, et que j'oc-
cupe beaucoup les lecteurs à tel fatras, qui ne valent pas le parler.
Qui plus est, s'il n'étoit commandé d'avoir tous blasphèmes en
horreur, je serois bien aise que tous les jours la papauté eût une
centaine de pareils avocats ; car elle ne sauroit mieux être dégra-
dée. Et, faut bien que Dieu ait aveuglé tous ceux qui sont en au-

27

torité, et désirent maintenir cette tyrannie infernale du pape, avec ses superstitions, quand ils permettent ou souffrent que tels suppôts, sous ombre de couvrir telle ordure, la font sentir à tout le monde pour la détester ; car il n'est pas possible de choisir gens à louage qui mettent en plus grand opprobre tout le clergé du pape, que fait ce bélître, qui ne pense pas que je lui doive répondre, sinon y étant contraint.

Or, en premier lieu, il faut que les lecteurs soient avertis quelle colère l'a ému à se tempêter ainsi, non-seulement contre moi, mais contre l'Église et école de Lausanne. Maître Guillaume Farel y a été fourré parmi, non pour autre raison, sinon que pour diffamer tout ce qui nous attouche. C'est, qu'étant arrivé à Genève en la compagnie d'une putain qu'il traînoit partout, il commença par demander l'aumône, s'offrant toutefois à enseigner les enfants en arithmétique et chiffres. En attendant qu'on se fût enquis de lui, je crois bien qu'on lui donna quelques repas. Mais afin qu'on ne fût trop empêché à prendre longues informations, lui-même avec son bon parti s'avancèrent sans être sollicités d'ailleurs. Les gestes et propos de la damoiselle montroient bien qu'elle avoit trop hanté le monde ; car il n'y avoit celui tant assuré auquel elle ne fît honte par son impudence. Puis, ils ne se purent tenir de diabler en l'hôtellerie, et se prendre au poil pour essayer qui seroit le plus fort. Nous, en moins de deux jours, ayant déjà telle épreuve, ne pensons pas qu'il faille plus différer à les examiner de plus près, afin que nos seigneurs en fussent avertis, pour en purger leur ville. Je ne ferai long discours de ce qu'on y trouva ; seulement, je dirai ce mot, que par leurs propres bouches, ils furent convaincus d'être un ruffien et une putain. Car, du commencement ils faisoient bien semblant d'être mariés ; mais quand on les interrogea à part de la paroisse, l'un nous mena à Saint-Honoré, et l'autre à Saint-Séverin. En la fin, il fallut qu'ils vinssent à jubé. Se voyant dénichés d'ici tant vite, passèrent plus loin, et lui tire droit à Berne ; auquel lieu, faute d'être connu, il impétra pension d'écolier, pour être nourri en l'école de Lausanne. Étant là venu, pource qu'on découvrit tantôt quelle sorte de bête c'étoit, il ne fut pas trop bien reçu à son gré. Même, M. de Bèze étant pour lors recteur, voyant un vieil homme

sans nul savoir, espérer follement d'être employé en quelque
état, pour lui couper broche, lui ordonna d'apporter quelque
thème à la façon des enfants. Ce docteur subtil, ne voulant présenter son écrit sans bonne signature, mit : *Per me*, Anthonius
Cathelan.

Je ne dis rien qui ne se vérifie par sa main. le recteur, étant
fâché de telle ânerie, lui remontra qu'il devoit être envoyé aux
verges. Afin qu'on ne s'ébahisse de le voir tant hardi après être
échappé de la discipline, alors il fut effronté jusque-là, de répondre : Comment? *omnia nomina propria, nonne sunt in-
declinabilia ?* C'étoit bien assez pour le casser de ses gages.
Et de fait, ce rustre, voyant qu'il étoit au bout de son rôle, tâ-
cha, par nouvelles pratiques, à s'insinuer de nouveau. Mais il
fit tant, en somme, par ses belles journées, qu'il fut banni, sur
peine du fouet. J'ai bien voulu réciter en bref à la vérité ce qui
en est, afin qu'on sache quelle excuse il a de mentir si vilaine-
ment contre les serviteurs de Dieu.

Cependant je ne m'amuserai pas à rembarrer les mensonges
dont il a farci son beau livre, qu'il intitule je ne sais comment ;
car jamais je n'ai daigné le regarder. Là, à ce que j'ai entendu,
il me fait manger du rôti de quelques noces qui se sont faites à
une bonne journée loin de moi, où j'étois autant prié que celui
qui demeure outre mer. Il dit que j'ai entretenu une nonnain,
laquelle on m'a dit que j'ai vue une fois seulement, demi-quart
d'heure, en présence de plus de dix témoins, et l'ai si bien mar-
quée, que si je la voyois, je ne la saurois non plus discerner que si
jamais elle n'étoit approchée de cent lieues. Que feroit-on à un
tel galant, sinon de le remettre à son chapitre, où sa leçon lui
soit chantée, selon le proverbe des moines, *usque ad vitulos ?*
Mais afin qu'il ne se vante de m'avoir fermé la bouche par son épître, à laquelle il veut qu'on me contraigne à repondre, je lui ferai
sa dépêche courte et brève.

Quant à sa préface, je ne sais si j'y dois toucher ; car en la plus
grand' partie, je n'y entends que le haut allemand, comme on
dit. Et je crois de fait qu'elle a été composée après avoir bu
sur le marché, voire quelque coup de trop ; car le cerveau lui
voltige tellement, que, sautant du coq à l'âne, il s'oublie en moins

de quatre mots. Tant y a qu'à la fin il s'avise de nous accuser, que c'est parole de blasphème nous faire réformateurs de l'Evangile. Mais d'où a-t-il appris ce jargon, vu que nous tenons et crions haut et clair, sans fin et sans cesse, que c'est la seule règle à laquelle il faut que tout le monde se réforme? Tant s'en faut que nous y trouvions à redire, comme le pape et Mahomet, qui l'ont voulu accomplir, l'un par son Alcoran, l'autre par ses canons et statuts, avec toute la friperie de ses révélations. Mais la raison de messire Antoine est notable, à savoir, que Jésus-Christ a promis d'être avec ses fidèles jusques à la fin du monde. Or, il y a bien du coq-à-l'âne. Mais encore, par quel bout commencera-t-il pour montrer que le pape et son clergé sont les fidèles de Jésus-Christ? car il est certain qu'ils seront désavoués d'un tel maître. Vrai est que Cathelan se modère : Sauf meilleur jugement, dit-il, et si les Évangiles sont véritables. Ivrogne! falloit-il submettre à nul jugement la vérité de l'Évangile? Mais en cela, voit-on de quelle sobriété il gazouille. Ce lui a été assez d'amener cette vieille chanson, à laquelle nous avons tant répondu, que les pierres quasi en savent parler. Je confesse que Jésus-Christ a promis d'être toujours avec les siens. Il reste de discerner lesquels ce sont. A cela lui-même répond, que les brebis oient sa voix. Le Père aussi en a prononcé sa sentence du ciel, constituant Jésus-Christ seul maître de son Eglise, par ce mot : « C'est mon Fils bien-aimé, écoutez-le. » Si le pape et les siens, ne se contentant de la pureté de l'Evangile, ont tout corrompu par leurs mélanges, et en somme ont détourné l'Eglise de son chef et pasteur, que faut-il plus plaider d'une cause tant liquide? Mais le principal est de voir combien messire Antoine se montre vaillant quand il entre en dispute.

Il demande pourquoi je défends de faire aumône aux papistes, vu que Dieu fait luire son soleil sur les bons et sur les mauvais; comme si jamais on m'avoit ouï tenir ce propos, et si mes livres ne testifioient le contraire. Qui plus est, le vilain sait bien que du premier coup il fut secouru à mon aveu, et possible de mon argent; et le lendemain, quand il amena sa paillarde à ma porte, combien que je les refusai en leur quête, je ne leur alléguai pas cette raison; mais que nous ne voulions frauder les pauvres pour

tenir ici le bordeau. Au reste, s'il entend que je fasse mal de
n'exhorter qu'on donne à tout venant, sans discrétion, qu'il
parle à saint Paul, lequel, *Galates*, 6, met les domestiques de
la foi en premier degré; même qu'il se prenne à toute l'Ecriture,
qui nous commande d'avoir égard tant à la nécessité qu'à la
vertu des personnes. Et s'il me produit le soleil, je lui réplique
ce qui est dit au psaume 31, « que Dieu tient la grande multitude de ses biens cachée à ceux qui le craignent. » Et ce n'est
pas raison que nous veuillons être plus sages dispensateurs que
lui. Mais je vois ce qui pousse Cathelan; car il lui fait mal de n'a-
voir trouvé bourse ouverte pour le nourrir en sa quainmanderie.
Mais qu'y ferais-je? Faut-il que pour avoir éconduit un bélître,
voire affronteur et ruffien notoire, que le soleil soit appelé du
ciel en témoin?

Son second article est de la chasteté, où il se fâche que j'enseigne que c'est tenter Dieu de promettre chasteté. En quoi il
s'abuse : car chasteté doit être en tous fidèles; mais le vœu de
ne se point marier est la révolte contre Dieu, que je condamne.
Il ajoute que pour confermer mon dire, je fais bouclier des prêtres grecs; en quoi il montre que jamais il ne lut rien de ce que
j'en ai écrit; et ce qu'il a ouï avoir été amené par quelque autre, il
le décharge sur moi à l'étourdie. Mais encore ne le fait-il pas sans
finesse, quelque badaud qu'il soit; car, se voyant dénué de réponse, il a cherché d'échapper à travers des marais. Et de fait,
il lui suffit d'avoir récité mon dire, sans montrer si j'enseigne bien
ou mal. C'est bien combattre sans coup férir; et toutefois là-
dessus il a tout gagné. J'ai dit que c'est témérité à l'homme mortel de vouer continence à jamais. Pourquoi? car notre Seigneur
Jésus et saint Paul déclarent que c'est un don spécial, et dont
tous ne peuvent jouir. Messire Antoine laisse couler ce propos,
et à l'opposite amène que, selon saint Paul, celui qui demeure
vierge fait encore mieux que celui qui se marie. Voire, quand il
lui sera donné. Mais appliquant cela indifféremment à tous, c'est
bien contre l'intention de l'Apôtre; lequel, protestant de ne vouloir mettre lien sur les fidèles, commande, pour éviter paillardise, que chacun ait son parti; exhorte chacun de bien regarder
sa mesure et ce qu'il peut, voulant que chacun soit laissé en sa

27.

liberté. Voilà le vœu de continence bien défendu par messire Antoine. Vrai est qu'il ajoute un mensonge nouveau contre moi, mais de si belle couleur, qu'il n'est jà besoin que je m'en lave. Il dit que je tiens en mon secret trois moines et nonnains qui se sont ici mariés, pour paillards, et en appelle en témoins mes œuvres, mes domestiques et ceux qui me pratiquent. Quant à mes œuvres ou livres, il se coupe la gorge, confessant que là j'approuve tels mariages. Quant à mes domestiques, amis, et tous ceux qui me fréquentent, il sera franchement démenti de tous. Mais que faut-il plus, quand Dieu et ses anges, et tout le monde jusqu'aux plus méchants, réprouveront l'impudence de ce bélître? Mais quoi? sa rogne lui cuit toujours, de ce qu'on ne l'a voulu ici recevoir avec sa bonne compagne. Mais en cela, voit-on en quelle révérence nous avons la vraie chasteté, ne pouvant souffrir que le saint mariage soit profané à fausses enseignes.

Le troisième article est des vœux, où il m'accuse de ce que je ne trouve pas bon qu'on voue, sinon ce qui est permis par la sainte Écriture. Voilà ses propres mots. En cela, quel mal y auroit-il? Car il n'est pas licite de rien faire que ce que Dieu nous permet. Or, ne doit-on promettre sinon ce qui est bon d'accomplir. Par quoi ce maraud ne m'accuse d'autre chose, sinon que je voudrois que rien ne fût atteinté sans le congé de Dieu. Il met quand et quand, pour mon fondement, que tout ce qui ne se fait en foi est péché : ce que j'accepte, combien qu'il montre bien n'avoir jamais lu une seule page de tout ce que j'ai écrit des vœux. Mais qu'en répond-il? C'est que tous serviteurs et chambrières doivent honorer leurs maîtres, les sujets obéir à leurs princes et supérieurs, les marchands garder foi et loyauté. A cela, je réplique que de tous ces devoirs il n'y en a nul qui se fasse sans foi ; et ce sont choses commandées de Dieu, et fondées même en la loi de nature. Or, en ma doctrine, je distingue les vœux de superstition, et que les hommes conçoivent follement et à la volée, d'avec ceux qui sont conformes à la volonté de Dieu et tendent à bonne fin. Notamment, je dis qu'en promettant à Dieu, on y doit procéder sans comparaison en plus de révérence que si on contractoit avec les hommes. Ce suppôt de taverne, pour tout po-

tage, dit qu'on doit garder les promesses bien faites, sinon qu'il
entrelace un beau propos. Que celles qui ont été mariées sans
leur consentement ni aveu sont tenues à ce qui a été fait seulement par leurs parents : de quoi je laisserai juger les plus bi-
gots de la papauté, leur laissant la charge à leur dévotion de
charger sur le dos de ce galant avec bons coups de leurs chape-
lets. Mais afin de donner plaisir, il ajoute encore quelque sor-
nette : Qu'en cette ville on aime plus trois écus comptant que
d'en attendre huit ou dix en crainte. Je confesse que l'argent
comptant est trop aimé par tout le monde; mais, Dieu merci,
l'Évangile n'a pas empiré en cette ville la sûreté de contracter
par promesse plus qu'auparavant. Mais il faudroit être trop mal
avisé pour donner crédit à tels affronteurs que ce gueux de l'hôtière, qui n'apportoit que son front d'airain, comme un moine dé-
bauché qui seroit prêt à tenir un passage de quelque forêt. Quant
à ce qu'il dit, que j'apprends à tromper, il faudroit que je susse
le métier; mais loué soit Dieu que je n'ai trompé créature du
monde en ma vie. Seulement, quelque dépit qu'en ait messire
Antoine, si faut-il que j'avertisse qu'on ne se laisse tromper.

Il vient puis après à la confession auriculaire, se plaignant
que je dis qu'elle n'est pas nécessaire, pource que par icelle beaucoup de secrets se révèlent, qui après sont cause de paillardises,
trahisons et semblables maux. En ceci voit-on que ce rustre
trousse ses quilles, voyant bien qu'il n'y a plus d'écot franc pour
lui, quand il eût brouillassé encore une demi-feuille de papier;
car ma doctrine porte, touchant la confession papale, non pas
simplement que pour les inconvénients qui en proviennent, il
soit bon de la laisser; mais, en premier lieu, que la loi qui en a
été faite est diabolique, pource qu'il n'est pas en l'homme mortel
d'imposer loi pour lier les âmes et les assujettir sur peine de péché mortel. Item, puisque Dieu par sa parole offre à tous pécheurs grâce et pardon, se réconciliant à eux moyennant qu'a-
vec humilité et repentance ils se connoissent tels qu'ils sont, sans
ajouter nulle queue de murmurer en l'oreille d'un prêtre, je dis
que c'est une audace trop énorme et un sacrilége que les créatures restreignent à leur appétit le bénéfice de Dieu, et se constituent en sa place pour ajouter une condition de laquelle il n'a ja-

mais parlé. Je dis outre plus, que cette loi est du tout impossible,
que l'homme confesse une fois l'an tous ses péchés, et par conséquent qu'elle ne peut sinon abîmer les consciences en désespoir.
Ayant traité et déduit ces points, j'entre aux inconvénients qu'elle
a apportés au monde. Je récite que ce n'a été que depuis bien
peu de temps que telle tyrannie a été introduite; car combien que
la superstition régnât déjà, si est-ce que la chose était laissée en
la liberté et dévotion de chacun, comme on dit. Tellement que les
papistes ne se peuvent vanter en cet endroit de leur ancienneté,
dont ils font si grand bouelier, vu que le canon ou décret du concile Latran, qu'ils en produisent, a été forgé de si peu de temps.
Quant à tous les fruits qu'il allègue revenir de la confession, il
est si sot de ne voir pas que, sans se confesser, un pécheur gé-
mira, aura honte de soi, sera humilié et abattu. Car nous savons
combien les prophètes et apôtres ont insisté sur la repentance,
lesquels toutefois n'avoient pas ce beau remède, sans lequel, selon messire Antoine, tout est perdu. Mais quoi! il ne voit pas entre nous les attrape-deniers dont il parle, desquels il voudroit
bien tenir la clef sans registres, pour mieux goûter l'utilité qu'il
prise tant, parce qu'il en a flairé de loin, ou seulement léché
comme les gens de son état.

Au reste, il n'a pas été question d'abolir la confesse papale
entre nous pour les abus qui s'y commettent; mais pource que
c'est, en sa propre substance, origine et intégrité, une corruption
insupportable. Qui plus est, ce vilain, sans y penser, se coupe la
gorge, se moquant de ce que nous remettons à la mort et passion
de Jésus-Christ ce qu'il attribue au menu fatras que le monde
s'est forgé pour satisfaction; et combien que ce blasphème soit
par trop commun en la papauté, il est si bête qu'il ne le sait colorer à leur façon. Tant y a, quelque semblant qu'il fasse d'être
marri, si eût-il bien voulu que la confesse n'eût pas été si étroitement requise ici; car il y a été examiné plus qu'il ne vouloit,
non pas pour lui faire honte, ce qui n'est possible à un front tant
endurci, mais pour le faire dénicher, afin de ne point abuser cette
Église. Il se ravise en la fin, et amène comme en ma personne le
témoignage de l'Écriture pour abattre la confession, c'est qu'il
n'y a que Dieu qui pardonne les péchés. Je confesse que cette

raison viendra bien en compte, mais non pas si crûment; car en disant que la puissance que Dieu a lui seul de remettre les péchés, ôte toute autorité aux hommes d'en faire loi à leur plaisir; mais cette bête, ne sachant à quel propos les choses se disent, jette les propos rompus à la volée, et cependant n'a pas le sens de distinguer comment Dieu pardonne seul les péchés, et toutefois a donné puissance aux hommes de les pardonner, à savoir, qu'en se réservant l'autorité, il a commis le ministère aux hommes. Bref, par sa bêtise, il empire de beaucoup la cause des papistes, laquelle de soi n'est que trop mauvaise. Or, il n'est pas question entre nous si l'office de remettre les péchés est donné aux hommes, ce que nous confessons, comme le texte le porte. Mais le nœud de la matière est, comment et en quelle sorte les successeurs des apôtres remettent les péchés; si c'est en faisant une croix sur le dos, ou en testifiant tant en public qu'en particulier aux pauvres pécheurs qu'ils sont réconciliés à Dieu. Sur cela, qu'on regarde la pratique des apôtres et comment ils en ont usé, et la question sera tantôt solue. Si quelqu'un combattoit contre cette puissance qui a été donnée de Jésus-Christ, à bon droit il seroit condamné comme faisant la guerre à Dieu. Voilà pourquoi Dieu prit la querelle de Moïse et d'Aaron, c'est pource qu'ils n'avoient jamais rien attenté sans son congé, comme ils le protestent : « Que sommes-nous, et qu'avons-nous fait? »

Quant au sacrement du baptême, il me reprend comme si je disois qu'il ne doit chaloir si les enfants sont baptisés ou non, disant que j'instruis les pères à ne s'en soucier. S'il étoit ainsi, pourquoi aurois-je tant combattu contre les anabaptistes? Même on sait l'ordre de notre Église être tel, que si un enfant meurt sans baptême par la nonchalance des parents, ils seront appelés et corrigés de telle faute. Mais ç'a été tout un à ce rustre, en brouillant le papier, moyennant qu'il se fît payer son écot à l'imprimeur. Vrai est que je dis bien , quand il plaira à Dieu de retirer de ce monde un enfant avant qu'on ait le temps de le baptiser, qu'il ne le faut pourtant tenir pour damné; et de cela j'allègue raisons et fondements, non pas tels que cet ivrogne babille , mais que la promesse de Dieu a bien assez de vertu pour les sauver; car même on baptise les petits enfants, d'autant que dès le ventre de la mère ils appartiennent à Dieu, étant déjà adoptés de lui, reçus dans son Église, et étant faits participants de la promesse de salut. Tout cela est scellé par leur baptême. Mais tant y a que Dieu n'est pas tellement sujet au signe extérieur, et n'y a pas tellement attaché sa grâce, qu'il n'accomplisse bien ce qu'il a promis, suppléant au défaut du baptême. Ce badin allègue que nul ne peut entrer au royaume des cieux, s'il n'est régénéré d'eau et d'esprit, voire comme si ce mot d'eau ne pouvoit signifier autre chose. Car, de fait, il n'est pas là fait mention du baptême, non plus que de la Cène au sixième chapitre du même Évangile; mais par similitude ce nom d'eau s'attribue au Saint-Esprit, lequel est tantôt après exprimé. Et quand il est dit en l'autre passage : « Qui croira et sera baptisé, il sera sauvé », cette bête ne considère pas qu'il n'est là parlé que de ceux qui sont parvenus déjà en âge de discrétion; et même au membre opposite il n'est pas dit : Qui ne sera point baptisé sera damné, mais, « qui sera incrédule. » Voilà comme il sait plaider sa cause. Cependant je laisse passer qu'il saute si habilement du coq à l'âne, qu'on ne sait de quel côté il se rue, disant que c'est un blasphème insupportable quand je dis que Dieu régénère ses élus quand bon lui semble, selon l'élection éternelle. La raison, dit-il, c'est que Dieu seroit menteur, qui a promis de ne laisser les siens orphelins. Devinez où il en est; car si saint Matthieu et saint Paul ne sont pas demeurés orphelins après avoir été appelés à la foi de l'Évangile, ce n'est pas que tous deux n'eussent été brebis égarées, et même que saint Paul n'eût été comme un loup ravissant. Je touche ces choses en un mot, pour montrer que ce vilain est autant digne de réponse que le cri d'un âne. Encore se déborde-t-il plus avant, voulant faire accroire que je tiens et enseigne que l'homme, après être régénéré, ne peut offenser Dieu. Or, on sait que tous mes livres sont pleins de la doctrine contraire, même que j'ai débattu cette querelle par livre exprès contre les libertins. Pour le moins, on trouvera trois cents passages en mes livres, où je réprouve cette erreur; tellement que les papistes sont convaincus que la vérité de cet article a été très-bien éclaircie par moi : et ce vilain gueux de l'hôtière, en rotant le vin qu'il a bu, cuide persuader que vessies sont nuées. Combien possible qu'il a dit ce qu'il pensoit, ne sachant rien de ce que je dis, sinon comme un bon pilier de taverne.

Il se montre aussi subtil docteur en son dernier article, où il dit que je prétends abattre le saint sacrement de l'Eucharistie. Et en premier lieu, il m'accorde que je confesse maugré moi que Dieu n'est pas hors de ses sacrements. Je vous prie, quel langage est cela ? Puis il me reproche que d'autres fois je dis que ce n'est qu'un signe. Or, quant au second point, où gît la question, tout le contraire se voit par mes livres, qui sont pleins de cette doctrine, que jamais les signes ordonnés de Jésus-Christ ne sont sans leur vérité, substance, vertu et effet. Voilà à quelles enseignes il me fait vacillant et inconstant. Il vient puis à la messe, et, pour la bien maintenir, allègue ce que Jésus-Christ dit à ses disciples : « Prenez, mangez ; cela est mon corps. », voire comme si la messe étoit approuvée par ce qui est écrit en la Cène, vu qu'il y a autant de convenance qu'entre le feu et l'eau. Nous ne sommes pas sur ce différend, messire Antoine, si Jésus-Christ communique son corps et son sang aux fidèles en la Cène qu'il a instituée ; mais s'il y doit avoir un sacrifice auquel un homme mortel offre à Dieu au lieu de recevoir, comme les mots le portent, et auquel un seul mange et boive ce qui doit être commun à toute l'Église ; si la consécration est un charme pour faire changer le pain de nature en soufflant et murmurant dessus ; si un tel acte doit être fait pour la rédemption des âmes ; si l'usage en parvient jusques aux trépassés, et une infinité de tels erreurs exécrables. Mais ce maraud n'y regarde pas si profond ; et cependant, pour gagner son procès en injuriant, il dit que je ne crois pas que Jésus-Christ ait été fait homme ; comme s'il avoit montré en quoi je suis incrédule ; mais, Dieu merci, tout le monde connoît en quelle révérence j'ai l'Écriture sainte. Mais afin d'éblouir les yeux des aveugles, il demande : Qui croira maintenant à la foi de Jean Calvin, puisque j'appelle la messe une idole, combien que je confesse que Jésus-Christ est en l'Eucharistie ; comme s'il y avoit grande contrariété que la vertu de Jésus-Christ est présente à ce qu'il a ordonné, et que ce qui a été inventé à l'opposite n'est que pure illusion de Satan. Qu'est-ce que l'Eucharistie ? c'est un sacrement que le Fils de Dieu a établi, auquel il accomplit en vérité ce qu'il y promet par figure. Qu'est-ce que la messe ? uue friperie de blasphèmes , laquelle n'a rien de commun avec les promesses de Dieu, non plus que les enchantements de sorciers. Voilà comment ce tavernier ou marmiton de cloître a bien appris à arguer. Il y a en la fin un bon petit mot qui sert de saupiquet pour donner goût au reste ; c'est que j'ai grand tort de profaner les accoutrements de la messe, vu que les sacrificateurs et lévites en avoient sous la loi : comme si le voile du Temple n'avoit pas été rompu, pour montrer que tout cela est passé et aboli. Il ajoute que les femmes, en ceci, me montrent bien ma leçon , lesquelles ne profanent pas aux jours ouvriers leurs habilléments de fête. Si la sainteté de la messe est fondée sur les cottes , robes, manchons, collets et affiquets des femmes, je quitte le jeu. Toutefois j'ai ma réplique, que quand ce bélître est comparu par deçà, ce n'étoit pas en tel équipage. Ainsi, il n'y avoit en lui ni en sa paillarde pour honorer la messe, vu qu'il n'y avoit nulle réserve pour les dimanches ; même que son chapeau à lambeaux n'étoit pas trop honnête pour le plus maigre jour de la semaine.

J'ai bien voulu donner ce bref avertissement à ceux qui seront capables d'en faire leur profit, et cependant faire honte à ceux qui s'arment de tels boucliers en la papauté. Si ce bélître poursuit à babiller en son impudence, je le pourrai aisément dépriser avec d'autres bêtes qui valent encore cent fois plus que lui ; car il n'est pas à moi de faire taire tous les chiens qui aboient parmi le monde.

SUR LES PSAUMES DE DAVID

TRADUITS EN FRANÇOIS PAR CLÉMENT MAROT.

A TOUS CHRÉTIENS

ET AMATEURS DE LA PAROLE DE DIEU, SALUT.

Comme c'est une chose bien requise en la chrétienté, et des
plus nécessaires, que chacun fidèle observe et entretienne la communion de l'Église en son endroit, fréquentant les assemblées
qui se font, tant les dimanches que les autres jours, pour honorer et servir Dieu; aussi est-il expédient et raisonnable que tous
connoissent et entendent ce qui se dit et fait au temple, pour en
recevoir fruit et édification; car notre Seigneur n'a pas institué
l'ordre que nous devons tenir quand nous convenons en son nom,
seulement pour amuser le monde à voir et regarder, mais plutôt a voulu qu'il en revînt profit à tout son peuple, comme saint
Paul témoigne, commandant que tout ce qui se fait en l'Église
soit rapporté à l'édification commune de tous; et que le serviteur ne commanderoit pas, que telle ne fût l'intention du maître.
Or, cela ne se peut faire, que nous ne soyons instruits pour avoir
intelligence de tout ce qui a été ordonné pour notre utilité. Car
de dire que nous puissions avoir dévotion, soit à prières, soit
à cérémonies, sans y rien entendre, c'est une grande moquerie,
combien qu'il se dise communément. Ce n'est pas une chose
morte ni brutive que bonne affection envers Dieu; mais c'est
un mouvement vif procédant du Saint-Esprit, quand le cœur
est droitement touché et l'entendement illuminé. Et de fait,
si l'on pouvoit être édifié des choses qu'on voit sans savoir
ce qu'elles signifient, saint Paul ne défendroit pas si rigoureusement de parler en langue inconnue, et n'useroit de
cette raison, qu'il n'y a nulle édification, sinon où il y a doctrine. Pour tant, si nous voulons bien honorer les saintes or-

29

donnances de notre Seigneur, desquelles nous usons en l'Église, le principal est de savoir qu'elles contiennent, qu'elles veulent dire, et à quelle fin elles tendent, afin que l'usage en soit utile et salutaire, et par conséquent droitement réglé. Or, il y a en somme trois choses, que notre Seigneur nous a commandé d'observer en nos assemblées spirituelles, à savoir, la prédication de sa parole, les oraisons publiques et solennelles, l'administration de ses sacrements. Je me déporte de parler des prédications pour cette heure, d'autant qu'il n'en est pas question. Touchant les deux autres parties qui restent, nous avons commandement du Saint-Esprit que les oraisons se fassent en langue commune et connue au peuple; et dit l'Apôtre que le peuple ne peut répondre *amen* à l'oraison qui a été faite en langue étrange. Or, est-il ainsi que puisqu'on la fait au nom et en la personne de tous, que chacun en doit être participant. Par quoi ç'a été une trop grande impudence à ceux qui ont introduit la langue latine par les églises, où elle n'étoit communément entendue; et n'y a subtilité ni cavillation qui les puisse excuser que cette façon ne soit perverse et déplaisante à Dieu; car il ne faut présumer qu'il ait agréable ce qui se fait directement contre son pouvoir et comme par dépit de lui. Or, *rien* ne le sauroit plus dépiter que d'aller ainsi à l'encontre de sa défense, et se glorifier en telle rébellion, comme si c'étoit une coutume perverse de les célébrer en telle sorte que le peuple n'en ait sinon la vue, sans exposition des mystères qui y sont contenus. Car si ce sont paroles visibles, comme saint Augustin les nomme, il ne faut pas seulement qu'il y ait un spectacle extérieur, mais que la parole soit conjointe avec, pour en donner l'intelligence. Et aussi notre Seigneur, en les instituant, a bien démontré cela; car il dit que ce sont témoignages de l'alliance qu'il a faite avec nous, et qu'il a confermée par sa mort. Il faut bien donc, pour leur donner lieu, que nous sachions et connaissions ce qui s'y dit. Autrement ce seroit en vain que notre Seigneur ouvriroit la bouche pour parler, s'il n'y avoit oreilles pour écouter. Combien qu'il n'est jà métier d'en faire longue dispute; car quand la chose sera jugée de sens rassis, il n'y aura celui qui ne confesse que c'est une pure batelerie d'amuser le peuple en des signes dont la signification ne lui soit point exposée. Par quoi il est facile de voir qu'on profane les sacremerts de Jésus-Christ, les administrant tellement que le peuple ne comprenne point les paroles qui y sont dites. Et de fait, on voit les superstitions qui en sont sorties ; car on estime communément que la consécration, tant de l'eau du baptême que du pain et du vin en la Cène de notre Seigneur, soit comme une espèce d'enchantement ; c'est-à-dire quand on a soufflé et prononcé de bouche les paroles, que les créatures insensibles en sentent la vertu, encore que les hommes n'y entendent rien. Or, la vraie consécration est celle qui se fait par la parole de Dieu, quand elle est déclarée et reçue, comme dit saint Augustin : ce qui est expressément compris aux paroles de Jésus-Christ ; car il ne dit pas au pain qu'il soit fait son corps, mais il a adressé la parole à la compagnie des fidèles, disant : « Prenez, mangez, etc. » Si nous voulons bien célébrer le sacrement, il faut avoir la doctrine par laquelle ce qui y est signifié nous soit déclaré. Je sais bien que cela semble fort étrange à ceux qui ne l'ont pas accoutumé, comme il advient en toutes choses nouvelles. Mais c'est bien raison, si nous sommes disciples de Jésus-Christ, que nous préférions son institution à notre coutume ; et ne nous doit pas sembler nouveau ce qu'il a institué dès le commencement.

Si cela ne peut encore entrer en l'entendement d'un chacun, il nous faut prier Dieu qu'il lui plaise d'illuminer les ignorants, pour faire entendre combien il est plus sage que les hommes de la terre, afin qu'ils apprennent de ne s'arrêter plus à leur propre sens, ni à la sagesse folle et enragée de leurs conducteurs qui sont aveugles. Cependant, pour notre Église, il nous a semblé bon de faire publier comme un formulaire des prières et des sacrements, afin que chacun reconnoisse ce qu'il doit dire et faire en l'assemblée chrétienne ; combien que ce livre ne profitera pas seulement au peuple de cette Église, mais aussi à tous ceux qui désireront savoir quelle forme doivent tenir et suivre les fidèles, quand ils conviennent au nom de Jésus-Christ.

Nous avons donc recueilli en un sommaire la façon de célébrer les sacremens et sanctifier le mariage, semblablement des prières et louanges desquelles nous usons. Nous parlerons puis après des sacrements. Quant est des prières publiques, il y en a deux espèces : les unes se font par simples paroles, les autres avec chant, et ce n'est pas chose inventée depuis peu de temps ; car dès la première origine de l'Eglise, cela a été, comme il appert par les histoires ; et même saint Paul ne parle pas seulement de prier de bouche, mais aussi de chanter. Et, à la vérité, nous connoissons par expérience que le chant a grande force et vigueur d'émouvoir et enflammer le cœur des hommes, pour invoquer et louer Dieu d'un zèle plus véhément et ardent. Il y a toujours à regarder que le chant ne soit léger ni volage, mais qu'il ait poids et majesté, comme dit saint Augustin, afin qu'il y ait grande différence de la musique qu'on fait pour réjouir les hommes à table et en leurs maisons, et entre les psaumes qui se chantent en l'église, en la présence de Dieu et de ses anges. Or, quand on voudra droitement juger de la forme qui est ici exposée, nous espérons qu'on la trouvera sainte et pure, vu qu'elle est simplement réglée à l'édification dont nous avons parlé. Combien que l'usage de la chanterie s'étende plus loin, c'est que, même par les maisons et par les champs, ce nous soit une incitation et comme un organe à louer Dieu et élever nos cœurs à lui, pour nous consoler en méditant sa vertu, bonté, sagesse et justice ; ce qui est plus nécessaire qu'on ne sauroit dire. Pour le premier, ce n'est pas sans cause que le Saint-Esprit nous exhorte si soigneusement, par les saintes Ecritures, de nous réjouir en Dieu, et que toute joie soit là réduite comme à sa vraie fin ; car il connoît combien nous sommes enclins à nous réjouir en vanité. Tout ainsi donc que notre nature nous tire et induit à chercher tous moyens de réjouissance folle et vicieuse, aussi au contraire notre Seigneur, pour nous distraire et retirer des alléchements de la chair et du monde, nous présente tous moyens qu'il est possible, afin de nous occuper en cette joie spirituelle, laquelle il nous recommande tant. Or, entre les autres choses qui sont propres à récréer l'homme et à lui donner volupté, la musique est la première ou l'une des principales, et nous faut estimer que c'est un don de Dieu député à cet usage. Pourquoi d'autant plus devons-nous regarder de n'en point abuser, de peur de la souiller et contaminer, la convertissant en notre condamnation, où elle étoit dédiée à notre profit et salut. Quand il n'y auroit autre considération que cette seule, si nous doit-elle bien émouvoir à modérer l'usage de la musique, pour la faire servir à toute honnêteté, et qu'elle ne soit point occasion de nous lâcher la bride à dissolution, ou de nous efféminer en délices désordonnées, et qu'elle ne soit point instrument de paillardise ni d'aucune impudicité. Mais encore y a-t-il davantage; car à peine y a-t-il en ce monde chose qui puisse plus tourner ou fléchir çà et là les mœurs des hommes, comme Plato l'a prudemment considéré. Et de fait, nous expérimentons qu'elle a une vertu secrète et quasi incroyable pour émouvoir les cœurs en une sorte ou en l'autre; par quoi nous devons être d'autant plus diligents à la régler en telle sorte qu'elle nous soit utile et nullement pernicieuse. Pour cette cause, les docteurs anciens de l'Eglise se complaignent souventes fois, que le peuple de leur temps étoit adonné à chansons déshonnêtes et impudiques, lesquelles, non sans cause, ils estiment et appellent poison mortel et satanique pour corrompre le monde. Or, en parlant maintenant de la musique, je comprends deux parties, à savoir, la lettre ou sujet et matière, secondement le chant ou la mélodie. Il est vrai que toute parole mauvaise, comme dit saint Paul, pervertit les bonnes mœurs; mais quand la mélodie est avec, cela transperce beaucoup plus fort le cœur et va au-dedans, tellement que, comme par un entonnoir le vin est jeté dans le vaisseau, aussi le venin et la corruption est distillée jusqu'au profond du cœur par la mélodie. Qu'est-il donc question de faire? c'est d'avoir chansons non-seulement honnêtes, mais aussi saintes, lesquelles nous soient comme aiguillons pour nous inciter à prier et louer Dieu, à méditer ses œuvres, afin de l'aimer, craindre, honorer et glorifier. Or, ce que dit saint Augustin, que nul ne peut chanter choses dignes de Dieu, sinon qu'il l'ait reçu d'icelui. Par quoi, quand nous aurons bien circui partout pour chercher çà et là, nous ne trouverons meilleures chansons ni plus propres pour ce faire que les psaumes de David, lesquels le Saint-Esprit lui a dictés et faits; et pour tant, quand nous les chantons, nous sommes certains que Dieu nous met en la bouche les paroles, comme si lui-même chantoit en nous pour exalter sa gloire. Par quoi Chrysostôme exhorte tant hommes que femmes et petits enfants, de s'accoutumer à les chanter, afin que cela soit comme une méditation pour s'associer à la compagnie des anges. Au reste, il nous faut souvenir de ce que dit saint Paul, « que les chansons spirituelles ne se peuvent bien chanter que de cœur. » Or, le cœur requiert l'intelligence; et en cela, dit saint Augustin, gît la différence entre le chant des hommes et celui des oiseaux. Car une linotte, un rossignol, un papegay chanteroient bien, mais ce sera sans entendre. Or le propre don de l'homme est de chanter en sachant ce qu'il dit. Après l'intelligence doit suivre le cœur et l'affection, ce qui ne peut être que nous n'ayons le cantique imprimé en notre mémoire, pour jamais ne cesser de chanter. Pour ces raisons, ce présent livre, même à cette cause, outre le reste qui a été dit, doit être en singulière recommandation à chacun qui désire se réjouir honnêtement et selon Dieu, voir à son salut et à celui de ses prochains; et ainsi n'a point de métier d'être beaucoup recommandé de par moi, vu qu'en soi-même il porte son prix et son los. Seulement, que le monde soit si bien avisé qu'au lieu de chansons en partie vaines et frivoles, en partie sottes et lourdes, en partie sales et vilaines, et par conséquent mauvaises et nuisibles, dont il a usé par ci-devant, il s'accoutume ci-après à chanter ces divins et célestes cantiques avec le bon roi David. Touchant la mélodie, il a semblé le meilleur qu'elle fût modelée en la sorte que nous l'avons mise, pour emporter poids et majesté convenable au sujet, et même pour être propre à chanter en l'église, selon qu'il a été dit.

De Genève, ce 10 de juin 1543.

CONFESSION DE FOI

AU NOM DES ÉGLISES RÉFORMÉES DU ROYAUME DE FRANCE,

FAITE DURANT LA GUERRE,

POUR

PRÉSENTER A L'EMPEREUR, AUX PRINCES ET ÉTATS D'ALLEMAGNE

EN LA JOURNÉE DE FRANCFORT,

LAQUELLE DEPUIS N'A PU VENIR JUSQUE LA, D'AUTANT QUE

LES PASSAGES ÉTOIENT CLOS ;

MAINTENANT PUBLIÉE POUR L'UTILITÉ QUI EN POURRA REVENIR,

ET MÊME POUR CE QUE LA NÉCESSITÉ LE REQUIERT.

AUX LECTEURS.

Pource que durant les troubles de guerre qui sont advenus en France, au grand regret des bons seigneurs, qui ont même été contraints de prendre les armes, il s'est semé beaucoup de faux blâmes contre eux, pour rendre la vérité de Dieu odieuse en leurs personnes ; ils furent lors contraints de publier quelques déclarations pour maintenir leur intégrité. Maintenant qu'il a plu à Dieu regarder la France en pitié et lui donner la paix, et que le fait de ceux qu'on avoit diffamés a été approuvé de Sa Majesté et de son conseil, tellement qu'il n'est besoin en faire nulle excuse, on peut bien souffrir que le mal, qui n'a que par trop duré, demeure enseveli ; et malheur à ceux qui voudroient en rien troubler la tranquillité publique. Toutefois, pource que plusieurs ignorants, par être mal informés de la doctrine contre laquelle on a combattu, sont toujours obstinés à l'avoir en horreur et détestation, il a semblé plus qu'utile de mettre en avant cette Confession de foi, laquelle avoit été envoyée à l'occasion que dessus, pour présenter à l'empereur et états de l'empire tenus en la journée de Francfort ; mais, d'autant que tous les passages étoient clos, elle n'a pu venir jusque-là. Vrai est qu'il sembleroit que le temps fût passé ; mais quand tout sera bien regardé, elle est encore aujourd'hui de saison autant que jamais, comme le fruit le montrera, par la grâce de Dieu. Et quoi qu'il en soit, c'étoit dommage qu'un tel bien demeurât comme aboli, vu qu'il peut servir en beaucoup de sortes.

CONFESSION DE FOI.

Sire, nous ne doutons point que depuis ces troubles qui ont été émus au royaume de France, à notre grand regret, aucuns n'ayent tâché par tous moyens de rendre notre cause odieuse à Votre Majesté; et que vous aussi, très-illustres princes, n'ayez ouï beaucoup de rapports sinistres pour vous animer contre nous. Mais nous avons toujours espéré, et espérons plus que jamais, qu'ayant trouvé audience à faire nos excuses, elles seront reçues quand vous aurez simplement connu la vérité du fait.

Or est-il ainsi, que nous avons déjà par ci-devant publié beaucoup de déclarations par lesquelles toute la chrétienté doit être assez avertie de notre innocence et intégrité, et que tant s'en faut que nous ayons prétendu d'émouvoir quelque sédition contre le roi notre seul souverain, prince et seigneur après Dieu, qu'au contraire nous exposons nos vies et nos biens en cette guerre, pour maintenir la supériorité qui lui est due et l'autorité de ses édits. Comme de fait, Sa Majesté n'a point de plus loyaux, ni obéissants et paisibles sujets que nous lui sommes et voulons être jusques à la fin. Par quoi, sans s'arrêter à ces choses, qui ont été assez amplement déduites par ci-devant, il nous suffira de montrer à présent quelle est la religion pour l'exercice de laquelle avoué par les édits du roi notre souverain seigneur, nous avons été contraints de nous défendre avec les armes; car nous entendons que les malveillants, qui n'ont autre matière de médire de nous, blâment faussement et à tort vers votre sacrée Majesté, Sire, et vers vos excellences, très-illustres princes, la religion que nous suivons, et vous font accroire plusieurs choses pour vous en dégoûter; en sorte que, si nous n'étions reçus en nos défenses, notre cause seroit du tout opprimée par telles calomnies.

Vrai est que la confession de foi des églises de France, à laquelle nous adhérons, pouvoit aucunement remédier à ce mal ; car, puisqu'elle a été deux fois solennellement présentée au roi notre souverain seigneur, on peut là voir clairement quel est le sommaire de notre foi. Et sans cela, nous n'eussions pas tant attendu à nous purger des fausses détractions qui nous sont mises sus ; non pas que jamais la bouche des médisants puisse être close, mais d'autant que notre devoir est de mettre peine et toute diligence à ce que notre intégrité soit connue, pour n'être point en scandale ; ains, par plus forte raison, que la pure simplicité de notre foi soit connue, afin que les malins n'aient la bouche ouverte pour blasphémer contre la vérité de l'Évangile. Par quoi nous avons avisé, Sire, d'adresser ce bref sommaire à Votre Majesté, et à vos excellences, très-illustres princes, afin que la foi que nous tenons soit testifiée par la signature de nos propres mains ; et comme nous désirons d'être en bonne réputation vers votre Majesté, Sire, pour la révérence que nous lui portons, et aussi envers vous, très-illustres princes, nous supplions humblement et prions que cette confession ait accès pour être ouïe et entendue bénignement.

En premier lieu, nous protestons qu'en tous les articles qui ont été décidés par les conciles anciens, touchant l'essence infinie spirituelle de Dieu, et la distinction des trois personnes, et l'union des deux natures en notre Seigneur Jésus-Christ, nous recevons et accordons ce qui en a été là résolu, comme étant tiré de l'Écriture sainte, sur laquelle seule notre foi doit être fondée, comme il n'y a nul autre témoin propre et idoine pour nous résoudre quelle est la majesté de Dieu, que lui-même.

Mais comme nous tenons le vieil et le nouveau Testament pour la seule règle de notre foi, aussi nous acceptons tout ce qui y est conforme, comme de croire qu'il y a trois personnes distinctes en la seule essence de Dieu, et que notre Seigneur Jésus, étant vrai Dieu et vrai homme, a tellement uni les deux natures en soi, qu'elles ne sont point confuses. Sur quoi nous détestons toutes les hérésies qui ont été jadis condamnées, tant des Ariens, Sabelliens, Eunomiens, et leurs semblables, que des Nestoriens et Eutychiens. Et jà Dieu ne plaise que nous soyons entachés de ces rêveries, lesquelles ont troublé l'Église catholique du temps qu'elle étoit en sa pureté.

Par quoi tous les différends que nous avons sont sur quoi doit être appuyée la fiance de notre salut, comment nous devons invoquer Dieu, et quelle est la façon de le bien et dûment servir. Il y a puis après les dépendances, à savoir, quel est le vrai état de l'Église, l'office des prélats et pasteurs, la nature, vertu et usage des sacrements.

Pour bien connoître en quoi consiste le vrai salut des hommes, il faut savoir quel est leur état et condition. Or, nous tenons ce que l'Écriture enseigne, que tout le genre humain a tellement été corrompu par la chute d'Adam, que de nature nous sommes tous damnés et perdus, non pas seulement par la coulpe d'autrui, mais pource que, dès le ventre de la mère, nous sommes pécheurs, et que Dieu nous peut justement condamner; encore qu'il n'y ait point d'acte apparent par lequel nous ayons desservi condamnation.

Davantage, nous tenons que le péché originel est une corruption répandue par nos sens et affections, en sorte que la droite intelligence et raison est pervertie en nous, et sommes comme pauvres aveugles en ténèbres, et la volonté est sujette à toutes mauvaises cupidités, pleine de rébellion et adonnée à mal; bref, que nous sommes pauvres captifs détenus sous la tyrannie de péché : non pas qu'en malfaisant nous ne soyons poussés par notre volonté propre, tellement que nous ne saurions rejeter ailleurs la faute de tous nos vices; mais pource qu'étant issus de la race maudite d'Adam, nous n'avons pas une seule goutte de vertu à bien faire, et toutes nos facultés sont vicieuses.

De là nous concluons que la source et origine de notre salut est la pure miséricorde de Dieu, car il ne se trouvera en nous aucune dignité dont il soit induit à nous aimer. Nous aussi étant mauvais arbres ne pouvons porter aucun bon fruit; et par ce moyen ne pouvons prévenir Dieu pour acquérir ou mériter grâce envers lui; mais il nous regarde en pitié pour nous faire merci, et n'a autre occasion d'exercer sa miséricorde en nous, que nos misères. Même nous tenons que cette bonté, laquelle il déploie envers nous, procède de ce qu'il nous a élus devant la création du monde, ne cherchant point la cause de ce faire hors soi-même et son bon plaisir. Et voilà notre premier fondement que nous sommes agréables à Dieu, d'autant qu'il lui a plu nous adopter pour ses enfants devant que nous fussions nés; et par ce moyen, il nous a retirés, par privilége singulier, de la malédiction générale en laquelle tous hommes sont plongés.

Mais pource que le conseil de Dieu est incompréhensible, nous confessons que, pour obtenir salut, il nous faut venir au moyen que Dieu a ordonné; car nous ne sommes point du nombre des fantastiques qui, sous ombre de la prédestination éternelle de Dieu, ne tiennent compte de parvenir par le droit chemin à la vie qui nous est promise; mais plutôt nous tenons que, pour être avoués enfants de Dieu et en avoir droite certitude, il nous faut croire en Jésus-Christ, d'autant que c'est en lui seul qu'il nous faut chercher toute la matière de notre salut.

Et premièrement, nous croyons que sa mort a été le sacrifice unique et perpétuel pour nous réconcilier à Dieu, qu'en icelle nous avons pleine satisfaction de toutes nos offenses, par son sang nous sommes lavés de toutes nos ordures, et par ce moyen, nous appuyons toute notre fiance sur la rémission de nos péchés qu'il nous a acquise, et non pas seulement pour une fois, mais pour tout le temps de notre vie, pour laquelle raison aussi il est appelé notre justice. Et tant s'en faut que nous présumions de nos mérites, que nous confessons en toute humilité que si Dieu regarde ce qui est en nous, il ne trouvera qu'à nous condamner. Ainsi nous n'avons autre refuge, pour être assurés de sa grâce, que sa pure miséricorde, en tant qu'il nous reçoit au nom de son Fils bien-aimé.

Mais d'autant que nos péchés ne nous sont point pardonnés pour nous donner licence de malfaire, mais plutôt, comme il est dit au psaume, « Dieu nous est propice afin que nous soyons induits à le craindre et révérer »; nous tenons aussi que la grâce qui nous est apparue en Jésus-Christ se doit rapporter à la fin que dit saint Paul, c'est que, « renonçant à toute impiété et désir de ce monde, nous cheminions en sainteté de vie, aspirant à l'espérance du royaume des cieux, » Par quoi le sang de Jésus-Christ n'est point notre lavement afin de nous faire croupir en nos souillures, mais plutôt pour nous attirer à vraie pureté. En somme, étant enfants de Dieu, il faut que nous soyons régénérés par son Esprit. Et voilà pourquoi il est dit que notre Seigneur Jésus est venu pour détruire le royaume du diable, qui est le royaume d'iniquité, d'autant qu'il ne nous est pas seulement donné pour médiateur afin de nous faire obtenir pardon de nos péchés, mais aussi pour nous sanctifier ; qui vaut autant à dire comme nous dédier au service de Dieu, nous retirant des pollutions de ce monde. Ainsi nous ne pouvons être chrétiens que nous ne soyons nouvelles créatures formées à bonnes œuvres, lesquelles Dieu a préparées afin que nous cheminions en icelles; voire pource que de nous-mêmes nous n'y serions pas disposés, mais que le vouloir et exécution nous sont donnés de Dieu, et toute notre suffisance est de lui; et pour cette cause notre Seigneur Jésus a reçu toute plénitude de grâces, afin que nous puisions de lui. Ainsi nous ne présumons de notre franc arbitre, ni de toute notre vertu et faculté, mais plutôt confessons que nos bonnes œuvres ne sont que purs dons de Dieu.

Or, nous entendons que nous sommes faits participants de tous ces biens par le moyen de la foi; car c'est celle qui nous fait communiquer à Jésus-Christ, afin qu'il habite en nous, que nous soyons entés en lui comme notre racine, que nous soyons membres de son corps, que nous vivions en lui et lui en nous, et que nous le possédions avec tous ses biens. Et afin qu'il ne soit trouvé étrange que nous attribuons telle vertu à la foi, nous ne la prenons pas pour une opinion volage, mais pour une certitude que nous avons des promesses de Dieu, auxquelles tous ces biens sont contenus, afin d'embrasser notre Seigneur Jésus comme le gage de tout notre salut, et appliquer à notre usage ce qu'il a reçu de Dieu son père pour nous départir ; et même nous connoissons que nous ne la pouvons avoir si elle ne nous est donnée d'en haut, et, comme l'Écriture le témoigne, quand nous sommes illuminés par le Saint-Esprit pour comprendre ce qui est par-dessus tout sens humain, et qu'il scelle en nos cœurs ce qu'il nous faut croire.

Or, combien qu'étant appelés à faire bonnes œuvres, nous produisions les fruits de notre vocation, comme il est dit que nous sommes rachetés à fin de servir Dieu en sainteté et justice ; toutefois, nous sommes toujours enveloppés de beaucoup d'infirmités cependant que nous vivons en ce monde. Qui plus est, toutes nos pensées et affections sont tellement entachées de vices, qu'il ne sauroit procéder de nous quelque œuvre digne d'être acceptée de Dieu. Ainsi, tant s'en faut qu'en nous efforçant à bien faire nous puissions rien mériter, que nous serons toujours redevables ; car Dieu trouvera à bon droit à redire en tout ce que nous ferons, et il ne promet loyer, sinon à ceux qui ont accompli sa loi, dont nous sommes bien loin. Voyez donc comment nous connoissons que tous mérites sont abattus, c'est que non-seulement nous défaillons en l'accomplissement parfait de la loi, mais aussi qu'en chacun acte il y a quelque mauvaise tache et vicieuse. Nous savons bien qu'on a enseigné communément de réparer les fautes qu'on aura commises par satisfaction, mais pource que l'Écriture nous enseigne que notre Seigneur Jésus-Christ a satisfait pour nous, nous ne pouvons pas nous reposer ailleurs qu'au sacrifice de sa mort, par lequel l'ire de Dieu est apaisée, laquelle mille créatures ne sauroient soutenir. Et c'est pourquoi nous tenons que nous sommes justifiés par la seule foi, d'autant qu'il nous faut emprunter d'ailleurs, à savoir, de notre Seigneur Jésus-Christ, la justice qui nous défaut, et non pas en partie, mais du tout.

C'est ce qui nous donne la hardiesse d'invoquer Dieu ; car sans cela nous n'y aurions nul accès, selon que l'Écriture enseigne, que nous ne serions jamais exaucés en inquiétude ou en trouble. Et pourtant nous tenons que c'est notre souverain bien et repos, que d'être assurés de la rémission des péchés par la foi que nous avons en Jésus-Christ, vu que c'est la clef qui nous ouvre la porte pour venir à Dieu. Or, il est dit que quiconque invoquera le nom de Dieu sera sauvé. Cependant, selon que l'Écriture nous enseigne, nous adressons nos prières à Dieu, au nom de notre Seigneur Jésus-Christ, lequel s'est fait notre avocat, pource que sans lui nous ne serions pas dignes d'avoir accès. Et ce que nous ne prions pas les saints et saintes à la façon commune ne nous doit pas être imputé à vice ; car, puisqu'en tous nos actes il nous est recommandé d'avoir notre conscience ré-

solue, nous ne saurions garder trop grande sobriété en oraison.
Nous suivons aussi la règle qui nous est donnée, que sans l'avoir connu, et que sa parole nous ait été prêchée pour avoir
témoignage de sa volonté, nous ne le pouvons invoquer. Or,
toute l'Écriture nous renvoie à lui seul pour le prier. Qui plus
est, il estime nos oraisons, le principal et souverain sacrifice par
lequel nous faisons hommage à sa majesté, selon qu'il le proteste au psaume 50. Et ainsi, d'adresser nos prières aux créatures, et vaguer çà et là, il ne nous est pas licite, de peur que
nous ne soyons coupables de sacrilége. De chercher autres patrons ou avocats que notre Seigneur Jésus-Christ, nous n'estimons pas qu'il soit en notre choix ou liberté. Vrai est que nous
devons prier les uns pour les autres pendant que nous conversons ici-bas ; mais de recourir aux trépassés, puisque l'Écriture
ne le montre point, nous ne le voulons attenter, de peur d'être
coupables de présomption. Même les abus si énormes qui ont eu
la vogue et ont encore, nous avertissent de nous contenir en telle
simplicité, comme en des bornes que Dieu a mises pour réprimer toutes curiosités et audace ; car il s'est forgé beaucoup de
prières pleines de blasphèmes horribles, comme de requérir à la
vierge Marie qu'elle commande à son Fils et exerce empire pardessus lui ; de la nommer le port de salut, vie et espérance de
ceux qui se confient en elle.

Ce que nous ne prions point pour les trépassés, non-seulement ne dépend point de cette raison, mais aussi pource que cela
tire plus longue queue, c'est qu'on a présupposé qu'il y a un purgatoire où les âmes sont punies pour les fautes qu'elles ont commises. Or, par ce moyen la rédemption faite par Jésus-Christ ne
seroit point plénière, et seroit autant dérogué à la mort qu'il a
soufferte, comme s'il ne nous avoit acquittés qu'à demi ; ce qui ne
se peut dire sans blasphème. Ainsi, croyant que le pauvre
monde a été abusé en cet endroit, nous ne voulons rien imaginer contre les principes de notre foi chrétienne, et même il nous
suffit de nous tenir à la pure doctrine de l'Écriture sainte, laquelle ne fait nulle mention de tout cela. Quoi qu'il en soit, nous
tenons que c'est une superstition controuvée en la fantaisie des
hommes ; et outre ce qu'il ne nous est pas permis de prier Dieu

à l'aventure, nous ne voulons pas être si outrecuidés d'usurper l'office de notre Seigneur Jésus-Christ, qui nous a pleinement acquittés de toutes nos offenses.

Le second point principal auquel nous sommes différents d'avec la coutume et opinion reçue par le monde, c'est de la façon de servir Dieu. Or, de notre côté, suivant ce qu'il prononce, qu'obéissance vaut mieux que tous sacrifices, et que partout il enjoint d'écouter ce qu'il commande, si on lui veut rendre un service bien réglé et qu'il approuve, nous tenons que ce n'est point à nous d'inventer ce que bon nous semble, ou de suivre ce qui aura crû au cerveau des hommes, mais de nous tenir simplement à la pureté de l'Écriture. Par quoi nous croyons que tout ce qui n'en est point tiré, mais a été commandé par l'autorité des hommes, ne doit point être tenu pour service de Dieu. Et en ceci, nous avons deux articles comme pour maximes : l'un est que les hommes ne peuvent obliger la conscience sur peine de péché mortel; car ce n'est pas en vain que Dieu veut être tenu pour seul législateur, disant que c'est à lui de condamner et absoudre; comme aussi il ne réitère point en vain tant de fois qu'on n'ajoute point à ses ordonnances, ce qui ne se peut faire, à la vérité, sans le taxer de n'avoir point connu tout ce qui étoit utile, mais avoir oublié ceci ou cela par inadvertance. Le second est que, quand nous cuidons servir Dieu à notre dévotion, il réprouve tout cela comme un mélange de corruption. Et voilà pourquoi il crie par son prophète Isaïe, qu'on a perverti toute vraie religion en gardant les commandements des hommes; et notre Seigneur Jésus conferme le même, que c'est en vain qu'on veut honorer Dieu par traditions humaines. C'est donc bien raison que la supéricrité spirituelle sur nos âmes lui demeure inviolable, et c'est pour le moins que sa volonté soit une bride pour dominer sur toutes nos dévotions.

Nous avons en cet endroit des avertissements si notables par l'expérience commune, que nous sommes tant plus confermés à ne point passer les bornes de l'Écriture. Car, depuis qu'on a commencé à faire des lois pour régler le service de Dieu et assujettir les consciences, il n'y a eu ni fin ni mesure; et, d'autre part, Dieu a puni une telle témérité, aveuglant les hommes de telles rêveries, que c'est une horreur. Quand on regardera de près quelles sont les traditions humaines, on y trouvera un abîme, car le nombre en est infini. Cependant il y a des abus si lourds et si énormes, que c'est merveille qu'on ait été si stupides, sinon d'autant que Dieu a exercé la vengeance qu'il prononce contre son peuple par le prophète Isaïe, d'aveugler et abrutir les sages qui le veulent honorer en observant les commandements humains. Depuis qu'on s'est détourné de la pure et sainte obéissance de Dieu, ou a cuidé que la bonne intention suffisoit pour approuver tout, qui a été pour ouvrir la porte à toutes superstitions. Ç'a été l'origine d'adorer les images, d'acheter des messes, remplir les temples de beaucoup de pompes et parades, courir en pèlerinage faire des vœux chacun à sa poste. Mais c'est un abîme si profond, que ce nous est bien assez d'en avoir touché quelques exemples. Tant y a que, s'il étoit permis d'honorer Dieu par inventions humaines, qu'il n'y auroit ni fermeté ni certitude, ni fond ni rive en la religion, mais que tout iroit pêle-mêle, et la chrétienté ne différeroit en rien d'avec les idolâtries des païens. Il y a aussi l'autre mal que nous avons allégué, à savoir, la tyrannie par laquelle les pauvres âmes sont opprimées, comme quand il est commandé de confesser une fois l'an ses péchés à un prêtre. C'est pour mettre tout le monde en désespoir; car, si un homme ne peut venir à compte de ses fautes depuis le soir jusques au matin, qui est-ce qui les pourra toutes ramasser jusques au bout de l'an? Et toutefois le décret prononce qu'on ne peut autrement obtenir pardon. Cela est fermer la porte de paradis à tout le monde. Mais encore, quand l'observation des lois humaines ne seroit point impossible, il y a toujours sacrilége d'usurper sur la juridiction de Dieu, comme de dire que les péchés ne seront jamais pardonnés, si on ne les confesse en l'oreille d'un prêtre. Or, c'est apposer une condition à la promesse de Dieu, comme pour la rendre fausse ou vaine. Autant en est-il de la défense de manger chair en certains jours, sur peine de péché mortel. Nous confessons bien que jeûne et abstinence est vertu louable; mais telle défense est pour retrancher une partie de l'autorité de Dieu. La défense de mariage, tant aux prêtres qu'aux moines et nonnains, comprend en soi les deux vices; car il n'appartenoit point aux créatures mortelles de prohiber ce que Dieu a permis. Puis, de contraindre ceux qui n'ont point le don de continence à s'abstenir du remède, c'est comme les fourrer en abîme. Et de fait, on voit les fruits qui en sont advenus, et n'est jà besoin de dire ce que nous avons honte de penser.

Cependant nous n'entendons point d'anéantir l'autorité de l'Église, ni des prélats et pasteurs auxquels la superintendance est donnée pour la gouverner. Nous confessons donc que les évêques et pasteurs doivent être ouïs en révérence en tant qu'ils font leur office d'annoncer la parole de Dieu; et outre cela, que toutes Églises et chacune pour soi ont puissance de faire lois et statuts pour la police commune; comme il faut que tout se conduise par ordre et avec honnêteté, et qu'on doit obéir à tels statuts, moyennant qu'ils n'astreignent point les consciences, et qu'on n'y établisse point de superstitions; et tenons pour fantastiques et mutins ceux qui ne s'y voudroient point conformer. Mais nous ne dissimulons point qu'il faut discerner les vrais pasteurs et légitimes d'avec ceux qui n'ent ont qu'un titre frivole. Car de fait, l'abus est par trop notoire, que ceux qui se nomment prélats et veulent être reconnus pour tels, ne font aucun semblant de s'acquitter de leur devoir. Mais le pis est de ce que, sous ombre de leur état et dignité, ils mènent les pauvres âmes à perdition, les détournant de la vérité de Dieu à leurs mensonges. Et ainsi, encore qu'au reste ils fussent à tolérer quand ils nous veulent abreuver de fausses doctrines et erreurs, nous avons à pratiquer la réponse de saint Pierre, « qu'il vaut mieux obéir à Dieu qu'aux hommes. »

Au reste, nous tenons que le primat que le pape s'attribue est une usurpation par trop énorme; car encore qu'on accorde qu'il est expédient d'avoir quelque chef en l'Eglise (ce qui toutefois est pleinement répugnant à la parole de Dieu), tant y a que c'est une absurdité trop lourde que celui qui doit être chef sur les évêques ne soit point évêque lui-même. Et quand on épluchera tout ce qu'ils disent de leur hiérarchie, on trouvera qu'il n'y a nulle conformité à ce que notre Seigneur Jésus et ses apôtres nous ont laissé; plutôt, que c'est une corruption pour renverser le droit régime de l'Église. Nous ne touchons point à toutes les dissolutions et scandales, qui ne sont que par trop notoires ; mais nous disons que tous chrétiens, pour n'être point rebelles à Dieu, doivent rejeter ce qu'ils connoissent être contraire à la pureté de son service. Car quand il est question de la jurisprudence spirituelle, laquelle Dieu se réserve, il n'y a nulle supériorité humaine qui ne doive être abattue. Les lois des princes terriens, quelque grièves et dures qu'elles soient, même qu'on les sentît iniques, ont néanmoins leur vigueur, tellement qu'il n'est point licite de les mépriser ; car les biens et les corps de ce monde ne sont point si précieux, que l'autorité que Dieu a donnée à tous les rois, princes et supérieurs ne doive être préférée. Mais il y a bien diverse raison d'assujettir nos âmes à toutes lois tyranniques ou étranges et bâtardes, qui sont pour nous détourner de la subjection de Dieu. Cependant nous confessons que ce n'est pas aux personnes privées de corriger de tels abus pour les ôter du tout, mais qu'il suffit que tous les chrétiens s'en exemptent, se conservant impollus et entiers au service de Dieu.

Quant à tous pasteurs qui s'acquittent fidèlement en leur office, nous tenons qu'ils doivent être reçus comme représentant la personne de celui qui les a ordonnés, et que tous chrétiens se doivent ranger à l'ordre commun des fidèles pour ouïr la doctrine de salut, faire confession de leur foi, se tenir en l'union de l'Église, recevoir paisiblement censures et corrections, et tenir la main à empêcher qu'il ne se lève nulle secte ni tumulte. Ainsi nous réputons pour schismatiques tous ceux qui émeuvent trouble et confusion tendant à fin de dissiper l'Eglise, laquelle ne se peut garder en son état qu'étant gouvernée par ses pasteurs, puisqu'il l'a plu à Dieu ainsi, et qu'il commande à tous, depuis le plus grand jusqu'au plus petit, de se conformer à telle humilité ; en sorte que tous ceux qui se séparent et retranchent de leur bon gré de la compagnie des fidèles, se bannissent aussi du royaume des cieux. Mais aussi, que ceux qui veulent être écoutés au nom de Jésus-Christ, avisent de bien porter la doctrine qui leur est commise.

Il reste à déclarer quelle est notre foi touchant les sacrements ; c'est que nous les tenons tant pour témoignages de la grâce de Dieu afin de la ratifier en nous, que pour signes extérieurs par lesquels nous protestons de notre chrétienté devant les hommes. Vrai est que la parole de Dieu nous devroit bien suffire pour nous assurer de notre salut; mais puisque Dieu a voulu, à cause de notre rudesse et fragilité, ajouter telles aides, c'est bien raison que nous les acceptions pour les appliquer à notre profit. Ainsi les sacrements sont comme signature pour sceller la grâce de Dieu en nos cœurs et la rendre plus authentique; pour laquelle raison ils peuvent être nommés doctrine visible. Or, nous croyons que tout ce qui est là figuré et démontré s'accomplit en nous. Car ce ne sont point figures vaines ou frustratoires, puisque Dieu, qui est là vérité infaillible, les nous donne pour confirmation de notre foi. Davantage, nous croyons, quelque indignité qu'il y ait au ministre, que le sacrement ne laisse point d'être bon et valable; car la vérité de Dieu ne change et ne varie point par la malice des hommes, comme ce n'est point à eux de donner vertu ou effet à ce que Dieu a institué. Ainsi nous croyons que les sacrements, combien qu'ils soient administrés par gens méchants ou indignes, retiennent toujours leur nature, pour apporter et communiquer vraiment à ceux qui les reçoivent ce qui est là signifié. Toutefois nous disons qu'ils ne sont utiles sinon là où Dieu les fait valoir, et y déploie la vertu de son Esprit comme par ses organes. Ainsi il faut que l'Esprit de Dieu y besogne pour nous en faire sentir l'efficace à notre salut. Nous confessons aussi que l'usage en est nécessaire, et que tous ceux qui n'en tiennent compte se déclarent contempteurs de la grâce de Dieu et sont aveuglés d'un orgueil diabolique, ne connaissant point leur infirmité, laquelle Dieu a voulu supporter par un tel moyen et remède. Davantage, puisque Dieu a mis les sacrements comme un dépôt en son Église, nous croyons que chacun n'en doit pas user à part, mais que l'usage en doit être commun en l'assemblée des fidèles, et qu'ils doivent être administrés par les pasteurs auxquels la charge et dispensation en est commise.

De ceci nous recueillons qu'il n'appartient qu'à Dieu seul d'ordonner les sacrements, vu qu'il n'y a que lui seul qui puisse être témoin de sa volonté, sceller ses promesses et représenter ses dons spirituels, et faire que les éléments terrestres nous soient comme arrhes de notre salut. Et ainsi les cérémonies qui ont été introduites par les hommes ne peuvent et ne doivent être tenues pour sacrements ; et de leur attribuer ce titre et qualité, ce n'est que fallace. Par quoi nous confessons que le nombre des sept sacrements, qui est communément approuvé, n'est point reçu de nous, vu qu'il n'a aucune approbation de la parole de Dieu. Cependant, combien que nous n'avouons pas le mariage être sacrement, ce n'est pas pour le mépriser ; comme aussi nous n'entendons pas d'amoindrir la dignité des sacrements temporels qui ont servi du temps des miracles, combien que nous disons que l'usage n'en dure plus, comme l'onction des malades. Quoi qu'il en soit, c'est bien raison que les mystères qui sont procédés de Dieu soient discernés de ce qui a été introduit par les hommes.

Pour ce qu'il y a deux sacrements ordinaires pour l'usage commun de toute l'Eglise, à savoir, le baptême et la sainte cène, nous ferons brève confession de notre foi quant à l'un et à l'autre. Nous tenons donc que le baptême nous étant comme lavement spirituel et signe de notre régénération, nous sert de témoignage que Dieu nous introduit en son Eglise pour nous tenir comme ses enfants et héritiers, et ainsi que nous le devons appliquer tout le temps de notre vie, pour nous confermer aux promesses qui nous sont données tant de la rémission de nos péchés que de la conduite et assistance du Saint-Esprit ; et pour ce que ces deux grâces qui nous y sont signifiées nous sont données en Jésus-Christ et ne se peuvent trouver ailleurs, nous croyons que pour jouir du fruit de notre baptême, il nous le faut là rapporter comme à sa droite fin, c'est que nous sommes lavés par l'effusion du sang de Jésus-Christ, et en vertu de sa mort et résurrection nous mourons à nous-mêmes et ressuscitons en nouveauté de vie ; et comme Jésus-Christ en est la substance, l'Ecriture dit que nous sommes proprement baptisés en son nom. Davantage, nous croyons, puisque le baptême est comme un trésor que Dieu a mis en son Eglise, que tous les membres d'icelle y doivent participer. Or, nous ne doutons point que les petits enfants nés des chrétiens ne soient de ce nombre, puisque Dieu les y a adoptés ainsi qu'il le déclare, tellement que ce seroit les frauder de leur droit si on les excluoit du signe qui n'est que pour ratifier le contenu de la promesse ; joint aussi que les petits enfants ne doivent non plus être privés aujourd'hui du sacrement de leur salut, que les enfants des Juifs l'ont été anciennement, vu que la déclaration en doit être plus ample et liquide que sous la loi. Pourquoi nous réprouvons tous fantastiques qui ne veulent pas que les petits enfants soient baptisés.

Pour bien déclarer ce que nous croyons de la Cène, nous sommes contraints de remontrer quelle diversité il y a d'icelle avec la messe; car nous ne pouvons pas dissimuler qu'il n'y a rien de commun entre les deux, ou conforme, ni même qui en approche. Nous n'ignorons point que cette confession est odieuse à beaucoup de gens, selon que la messe est en grande révérence et estime. Et de fait, nous n'y avons pas eu moindre dévotion, jusques à ce que les abus nous en ont été remontrés. Mais nous espérons, quand nos raisons auront été patiemment ouïes et entendues, qu'on ne trouvera rien étrange en ce que nous en tenons. Il est vrai que le mot de sacrifice a été attribué à la Cène déjà de longtemps; mais il s'en faut beaucoup que les anciens docteurs l'aient pris comme on a fait depuis, à savoir, que ce soit une oblation méritoire pour obtenir pardon et grâce, tant aux vivants qu'aux trépassés. Or, combien qu'il y ait aujourd'hui des moyenneurs qui, pour colorer l'erreur général qui a régné dans le monde, font semblant de recevoir la doctrine des anciens docteurs; toutefois, l'usage et la pratique démontrent que ce sont choses toutes contraires, ou pour le moins éloignées comme le ciel et la terre. Il est assez notoire qu'en l'Église ancienne il n'y a eu nulles messes privées, nulles fondations, mais qu'on usoit du sacrement pour y communiquer. Or, aujourd'hui on achète les messes, comme satisfactions pour s'acquitter envers Dieu, et chacun en a à part à sa volonté. Telle marchandise ne peut avoir couverture de l'usage ancien de l'Église. Il y a encore une autre profanation, c'est qu'au lieu que la sainte Cène ne doit porter que le nom de Jésus-Christ, on forge des messes à plaisir de saint Christophe, sainte Barbe, et de toute la kyrielle, comme on dit, lesquelles façons n'accordent non plus avec la nature du sacrement comme le feu avec l'eau.

Au reste, combien que nous honorons l'ancienneté, et ne rejetons pas volontiers ce qui a été approuvé des saints Pères, toutefois c'est bien raison, ce nous semble, que l'institution de notre Jésus-Christ soit préférée à tout ce que les hommes ont mis en avant. Et même, il faut que toute autorité humaine cesse, quand il est question d'obéir à celui auquel seul toute maîtrise a été donnée. Notre Seigneur Jésus-Christ est auteur de la Cène, et non autre. Ce qu'il en a donc ordonné doit être tenu pour règle inviolable, pour l'observer sans contredit. Or, il a distribué le pain et le vin en disant : « Prenez, mangez, buvez ; voici mon corps et mon sang. » Ainsi, d'offrir au lieu de recevoir, c'est contrevenir à l'ordonnance du Fils de Dieu. Quelques excuses qu'on prétende, en introduisant une espèce de sacrifice, on a transfiguré le sacrement et converti en une forme toute diverse. Voilà pourquoi nous ne pouvons recevoir qu'on use d'aucune façon de sacrifier au lieu de la Cène ; car il ne nous est pas licite de nous détourner de ce que notre Seigneur Jésus-Christ nous a commandé, vu que le Père céleste a publié son arrêt, « Qu'on l'écoute. » Et de fait, saint Paul voulant réformer quelque abus qui étoit déjà survenu en l'Église de Corinthe, ramène là les fidèles, d'observer ce qu'ils ont reçu de notre Seigneur Jésus-Christ ; dont on voit qu'il n'y a nulle fermeté en tout le reste.

Nous tenons donc, puisque l'Écriture enseigne que notre Seigneur Jésus, par un seul sacrifice, nous a acquis rédemption perpétuelle, et que ce n'a été que pour un coup qu'il a offert son corps pour le prix et satisfaction de nos péchés, qu'il n'est point licite de réitérer tel sacrifice ; et puisque le Père, en l'ordonnant seul et perpétuel sacrificateur selon l'ordre de Melchisédech, a confermé cela par serment solennel. Nous tenons aussi que c'est un blasphème dérogeant à sa dignité, qu'autres présument de l'offrir. Davantage, nous croyons que c'est un abus et corruption insupportable, d'avoir des messes auxquelles on ne communique point, vu que la Cène n'est autre chose qu'un sacrement par lequel tous chrétiens participent ensemble au corps et au sang de Jésus-Christ. Nous réprouvons aussi l'autre abus, qui est commun par tout le monde, que le peuple ne communique qu'à la moitié de la Cène, et qu'il n'y ait qu'un seul prêtre qui reçoive le sacrement entier. Car notamment il dit : « Buvez tous de ce calice » ; et ce que Dieu a conjoint, il n'est pas licite à l'homme de le séparer. Même l'usage de l'Église ancienne a été conforme à l'institution de notre Seigneur Jésus-Christ, et cette séparation d'ôter le calice au peuple a été nouvellement controuvée. Nous ne pouvons aussi consentir à un autre abus, qui est de célébrer le mystère en langage inconnu; car notre Seigneur Jésus a voulu être entendu de ses disciples en disant : « Prenez, mangez. Voici mon corps, etc. », et ces paroles s'adressent à l'Église. Par quoi c'est une moquerie du sacrement quand le prêtre murmure sur le pain et sur le calice, et qu'il n'y a nulle intelligence de ce qui s'y fait.

Quant à la Cène de notre Seigneur, nous avons à dire en premier lieu à quelle fin elle nous a été instituée; car par là il apperra quel en est l'usage, et quel fruit nous en revient. Le but donc auquel elle doit être rapportée, est de continuer en nous la grâce que nous avons reçue au baptême. Car, comme par le baptême Dieu nous régénère pour être ses enfants, et par telle naissance spirituelle, nous introduit en son Église pour nous tenir comme ses domestiques ; aussi en la Cène il nous déclare qu'il ne nous veut point laisser dépourvus, mais plutôt nous entretenir en la vie céleste, jusques à ce que nous soyons parvenus à la perfection d'icelle. Or, d'autant qu'il n'y a point autre nourriture de nos âmes que Jésus-Christ, c'est en lui seul qu'il nous faut chercher la vie. Mais à cause de notre infirmité et rudesse, la Cène nous est un signe visible et extérieur, pour nous testifier qu'en participant au corps et au sang de Jésus-Christ, nous vivons spirituellement en lui. Car, comme il ne se présente pas vide à nous, aussi nous le recevons avec tous ses biens et dons, tellement qu'en le possédant, nous avons en lui tout ce qui appartient à notre salut.

Or, en disant que la Cène nous est un signe, nous n'entendons point que ce soit une simple figure ou remembrance, mais confessons que vraiment ce qui nous est là signifié y est quand et quand accompli par effet. Car puisque Dieu est la vérité infaillible, il est certain qu'il ne nous veut point amuser à quelque vaine apparence, mais que la substance de ce que les sacrements signifient y est conjointe.

Par quoi nous tenons que cette doctrine de notre Seigneur

Jésus-Christ, à savoir que son corps est vraiment viande et son sang breuvage, non-seulement est représentée et ratifiée en la Cène, mais aussi accomplie par effet. Car là, par les signes du pain et du vin, notre Seigneur Jésus nous présente son corps et son sang, et en sommes spirituellement repus, moyennant que nous ne fermions point la porte à sa grâce par notre incrédulité. Car comme un vaisseau, combien qu'il soit vide, ne peut recevoir quelque liqueur pendant qu'il est fermé et bouché, aussi faut-il que la foi fasse ouverture pour nous rendre capables des biens que Dieu nous offre, comme il est dit au psaume : « Ouvre ta bouche, et je la remplirai. » Non pas que notre incrédulité abolisse la vérité de Dieu, ou que notre malice empêche que ces sacrements ne retiennent leur vertu. Car, quels que nous soyons, Dieu demeure toujours semblable à soi-même, et la vertu des sacrements ne dépend point de notre foi ; tellement que, par notre ingratitude, nous ne pouvons déroger à leur nature ou qualité. Par quoi la Cène est un certain témoignage qui s'adresse tant aux mauvais qu'aux bons, pour offrir Jésus-Christ indifféremment à tous ; mais ce n'est pas à dire que tous le reçoivent quand il leur est offert. Et de fait, il y auroit une absurdité trop lourde que Jésus-Christ fût reçu de ceux qui sont du tout étranges de lui, et que les méchants mangeassent son corps et bussent son sang, étant vides de son Esprit ; d'autant que par ce moyen il seroit mort, étant dépouillé de sa vertu, et seroit vide de tout bien, n'apportant rien avec soi.

Ce qu'on allègue, que les méchants sont coupables du corps et du sang de Jésus-Christ quand ils participent indignement à la Cène, ne prouve pas qu'ils y reçoivent autre chose que le signe ; car il n'est pas dit par saint Paul qu'ils soient condamnés pour avoir reçu le corps et le sang, mais pour ne les avoir point discernés d'avec les choses profanes. Leur offense donc est d'avoir rejeté Jésus-Christ quand il se présentoit à eux ; car un tel mépris emporte avec soi un sacrilége trop détestable. Nous confessons bien que par forme de parler, qu'on nomme sacramentale, les méchants reçoivent le corps et le sang de Jésus-Christ, et les anciens docteurs ont bien quelquefois usé de ce langage; mais ils se sont exposés en ajoutant que ce n'étoit point réellement et de fait, mais en tant que le sacrement le porte; comme aussi nous ne pouvons avoir nulle part à Jésus-Christ que par foi, et il n'a nulle accointance avec nous si nous ne sommes ses membres.

Il reste de voir de la façon et manière par laquelle notre Seigneur Jésus se communique à nous en la Cène, dont plusieurs questions et disputes ont été émues de notre temps. Or, en premier lieu, nous rejetons non-seulement la rêverie commune, quant à la transsubstantiation qu'on appelle, mais aussi ce qui a été conclu au concile de Tours, qu'on mâche avec les dents le corps de Jésus-Christ, et qu'on l'avale. Car de dire que le pain soit changé, et qu'il n'y ait plus qu'une figure sans substance, cela répugne à la nature du sacrement, auquel il nous est montré que comme nous sommes substantés de pain et de vin, aussi nos âmes sont nourries de la chair et du sang de Jésus-Christ. Or, il faut qu'il y ait conformité entre la vérité spirituelle et le signe extérieur. S'il n'y avoit donc que la figure de pain, il n'y auroit aussi que figure quant au corps et au sang de Jésus-Christ. Nous concluons donc sans doute que le pain et le vin demeurent comme le signe et gage, pour nous testifier que la chair de Jésus-Christ est notre pain céleste, et son sang notre vrai breuvage. Secondement, d'imaginer que nous avalions le corps de Jésus-Christ, et qu'il entre en nous comme du pain matériel, c'est une chose qui ne peut être reçue des chrétiens, et contrevient du tout à la révérence que nous devons porter à l'union sacrée que avons avec le Fils de Dieu.

Cependant nous confessons que vraiment nous sommes unis avec notre Seigneur Jésus, tellement qu'il nous vivifie de la propre substance de son corps; non pas qu'il descende ici-bas, ni qu'il ait un corps infini pour remplir le ciel et la terre; mais d'autant que cette grâce de nous unir avec lui et de vivre de sa substance est épandue partout par la vertu de son Esprit. Nous savons bien qu'aucuns disent qu'en un mystère si haut et profond, il n'est pas licite de s'enquérir comment; mais après avoir ainsi parlé, ils déterminent que le corps de Jésus-Christ est sous le pain, comme du vin seroit contenu en un pot. Par quoi, sous ombre de sobriété, ils prennent licence de dire ce qui leur plaît. Or, de notre part nous confessons que la façon de communiquer à Jésus-Christ est miraculeuse et outrepasse tous nos sens ; et n'avons point honte de nous écrier avec saint Paul, que c'est un grand secret, lequel nous doit ravir en étonnement. Mais cela n'empêche point que nous ne rejetions toutes absurdités contraires à l'Écriture sainte et aux articles de notre foi.

Or, nous tenons pour certain et infaillible, combien que la nature humaine de notre Seigneur Jésus soit conjointe avec sa divinité, pour établir en lui vraie union de personne ; toutefois, qu'icelle nature humaine retient sa qualité et condition, et ce qui lui est propre. Tout ainsi donc que notre Seigneur Jésus a pris un corps passible, aussi a-t-il eu sa grandeur et mesure, et n'a pas été infini. Nous confessons bien quand il a été glorifié, qu'il a changé de condition pour n'être plus sujet à nulle infirmité ; mais si a-t-il retenu sa substance ; car autrement la promesse qui nous est donnée par la bouche de saint Paul seroit abolie, que les corps que nous avons maintenant corruptibles et caducs seront conformés au corps glorieux de Jésus-Christ. Quoi qu'il en soit, nous ne pouvons être repris de chercher Jésus-Christ en haut, selon que nous en sommes admonestés ; et même suivant la préface dont on a usé de tout temps en célébrant ce mystère, qu'on élevât les cœurs en haut. Ceux qui nous accusent que nous voulons déroger à la puissance de Dieu, nous font grand tort ; car il n'est pas ici question de ce que Dieu peut faire ; mais de ce que sa parole porte, outre laquelle nous ne devons point spéculer, pour deviner ni ceci ni cela. Et de fait, nous n'entrons point en cette dispute, si Dieu peut faire que le corps de Jésus-Christ soit partout ou non ; mais, avec toute modestie, nous demeurons en la doctrine de l'Écriture comme en nos bornes, laquelle porte que notre Seigneur Jésus a vêtu un corps semblable au nôtre en tout et partout, qu'il a conversé ici-bas au monde ; et est monté au ciel pour descendre et apparoître de là au dernier jour, comme il est notamment exprimé qu'il faut que les cieux le comprennent jusqu'à ce que de là il apparoisse. Et ce que l'ange dit aux disciples doit être bien retenu : « Jésus qui a été retiré d'avec vous au ciel, viendra ainsi que vous l'avez vu monter. » Cependant nous magnifions la puissance de Dieu plus que ne font ceux qui nous veulent diffamer de tels reproches; car nous confessons, quelque distance de lieu qu'il y ait entre Jésus-Christ et nous, qu'il ne laisse pas de nous vivifier en soi, d'habiter en nous, voire et nous faire participants de la substance de son corps et de son sang, par la vertu incompréhensible de son Esprit: dont il appert que le blasphème qu'aucuns nous mettent sus, n'est que calomnie; c'est que nous mesurons la puissance de Dieu selon notre sens, à la façon des philosophes; car toute notre philosophie est de recevoir en simplicité ce que l'Écriture nous montre. Ceux aussi qui font accroire que nous n'ajoutons point foi à la parole de notre Seigneur Jésus-Christ: « Voici mon corps, voici mon sang », devroient avoir honte de nous injurier ainsi faussement. Jà à Dieu ne plaise que seulement il nous vienne de répliquer contre celui qui est la vérité immuable; tant s'en faut que nous soyons si débordés que de vouloir dégorger un tel blasphème. Nous acceptons donc ce qui est prononcé par notre Jésus-Christ; seulement, nous requérons que le sens naturel des mots soit bien entendu. Or, nous n'en cherchons point l'exposition en nos cerveaux, mais la tirons de l'usage perpétuel de l'Écriture et du style commun du Saint-Esprit. Si nous amenions quelque nouveauté, elle pourroit être odieuse ou suspecte; mais quand nous désirons qu'on se tienne à la façon propre à tous sacrements, il nous semble que cela doit bien être recevable; et, pour le faire bref, nous protestons de ne sentir ni parler autrement que ce qui est exprimé de mot à mot par saint Augustin, à savoir, « que si les sacrements n'avoient quelque similitude avec les choses lesquelles ils signifient, qu'ils ne seroient point sacrements du tout, et que de là ils prennent les noms des choses mêmes »; et ainsi que par mode de dire, le sacrement du corps de Jésus-Christ est le corps de Jésus-Christ, et le sacrement de son sang est son sang. Cependant nous conjoignons toujours la vérité avec la figure, tellement que ce mystère n'est point frustratoire.

Maintenant, Sire, votre sacrée Majesté impériale, et vos excellences, très-illustres princes, ont une déclaration de notre foi, en laquelle nous n'avons rien fardé ni déguisé, et par laquelle nous désirons que notre cause soit jugée et décidée. Cependant nous supplions très-humblement votre Majesté, Sire, et vos excellences, très-illustres princes; qu'en telle révérence que nous avons procédé à testifier ce que nous croyons, qu'il leur plaise de considérer attentivement le contenu de ce Traité, et recevoir le tout en telle humanité, que la raison et équité domine seule; toutes opinions humaines étant abattues, pour ne point apporter préjudice à la vérité.

FIN.

www.ingramcontent.com/pod-product-compliance
Lightning Source LLC
Chambersburg PA
CBHW071630270326
41928CB00010B/1853